21世纪经济管理新形态教材·公共基础课系列

学术信息检索与管理

张耀坤 ◎ 主　编
吴　丹　陈晓璠 ◎ 副主编

清华大学出版社
北京

内 容 简 介

本书以提升学术型用户的学术信息检索和管理水平为目标,提高用户对各种类型的文献信息的知识储备,帮助用户有效识别各种类型检索工具的功能并熟练掌握其使用方法和技能,全面提升其信息检索能力,引导用户科学有效地检索、管理与分析信息。

全书以学术研究过程中所需求的信息、信息检索工具及管理分析工具为核心,以"信息检索基本知识、常用文献信息类型、文献信息全文及事实获取工具、文献信息线索获取工具、信息检索的实施过程、文献信息管理工具、文献信息分析工具"的思路为主线展开。全书密切结合学术研究实际需求,重点引导读者从纷繁复杂的检索工具中发现一般规律,使读者能够在具体的应用场景中合理选择检索工具和执行检索过程,并具备良好的信息管理和分析能力。

本书可作为高校学术学位硕士、专业学位硕士信息素养全面培养的教材,也可作为本科生信息素养通识类教材,还可作为专业从事教育和科研的人员学习检索和研究信息的参考指南。

本书封面贴有清华大学出版社防伪标签,无标签者不得销售。
版权所有,侵权必究。举报: 010-62782989, beiqinquan@tup.tsinghua.edu.cn

图书在版编目(CIP)数据

学术信息检索与管理/张耀坤主编. —北京: 清华大学出版社, 2024.8
21 世纪经济管理新形态教材. 公共基础课系列
ISBN 978-7-302-65592-3

Ⅰ. ①学… Ⅱ. ①张… Ⅲ. ①情报检索-高等学校-教材 Ⅳ. ①G252.7

中国国家版本馆 CIP 数据核字(2024)第 000000 号

责任编辑: 胡 月
封面设计: 汉风唐韵
责任校对: 宋玉莲
责任印制: 刘海龙

出版发行: 清华大学出版社
网 址: https://www.tup.com.cn, https://www.wqxuetang.com
地 址: 北京清华大学学研大厦 A 座 邮 编: 100084
社 总 机: 010-83470000 邮 购: 010-62786544
投稿与读者服务: 010-62776969, c-service@tup.tsinghua.edu.cn
质 量 反 馈: 010-62772015, zhiliang@tup.tsinghua.edu.cn
课 件 下 载: https://www.tup.com.cn, 010-83470332
印 装 者: 三河市君旺印务有限公司
经 销: 全国新华书店
开 本: 185mm×260mm 印 张: 23.5 字 数: 526 千字
版 次: 2024 年 10 月第 1 版 印 次: 2024 年 10 月第 1 次印刷
定 价: 69.00 元

产品编号: 095925-01

前 言

在今天这样一个信息化时代,信息检索似乎已经是家常便饭。从小学生的家庭作业答案到研究生的学术文献查找,从农民的天气信息查询到研发人员的专利信息检索,等等,不同职业类别、层次的人群都在广泛利用各种工具进行信息检索活动。在学术研究这一知识信息密集型领域,对信息的需求远超过其他领域。从20世纪90年代开始,由于网络技术的发展,面向学术研究领域中各种各样的网络检索工具(数据库)层出不穷,满足了大多数研究人员的学术信息需求。

然而,正如人们所观察到的,人们对于所习惯的事物往往抱有莫名其妙的但深究却有其内在合理性的依赖性。许多刚步入研究生涯的研究人员缺乏对于学术信息的基本知识,从而不合理地使用某些文献信息:一些过于依赖搜索引擎,而忽视了对存在于需要权限才能访问的数据库中的专业信息;还有一些则完全没有意识到各种数据库的作用而在具体的场景中错误地选择了数据库。这些问题有些不会产生太大危害性,有些则不然。比如,错误地利用全文数据库可能导致漏检,从而发生重复研究导致产生不可挽回的损失。诸如此类的问题也促使我们必须正视学术信息中的实际信息需求,以及合理选择检索工具的重要性,这也是本书撰写的最初动机。

本书总的逻辑思路是:研究过程中需要何种信息?这些信息的存在与分布情况如何?如何才能找到这些信息?找到这些信息之后怎么办?由此,其架构如下:第一部分,介绍信息检索的基础知识,这是后期学习的基础,包括第1、第2章;第二部分,介绍学术研究中所需要的各种类型的文献信息和事实,以及存储它们的全文数据库和事实型数据库,包括第3、第4、第5、第6章;第三部分,介绍各种为了检索和获取上述信息的线索而存在的文摘索引数据库及其他获取方式,包括第7、第8、第9、第10、第11章;第四部分,介绍如何具体实施检索过程,包括第12章;第五部分,介绍如何对检索到的信息进行管理和分析,包括第13章。

本书对篇章架构和内容的设计,融入了作者作为科研人员对于信息需求和信息检索的理解,同时也融入了多年来为本科生、研究生授课的经验,形成了一些鲜明的特色。

一是以学术研究中的信息需求为导向。全书用了大量篇幅来详细讲解学术研究中所需的各种文献信息,以及通过何种工具获得这些文献信息,包括通过存储这些信息的全文数据库和事实数据库来获取全文事实,以及通过文摘索引数据库和其他方式来获取文献信息的线索。其最终目的只有一个——满足用户的信息需求。

二是区分了全文与文摘索引数据库。全文数据库与文摘索引数据库在功能上是有区别的。但是,在以往的教材中,大多没有严格区分而混为一谈,导致读者在实践时茫然不知所选。本书区分了这两种类型数据库,对其功能进行了详细解释,并依此对常见的数据库和检索工具进行了分类整理。本书对此进行的一般性区分更有利于读者未来从纷繁庞杂的数据库中准确识别出在何种情境下需要采用哪一类数据库。

三是突出了通过人际关系查找信息的重要性。在社交媒体日益发达的今天，通过人际关系（社交网络）查找学术信息日益重要。本书对学术社交媒体应用进行了关注，并介绍了最新的一些学术社交网络平台，如 ResearchGate 等，以便引导用户通过社交网络更高效地跟踪和获取学术信息。

四是将信息的检索、管理与分析融为一体。在现代科研环境下，高效地管理信息并对其进行适当的分析对于学术研究是有力的帮助。本书认为信息管理与分析是信息检索的自然延续和深化，只检索而不管理、不分析，检索的意义将大打折扣。因此，本书将信息管理与分析融入信息检索中，更有利于读者系统掌握信息检索知识，提升科研效率。

本书是在编者十余年的教学基础上成稿的，特别感谢使用内部编印版教材的学生，他们在学习过程中所提出的疑惑及宝贵意见也不断促使本书内容的改进。感谢研究生吴瑞、宗金星、丁高文、喻豪、卫安康、王文玉、韩明哲，他们参与了本书具体案例的更新与校稿工作。同时，也对本书所引用的国内外大量资料的原著者表示诚挚的谢意！

由于编者水平有限，书中难免有不当、遗漏和错误的地方，敬请读者、专家及同仁批评指正。

编　者

2023 年 11 月

目 录

第1章 信息素养与信息检索 ··· 1
    1.1 信息素养 ··· 1
    1.2 信息与信息检索 ·· 4
    1.3 信息检索的出现背景 ·· 8
    1.4 信息检索活动 ·· 11

第2章 信息检索的原理与技术 ·· 16
    2.1 信息检索的种类 ·· 16
    2.2 信息检索的基本原理 ·· 18
    2.3 信息的组织和存储过程 ··· 18
    2.4 信息检索过程的技术机制 ·· 21
    2.5 信息检索效果的评价 ·· 25

第3章 常见的文献信息类型 ··· 27
    3.1 期刊及期刊论文 ·· 27
    3.2 图书 ·· 37
    3.3 报纸 ·· 42
    3.4 特种文献 ··· 42

第4章 全文数据库：获取全文 ·· 54
    4.1 全文数据库概述 ·· 54
    4.2 电子期刊全文数据库 ·· 55
    4.3 电子图书全文数据库 ·· 73
    4.4 报纸全文数据库 ·· 79
    4.5 学位论文全文数据库 ·· 81
    4.6 会议论文全文数据库 ·· 87
    4.7 专利全文数据库 ·· 89
    4.8 标准全文数据库 ·· 91
    4.9 科技报告全文数据库 ·· 96

第 5 章 常用的全文数据库介绍 … 99

5.1 中国知网 … 99
5.2 万方数据知识服务平台 … 120
5.3 维普中文期刊服务平台 … 132
5.4 超星 … 135
5.5 ScienceDirect 全文数据库 … 138
5.6 SpringerLink 全文数据库 … 142
5.7 EBSCOhost 平台及其数据库 … 148
5.8 国家知识产权局专利检索与分析平台 … 151

第 6 章 事实型数据库 … 158

6.1 事实型数据库简介 … 158
6.2 常用的面向科研的事实数据库 … 162
6.3 数据采集工具 … 187

第 7 章 OPAC：查询馆藏信息 … 188

7.1 OPAC 概述 … 188
7.2 馆藏查询 … 189
7.3 图书馆联合目录查询系统 … 197

第 8 章 文摘索引数据库：查找文献线索 … 217

8.1 文摘索引服务概述 … 217
8.2 文摘数据库 … 219
8.3 引文数据库：通过引文高效查找文献 … 238

第 9 章 常用的文摘索引数据库介绍 … 246

9.1 PubMed … 246
9.2 SciFinder … 253
9.3 Engineering Village（EV） … 256
9.4 Web of Science（WOS） … 261
9.5 Scopus … 273
9.6 中文社会科学引文索引（CSSCI） … 282

第 10 章 网络信息源与搜索引擎 … 286

10.1 网络信息源 … 286
10.2 搜索引擎 … 290

10.3 常用的搜索引擎介绍 ··· 295

第 11 章 通过人际关系获取学术信息 ·· 311

11.1 人际关系获取信息的优势 ·· 311
11.2 邮件列表 ··· 312
11.3 网络学术论坛 ·· 313
11.4 学术博客 ·· 318
11.5 学术社交网络平台 ··· 321

第 12 章 信息检索的实施 ··· 328

12.1 分析用户信息需求 ··· 328
12.2 选择合适的检索方法与检索工具 ·· 330
12.3 检索式的构造 ·· 332
12.4 检索过程的反馈与调整 ··· 336

第 13 章 文献信息管理与分析 ·· 338

13.1 使用文献管理软件高效管理文献 ·· 338
13.2 常用文献管理软件的介绍 ·· 340
13.3 文献管理软件 Zotero 使用说明 ·· 343
13.4 文献信息分析的目的与过程 ··· 348
13.5 常用的文献信息分析工具 ·· 349
13.6 文献信息分析工具的使用 ·· 354

参考文献 ··· 366

第 1 章

信息素养与信息检索

在信息时代，如同读书识字对我们的意义一样，信息素养（information literacy）已经是国民必备的基本生存能力之一。美国图书馆学会（American Library Association，ALA）认为，"具有信息素养的人，能够判断什么时候需要信息，并懂得如何去获取信息，以及如何去评价和有效利用所需的信息"。然而，可以很轻易地确认，现在是迄今为止信息最多的时代，同时也是信息最为混乱的时代。我们比以往更多地接触信息，获得信息，同时也更容易在信息中迷失。培养国民信息素养已经成为图书馆学和信息科学在 21 世纪最为主要的挑战之一。

在所有培养信息素养的途径中，为社会公众和专业人士提供相应的信息素养教育课程已经成为全球最为通行的做法，尤其是在高等教育领域，几乎每所高校都提供了类似课程。自 1984 年我国教育部印发《关于在高等学校开设"文献检索与利用"课的意见》以来，历经 30 余年，信息检索课教学已全面纳入高校，特别是本科阶段的通识教育体系，在高校信息素养教育中居于核心地位。这些课程或以"信息素养"冠之，或以"文献（信息）检索"冠之，等等，其目的都在培养高校在校生的信息素养，以适应节奏越来越快的社会生活。

1.1 信 息 素 养

1.1.1 信息素养的概念

信息素养的概念最早由美国信息产业协会主席保罗·泽考斯基（Paul Zurkowski）于 1974 年提出，他将信息素养定义为"利用大量信息工具及主要信息源使问题得到解答的技能"。此后，信息素养一直被定义为一种内在的能力。2003 年和 2005 年，联合国教科文组织曾分别召开两次专题性的世界大会，并发布《布拉格宣言》和《亚历山大宣言》，强调"信息素养是人们在信息社会和信息时代生存的前提条件，是终身学习的重要因素，能够帮助个体和组织实现其生存和发展的各类目标。它能够确定、查找、评估、组织和有效生产、使用和交流信息来解决问题"。

信息素养的培养必须界定其标准，得益于得天独厚的优势，这一标准在高等教育领域被最先提出。2000 年，ALA 与美国大学与研究图书馆协会（Association of College and Research Libraries，ACRL）共同提出《高等教育信息素养能力标准》（*Information Literacy Competency Standards for Higher Education*）。《高等教育信息素养能力标准》包含 5 项能力指标、22 项表现指标和 87 项成果指标，比较全面地概括了高等院校学生信息素养的标准。这 5 项能力指标包括如下内容。

（1）有能力决定所需信息的性质和范围。

（2）可以有效地获得需要的信息。

（3）能够评估信息及其出处，并能将挑选的信息融合到他们的知识库和价值体系。

（4）不管是个人还是作为团体的成员，都能够有效地利用信息来实现特定的目的。

（5）熟悉许多与信息使用有关的经济、法律和社会问题，并能合理、合法地获取信息。

2015 年，ACRL 在《标准》的基础上又提出《高等教育信息素养框架》（*Framework for Information Literacy for Higher Education*）。《高等教育信息素养框架》改变了原有《高等教育信息素养能力标准》的立足点，强调对学生元素养的培养，将"权威的建构性和情境性""信息创建的过程性""信息的价值属性""探究式研究""对话式研究""战略探索式检索" 6 个阈概念及其涵盖的知识技能和行为方式设定为学习成果，用以指导信息素养课程及教学计划的重新设计。

1.1.2 信息素养教育与信息检索课程

从 20 世纪 80 年代开始，由于新技术手段在西方发达国家的快速发展，世界各国都意识到信息素养教育的重要性，认为公民的信息素养水平会直接对国家的竞争力产生重要影响，加强全体公民的信息素养教育被提上新的议事日程。在这一方面，美国、英国、日本等信息化程度较高的国家走在了世界前列。

1. 美国的信息素养教育

美国是信息素养及其教育的发源地。自泽考斯基首倡信息素养概念之后，美国教育界一直对其高度重视。1989 年，美国信息素养主席委员会发布《信息素养主席委员会总结报告》，对信息素养的概念界定、要素构成，以及对个体学习、生活所起的隐形作用做了系统阐述，对美国未来信息素养教育的发展提供了建议。1996 年，美国信息素养论坛确定了《信息素养教育在普通教育计划中的作用框架》。2016 年以来，美国政府先后推出 "CS For All"（全民计算机科学）、"AI For All"（全民人工智能）教育计划，进一步推动信息技术创新教育。

在高等教育阶段对信息素养的研究上，美国专门的组织机构和协会对学校信息素养培养发挥了重要作用，特别是 ALA 与 ACRL 更是居功甚伟。2000 年，ALA 与 ACRL 共同发布《高等教育信息素养能力标准》，为高校学生的信息素养提供了一系列指导性评测标准。2015 年，美国大学与研究图书馆协会开启审视信息素养的全新视野，推出了新的研究成果，发布了《高等教育信息素养框架》。依托这些组织发布的一系列关于信息素养的标准、报告和教育政策，美国高等教育领域信息素养教育实现了快速稳定发展，同时也为其他国家根据不同国情制定自身信息素养标准提供了参考和基准。

2. 英国的信息素养教育

英国是全球公认的高等教育强国，在信息素养教育方面，积累了丰富的经验，形成了独特的优势和特色。英国开展信息素养研究和教育的主要机构有英国国家大学图书馆协会（Society of College, National and University Libraries, SCONUL）、英国图书馆协会（Chartered Institute of Library and Information Professionals, CILIP）、联合信息系统委员会（Joint Information System Committee, JISC）及各个高校的图书馆（信息服务）机构。依托这些组织和机构，建立了一套层层细化的高校学生信息素养标准，在全国范围层面，出台了一系列通用标准。

2003 年，CILIP 提出了信息素养定义，并定义 7 项信息技能，即信息需求、可获取的资源、如何检索信息、评估信息的需求、如何使用或拓展结果、信息使用的伦理道德与责任，以及如何交流、分享、管理成果。1999 年，SCONUL 发布《高等教育信息技能——7 项指标》，2011 年又将 7 项指标模型更新成为核心模型，包括信息需求识别、信息需求研究、检索策略计划、信息获取、信息评价、知识管理和知识展示与创新。这 7 项指标模型按照科研学习流程对信息素养框架进行整理规划，使其能够更加自然、合理地融入其中。目前，该模型已成为多个区域性协会、机构及高校制定相关政策的主要依据。JISC 则通过支持各种研究与服务项目，来激励英国高校数字技术的创新应用，从而服务于信息素养教育。

此外，英国的信息素养教育在地区层面和学校层面也可圈可点。比如，在地区层面的有《威尔士信息素养框架》《苏格兰信息素养框架》等，在学校层面有剑桥大学的《为了信息素养的课程》等。

3. 日本的信息素养教育

日本是高度重视信息素养教育的国家之一。1986 年，日本《关于教育改革的第二次报告》中就公开提出"信息利用能力"一词。1998 年，日本图书馆协会出版《图书馆利用教育准则》。同年，京都大学开始在全校开设"信息探索入门"的基础课程，此后，信息素养教育逐渐发展到了日本全国的各所大学。2000 年以后，包括"信息素养"等课程在内的信息相关课程已成为日本所有大学的必修课程。

2014 年，在参照 ACRL 发布的《高等教育信息素养能力标准》的基础上，日本结合自身实际制定了《高等教育信息素养标准》。在该标准中对信息素养作出了如下定义：所谓信息素养，就是当需要信息的时候，能够认识信息，有计划地收集、评价、整理、管理信息，以及利用信息并且有效地发布信息的能力。该标准适用学生、教师、大学经营者、图书馆员等对象，它将信息探索过程分为 6 个阶段，并在每个阶段制定了由初级到高级的能力要求。

4. 中国的信息素养教育

在中国，系统化的信息素养教育起步于高校。1981 年，《人民日报》先后刊载刘毅夫、潘树广关于《建议在高校开设文献检索课》的文章。1983 年 10 月，全国召开"全国高校《文献检索与利用》课专题讨论会"。1984 年教育部印发《关于在高等学校开设"文献检索与利用"课的意见》（〔84〕教高一字 004 号）文件。1985 年 9 月颁发《关于改进和发展文献课教学的几点意见》，提出文献检索课"要逐步实现分层次连续教育"的教学指导思想。这两个文件的颁发，为文献检索课的教学奠定了基础。1992 年 5 月原国家教委印发《文献检索课教学基本要求》，对文献检索课的课程性质、教学目的、要求等做了细致而全面的规定，从而使文献检索课从形式到内容更加规范化、系统化。此后历经 30 余年，文献检索课程不断适应时代变迁，或沿用传统名称，或易名为信息检索和信息素养，在教学内容与形式上也不断更新优化，全面纳入高校，特别是本科阶段的通识教育体系当中。

目前，我国高校信息检索课程多由图书馆负责，少数则由专业教师承担。2015 年 12 月，教育部印发《普通高等学校图书馆规程》，指出高等学校图书馆的主要职能是教育职能和信息服务职能。高校图书馆应全面参与学校人才培养工作，充分发挥第二课堂的作用，采取多种形式提高学生的综合素质。图书馆应重视开展信息素养教育，用现代教育技术加强信息素养课程体系建设，完善和创新新生培训、专题讲座的形式和内容。随着社会的发展、时代的进步，以信息检索为主的信息素养教育被越来越多的学校重视，发挥着越来越重要的作用。

1.2 信息与信息检索

1.2.1 信息及其相关概念

有关"信息"一词，读者已经通过书本、网络等各种渠道了解过，对其并不陌生。此外，在学习和学术研究中，还经常接触"文献"这个词。甚至，在某些场合，文献和信息又常常被一并提起。那么，究竟什么是文献？什么又是信息？这是首先要了解的问题。

1. 文献

"文献"一词有着悠久的历史，最早见于《论语》："夏礼吾能言之，杞不足征也；殷礼吾能言之，宋不足征也。文献不足故也，足则吾能征之矣。"宋代朱熹认为这里的"文"是指典籍。而"献"是指熟知史实的贤人。

根据中国国家标准《信息与文献 参考文献著录规则》（GB/T 7714—2015），文献是记录有知识的一切载体。国际标准《文献情报术语国际标准（草案）》（ISO/DIS 5127）则将文献定义为："为了把人类知识传播开来和继承下去，人们用文字、图形、符号、声频、视频等手段将其记录下来，或写在纸上，或晒在蓝图上，或摄制在感光片上，或录到唱片上，或存储在磁盘上。这种附着在各种载体上的记录统称为文献。"综合这两个标准中的定义可以认为，文献包含两个基本要素，一是知识，二是相应的载体。例如，将知识记录在纸张上，该纸张便可以称为文献；将知识以电子文件形式存储在磁盘上，该磁盘也可以称为文献。由此也可以看出，文献的核心是知识，没有知识，纸张便不能称为文献。当然，载体也同样重要，不同的载体对于文献的保存与传播有着非常明显的影响。

2. 信息

到目前为止，在学术界似乎对信息的概念还没有达成一个广泛的共识。其中，流传最为广泛的是信息论的创立者申农（Shannon）给出的定义，即"信息是不确定性的消除"。我国著名的信息学专家钟义信教授认为,"信息是事物存在方式或运动状态,以这种方式或状态直接或间接的表述"。美国信息资源管理专家霍顿(Horton)给信息下的定义是:"信息是为了满足用户决策的需要而经过加工处理的数据。"他认为,信息是经过加工的数据,或者说,信息是数据处理的结果。

不管信息如何定义,人们对信息的理解最初哪怕是到现在也是借助于信息的载体而进行。一般认为,信息依附于某一特定载体就形成了文献。文献是传递信息的介质,是固化的信息。文献的本质是知识信息,所以很多时候又合称为文献信息,在很多场合也使用"文献"这一词语作为信息的替代术语。在本书中,我们无意严格区分信息和文献这两个概念,甚至在某些场合我们会使用文献信息这一复合词组。

3. 数据、知识、智慧等其他概念

与信息常被一同提及的概念还有数据(data)、知识(knowledge)和智慧(wisdom)。传统上,人们认为数据、信息、知识、智慧构成了一个金字塔形状(图1.2-1)。

图 1.2-1　DIKW 模型

"数据"一词来源于拉丁语"dare"(意为给予),具有假设、事实、评估等意义。数据无处不在。过去,人们习惯把数字的组合称为数据,如3.1415。但在今天,这样的理解显然不够全面,一般认为数据是可以被记录和识别的一组有意义的符号,它可以通过原始的观察或度量得到,如人们的姓名数据、学生的成绩数据、天气温度数据、语音数据等。数据具有客观性的特点,即只要记录下来,数据就是客观存在的。

信息由数据加工得来。数据是信息的原始类型,而信息是经过加工的数据。比如,当人们在研究学生的成绩单时,上面记录的分数仅仅是一些数据。要读懂这些数据,就必须了解数据背后要表达的含义。一旦对数据做出解释,我们就能得到成绩单上所蕴含的信息。信息具有客观性,即从数据中加工得出的信息是稳定的。比如,通过分析不同班级的成绩可以得出 A 班的平均成绩比 B 班高。同时信息也具有主观性,对其解读会因每个人的主观认识不同而不同。比如,同样是 60 分,有些人解读为刚好及格不够理想,有些人则会认为与上一次比较有很大的提高。

数据和信息都是客观存在的,而知识则是由人类大脑筛选、组织和理解的信息。马克卢普(Marchlup)认为,"信息意味着传输,可以通过被告知而获得,但知识是一种状态，必须借由思考而获得"。

智慧是生命体所具有的基于生理和心理器官的一种高级创造思维能力。拥有知识并不意味着具有智慧。在日常生活中，智慧体现为更好地解决问题的能力。

1.2.2 信息的分类

根据不同的划分标准，文献信息可以划分成多种类型。常用的分类标准主要有出版类型、载体的形式、加工层次、内容的公开程度等。

1. 按出版类型划分

按照出版形式，文献信息可以划分为图书、连续性出版物及特种文献。其中，连续性出版物包括期刊、报纸，特种文献包括学位论文、会议文献、专利文献、标准文献、研究报告、政府出版物、档案资料等。此种划分方式是目前通用的方式，后续的讨论均基于此划分方式。不同类型文献信息的介绍详见本书第 3 章。

2. 按载体的形式划分

为了有效地存储、传播知识信息，人类先后发明了各种各样的物质材料来记录信息。目前，文献信息按载体划分主要有纸张型、缩微型、音像型、电子型等 4 种。

（1）纸张型文献。它是以印刷等为手段，将信息记载在纸张上形成的文献。它是传统的文献形式，不需要借助其他工具便可阅读，但存储密度小、体积大，不便于管理和长期保存。

（2）缩微型文献。它是利用光学技术以缩微照相为记录手段，将信息记载在感光材料上形成的文献，如缩微胶卷、缩微平片。其特点是存储密度大、体积小，便于保存和传递，但必须借助专门的设备才能阅读。世界上许多文献信息服务机构都将长期收藏的文献制成缩微品加以保存。

（3）音像型文献。它是采用录音、录像、摄影、摄像等手段，将声音、图像等多媒体信息记录在光学材料、磁性材料上形成的文献，也称视听型文献，如音像磁带、唱片、幻灯片、激光视盘等。其特点是形象、直观，尤其适于记录用文字、符号难以描述的复杂信息和自然现象，但其制作、阅读需要利用专门设备。

（4）电子型文献。它是指以数字代码方式将图、文、声、像等信息存储到磁、光、电介质上，通过计算机或类似设备阅读使用的文献，也称机读型文献。电子文献种类多、数量大、内容丰富，如各种电子图书、电子期刊、网络数据库等。其特点是信息存储量大，存取速度快，传递信息迅速，易更新，可以融文本、图像、声音等多媒体信息于一体，信息共享性好、易复制，但必须利用计算机硬件和特定软件才能阅读。

3. 按加工层次划分

按照信息的加工处理方式，信息可以划分成零次信息、一次信息、二次信息和三次信息。

（1）零次信息。它主要指尚未经过系统整理的零散信息，如未正式发表的手稿、讨论稿、实验原始数据、人们在某些专业会议上口头交流的经验或某些论点、审稿意见等。零次信息内容新颖，往往包含作者最真实的情感、观念及瞬间产生的思想灵感，不失为一类重要的信息资源。以往，由于零次信息或未经过系统整理，或存储条件限制等其他因素，未能得到充分交流与利用，但现在零次信息已越来越得到重视。例如，已有许多期刊要求在投稿时须提交相关的实验原始数据并予以公开，审稿意见一并附录等。

（2）一次信息。它主要指作者以本人的研究成果为基本素材而创造或撰写的文献，如图书专著、期刊论文、专利说明书等。一次信息包含的内容往往比较具体、详尽、系统。

（3）二次信息。它主要是指信息工作者对一次文献信息进行加工、提炼和压缩之后得到的产物，是为了便于管理、检索和利用一次文献而编辑、出版和累积起来的工具性文献。一般包括目录、题录、文摘、索引等。

（4）三次信息。它主要是指对有关的一次文献和二次文献进行广泛深入的分析研究之后概括而成的产物，具体包括述评、综述、文献指南等。很多时候，三次文献与一次文献在体例上具有相似性，比如，同一期刊中，研究论文（research article）或原创性论文（original article）为一次信息，而综述性论文（review）为三次信息。通常，三次信息包含的信息量非常大，是读者应该重点关注的类型。

4. 按内容的公开程度划分

文献信息按照内容的公开程度，可划分为白色文献、黑色文献和灰色文献。

（1）白色文献。它一般是指正式出版或在社会上公开流通和传播的文献，如图书、期刊、报纸、专利、标准等。

（2）黑色文献。它一般是指尚未被公开，仍处于保密状态的文献信息，如保密的科技报告、技术资料等。

（3）灰色文献。1997 年在法国卢森堡举行的第三次国际灰色文献会议中对灰色文献做出如下界定："不受商业出版商控制，而由各级政府、学术单位、工商业界所产制的各类印刷与电子形式的资料。"一般认为，灰色文献是介于白色文献与黑色文献之间，不属于保密级别，但也不公开出版发行或传播的文献。灰色文献包括：非公开出版的政府文献、学位论文，不公开发行的会议文献、科技报告、技术档案，不对外发行的企业文件、企业产品资料、贸易文件（包括产品说明书、相关机构印发的动态信息资料）和工作文件，内部刊物、交换资料、赠阅资料等。灰色文献所涉及的信息广泛、形态多样、内容丰富、时效性强、社会价值巨大，受到当今各国政府及情报机构的广泛重视。但由于其流通渠道特殊，读者获取需要掌握一定的技巧。

有关灰色文献的更多资料，读者可以关注 GreyNet International 网站（http://www.greynet.org/）。该网站于 1993 年 12 月创建，目标在于促进灰色文献领域人员和组织之间的对话、研究和交流，并进一步寻求在网络环境中识别和分发关于灰色文献的信息。读者通过该网站可以了解包括灰色文献国际会议、灰色资源的创建和维护、邮件列表（listserv）、灰色文献杂志等信息。

1.2.3 信息检索

信息检索（information retrieval）是一种有意识地、主动地获取信息的过程和行为。作为一种实践活动，信息检索由来已久，但作为一个比较规范化的学术术语，最早由莫尔斯（Mooers）于20世纪50年代首次提出。莫尔斯也因此获得1978年的美国信息科学协会荣誉奖。随着信息资源的急剧增长，以及各种网络搜索引擎的出现与普及应用，信息检索这一术语逐渐由学术界向社会公众传播开来。

信息检索的概念有广义和狭义之分。广义地说，是指将信息按一定的方式组织和存储起来，并根据用户的需要找出相关信息的过程。所以，它的全称又叫信息存储与检索，即包括信息的"存"和"取"两个环节。作为一种有目的的和组织化的信息存取活动，信息检索中的存和取之间存在密不可分的关系。良好的信息组织与存储是保证检索的质量和效率的前提，为此，许多检索系统都应用了精密的分类与主题检索语言。当然，过于复杂的组织与存储对检索系统的性能要求也越高，因此在实际的检索系统中，往往要在存和取之间做出兼顾与平衡。

狭义的信息检索则仅指该过程的后半部分，即从信息集合中找出所需信息的过程，相当于"信息查询"或"信息查找"。曼宁（Manning）从技术的角度认为，信息检索是从文档集合中查找满足某种信息需求的具有非结构化性质的资料。我们将这一定义适度扩大化，将狭义的信息检索定义为从信息源的集合中，找出与用户信息需求有关的信息资源的过程。比如，从图书馆的大量藏书中查找某一种图书，从论文数据库中找出包含有特定主题的论文，等等。值得注意的是，对非信息检索领域从业人员的读者而言，一般只关注取的过程，很显然读者使用百度并不会去详细研究百度的内部检索机制。当然，适当了解存的过程与机制对于提高取的效率是有益的。

1.3 信息检索的出现背景

在人类漫长的历史中，信息检索是短暂的，它的出现是人类社会活动趋于复杂化、信息量不断增长的必然结果。考察信息检索出现的背景对于理解信息检索的概念及后期学习具有十分重要的意义，同时亦十分有趣。

1.3.1 信息的增长

在古代，信息是较为匮乏的。在文字出现前，信息的传播均依赖口语。口语传播的弊端是传播的信息和知识可能会在每次复述中被遗忘或修改。随着文字的出现，信息的传播逐渐由口语传播转向文字传播。文字具有持久性、复杂性、可移动性，文字传播成为文化传播和历史传承的重要工具，客观上成为信息增长的基石。总体上看，随着时代的发展，信息的数量呈现不断增长趋势，其中技术的推动力量是主要的。

在我国古代，国家藏书以皇家藏书为主，因此我们可用历朝皇家藏书的数量情况作为整个社会图书数量的代表来进行考察信息的增长过程。在汉代，皇家藏书有记载的数字是 677 种，共 13 269 卷。读者所熟知的北宋史学家司马光在编撰《资治通鉴》时曾形容自己读过的书"浩如烟海"。在今天看来，这一规模并不算大。

纸张发明以前我国使用竹简作为书写的主要材料。竹简作为书写材料非常笨重，虽然也有使用较为轻便的绢帛，但是成本非常昂贵，也不适于书写，客观上限制了知识的制作与传播，也提出了发展更为方便的书写材料的要求。

西汉时期（公元前 206 年），中国已经出现纸张，但此时的造纸术较为粗糙。东汉元兴元年（105 年），宦官蔡伦改进造纸术后，我国才开始大规模使用纸张作为书写材料。蔡伦使用树皮、麻头及敝布、渔网等原料，经过挫、捣、炒、烘等 4 个工艺步骤制造出纸。这种纸，原料容易找到，又很便宜，质量也提高了，因此逐渐普及使用。为纪念蔡伦的功绩，后人把这种纸叫作"蔡侯纸"，由此造纸术也成为我国古代"四大发明"之一。造纸术的出现使书籍的生产变得容易，书籍的数量也因此大大增加。到了 721 年，唐朝皇家的藏书有 5000~6000 种（约 8.9 万卷）。

北宋庆历年间（1041—1048 年），毕昇发明了活字印刷术。活字印刷术发端于唐朝的雕版印刷术，是一种古代印刷方法，是中国古代劳动人民经过长期实践和研究发明的，也是印刷史上一次伟大的技术革命。活字印刷术先制成单字的阳文反文字模，然后按照稿件把单字挑选出来，排列在字盘内，涂墨印刷，印完后再将字模拆出，留待下次排印时再次使用。2010 年 11 月 15 日，活字印刷术被联合国教科文组织保护非物质文化遗产政府间委员会第五次会议审议通过，列入"急需保护的非物质文化遗产名录"。由于活字印刷术的发明，书籍的批量生产比以往更为容易。

在与我国明朝同时期的欧洲（15 世纪），德国人古登堡（Gutenberg）发明了活字印刷机。西班牙历史学家和传教士门多萨（Mendoza）在《中华大帝国史》（1584 年出版，该书是西方世界第一部详细介绍中国历史文化的巨著）一书中提出，古登堡发明活字印刷机受到了中国活字印刷技术的影响，其途径可能通过两个：一是经俄罗斯传入；二是通过阿拉伯商人传入。古登堡的印刷机实现了书籍和小册子的大量快速复制。在印刷机出现之前，一个修道士手抄完成一本《圣经》大约需要一年的时间，当时牛津大学的藏书量仅为 122 本，每本书的价值相当于一个农场或葡萄园，而古登堡印刷机在投入生产的第一年就印制了 180 本《圣经》。印刷机的发明有力地推动了欧洲的转型、文艺复兴和宗教改革。到 1501 年，即印刷机发明 50 年后，在欧洲有 2.7 万~3.5 万本书被复制印刷，总量超过 1000 万份。

到了近代，文献信息已不仅仅局限于图书，其他类型的文献，如期刊、专利、报纸等陆续出现，信息的数量也呈现快速增长态势。普莱斯（Price）在《巴比伦以来的科学》（Science Since Babylon）一书中曾以期刊为例，验证了期刊的数量每隔 50 年增加 10 倍，这被称为"普莱斯指数增长规律"。联合国机构世界知识产权组织（World Intellectual Property Organization，WIPO）发布年度报告显示，2021 年世界各地的创新者通过《专利合作条约》（Patent Cooperation Treaty，PCT）提交了 277 500 件国际专利申请，这是有史以来的最高数量。其中，中国专利申请人通过 PCT 提交的国际专利申请达到 69 540 件。这些专利文献，对于任何一个人，穷其一生恐怕也难以阅读完。

1.3.2 信息的爆炸

随着计算机技术（1946 年，ENIAC 问世）和网络技术（1969 年 Internet 的前身 ARPANET 问世、1989 年 Internet 问世）的出现，信息呈现爆炸增长的趋势。归纳起来，大概有两个因素促使了信息爆炸的出现。

一是信息技术的发展。正如在前文所提及的，技术的发展有可能是信息载体的变化，也有可能是印刷技术的进步，在信息的增长中处于决定性的地位。信息技术和计算机技术的发展使得信息的存储和复制，网络技术的发展则使得信息的传输和传播变得比以往任何时候都更加便利。在 21 世纪初，就有人预言，21 世纪头三年所产生的新信息会超过过去此前人类历史所积累的信息总和。很显然，这一预言已然成为事实。

二是信息生产方式的变化。正如我们所熟知的，在以往印刷时代，甚至在 Web 1.0 时代，信息往往只被控制在少数权威手里，多数大众只能被动地接收这些信息，无论是图书还是报纸，甚至是门户网站均是如此。然而，随着网络技术的发展，信息生产方式也在发生变化。当前，依赖于群体智慧的用户产生内容（user generated content，UGC）成为信息爆炸的新起点，在博客、论坛、微博、微信等各式各样的社会网络服务（social network services，SNS）上，人人皆可在网络上进行信息的生产，人人皆是信息源，信息由此呈现大爆炸式的增长。

1.3.3 信息矛盾的转变

物以稀为贵。在古代，由于数量稀少，图书是非常珍贵的，通常普通百姓要想读书，较为困难。一般而言，我国图书主要收藏于皇家藏书机构和宗教藏书场所。显然，普通人是无法进入皇家藏书机构读书的，宗教藏书场所往往成为贫寒学子读书的重要场所。我们经常在影视剧中看到书生在寺庙中借读大致就是这个原因（当然还有其他原因，如寺庙大多比较清静等）。此外，一些富贵人家也可能建有私人藏书楼，比如大家所熟知的宁波范钦的"天一阁"就是非常著名的私人藏书楼。这些私人藏书楼规矩甚多，不太可能会让无关人士进入读书。甚至在封建礼教的约束下，女性也曾不被允许进入藏书楼。

2300 多年前，亚里士多德（Aristotle）和弟子们在林荫道上散步。走到一棵树下，亚里士多德若有所思地发了一声感叹："无书可读啊！"弟子们便问道："难道图书馆里的书您都读完了？"亚里士多德回答说："早在自己收门徒之前，图书馆里的书就已经全部读完了，连可以搜集到的外国书籍也都已经倒背如流。"在发了一通感叹之后，这位"古代最博学的人"一边做老师，一边动手写下了《物理学》《诗学》《尼各马可伦理学》《政治学》《形而上学》《工具论》等世界名著。不管此故事是否属实，大体可认为，当时的主要矛盾主要是信息远远无法满足大众的信息需求。

信息的快速增长和爆炸，毫无疑问，大大满足了人们的信息需求。今天，信息所面临的矛盾显然已经发生根本性的变化。信息已经是真正的"浩如烟海"，人们穷其一生，也无法读完一个小型图书馆的藏书，更不用说互联网上如此庞杂的信息。

此外，由于信息生产方式的变化，大量的虚假信息充斥网络，也成为当代面临的重要社会问题。来自社交媒体上模糊的甚至匿名的信息，只负责"聚合"而不负责筛选的门户网站和视频网站上充斥着未被加工过的碎片化的信息，广播上和电视、网络上专家根据不确定的消息发表的推测和个人观点等，比比皆是。信息论的提出者申农曾把信息定义为"不确定性的消除"，但是在这个特定情境下，恰恰是信息增加了不确定性。

今天，要想获得自己所要的有用的信息正变得愈发艰难。正如约翰·奈比斯特（John Naisbitt）在《大趋势》一书中感慨的："我们淹没在信息中，但是却渴求知识。"如何从真正浩如烟海的信息中找出所需要的信息正成为人们最为关注的问题，而这也是信息检索要解决的主要问题。德国柏林图书馆门前有这样一句话："这里是知识的宝库，你若掌握了它的钥匙，这里的全部知识都属于你。"显然，信息检索就是这把钥匙。

1.4 信息检索活动

1.4.1 我国古代的信息检索活动

信息检索作为一种实践活动由来已久。在我国古代，对图书进行分类以便系统性地查找和阅读是较为通用的做法。早在西汉时期，学者刘向、刘歆父子便受命主持了我国历史上第一次大规模整理群书的工作。在每一部书整理完毕时，刘向便撰写一篇叙录，记述这部书的作者、内容、学术价值及校雠过程。这些叙录后来汇集成了一部书，即我国第一部图书目录书《别录》。刘向死后，其子刘歆继续整理群书，并把《别录》各叙录的内容加以简化，把著录的书分为六略，即六艺略、诸子略、诗赋略、兵书略、术数略、方技略，再在前面加上一个总论性质的"辑略"，编成了我国第一部分类目录书《七略》。

《七略》以学术性质作为分类标准，首次展示了我国古代的图书分类方法。同时，在著录上也确立了较为完整的著录方法，除编有内容提要外，还利用了"互见法"和"分析法"。《七略》创立出的分类法和著录法对我国图书馆目录的发展产生了深远影响。该书早已亡佚，但它的基本内容都被保存在班固的《汉书·艺文志》中，因此，《汉书·艺文志》成为今存最早的古籍分类目录。

汉代以后，各种官修、私撰的古籍分类目录不断涌现，分类方法也不断改进。西晋荀勖的《晋中经簿》将六略改为四部，即甲部录经书（相当于六艺）、乙部录子书（包括诸子、兵书、数术、方技）、丙部录史书、丁部为诗赋等，奠定了四部分类的基础。东晋李充所编的《晋元帝书目》根据当时古籍的实际情况，将史书改入乙部，子书改入丙部，这样，经、史、子、集四部分类已略具雏形。四部体制的最终确立，体现在《隋书·经籍志》中，这部实际上由唐初名臣魏征所编的目录，正式标注经、史、子、集四部的名称，并进一步细分为 40 个类目。

四部体制的分类只能大致地对图书进行分类和简单的检索，还不能完全深入图书的内容。为了满足对于图书内容快速的查找和阅读，古人又创造性地发明了"类书"这一检索工具。类书之名，最早见于后晋刘昫撰写的《旧唐书》，到了北宋，欧阳修等撰《新唐书》时改"类事"为"类书"，从而定下"类书"之名。

简而言之，类书就是一种分门别类地汇辑资料，并按门类、字韵等编排以备查检的工具书。由于类书收录资料的全备性，许多人又将类书称为古代的百科全书。但严格意义上的类书具备两个特点：一是"分门别类"，即对搜集来的资料分类编排，把同类资料排列在一起；二是"录而不作"，即纂辑罗列现有的资料，而非编者自己的论述或考辨，编者最多只是在某些资料前后加几句简单的按语，这一点与现今的百科全书有着非常大的区别。

类书按采集资料范围来划分，有综合性和专门性两大类。

（1）综合性类书：收录范围广，覆盖面宽。大型官修类书多是综合性的，如《太平御览》《古今图书集成》等。

（2）专门性类书：仅采集某一方面的资料，但就某个特定领域来说，其资料甚为全面丰富，如《通典》《册府元龟》《格致镜原》《太平广记》等。

以下为《太平御览》"学部·卷一"中对"叙学"这一词条的辑录（节选）。

○ 叙学

《易·文言》曰：学以聚之，问以辩之。

《白虎通》曰：学以言觉也，觉悟所不知也。

《论语·为政》云：子曰："学而不思则罔，思而不学则殆。"

又曰：卫灵公曰："君子谋道，不谋食。耕也，馁在其中；学也，禄在其中。"

又曰：生而知之者，上也；学而知之者，次也；困而学之，又其次也；困而不学，民斯为下矣。

《礼记·学记》曰：君子之于学也；藏焉，修焉，息焉，游焉。

又曰：善问者如攻坚木，先其易者，后其节目。

又曰：学，不学操缦，不能安弦；不学博依，不能安诗。

又曰：善学者，师逸而功倍，又从而庸之；不善学者，师勤而功半，又从而怨之。

又曰：凡学之道，严师为难。师严然后道尊，道尊然后民知敬学。

又曰：善待问者如撞钟，叩之以小者则小鸣，叩之以大者则大鸣。

又曰：玉不琢不成器，人不学不知道，是故古之王者，教学为先也。

《国语》曰：文公问元帅于赵衰，曰："郤縠可，行年五十矣，守学弥惇。夫学，先王之法，义之府也。"

又曰：范献子聘于鲁，问具、敖山，鲁人以乡对。献子曰："不为具、敖乎？"对曰："先君献武之讳也。"献子归，遍戒所知曰："人不可以不学。吾适鲁而名其二讳，为笑焉。惟不学也。人之有学，犹木之有枝叶，犹庇荫人，而况君子乎？"

《家语》曰：子路见孔子。孔子问曰："何好？"曰："好长剑。"子曰："以子之能加之以学，岂可及乎！"子路曰："学岂有益哉？"子曰："狂马不释策，操弓不反檠。木受绳则正，人受谏则圣。受学重问，孰不顺成？"子路曰："南山有竹，不揉自直，斩而用之，达于犀革，何学之为？"孔子曰："括而羽之，镞而砺之，其入不益深乎？"子路拜曰："敬受命。"

读者按照目录找到“叙学”词条，便可以查阅到相关书籍中对此的论述。

总的来看，我国古代已出现了信息检索的雏形，但信息检索活动仍没有作为一种专门技能。随着时代的发展和信息的不断增加，在近代，信息检索逐渐发展成为一种专门的技能。

1.4.2　近代手工信息检索活动

信息检索作为一种专门技能，其历史可以追溯到图书目录、索引和文摘等检索工具产生的时代。

目录是读者最为熟悉的，它是按次序编排以供查考的图书或篇章的名目，现代图书一般都提供相应的目录。

所谓索引，旧称通检、备检或引得（index），最早出现于西方，主要是中世纪欧洲宗教著作的索引。18 世纪以后，西方开始有主题索引。中国的索引出现较晚，一般认为，明末傅山所编的《两汉书姓名韵》是现存最早的人名索引。索引组成的基本单位是索引款目。款目一般包括索引词、说明或注释语、出处 3 项内容，一般按照某一顺序进行有序化编排。索引的主要功能是为方便人们准确、迅速地获得文献资料提供线索性指引。常见的索引主要有报刊论文资料索引、文集篇目索引、语词索引、文句索引、关键词索引、专名索引、主题索引等。图 1.4-1 为《隋书人名索引》（邓经元编，中华书局出版，1979 年）的索引款目。

		0021_1—0022_3 鹿麃竟盧彥齊
0021_1 鹿	竟陵郡公　見楊瓚	22/626
	竟陵郡公　見楊坦	22/628
71鹿愿		22/638
64/1521	0021_7 盧	23/667
65/1529	74盧陵王　見蕭績	24/676
67/1577		25/704
80/1802	0022_2 彥	35/1094

图 1.4-1　人名索引

文摘的历史也同样悠久。早在 1665 年，法国就出版了西方世界第一本非严格意义上的学术期刊《学者报》（*Le journal des Scavans*）。该期刊主要目的是对当时在欧洲印刷的主要书籍进行编目和简要描述，并提供当前学术著作的可读性和批判性说明，实际上是一种摘要性的期刊。《学者报》的出版也奠定了期刊这种独特的出版形式，仅 3 个月后，第一本严格意义上的期刊《伦敦皇家学会哲学论坛》（*Philosophical Transactions of the Royal Society of London*）就付梓了，此后西方陆续创办了数量可观的非摘要性期刊。到了 19 世纪初叶，随着期刊数量越来越多，纯粹的以摘录文献信息的文摘型期刊开始出现。文摘型期刊系统收集文献的摘要信息，为读者提供集中阅读和多角度的查询。

1830 年，柏林科学院在柏林和莱比锡出版了著名的文摘刊物《药学总览》（*Pharmaceutisches Central-blatt*）。《药学总览》的问世，标志着专供检索使用的文摘刊物从一般刊物中分离出来，被单独编辑出版。这一标志性事件常常被认为是手工信息检索工作的正式开端，从那时起，信息检索经历了巨大的变化与发展。伴随着独立的文摘性刊物的出版和使用，索引工作也得到了很大的发展，并且逐渐转向为文摘刊物服务，与文摘刊物紧密结合在一起。索引与文摘的结合，使各种手工检索工具的查询功能得到不断提高和完善。

1946 年，世界上第一台电子计算机问世，到 20 世纪 70 年代初期，基于计算机技术的联机信息检索开始步入商业应用。在这段时间里，手工检索仍处于主流地位并达到其发展的高潮。进入 20 世纪 70 年代以后，在信息检索最为发达的英美等国家，手工检索便逐渐退出主流地位，取而代之的是现代计算机检索。

1.4.3 现代计算机检索阶段

在纸质环境下，索引检索工具尽管操作简单，但显然效率很低。随着文献信息的不断增长，传统的利用印刷型索引工具进行手工检索的方式已不能适应。1945 年夏天，美国科学家布什（Bush）在《大西洋月刊》（*Atlantic Monthly*）上发表《诚若所思》（*As we may think*）这一经典论文，在其中他设想了一种叫作"Memex"的机器，"想象一个未来的设备……人们可以在其中存储所有的书籍、记录和通信信息，并且可以以极高的速度和灵活性与这种机械设备进行互动咨询。这种设备是对人本身记忆的直接扩大和补充"。布什的这一设想开创了现代信息检索的先河。随着 1946 年第一台计算机问世，人们开始探索将计算机技术应用于信息检索。计算机信息检索主要经历了早期的脱机批处理检索、联机实时检索、光盘检索等发展阶段。

1. 脱机批处理检索时期

早在 20 世纪 50 年代初期，美国麻省理工学院的研究人员就开始利用计算机进行代码化文摘检索的可行性研究试验，将输入计算机的信息（文献的题录、文摘等）全部存储在磁带上，检索提问主要采用"穿孔卡片"和"穿孔纸带"作为存储媒介。

1954 年，美国海军兵器中心实验室利用 IBM-701 型计算机（电子管计算机），将文摘号和少量标引词存储在计算机中，进行相关性比较后输出检索结果文献号，由此诞生了世界上第一个计算机文献信息自动化检索系统。1958 年，美国通用电器公司将其加以改进，输出结果增加了题名、作者和文献摘要等项目。此后，美国化学文摘服务社于 1964 年建立了文献处理自动化系统。同年，美国国立医学图书馆建立了医学文献分析与检索系统。

这一阶段通常被称为脱机批处理检索，其特点是不对一个检索提问立即作出回答，而是集中大批提问后进行处理，且进行处理的时间较长，人机不能对话，因此检索效率往往不够理想。但是，脱机批处理检索中的定题服务对于科技人员却非常有用，定题服务能根据用户的要求，先把用户的提问登记入档，存入计算机中形成一个提问档，每当新的数据进入数据库时，就对这批数据进行处理，将符合用户提问的最新文献提交给用户，可使用户随时了解课题的进展情况。

2. 联机实时检索与光盘检索时期

进入 20 世纪 60 年代后期，随着计算机技术的不断进步，第三代计算机集成电路计算机开始出现，与此同时，高密度海量随机存储器、硬磁盘及磁盘机问世并投入使用，信息检索进入人机对话式的联机实时检索时期，表现为：用户可以通过检索终端设备与检索系统中心计算机进行人机对话，从而实现对远距离之外的数据库进行检索的目的，即实现了联机信息检索。

联机实时检索时期取得了一系列更加具有突破性的发展成就，其中最突出的表现是一批联机检索服务系统的创建和应用。例如，1965年美国系统发展公司（SDC）建立的ORBIT系统（书目情报分析联机检索系统）、1966年美国洛克希德（Lockheed）公司研制开发的DIALOG系统、1973年建成的ESA-IRS系统（欧洲航天局信息检索系统）等。

脱机批处理系统主要采用顺排文档检索技术，其批处理方式虽然比手工检索便利了很多，但用户还是不能与系统进行实时对话，也不能对检索策略进行及时调整。为克服脱机系统的这些缺陷，上述联机系统广泛使用了倒排文档检索方式，另外还对布尔逻辑检索、截词检索、位置检索等检索技术加以试验和运用。遗憾的是，联机检索虽然能够实现信息的实时更新，但由于当时的网络通信技术还不是非常成熟，国际联机检索费用过高，导致这一检索过程只能为少数专业机构和用户所采用，其普及率并不高。

在联机检索快速发展的同时，随着20世纪80年代光盘技术的诞生，基于光盘的信息检索技术也日趋成熟并得到光盘应用。1985年，第一张正式的CD-ROM数据库产品BIBLIOFILE（美国国会图书馆机读目录）问世。1987年，DIALOG系统也开始推出其光盘检索服务（Ondisc），由此，光盘数据库产品及其服务在信息检索领域逐步开展并逐渐流行起来。作为一种新型的存储设备，光盘与计算机（尤其是个人计算机）的结合，为人们提供了一种崭新的检索环境和服务模式。操作方便、不受通信线路的影响与制约等特点，使光盘检索深受专业用户青睐，并逐渐与联机实时检索形成了互相补充、互相竞争的发展格局。

1.4.4 网络化信息检索活动

进入20世纪90年代，起始于1969年的Internet技术在经历了早期军事、科技与教育领域里的试验与应用推广之后，开始步入社会化的商业应用。信息检索的主流平台也迅速转移到以万维网为核心的网络应用环境中，信息检索开始步入网络化检索时期。网络化信息检索是联机实时检索的延伸，在保持信息更新速度的同时，也克服了联机实时检索费用高昂的弊端，网络信息检索的用户逐渐由信息检索从业人士向普通研究人员和大众发展。特别是搜索引擎的出现，更是将网络信息检索的概念普及。

在这一时期内，信息检索的网络化主要体现在两个方面。一是各类数据库检索系统和联机检索系统逐渐将自己的服务转移到具有分布式网络结构特性的Web平台上，如DIALOG系统、INSPEC系统、化学文摘等。目前，我们所用的检索工具几乎都是基于Web平台。二是基于Web的搜索引擎系统层出不穷，如谷歌（Google）、百度、Bing（必应）等，技术发展迅速，应用日趋广泛。

第 2 章 信息检索的原理与技术

本章重点介绍信息检索的种类、基本原理及过程技术。本章的介绍基于广义的信息检索概念，让读者深刻理解其全貌，即不仅使读者理解取的过程，同时也对存的过程有所了解。理解信息检索的全貌有利于读者更好地把握信息检索工具所提供的一些高级功能，如主题词表检索，以提高检索质量、提升检索效率。

2.1 信息检索的种类

1. 按照信息检索手段分类

根据信息检索手段的不同，信息检索可分为手工检索和网络检索。

1）手工检索

手工检索是指以手工翻检的方式，利用工具书（包括图书、目录卡片等）来检索信息的一种检索手段。手工检索不需要特殊的设备，用户根据所检索的对象，利用相关的检索工具就可进行。手工检索的方法比较简单、灵活，容易掌握。但是，手工检索需要花费大量的人力和时间。今天，越来越多的手工检索工具已经被网络检索所取代。

2）网络检索

网络检索是指借助于计算机和网络，利用各种网络检索工具来检索信息的一种检索手段。网络检索使用便捷，但是需要借助形式各异的检索工具，用户必须熟练掌握各种检索工具的分布和检索特性。网络检索已成为检索的主流方式，本书也主要介绍网络检索。

2. 按照信息检索对象分类

根据信息检索对象形式的不同，信息检索一般可分为文献信息检索、事实信息检索、数据信息检索 3 种不同类型。

1）文献信息检索

文献信息检索是以文献（包括题录、文摘和全文）为检索对象的检索。凡是查找某一主题、时代、地区、著者、文种的有关文献，以及这些文献的出处和收藏处所等，都属于文献型信息检索的范畴。完成文献信息检索主要借助于各种书目数据库。

文献信息检索是最为常见的一类检索，典型的文献检索行为多见于以下情形：为了编写教材或撰写综述性论文，某作者需要对论述相关问题的大量文献进行搜集和阅读；为了审查某项专利发明的新颖性和先进性，审查员需要在规定的"新颖性调查范围"内查阅有关的专利说明书及其他资料；为了了解某一理论、方法的具体内容或技术细节，研究人员需要查找能提供相关知识的文献等。

2）事实信息检索

事实信息检索（又称事实检索）是以客观事实为检索对象的检索活动，其检索结果主要是客观事实或为说明事实而提供的相关资料。例如，微软公司全年在哪些地区设立了分公司，这些分公司的地址、员工数量、主要负责人等；某一公司控股的子公司有哪些等。完成事实信息检索主要借助于各种指南数据库。

3）数值信息检索

数值信息检索（又称数据检索）是以数值或数据为对象的一种检索，包括某一数据（如人口、国内生产总值等）、公式、图表，以及某一物质的化学分子式等，数据检索分为数值型与非数值型。完成数据信息检索主要借助于各种数值数据库和统计数据库。

文献信息检索与事实信息检索、数据信息检索有许多共同之处。比如，在检索原理上都是相同的，在信息服务过程中，它们也是相互配合、相辅相成的。但它们之间也存在着本质上的不同，主要表现在以下两个方面。

第一，文献信息检索是一种"相关性检索"。"相关性"的含义是指系统不直接解答用户所提出的问题本身，而只是提供与问题相关的文献供用户参考。

第二，事实信息检索、数据信息检索是一种"确定性检索"。"确定性"的含义则是指系统直接提供用户所需要的确切的事实或数据，检索的结果要么是有，要么是无；要么是对，要么是错。

随着计算机技术与网络技术的不断进步，信息检索的对象已大为丰富。除了文献、事实、数据等这些传统的文本、数值信息，图形、图像、音频、视频等新型媒体信息也急剧增加。由此出现了一种新的三分方法，即文本检索、数值检索、多媒体检索。

（1）文本检索。文本检索是指以各种自然语言符号系统所表示的信息作为主要检索对象的信息检索活动。文本检索是传统（文献）检索方式的延续，目前在信息检索领域仍占据主要地位并不断得到新的发展。例如，从早期的结构化书目信息检索到当前的无结构或半结构化的自由文本检索，从关键词检索到概念检索甚至语义检索，等等。目前，几乎所有成熟的商业检索系统都基于文本进行检索，本书对于信息检索原理的讲解也围绕着文本检索进行。

（2）数值检索。数值检索是针对数值型数据的查询而发展起来的一类较有特色的信息检索。数值检索不仅能检索出符合特定需求的数据信息，也可以在此基础上提供一定的数据运算能力和推导能力。由于数值信息的不断丰富和在某些领域（如财经、金融、统计等）的广泛应用，自20世纪70年代起，数值检索逐步获得了独立发展的空间。

（3）多媒体检索。多媒体检索是主要针对各种图像、数字化音频与视频信息而进行查询的一类新兴的信息检索操作。比如，百度识图可以直接提交图像，并依赖图像本身的特征检索出相似的图像；淘宝等购物系统也可以根据图像来检索类似的商品信息。直接依据图像和音视频等本身特征进行检索消耗资源多、速度慢。目前，绝大多数信息检索系统仍基于文本检索。一些数值、音频和视频也都是采用文本对其特征进行描述，并进而对文本进行检索这一折中方式。比如，百度视频检索就是基于文本来检索视频。

2.2 信息检索的基本原理

信息检索的基本原理是：通过对大量的、分散无序的文献信息进行分析加工、组织、存储，从而建立各种各样的信息检索系统，并通过一定的方法和手段使存储和检索这两个过程所采用的特征标识达到一致，以便有效地获得信息源。其过程如图 2.2-1 所示。下面结合具体的例子对信息检索原理与过程进行具体说明。

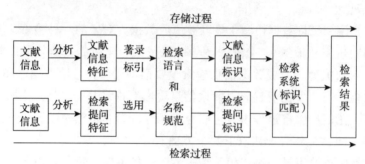

图 2.2-1　信息检索的基本原理

2.3 信息的组织和存储过程

现代信息检索都依赖数据库技术对信息进行组织和存储。那么，这些信息到底是如何组织和存储的呢？本书以图书馆藏书信息的组织和存储为例加以说明。这里，我们假设某图书馆藏有 100 本图书（实际的藏书可能都是以万本、百万本为单位计）。

2.3.1　字段、元数据与记录

文献信息具有一定的特征。字段（field）用来描述文献的某一特征。比如，用标题这一字段来描述图书书名这一特征。某一类文献信息往往拥有多个特征，需要用多个字段来描述，比如，图书拥有标题、作者、出版社、出版年份、ISBN 等多个字段。通常，可以定义一整套的字段集合规则来系统描述某一类文献信息，这种规则又称为元数据（metadata）。所以，元数据通常又被定义为关于数据的数据。比如，图书馆领域有一个 MARC 著录规则，可以对图书馆的馆藏进行描述。图 2.3-1 展示了对一本图书的 MARC 描述。有关 MARC 的详细著录规则读者可以自行查阅。

某一文献利用元数据进行描述后，就形成了一条记录。记录（record）由字段对信息特征的描述集合组成，是对某一文献信息的概要描述。记录按其描述项不同可分为题录和文摘。题录的著录项较少，通常包括篇名、著者（或含其所在单位）和来源出处，无内容摘要，而文摘则包含了能够揭示其内容特征的著录项，如摘要、关键词等。在手工检索时代，题录型检索工具较为常见，但随着计算机技术的发展，题录型检索工具逐渐为文摘型检索工具所取代。

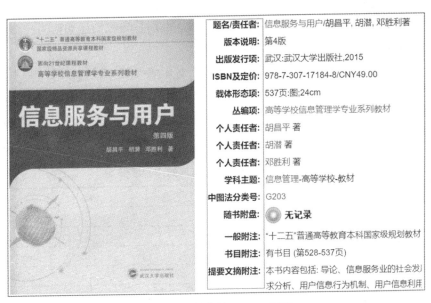

图 2.3-1　图书的 MARC 记录

现代一般利用数据库技术对文献的记录进行存储。在本例中，可以在数据库中新建一张图书信息表，这个表中存储了多条记录，100 本书就有 100 条记录。表 2.3-1 包含了 100 条（即 100 本书）记录。

表 2.3-1　包含 100 条记录的图书信息表

编号	题名	责任者	出版社	年份
1	信息检索导论	花芳	清华大学出版社	2016
2	信息管理导论	胡昌平	武汉大学出版社	2013
…	…	…	…	…
35	面向用户的资源服务	胡昌平	科学出版社	2016
…	…	…	…	…
50	信息安全服务体系	胡昌平	学习出版社	2019
…	…	…	…	…
100	图书馆学概论	于良芝	国家图书馆出版社	2020

2.3.2　索引：快速检索的核心机制

那么，信息检索过程从技术上是如何实现的呢？下面我们进行简短的说明，以便让读者快速了解其中的技术机制。

现在假设我们要从表 2.3-1 中所列的 100 条记录（即 100 本书）中找到作者为"胡昌平"的书籍。如何在这么多的书籍中找到我们所需要的书呢？这其实就是一个检索问题。我们试着解决这一问题。

有一个最简单的方法可以解决这一问题。其基本做法是：从第一条记录开始查看，一条一条逐个查看，必定可以找出作者为"胡昌平"的书。这种方法一般称之为顺排文档检索，非常简单，然而其中的弊端也十分明显。当书籍数量为百万级别时，所耗时间无疑是难以忍受的,即便是使用数据库查询技术。特别是当我们还想查另一个作者,如于良芝的书籍时,这个过程显然又得重复一遍。

现在,改进这一方法:我们指派一人逐条查看记录(这一过程仍然是必须的,通常由计算机自动完成),建立起作者列表(可以按照拼音字母或其他规则进行排序),并将作者对应的图书编号加入表 2.3-2 中。表 2.3-2 通常被称为索引(也称为倒排索引,inverted Index)。

表 2.3-2 按拼音字母排序的作者索引

作者	编号
…	…
花芳	1
胡昌平	2,35,50
于良芝	100
…	…

现在假如我们要查找作者为胡昌平的书籍(这是我们的信息需求),很显然,我们不需要再去查找表 2.3-1 这个原始信息表,而只需先查表 2.3-2 的作者索引,找到胡昌平所对应的书籍编号(2,35,50)。同样地,也可以针对其他字段建立索引。从数量级数上看,索引比原始信息表要少上许多。显然,这一过程从效率上看是要远远高于前一种方法的。因此,在实践中,检索实际是对索引而非原始信息表的检索。

2.3.3 词的规范化处理

在实践中,我们可以对文献信息的各个字段,如标题、作者、出版社、年份等建立索引,以满足从各种途径来检索。然而,一些字段包含的内容可能较为宽泛,很难直接来建立索引。比如,标题为"信息服务与用户"的图书,就不太可能建立

信息服务与用户……1

这样的索引关系,否则建立索引就没有意义了。因而,通常需要对这些字段中的语句(词)进行处理。处理过程一般包含以下 3 个步骤。

(1)词的切分。将语句切分成字或词,切换规则有许多,这里不一一介绍。比如,上述"信息服务与服务"可以切分为

信息/服务/与/用户

(2)停用无意义的词。一些字词可能属于语气词、助词或者无太多检索意义,可以停用。比如,"与"这个字可能就无太多检索意义,因而可以进一步缩减为

信息/服务/用户

(3)词的规范化与标引。上述切分词属于自然词,即未经规范化处理的词。在某些时候,一些词可能存在同义词、近义词、隶属关系等,同时,不同的作者也可能使用不同的词对同一概念进行描述,这些词一般称为自然词。举例来说,在有关酒精的研究中,研究人员可能对酗酒使用诸如酒精中毒、饮酒问题、酒精滥用、药物滥用等词汇,这就为未来的检索造成了障碍。为了更准确、统一地表达检索含义,一些检索系统采用了更

为专业的主题词表（thesaurus），并使用词表中的词（称为受控词）来替代自然词，对文献进行适当的标引（即用词表中的词来描述文献）。

主题词表是一个受控的词汇表，当不同领域中对相同的概念使用不同的术语时，它为提取信息提供了一种统一的方法。比如，PubMed 数据库使用医学主题词表（medical subjects headings，MeSH）对文献中出现的词进行标引。EBSCO 的《图书馆、信息科学与技术文摘》（LISTA）数据库提供了相应的主题词表对词进行统一规范。图 2.3-2 为 "INFORMATION resources managemen"（信息资源管理间）该词条的解释及相关术语。

```
INFORMATION resources management
Scope Note        Here are entered works on the processes involved in managing sources of information, in general, not limited to a specific format or medium. [EPC]
Broader Terms     □ INFORMATION services management
Narrower Terms    □ CATALOGING management
                  □ DATA modeling
                  □ GATEKEEPERS
                  □ INFORMATION assurance
                  □ INFORMATION audits
                  □ INFORMATION sharing
                  □ LIBRARY services platforms
                  □ PERSONAL information management
                  □ RECORDS management
                  □ STRATEGIC information system
Related Terms     □ INFORMATION needs
                  □ INFORMATION overload
                  □ INFORMATION professionals
                  □ INFORMATION resources
                  □ INFORMATION retrieval
                  □ INFORMATION storage & retrieval system managers
                  □ INFORMATION technology
                  □ INFORMATION technology management
                  □ KNOWLEDGE management
                  □ LIBRARY science
Used for          DATA life cycle management
                  DLM (Data lifecycle management)
```

图 2.3-2　图书馆、信息科学与技术主题词表

读者可以从检索系统的帮助文档中找到该系统所采用的主题词表。值得注意的是，使用主题词表需要耗费大量的时间进行人工标引（也有部分采用自动标引技术），因此目前只有少数检索系统采用主题词表，大多数检索系统都没有使用主题词而仍仅采用自然词。显然，这对用户检索信息构成了负担，要求用户必须熟知相关的可能的词汇。

将词进行处理后，就可以建立索引以便后期检索。比如，对"信息"一词建立索引。

信息……1,2,50

在实践中，还需要对词在某一文献中出现的频次进行统计，以满足相关性排序。

2.4　信息检索过程的技术机制

2.4.1　检索过程与匹配机制

1. 检索字段与字段限定检索

在信息检索过程中，用户需要确定从哪一字段进行检索，即将检索范围限定在特定

的字段中，这就是字段限定检索。字段限定检索是所有检索系统中最基本的检索方式，也是用户最为经常使用的检索方式。图2.4-1展示了某检索系统选择"著者"字段进行检索的界面。

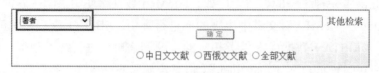

图 2.4-1　字段检索示例

通常，不同类型的文献信息有相同的字段，也可能存在不同的字段，读者应该熟悉各种类型的文献信息（详见第 3 章）。同时，不同的检索系统提供的字段数目，以及对各个字段的称谓也有所不同。比如，中国知网（China national knowledge infrastructure，CNKI）使用"篇名"表示标题，万方则使用"题名"。读者在检索时，应先查阅该检索系统的说明，详细了解其可检字段的情况，以便确定合适的检索途径。在某些论文中，如果出现"作者＝"的表达方式，读者应该清楚这表示在"作者"这个字段进行检索。

在某些检索系统中，读者会发现没有检索字段可以选择，而只能输入检索词进行检索，绝大多数搜索引擎都采用这种方式，如百度、谷歌等。这是不是意味着这些检索系统没有字段限定检索呢？答案是否定的。真实的情况是，系统默认在所有的字段中同时进行检索而不需要读者进行选择。

2. 检索词

检索词是对作者需求的表达。所有的检索系统都支持作者输入自然词进行检索。对于某些拥有特定词表的检索系统，用户可以查阅词表，并选择规范化的词，以提高检索效率。

3. 匹配机制

匹配机制是信息需求与信息集合如何进行匹配并将匹配结果进行输出的过程。大多数检索系统根据用户选择的检索字段以及输入的检索词进行字词匹配。比如

作者 = 胡昌平

表示在"作者"字段检索与"胡昌平"相匹配的记录。这一过程可以简单表述如下：系统找到作者索引表，查找作者值为"胡昌平"的索引值，并经由索引值找到对应的原始记录，按照一定的规则（如相关性、日期等）进行排序返回给用户。

2.4.2　布尔逻辑检索

布尔逻辑检索是计算机检索的基本技术，也是一种比较成熟且经济的检索技术，几乎所有的检索系统都在使用布尔逻辑检索。布尔逻辑检索是利用布尔逻辑算符表示多个单一检索需求之间的逻辑关系，常用的逻辑算符包括 AND（与）、OR（或）、NOT（非）。

对 A、B 两词而言，其 AND、OR、NOT 的逻辑含义如图 2.4-2 所示。

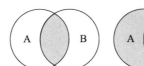

A AND B，表示当一条记录中同时包含 A 和 B，即可被视为命中记录。
A OR B，表示当一条记录中只要出现 A 或者 B，都可被视为命中记录。
A NOT B，表示当一条记录中出现 A 且不出现 B，即可被视为命中记录。

图 2.4-2　逻辑运算

在信息检索领域，AND、OR、NOT 算符又默认用 "*" "+" "-" 表示。许多读者非常容易将 "+" 错误理解成 AND，这是不对的，应当引起重视。

布尔逻辑检索可以用于同一字段的检索。比如

题名 = 信息 AND 服务

表示题名中必须同时包含信息和服务这两个词。在某些检索系统中，直接输入 "信息服务"，这时检索系统默认采用布尔逻辑检索技术来进行处理。系统也是将其划分为 "信息" 和 "服务"，并且用逻辑 AND 算符进行连接并进行检索的。

布尔逻辑检索也可以用在不同字段之间的检索。比如

作者 = 胡昌平 AND 题名 = 信息

就表示一条记录中应同时包含作者为 "胡昌平" 且题名中含有 "信息" 一词。读者应该注意到，在某些检索系统里，还提供一些特殊的字段，如知网中提供 "篇关摘" 这一字段，事实上，这一字段包含了篇名、摘要、关键词三个字段，用户选择这一字段，即意味着同时在这 3 个字段进行检索，并以逻辑 "或" 进行连接，即

篇关摘 = 信息服务 等价于（篇名 OR 摘要 OR 关键词）= 信息服务

2.4.3　截词检索

截词检索是预防漏检，提高查全率的一种常用检索技术。所谓截词，是指在检索词的合适位置进行截断，然后使用截词符进行处理，这样既可节省输入的字符数目，又可达到较高的查全率。尤其在西文检索系统中，使用截词符处理自然词，对提高查全率的效果非常显著。需要说明的是并不是所有的检索系统都支持这种技术。

截词算符（又称为通配符）在不同的系统中有不同的表达形式，常用的有 "?" "$" "*" 等（不同的系统采用的截词算符可能不同）。按所截断的字符数目来分，有无限截词（一个截词符可代表多个字符，通常用 "*"）和有限截词（即一个截词符只代表 0 个或 1 个字符，通常用 "?"）两种。按截断的位置来分，截词可有前截断、中截断、后截断 3 种类型。

（1）前截断。前截断是指检索结果中单词的后面几个字符要与关键字中截词符后面的字符相一致的检索。比如，*computer 可以检索出 computer、minicomputer、microcomputer 等。

（2）中截断。中截断是指检索结果中单词的中间几个字符要与关键字中截词符中间的字符相一致的检索。一般来说，中截词仅允许有限截词，主要用于英式英语、美式英语拼写不同的词和单复数拼写不同的词。比如，organi?ation 可检索出含有 organisation 和 organization 的记录；wom?n 可检索出含有 woman 和 women 的记录。

（3）后截断。后截断是指检索结果中单词的前面几个字符要与关键字中截词符前面的字符相一致的检索。比如，book?可检索出包含有 book 或 books 的记录；acid??可检索出含有 acid、acidic 和 acids 的记录；solubilit 用 solub*处理，可检索出含有 solubilize、solubilization、soluble 等同根词的记录。

从以上各例也可发现，使用截词检索具有隐含的布尔逻辑或（OR）运算的功能，可简化检索过程，是方便用户、增强检索效果的有效工具。尤其在西文检索中，更是广泛应用，但一定要合理使用，否则会造成误检。

2.4.4 位置检索

位置检索也叫邻近检索。文献记录中词语的相对次序或位置不同，所表达的意思可能不同，而同样一个检索表达式中词语的相对次序不同，其表达的检索意图也不一样。位置算符检索是用一些特定的位置算符来表达检索词与检索词之间的邻近关系，以进行检索的技术方法。

按照两个检索词出现的顺序和距离，可以有多种位置算符。不同的检索系统所采用的位置算符可能存在差异。本书以美国 DIALOG 检索系统使用的位置算符为例，介绍如下。

1.（W）与（nW）算符

W 是 with 的缩写，在（W）两侧的检索词顺序不能改变，而且两个检索词之间不能有其他的词或字母，但允许有一个标点、连字符或空格。比如，Information(W)retrieval 可检索出 Information retrieval、Information-retrieval。

（nW）表示两侧的检索词顺序不能改变，两个检索词之间最多允许插入 n 个词。例如，electronic（1W）resources 可检索出 Electronic resources、Electronic information resources。

2.（N）与（nN）算符

N 是 near 的缩写。（N）算符表示其两侧的检索词必须紧密相连，除空格、连字符或标点符号外，不得插入其他词或字母，但两词的词序可以颠倒。例如，junior（N）high 可检索出 junior high、high junior。

（nN）表示允许两词间插入最多为 n 个其他词，包括实词和系统禁用词。比如，information（3N）retrieval 可检索出 information retrieval、retrieval informaiton、retrieval of information、retrieval of law information、retrieval of Chinese law information 等。

3.（F）算符

F 是 field 的缩写，（F）表示其两侧的检索词必须出现在同一字段中，如篇名字段、文摘字段等，词序不限，并且夹在其中间的词量不限。例如，environmental（F）impact/AB,TI 表示这两个词必须同时出现在摘要字段和篇名字段中。

4.（S）算符

S 是 Sub-field/Sentence 的缩写，表示在此运算符两侧的检索词必须出现在记录的同一个子字段内（如在文摘中的一个句子就是一个子字段），但不限制它们在此子字段中的相对次序，中间插入词的数量也不限。例如，literature（S）foundation，只要 literature 和 foundation 两词出现在同一句子中，就满足检索条件。

位置检索一般用在英文检索系统中较多，中文检索系统中应用较少，但现在一些中文检索系统中也有部分应用。比如，在 CNKI 平台中，就提供"同一句"和"同一段"的检索（图 2.4-3），也可以视为（S）算符检索。

图 2.4-3　CNKI 同一句/段检索

2.4.5　短语（精确）检索

短语检索是将一个词组或短语用引号（""）进行限定，作为一个独立运算单元，须进行严格匹配，检索出与引号内形式完全相同的词组或短语。短语检索可以提高检索的精度和准确度，因而也被称为精确检索。比如，我们希望检索"信息服务"的相关资料，如果使用短语检索，则将查找到类似于"天气信息服务查询"的结果。与短语检索对应的一般为模糊检索，其基本含义为只要检索的字段记录中含有输入的检索词就为命中记录，而不管检索词被拆分后的两个（或多个）词的先后顺利和相对距离（位置）。比如，不使用短语检索而直接在检索框中输入"信息服务"，则可能找到类似于"信息查询服务"的结果。

在某些检索系统中，也提供精确/模糊检索选项。比如，在 CNKI 系统中，用户可以在下拉选项中选择"精确"，其结果与使用引号限定是相同的（图 2.4-4）。

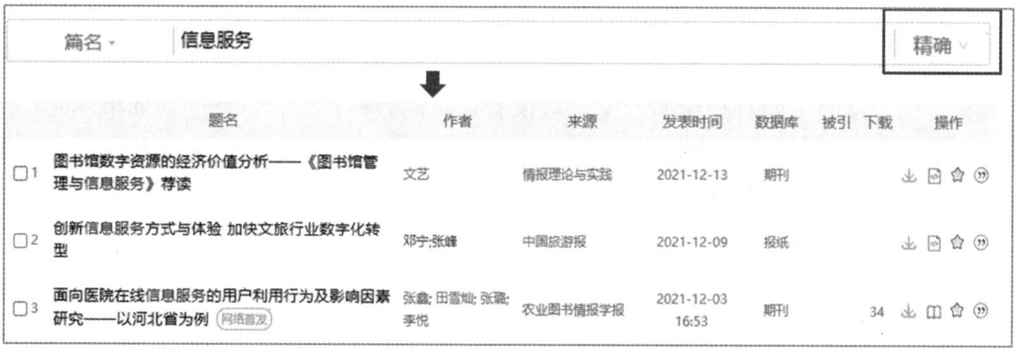

图 2.4-4　CNKI 精确检索示例

2.5　信息检索效果的评价

信息检索效果是指利用检索系统开展检索服务时所产生的有效结果。评价检索效果的指标有很多，但对普通用户而言，最容易理解且最常用的主要有查全率和查准率这两个指标。美国学者克里维顿（Cleverdon）在他著名的 Granfield I 试验中首次将查全率与查准率作为信息检索系统效率的评价指标。

1. 查全率

查全率，又称召回率，是衡量某一检索系统从文献集合中检出相关文献成功度的一项指标，即检出的相关文献量与检索系统中相关文献总量的百分比。即

$$查全率 = (检索出的相关信息量/系统中的相关信息总量) \times 100\%$$

例如，利用某个数据库检索某个课题，假如在该数据库中共有相关文献为 50 篇，结果只检索出 35 篇，那么查全率就等于 70%。

2. 查准率

查准率（精度）是衡量某一检索系统的信号噪声比的一种指标，即检出的相关文献量与检出的文献总量的百分比。即

$$查准率 = (检索出的相关信息量/检索出的信息总量) \times 100\%$$

例如，检索某个课题时检出文献总篇数是 50 篇，经审查确定其中与该课题相关的只有 35 篇，另外 15 篇与该课题无关，那么这次检索的查准率就等于 70%。

3. 查全率与查准率的关系

克里维顿在 Granfield II 实验中发现了查全率与查准率之间的互逆关系。美国著名情报学家兰开斯特（Lancaster）在《情报检索系统——特性、试验与评价》一书中也明确提出查全率与查准率总是相反的关系。到目前为止，多数学者都认可两者存在互逆关系。所谓互逆关系，是指提高查全率就会降低查准率，反之，如果提高查准率就会降低查全率。然而，读者要知道的是，查全率和查准率虽然在信息检索中非常实用，但实际上要进行精确的计算必须在实验环境中，在日常的检索中读者只能感性理解和把握这两个指标而无法做到精确计算。

尽管如此，读者必须清楚地认识每一次检索对查全率和查准率的要求。比如，当读者要系统检索某一课题资料时，这时对查全率的要求就比较高；当仅要求熟悉某一研究主题概念时，这时可能对查全率的要求就没有那么高。一般而言，查准率如果不高，往往可以通过后期人工筛选检索结果，将误检结果剔除掉，因而本书建议读者应重点和深入理解查全率这一指标，在检索时尽可能保证查全率。

第 3 章

常见的文献信息类型

掌握信息源是信息检索的首要任务,而掌握有哪些类型的文献信息则是首要中的首要。读者往往对一些常见类型的文献信息如图书非常熟悉,对于不常见或原来没有使用过的文献信息类型则缺乏认识。缺乏对于文献信息类型的了解,在实践中常会导致一些"硬伤"。比如,最新的技术信息从论文中获取。又比如,在研究论文中大量引用图书(尽管在某些领域,如历史,这种是比较正常的)。因此,了解信息的类型,理解每种类型信息的特点,同时掌握每种类型信息所具有的特征字段是非常必要的。

通常,读者接触到的文献信息都是按其出版类型进行区分,种类较多,且特征各异,其中期刊、图书、报纸、会议文献、学位论文、专利文献、标准文献是其中比较重要的组成部分,本章加以重点介绍。

3.1 期刊及期刊论文

3.1.1 期刊的概念与特点

期刊是科学革命显著的创新之一。自 1665 年第一份学术期刊《伦敦皇家学会哲学论坛》(*Philosophical Transactions of the Royal Society of London*)创立以来,经过长期发展,其数量已经非常庞大。19 世纪初期,期刊总数已达到 100 种左右,19 世纪中叶则达到 1000 种左右,20 世纪初则达到 10 000 种左右。据《乌利希国际期刊指南》(*Ulrich's Periodicals Directory*)的数据,截至 2021 年年底,全世界有超过 25 万种期刊。当前,期刊已成为展示原始性第一手资源和原创性观点和成果的平台,已经成为正式科学交流的主要的工具和常用的专业信息源之一。

我国国家标准《信息与文献术语》(GB/T 4894—2009)将期刊定义为面向特定主体或专业读者的连续出版物。期刊大多数情况下定期出版,常见的有周刊、旬刊、月刊、双月刊、季刊乃至年刊,但也可以是非定期出版。期刊每一期中刊载有一定数量的论文,称为期刊论文。

作为一种重要的专业信息源,期刊有其自身特点。

(1)规模和种类齐全,能满足多学科、多门类的信息需求。

(2)出版周期短,报道速度快,内容新颖。期刊论文往往反映了科学研究的前沿动向、新成果和新水平。

(3)发行面广,流通渠道多,影响力大。

3.1.2 期刊及期刊论文的主要特征字段

期刊每一期中均刊载有一定数量的论文，期刊和期刊论文都具有自身的特征字段，这些在检索和定位信息中均具有重要的作用，读者应该加以熟悉。

1. 期刊的主要特征字段

期刊的主要字段包括刊名、出版机构、出版周期、国际标准连续出版物号（international standard serial number，ISSN）、国内统一刊号（代号 CN，国外期刊无）等。表 3.1-1 展示了《数据分析与知识发现》期刊的详细信息。

表 3.1-1 《数据分析与知识发现》期刊信息

字段	字段值
刊名	数据分析与知识发现
主管单位	中国科学院
主办单位	中国科学院文献情报中心
ISSN	2096-3467
CN	10-1478/G2

表 3.1-1 中的多数字段读者都容易理解，这里仅对 ISSN 和 CN 做简单介绍。

ISSN 常被用来标识、定位和检索某一期刊。ISSN 是根据国际标准 ISO 3297 制定的连续出版物国际标准编码，用于确定世界上任何一种不同题名、不同版本的连续出版物的国际性唯一代码标识。ISSN 由设在法国巴黎的国际 ISDS（国际连续出版物数据系统）中心管理，于 1975 年建立起世界性的连续出版物标准书目数据库。ISSN 编号由 8 位数字组成，前 7 位数字位为顺序号，最后一位是校验位，通常印刷在期刊的封面或版权页上。我国于 1985 年建立了 ISSN 中国分中心，设在北京图书馆（中国国家图书馆前身），负责中国期刊 ISSN 的分配与管理。目前，我国获得并使用 ISSN 刊号的期刊出版物有一万多种。

值得注意的是，一个 ISSN 对应唯一的期刊，也可以理解为该种期刊在国际上的通行证。随着信息技术的发展，一些期刊除了印刷版，还同步发行在线版，因此除了常规的 ISSN，还可能存在另一个 e-ISSN，甚至只有一个 e-ISSN。通常，一种期刊的刊名可能会随着时代发展而发生变化，但 ISSN 则很少发生变化。比如，《现代图书情报技术》期刊 ISSN 为：2096-3467，2017 年更名为《数据分析与知识发现》，但 ISSN 不变。

此外，对于在我国境内注册、公开发行的刊物，必须同时具有 ISSN 和 CN 两个刊号。CN 刊号标准格式是：CN XX-XXXX（/YY），其中前 2 位是各省（区、市）区号。CN 的前 2 位数字代表地区；后 4 位数字是地区连续出版物的序号，一律从 0001~9999，其中 0001~0999 为报纸的序号，1000~5999 为印刷版连续出版物（期刊）的序号，6000~8999 为网络连续出版物（电子期刊）的序号，9000~9999 为有形电子出版物（如光盘）的序号。CN 刊号的最后的字母标识代表了其类别（采用《中国图书馆图书分类法》进行分类标识）。比如，《情报学报》的国内统一刊号为：CN11-2257/G3，其中 11

代表北京，2257 为北京地区连续出版物的序号，G3 为中图分类号，代表科学、科学研究类别。值得注意的是，CN 刊号为我国当前鉴定期刊真伪的唯一标准，即国家新闻出版署正式批准出版的期刊都应具备 CN 刊号。读者可以通过国家新闻出版署提供的期刊查询页面（http://cn.toug.com.cn/）查询期刊的 CN 刊号。

2. 期刊论文的主要特征字段

对期刊而言，用户更为关注其中刊载的论文。期刊论文的特征字段包含两部分。

（1）基本索引字段。标识论文内容特征的字段，主要有标题（包含副标题）、摘要、关键词。

（2）辅助索引字段。标识论文非内容特征的字段，主要有作者、作者机构、基金资助、发表年份、卷、期、页码、参考文献等。

对于中文期刊论文，往往还提供某些字段（如标题、摘要、关键词、作者、作者机构等）的英文翻译以便进行国际化交流。表 3.1-2 为某篇中文期刊论文的详细信息。

表 3.1-2　某篇期刊论文的详细信息

字段	字段值
篇名	基于信息采纳模型的知识付费行为研究——产品类型的调节效应
摘要	【目的】探讨产品描述的信息质量和知识生产者的可信度对用户知识付费行为的影响机制以及考查产品类型的调节机理。【方法】……
关键词	知识付费行为；产品描述；信息质量；产品类型；信息源可信度
参考文献	[1] 金小璞, 徐芳, 毕新. 知识付费平台用户满意度调查与提升策略[J]. 情报理论与实践, 2021(5). [2] ……
基金	国家自然科学基金项目（项目编号：72072194）
作者	齐托托，白如玉，王天梅（ORCID：0000-0002-1019-2339）
作者机构	中央财经大学信息学院　北京　100081 北京大学汇丰商学院　深圳　518055
DOI	10.11925/infotech.2096-3467.2021.0588
刊名	数据分析与知识发现
年份	2021
卷	5
期	12
页码	60-73

（1）基本索引字段。通常，标题、摘要和关键词是标识一篇论文主题内容的字段，称为基本索引字段。

①标题。标题是一篇学术论文的点睛之笔，为这篇论文涉及的学术研究范围提供第一个重要信息，标题应直观反映论文的研究内容。

②摘要。摘要是对论文的内容不加注释和评论的简短陈述，要求简明扼要地说明研究工作的目的、研究方法、过程和最终结论等，是一篇具有独立性和完整性的短文。根据内容的不同，摘要可分为三大类：报道性摘要、指示性摘要和报道指示性摘要。

③关键词。关键词是从论文题目、摘要和正文选择中选择最能表达出论文主题特色的专业名词术语。关键词便于了解论文的主要内容，但更为重要的作用则体现在检索上：一是可作为标引人员选择主题词、建立数据库和文献检索的依据；二是便于读者进行检索，促进学术成果传播。许多作者在给出关键词时往往直接从标题抽取，与标题形成了较大的重合，这一做法是不太妥当的。本书给出的建议是，关键词除了包含核心概念外，还应尽可能选用与核心概念相隶属和关联的概念词，从而使得有更多的机会被读者检索到。通常，关键词个数 3~5 个较为适宜。

（2）辅助索引字段。除标识内容的字段之外，期刊论文中还包含有辅助特征字段，以下挑选较为重要的内容逐一介绍。

①开放研究者与贡献者身份识别码（open researcher and contributor ID，ORCID）。ORCID 是一套面向科研人员的免费的、全球唯一的 16 位身份识别码。ORCID 由原汤姆逊路透、自然出版集团于 2009 年 11 月共同发起，其蓝本之一是汤森路透的 Researcher ID。ORCID 可以用来消除作者姓名歧义（如同名、中英文转换等），避免研究成果归属混乱，准确展示个人研究成果，提高数字环境下信息发现准确率和信息服务效率。在表 3.1-2 中，王天梅的 ORCID 为：0000-0002-1019-2339。目前，我国境内外越来越多的出版机构或期刊编辑部都在启用 ORCID，要求作者投稿时提供 ORCID。研究者可以通过 ORCID 官方网站（https://orcid.org/）或其中国服务平台 iAuthor（http://iauthor.cn/）进行免费注册申请。

②数字对象标识符（digital object identifier，DOI）。随着网络技术的发展，现在绝大多数期刊都将其论文以网络版的形式发行，并具有相应的网络地址，该地址称为统一资源定位器（uniform resource locator，URL）。比如，表 3.1-2 中该文的 URL 为：https://manu44.magtech.com.cn/Jwk_infotech_wk3/CN/10.11925/infotech.2096-3467.2021.0588。然而，URL 由于所在的网站更新等各种原因，原有的 URL 可能会发生改变，这就给电子期刊论文的定位、信息交换和获取带来了困难。

为了解决这一问题，业界提出了 DOI 这一解决方案。DOI 是一组有关联的数字符号所构成的字符串，专门用来标识数字化对象，为数字对象提供唯一的标识符，并且一个数字化对象的 DOI 标识符一经产生就永久不变。比如，表 3.1-2 中论文申请注册的 DOI 为：10.11925/infotech.2096-3467.2021.0588。该 DOI 为该论文唯一的标识符，永久不变。在实际应用中，出版机构也可能为某资源的每一个章节甚至表格、图像注册独立的 DOI。

国际数字对象识别号基金会（International DOI Foundation）是 DOI 系统的行政主体，它成立于 1998 年，为非营利组织，其目的在保障与 DOI 系统相关的知识产权，推广 DOI 的运用，并确保 DOI 系统的一切改进（如创造、维护、注册、解析与相关决策）能为全体注册者使用。国际数字对象识别号基金会提供了官网（https://www.doi.org/）对 DOI 进行解析并定位其对应的数字资源对象。用户获得了论文的 DOI，只要在该网站中输入 DOI［图 3.1-1（a）］，并点击"SUBMIT"按钮，就可以定位到该 DOI 对应的网址页面［图 3.1-1（b）］。

(a) DOI 解析页面

(b) DOI 资源页面

图 3.1-1　DOI 解析页面和资源页面

③参考文献。在撰写论文的过程中，常常需要参考（或称为引用）其他文献。一般而言，将前者称为引证（或引用）文献，后者称为参考文献（或被引文献）。一篇论文可能引用多篇参考文献，也可能被其他引证文献所引用。论文之间的引用关系可以用来追溯文献，因而参考文献已经成为一篇论文非常重要的特征字段。

④其他。传统的期刊论文大都具备卷、期和页码。随着网络技术的发展，许多期刊以纯网络的形式出现，因此刊载的论文可能只有卷号而没有期号，有些可能没有传统的起止页码而只有顺序号，读者在引用这些论文时应注意这一点。

3.1.3　期刊论文的快速交流与出版

如前所述，期刊具有报道周期短、内容新颖的优点。然而，期刊论文的出版也存在一定的周期，大致会经历投稿、评审、修改、录用、编辑、出版等一系列流程，可能历经数月甚至一年之久。对于日益加速的科学研究而言，这一系列流程仍然过于冗长。随着网络技术的发展，在科学和出版界又出现了许多措施以加快流程，促进科学交流效率的提高。了解这些措施不仅有利于用户快速了解前沿知识，同时对于后期获取特别是免费获取论文也有很大的帮助。

（1）电子预印本（pre-print）。电子预印本是指科研工作者的研究成果还未在正式出版物上发表，而出于和同行交流目的自愿先通过互联网发布的科研论文、科技报告等文章。与在正式期刊发表论文相比，预印本具有交流速度快、利于学术争鸣、免费获取和开放程度高等优点，但也存在未经同行评审，其可靠性不能完全保证的缺点。目前，除了部分学者通过个人网站、博客等渠道发布电子预印本，绝大多数都通过各种电子预印本数据库来发布。

1991年8月，美国洛斯阿拉莫斯国家实验室（Los Alamos National Laboratory）建立了世界上第一个电子预印本数据库 ArXiv.org（图3.1-2）。它是一个涉及物理、数学、非线性科学、计算机科学等领域的预印本服务平台，目前已经成为这些领域学者交流的重要平台。

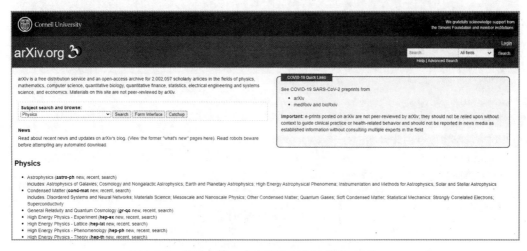

图 3.1-2　世界上第一个电子预印本数据库 ArXiv.org

除 ArXiv.org 外，在许多国家地区和学科领域内，都存在大量的电子预印本数据库，如 BioRxiv、Chemrxiv、PrePubMed、Social Science Research Network（SSRN）等。国内知名的预印本数据库包括中国科技论文在线（http://www.paper.edu.cn/）、中国科学院科技论文预发布平台 ChinaXiv（http://chinaxiv.org/home.htm）等。

作者提交预印本后，一般会采用传统期刊渠道进行投稿和发表，因此预印本与后期发表的论文存在对应关系（尽管由于修改原因两者并不一定完全一致），许多无法获取的论文可以通过免费获取其预印本从而大致了解其内容。

（2）优先出版论文。在论文被期刊接受（accepted）和定稿之后，论文会经历等待出版的过程，这一过程对于科学交流而言常常是无意义的。因此，越来越多的期刊出版机构将已接受并定稿的稿件，在正式出版之前，通过网络平台提前发布。自1998年Springer首先在其平台 Springer Link 中推出优先出版（online first）之后，其他国际学术出版机构纷纷跟进，如 Nature 的 AOP（Adcance Online Publications）、爱思唯尔（Elsevier）的

"Article In Press"等。在我国，中国知网也推出了论文"网络首发"服务。对某些纯网络期刊，则已经在尝试丢弃周期出版的原则，直接对录用定稿的论文进行出版发布。比如，PloS 出版社下属 *PloS ONE* 期刊，对录用的论文一经定稿，则直接分配一个数字标识（如 e0260284，类似于传统纸质期刊中的页码）进行网络出版。

3.1.4 期刊的评价

随着新学科和新领域的开拓，国内外学术期刊数量整体呈增长趋势。期刊的质量有高有低，在检索和利用期刊论文的过程中，要注意对期刊进行鉴别，特别是随着一些掠夺性期刊（predatory journal）的出现，掌握必要的期刊评价知识越发重要。一般而言，可以通过以下途径评价期刊的质量。

1. 同行评审（peer review）期刊

同行评审（又称为同行评议）是一种审查程序，即一位作者的学术著作或研究计划让同一领域的其他专家学者来加以评审，确保提交的内容是可读的、可信的和有意义的。在全球范围内，同行评审已经成为期刊控制其学术质量的最为主要的机制与做法，许多权威的期刊索引数据库将同行评议结果作为是否收录期刊的重要标准之一。同行评议的具体做法是：作者将文稿寄交编辑部并经初审合格后，编辑部将论文稿送交专家，专家会仔细审阅稿件并将评语反馈给编辑部或作者本人。所选专家一般对该刊物比较了解，具有相应的专业背景，且大多有投稿的经历或本身就是高产作者。专家的数量或多或少，一般 2~4 个。

同行评审以匿名评审为多，采用单盲（仅专家知道投稿人信息）或双盲（专家和投稿人互不知晓）评审，但一些期刊也开始试行公开评审。比如，*F1000 Research* 是一个涵盖所有生命科学领域的全球开放获取期刊。在获得编辑部基本的科学性及完整性审核后，未经审稿人审稿的论文会立即被刊发在网站上。随后，来自受邀审稿人的评审意见也会与论文列在一起公开发布（包括评审专家的姓名及评议报告）。作者可以上传文章的新版本，以回应审稿者的评议。一旦通过了同行评审，论文就会被编入 PubMed、Scopus 和其他数据库的索引。

2. 核心期刊

1948 年，英国化学家和文献学家布拉德福（Bradford）提出了著名的布拉德福定律（Bradford's law）。这一定律的提出主要是因为在当时期刊多数属于综合性学科，且数量众多，图书馆不得不考虑选择性订购期刊的问题。布拉德福定律亦称"文献分散规律"，它是定量描述文献序性结构的经验定律，具体内容表述为：如将科学杂志按其刊载某学科主题的论文数量，以递减顺序排列，就可在所有这些杂志中区分出载文率最高的核心部分和包含着与核心部分等数量论文的随后几区，这时核心区和后继各区中所含的杂志数成 $1:a:a^2:\cdots$ 的关系（$a>1$）。由此可知，布拉德福定律最初并非用于期刊质量评价，某一专业的核心期刊也仅对应刊载该专业论文较多的期刊。

当前，核心期刊这一概念与布拉德福当时所提概念相比已经有了非常明显的区别。一般而言，它是指学术质量高，所含专业情报信息量大，能够代表专业学科发展水平并受到用户特别重视的专业期刊。国内外核心期刊的遴选主要通过文献计量学方法，并结合专业定性评价等进行。这里我们对国际和国内的核心期刊选录标准进行详细介绍。

1）国际核心期刊

严格来讲，在国际上并不存在核心期刊这一说法，但在实践中往往会采用一些标准遴选一些重要的学术期刊，本书仍沿用核心期刊这一说法。目前，国际上公认的核心期刊评价主体和标准主要有科学引文系列、工程索引（engineering index，EI）等。

（1）科学引文系列。科学引文系列包括科学引文索引（Science Citation Index，SCI）、社会科学引文索引（Social Science Citation Index，SSCI）及艺术与人文引文索引（Arts & Humanities Citation Index，A&HCI），由美国科技信息研究所（Information Sciences Institute，ISI）于1961年创办，是国际公认的进行科学统计与评价的主要检索工具。目前，科学引文系列数据库均集成在 Web of Science 平台上，该平台已被科睿唯安（Clarivate）公司收购。

基于 Web of Science 引用数据，科睿唯安每年出版《期刊引证报告》（*Journal Citation Reports*，JCR），包含了被收录的不同学科国际期刊的影响因子数据。所谓影响因子（impact factor，IF），通俗地讲，是指计算论文的平均被引次数，并将其扩展至期刊层面，进而计算期刊的平均被引次数。可以认为，被其他期刊引用次数越高的期刊其影响力越高，其影响因子就越高。影响因子是以年为单位进行计算的。以1992年的某一期刊影响因子为例，IF（1992年）= A/B，其中：

A = 该期刊 1990—1991 年所有文章在 1992 年中被引用的次数；

B = 该期刊 1990—1991 年所有文章数。

通常，能够进入 JCR 的期刊被认为是较为重要的（核心）学术期刊。但应注意的是，由于学科的特性，不同的学科领域期刊的影响因子之间很难具有可比性，读者应该牢记这一点。JCR 将收录期刊分为 176 个不同学科类别，每个学科分类按照期刊的影响因子高低，平均分为 4 个区：影响因子前 25%（含 25%）的期刊为 Q1 区；影响因子位于 25%~50%（含 50%）的期刊为 Q2 区，影响因子位于 50%~75%（含 75%）的期刊为 Q3 区，影响因子位于 75% 之后的期刊为 Q4 区。

读者在阅读期刊和投稿国际学术期刊可查阅参考 JCR 及其分区。读者进入 Web of Science 的官方网站，在官网中找到 JCR 并打开，然后在搜索框中输入要查询的期刊名，就能查看期刊的信息页，在 sourcedata 栏目中查看 Rank，就能看到期刊的分区。但 Web of Science 本身需要订购使用。读者可以使用其他免费的网站查看，如 LetPub 网站提供的"最新 SCI 期刊查询及投稿分析系统"（https://www.letpub.com.cn/index.php?page=journalapp）就可以查看。

此外，中国科学院文献情报中心又根据需要，对 JCR 中全部期刊进行了重新分区，形成了"中国科学院文献情报中心期刊分区表"（简称期刊分区表）。期刊分区表将总体学术期刊分为 13 个大类学科（数学、物理、化学、地学、地学天文、生物学、农林科学、医学、工程技术、环境科学与生态学、社会科学、管理科学及综合性期刊）和176个小类学科，并将每个学科的期刊按照影响因子高低划分为4个区：1区（前5%）、2区（5%~20%）、3区（20%~50%）、4区（后50%）。期刊分区表自2004年开始每年发布，延续至今。读者也可参考。

（2）EI收录的期刊。EI是全球范围内的一个重要文献数据库，主要收录工程技术领域的重要文献，包括期刊及会议文献，另外也收录一些科技报告、专著等。EI每年收录世界工程技术期刊约3000种。一般而言，被EI核心收录的期刊被公认为具有较高的质量。工程技术领域的读者也可将其作为期刊鉴别的一般依据。值得注意的是，EI偏重于工程技术领域，纯理论的期刊，如数学类期刊一般不收录，读者应熟知这一点。

2）国内核心期刊

目前，我国核心期刊有多个评价主体和收录标准，主要包括以下四点。

（1）《中文核心期刊要目总览》（简称北大中文核心或中文核心）。该总览由北京大学图书馆编制，共收录了社会科学和自然科学的我国重要学术期刊，每3年更新一次（2008年之前为每4年更新一次）；截至2021年，已经出版了10版。2023版的北大中文核心目录一共收录了1987种期刊。该核心期刊要览采用定量和定性相结合的分学科评价方法遴选出核心期刊，其中定量评价采用被摘量（全文、摘要）、被摘率（全文、摘要）、被引量、他引量（期刊、博士论文、会议）、影响因子、他引影响因子、5年影响因子、5年他引影响因子、特征因子、论文影响分值、论文被引指数、互引指数、获奖或被重要检索工具收录、基金论文比（国家级、省部级）、Web下载量、Web下载率等评价指标；在定量评价的基础上，再进行专家定性评审。

（2）中国科学引文数据库（Chinese Science Citation Database，CSCD）来源期刊。CSCD数据库由中科院文献情报中心创建，主要收录我国数学、物理、化学、天文学、地学、生物学、农林科学、医药卫生、工程技术和环境科学等领域出版的中英文科技核心期刊。CSCD来源期刊每两年遴选一次，每次遴选均采用定量与定性相结合的方法，其中定量数据来自中国科学引文数据库，定性评价则通过聘请国内专家定性评估对期刊进行评审。2023—2024年度CSCD收录来源期刊1341种，其中英文期刊317种，中文期刊1023种；CSCD来源期刊分为核心库和扩展库两部分，其中核心库996种，扩展库345种。

（3）中文社会科学引文索引（Chinese Social Sciences Citation Index，CSSCI）来源期刊。CSSCI由南京大学社会科学评价中心编制，主要包含我国的人文社会科学领域的期刊。CSSCI遵循文献计量学规律，采取定量与定性评价相结合的方法从全国3000余种中文人文社会科学学术性期刊中精选出学术性强、编辑规范的期刊作为来源期刊。CSSCI来源刊物每两年更新一次。CSSCI来源期刊目录（2023—2024）共涵盖25个学科领域，以及18种高校学报，收录了核心期刊660种报刊，扩展期刊249种。

（4）中国科技核心期刊目录（Chinese S&T Journal Citation Reports，CJCR）。由中国科学技术信息研究所研制，每年评估和调整一次，也是国内比较公认的科技统计源期刊目录。

通常情况下，出于研究显示度和科研评价的需要，研究人员倾向于将高质量的论文发表在核心期刊上。然而，在实践中应注意的是，国际核心期刊更多的是英语语言的期刊，近些年我国学者不断将高质量论文发表于国外学术期刊上，形成了学术界的"斯蒂格利茨怪圈"。这一方面既是我国与国际学术研究接轨的表现，但同时也是我国在科研评价领域唯核心、唯 SCI 的表现。读者应该对期刊评价有充分和客观的认识。

3.1.5 期刊论文的评价

期刊和论文通常在评价上具有一致性，即多数质量较高的期刊上刊载的论文其质量也较高，因此可利用期刊质量对论文进行评价。尽管如此，两者也并非完全一致，还有其他一些论文评价方式可作为参考。

（1）利用被引次数。被引次数即该论文被其他论文所引用的次数。读者可以利用某些带有引文功能的数据库如 Web of Science、Scopus、CNKI 等来查看论文的被引次数。通常，被引次数越多，意味着该论文重要性越高。当然，但这并非绝对，在一些极端的情况下，比如，某篇论文可能存在较大争议而被频繁引用也较为常见。此外，被引次数的多少也因学科、论文类型不同而有所不同，不能一概而论，如综述类论文通常能得到更多地被引机会。

科睿唯安公司旗下的基本科学指标（Essential Science Indicators，ESI）数据库，是一个衡量科学研究绩效、跟踪科学发展趋势的基本分析评价工具，是当今世界范围内普遍用以评价学术机构、大学及学者国际学术水平及影响力的重要指标。ESI 基于 SCI、SSCI 库中的数据，按 22 个领域和出版年份分类，按被引频次的高低确定出居世界前 1% 的研究论文，这被称为"Highly cited Papers"（高被引论文），成为目前衡量科研影响力的重要指标之一。

（2）中国人民大学《复印报刊资料》全文转载。中国人民大学《复印报刊资料》由中国人民大学书报资料中心出版，该数据库从国内公开出版的近 6 000 种核心期刊与专业特色期刊中精选全文并汇编而成，囊括了 1995 年人文社会科学领域的各个学科，包括哲学类、政治学与社会学类、法律类、经济学与经济管理类、教育类、文学与艺术类、历史学类、文化信息传播类及其他类。能够被中国人民大学《复印报刊资料》全文转载的论文通常被认为具有较高的重要性。

（3）《新华文摘》转载。《新华文摘》由国家新闻出版署主管、人民出版社主办、新华文摘杂志社编辑出版，是大型理论性、综合性、资料性文摘类权威期刊。能够被《新华文摘》全文或摘要转载的论文通常也被认为具有较高的重要性。

3.1.6 期刊中的综述论文

通常，期刊所刊载的论文又可分为多种类型，如研究论文（research article 或 original paper）、综述论文（review，有时也称为研究进展）、交流论文（communication

等。其中，综述类论文是读者应该重点关注的一类论文。综述是一种"文献类型"，是指就某一时间内，作者针对某一专题，对大量原始研究论文中的数据、资料和主要观点进行归纳整理、分析提炼而写成的论文。撰写文献综述，需要系统阅读特定学科范围内的所有相关文献，有时候还要采访该学科的专家，并且对获得的相关信息进行组织、综合与评价，因此综述被认为是"三次信息"。研究人员撰写文献综述的目的是提供特定学科的最新进展状况，有时候还需要指明该学科哪些领域有必要做进一步研究。国内外许多学术期刊都辟有综述栏目。综述论文包含的信息量非常大，必须指出的是，如果读者刚从事某个领域的研究工作，阅读该领域的文献综述通常是一个良好的开端。

3.2 图　　书

3.2.1 图书的概念与特点

图书是记录和保存知识、表达思想、传播信息最古老、最主要的文献信息源，同时也是读者最为熟悉的文献信息类型。图书一般是对某一知识领域的系统论述或概括，在人类的科研、生产、生活中扮演着非常重要的角色。我国国家标准《信息与文献术语》（GB/T 4894—2009）将图书（book）定义为分页并形成一个物理单元的，以书写、印刷或电子形式出版的知识作品。

图书的特点主要有以下两个方面。

（1）图书所反映的信息成熟度高、可靠性强、内容系统、论述较为深入全面。它可以指引人们比较全面地了解某一领域内的历史、发展现状和趋势，是人们学习成熟知识的主要途径，在教育和培养各型人才中具有举足轻重的地位。

（2）图书具有时效性差，一般不能反映最新信息的缺点。图书写作工作量大，需要投入大量的时间，编辑出版时间长，因此总体来说信息传递的速度较慢。

读者在利用时应充分考虑到上述特点。

随着信息技术、网络技术和通信技术的发展，图书除以传统纸质形式出版，电子形式的图书也应运而生。电子图书是指以数字代码方式将图、文、声、像等信息存储在磁、光、电等介质上，通过计算机或类似设备阅读和使用，并通过网络传播的一种电子出版物。它具有制作方便、成本低廉、携带和使用方便、发行周期短、开放性强、易于复制和共享性强等优点。

3.2.2 图书的主要特征字段

一本图书有自己的基本信息，通常识别图书的特征字段主要有题名、责任者、出版地、出版社、出版时间、版次、ISBN、分类号等。这些信息一般可以从图书扉页或版权页中的图书在版编目（cataloguing in publication，CIP）数据中获得（图 3.2-1）。

```
图书在版编目（CIP）数据

C 程序设计/谭浩强著．—5 版．—北京：清华大学出版社，2017
（中国高等院校计算机基础教育课程体系规划教材）
ISBN 978-7-302-48144-7

Ⅰ．①C⋯  Ⅱ．①谭⋯  Ⅲ．①C 语言－程序设计－高等学校－教材  Ⅳ．TP312.8

中国版本图书馆 CIP 数据核字（2017）第 200887 号
```

图 3.2-1　图书在版编目（CIP）数据示例

1. ISBN：图书的身份证

国际标准书号（international standard book number，ISBN），是专门为识别图书等文献而设计的国际编号。国际标准化组织（ISO）于 1972 年颁布了 ISBN 国际标准，并在西柏林普鲁士图书馆设立了实施该标准的管理机构——国际 ISBN 中心。现在，采用 ISBN 编码系统的出版物有：图书、小册子、缩微出版物、盲文印刷品等。

2007 年前，ISBN 由 10 位数字组成。2007 年起，实行新版 ISBN，新版 ISBN 由 13 位数字组成，分为 5 段，即在原来的 10 位数字前加上 3 位 EAN（欧洲商品编号）图书产品代码"978"，分四个部分：组号（国家、地区、语言的代号）、出版者代码、图书代码和校验码（图 3.2-2）。在联机书目中 ISBN 可以作为一个检索字段，从而为用户增加了一种检索途径。

图 3.2-2　ISBN 示例

对于某些图书，其不仅有纸质印刷版本，可能也有电子版本，因此除拥有一个纸本 ISBN 外，还可能再额外注册有一个 e-ISBN。

2. DOI

随着网络技术的发展，电子版本图书也非常常见。越来越多的出版社将电子版的图书放在网络上公开发行，并为该图书资源申请相应的 DOI（有关 DOI 的详细介绍可参见 3.1.2 节）。比如，Springer 国际出版集团为 *Conservation of Architectural Heritage*，这本书申请注册的 DOI 为：10.1007/978-3-030-10871-7。该 DOI 为该书唯一的标识符，永久不变。在实际应用中，出版机构也可能为图书的每一个章节甚至表格、图像注册独立的 DOI。

3. 中国图书馆分类号

中国图书馆分类号是按照《中国图书馆分类法》（以下简称《中图法》）对图书进行的分类。《中图法》是新中国成立后我国编制出版的一部具有代表性的大型综合性分类法，是当今国内图书馆使用最广泛的分类法体系。《中图法》的编制始于 1971 年，先后出版了 5 版（2010 年出版第 5 版）。《中图法》采用汉语拼音字母与阿拉伯数字相结合的混合号码，用一个字母代表一个大类，以字母顺序反映大类的次序，按照其内容主题划分为 22 个大类，采用大写的英文字母（A~Z，其中 L、M、W、Y 没有采用）进行标识，各个大类主题如表 3.2-1 所示。大类下细分的学科门类用阿拉伯数字组成。为适应工业技术发展及该类文献的分类，对工业技术（T 大类）二级类目，采用双字母。

我国图书在出版时，会给予其相应的中图分类号，反映在 CIP 数据中。比如，《C 程序设计》（第 5 版）一书的中图分类号为 TP312.8。

表 3.2-1 《中图法》各大类主题

序号	字母	主题	序号	字母	主题
1	A	马克思主义、列宁主义、毛泽东思想、邓小平理论	12	N	自然科学总论
2	B	哲学、宗教	13	O	数理科学和化学
3	C	社会科学总论	14	P	天文学、地球科学
4	D	政治、法律	15	Q	生物科学
5	E	军事	16	R	医药、卫生
6	F	经济	17	S	农业科学
7	G	文化、科学、教育、体育	18	T	工业技术
8	H	语言、文字	19	U	交通运输
9	I	文学	20	V	航空、航天
10	J	艺术	21	X	环境科学、安全科学
11	K	历史、地理	22	Z	综合性图书

当图书进入图书馆进行收藏时，往往还会根据实际应用需求给图书重新编制相应的分类号即索书号（call number），索书号与 CIP 数据中的分类号不一定一致。索书号既是图书馆给图书上架排序的依据，同时也是读者查找、获取图书馆所藏图书的依据。索书号一般按照一定的图书分类规则进行编制。

在我国，除中国科学院系统采用《中国科学院图书馆图书分类法》（以下简称《科图法》）外，公共图书馆和高校图书馆绝大多数采用《中图法》。对于我国普通读者而言，掌握《中图法》的基本分类有助于快速定位和查找书籍。

《科图法》是由中国科学院图书馆编制的等级列举式分类法，目前只在中科院图书馆使用。《科图法》采用阿拉伯数字为类目的标记符号，号码分为两部分：第一部分为顺序数字，即用 00~99 标记 5 个部类 25 个大类及主要类目；第二部分为"小数制"，即在 00~99 两位数字后加一小数点"."，小数点后基本上按小数体系编号，以容纳细分的类目。类号排列时，先排顺序数字，后排小数点后的层累数字，如 11.1，11.11，11.12，11.13，…。

在欧美等国，较为主流的图书分类法主要有杜威十进制分类法（Dewey decimal classification，DDC）和《美国国会图书馆分类法》（*Library of Congress Classification*，LCC）。

DDC 由美国图书馆专家杜威（Dewey）发明，对世界图书馆分类学有相当大的影响，已被全球超过 135 个国家的图书馆使用，并且被翻译逾 30 种语言，包括阿拉伯文、中文、法文、希腊文、希伯来文、意大利文、波斯文、俄文、西班牙文及土耳其文等。在美国，有 95%的公共图书馆及学校图书馆、25%的学院及大学图书馆，以及 20%的专门图书馆使用 DDC。DDC 以三位数字代表分类码，共可分为 10 个大分类、100 个中分类及 1 000 个小分类。10 个大分类分别为：000——计算机科学、资讯与总类，100——哲学与心理学，200——宗教，300——社会科学，400——语言，500——科学（指自然科学），600——技术应用科学，700——艺术与休闲，800——文学，900——历史、地理与传记。除了三位数分类外，一般会有两位数字的附加码，以代表不同的地区、时间、材料或其他特性的论述，分类码与附加码之间则以小数点"."隔开。例如，330 代表经济学 + .9 代表地区别论述 + .04 代表欧洲 = 330.94 代表欧洲经济学。

LCC 是由美国国会图书馆编制的综合性等级列举式图书分类法，共分 20 个大类，分别如下。A 综合性著作；B 哲学、宗教；C 历史：辅助科学；D 历史：世界史；E-F 历史：美洲史；G 地理、人类学；H 社会科学；J 政治学；K 法律；L 教育；M 音乐；N 美术；P 语言、文学；Q 科学；R 医学；S 农业、畜牧业；T 技术；U 军事科学；V 海军科学；Z 书目及图书馆学。分类号由字母与数字组成，第 1、2 位为字母，代表了主类或副类，数字部分按整数顺序制编号。

3.2.3 作为工具的图书

图书也包含很多种类型，其中字典、词（辞）典、手册、百科全书、年鉴、名录等属于参考工具书（reference book）。按照通用的分类规则，一般性的图书专著属于一次文献，而词典、手册、指南、百科全书等属于三次文献，是对来自一次文献中的信息进行分析、研究、综合所生成的系统化的信息，它具有系统性、综合性、浓缩性和参考性。

1. 字、词（辞）典

字、词（辞）典是收集词汇按某种顺序排列并加以解释供人检查参考的工具书。有语文词典、专科词典和综合性词典之分。世界上现存最古老的词典是公元前 7 世纪亚述帝国时编的苏美尔–阿卡德语双语难词表，中国最早的词典是中国西汉初编纂的《尔雅》。

2. 手册

手册是汇集某一学科或某一主题等需要经常查考的资料，供读者随时翻检的工具书。手册中所收的知识偏重于介绍基本情况和提供基本材料，如各种事实、数据、图表等。通常按类进行编排，便于查找。手册一般有工作手册、员工手册、实用手册、数据手册、条目手册、图表手册、综合手册、数学手册、购房手册、加工贸易手册等类型。在英文中，手册常用 Handbook 和 Manual 表示，前者侧重"何物"（what）一类的信息，如数据、事实等，后者偏重"如何做"（how-to）之类的问题。

3. 年鉴（yearbook）

年鉴是按年度编辑出版的，以全面、系统、准确地记述上年度事物运动、发展状况为主要内容的资料性工具书。年鉴汇辑一年内的重要时事、文献和统计资料，按年度连续出版。它博采众长，集辞典、手册、年表、图录、书目、索引、文摘、表谱、统计资料、指南、便览于一身，具有资料权威、反应及时、连续出版、功能齐全的特点。年鉴属信息密集型工具书，大体可分为综合性年鉴和专业性年鉴两大类，前者如百科年鉴、统计年鉴等，后者如经济年鉴、历史年鉴、文艺年鉴、出版年鉴等。其他还有统计性年鉴等。

4. 名录

名录是提供个人或机构的基本信息的工具书，通常按照字母、年代或一定的系统顺序排列。

5. 百科全书

百科全书是概要记录人类一切知识门类或某一知识门类的工具书，在规模和内容上均超过其他类型的工具书。百科全书的主要作用是供人们查检必要的知识和事实资料，其完备性在于它包容了各种工具书的成分，囊括了各方面的知识，被誉为"没有围墙的大学"。

百科全书值得读者重点关注，探索一个特定主题特别是对非专业人士而言，最佳的起点就是查看百科全书，如综合性百科全书《中国大百科全书》《美国百科全书》《不列颠百科全书》《科利尔百科全书》等。读者如果想探索一些较为专业的信息，可以查询专业性的百科全书，如《图书馆及信息科学百科全书》（Encyclopedia of Library and Information Sciences）、《新帕尔格雷夫经济与法律词典》（New Palgrave Dictionary of Economics and the Law）等。值得注意的是，百科全书一般面向不熟悉特定学科知识的读者，为他们提供概述性的相关知识。

在今天，传统的百科全书大多具有对应的网络版。比如，《中国大百科全书》的网络版为中国大百科全书数据库（https://h.bkzx.cn/），读者可以检索阅读。

此外，目前网络化的百科全书（以下简称网络百科）层出不穷，读者一般对百度百科（https://baike.baidu.com/）（图 3.2-3）、互动百科及维基百科（Wikipedia）较为熟悉。网络百科的特点是自由内容、自由编辑，来自全球的知识分子都可以贡献自己的知识和见解。与传统百科全书相比，网络百科内容面广、条目更多、更新速度更快。因此，网络百科已经成为最受大众甚至是专业研究人员欢迎的参考工具书资源。然而，读者也应该注意，网络百科由于可以自由编辑，相比传统百科全书，其条目的质量、信息的准确度、呈现态度的客观性，以及无法提供一致的准确内容而广受诟病，特别是破坏者能够轻易在易引起纷争的政治和宗教等条目中添加虚假内容、删除正确信息或者任意添加偏见性内容。读者利用时应谨慎对待其中的词条，不可一味全信。此外，考虑到网络百科中词条的可编辑性，以及由此带来的难以验证性，本书强烈建议读者在学术论文的写作中尽可能地不要引用相关词条。

图 3.2-3　百度百科

3.3　报　　纸

报纸（newspaper）是一种印刷或电子类出版物，通常刊载不同主题的新闻、消息、评论并且常附有商业广告。它面向公众定期、连续公开发行。现代报纸里有日报、晚报、都市报以及各种专业类报纸，出版周期大多以日出、周出为主。报纸的发明，经历了一个很长的过程，是历史发展的产物。

报纸作为一种重要的信息源，其优点比较突出。总结起来有以下方面：①内容丰富，信息量大；②出版和传递信息迅速，信息新颖，时效性强；③发行面广，受众数量大。但是报纸信息源也有其不足之处。比如，信息较庞杂零散，不易积累和保存，不利于信息分类利用，以及利用工具来检索报纸信息比较困难等。

报纸是人类社会不可或缺的大众信息传播媒介，在社会舆论导向、公共信息传播等方面发挥着积极作用，同时在学术研究中也具有重要作用，特别是在人文社科领域的研究中。比如，我国的《人民日报》《光明日报》等主流报纸，都是非常重要的学术信息源。

与期刊类似，通常报纸的特征字段也包括两个层面，即报纸的特征及刊载在报纸上的文章（报文）的特征。通常，报纸的特征有报纸名称，国内的报纸还有国内统一刊号（CN），如《人民日报》的刊号为：CN 11-0065。报文的特征则包括题目（含副标题）、作者、日期、版次等。

随着时代发展，越来越多的报纸除了发行纸质版，也提供，甚至只提供电子版。读者一般可通过报纸的官网查阅。

3.4　特 种 文 献

特种文献是指出版发行和获取途径都比较特殊的科技文献。特种文献一般包括学位论文、会议文献、专利文献、标准文献、科技报告、科技档案、政府出版物七大类。特种文献特色鲜明、内容广泛、数量庞大、参考价值高，是非常重要的信息源。

3.4.1 学位论文

1. 学位论文的概念与特点

学位论文是申请人为证实其学位而提交的报道其研究与成果的文献。根据授予学位的等级,学位论文一般可以分为学士、硕士及博士学位论文,其中,以硕士、博士学位论文利用价值较高。在使用英文表达学位论文时,Dissertation 和 Thesis 均有学位论文之意,是两个非常容易混淆的词。在英国,Dissertation 表示硕士学位论文,Thesis 表示博士学位论文,但在美国则刚好相反。

学位论文具有如下特点。

(1)具有较高的系统性。学位论文往往针对某一科学问题展开系统性的研究。在撰写学位论文的过程中,作者往往还会将学位论文中某一部分析取出来发表在学术期刊上,业内俗称"小论文",而学位论文一般被称为"大论文",其研究的系统性可见一斑。此外,学位论文中一般包含国内外研究综述,非常类似期刊中的综述论文,对系统了解某一研究领域的国内外研究现状、学科前沿具有较高的参考价值。

(2)具有一定的独创性。一篇优秀的学位论文不仅能反映目前国内外同类研究或相近研究的现状,也能反映今后该类研究或相近研究的发展趋势。因此,学位论文在促进同类研究深化过程中起到一定的作用。而且,大多数学位论文,尤其是博士论文具有一定的独创性,是启迪新思想、新方法的重要信息源。

(3)质量参差不齐。学位论文通过了答辩委员会的评审,大部分论文尤其是博士论文在先进性、创新性等方面还是有质量保障的,是比较有价值的信息来源。但是,由于学位论文的层次不同,以及个体水平的差异,学位论文的质量也有差异。读者在阅读时必须注意甄别。

(4)学位论文一般不公开出版。在所有的学位论文中,除少部分有机会以论文形式发表或以专著形式出版外,大部分是不公开出版的。目前,我国学位论文除由学位授予单位保存外,还有 3 家机构是国务院学位委员会指定的博士学位论文收藏单位:中国国家图书馆学位论文收藏中心是全国唯一负责全面收藏和整理我国博士学位论文的专门机构,中国科技信息研究所收藏有科技类博士学位论文,中国社会科学院文献情报中心收藏有社会科学类博士学位论文。

2. 学位论文的主要特征字段

学位论文的主要字段有:标题(包含副标题)、作者、作者机构、摘要、关键词、指导老师、学位层次、学科专业等。这些字段对读者而言并不陌生,此处不一一赘述。

3.4.2 会议文献

1. 会议文献的概念与特点

第二次世界大战之后,现代科学技术获得了迅猛发展,国际性、区域性的学术交流活动日益频繁,学术会议是这种交流活动的主要形式。会议文献,是指各类学术交流会议的资料和出版物。会议文献包括会议前和会议中,与会者提交的会议论文预印本、与会者在会议上宣读的论文、会议期间散发的资料和会议后经过编辑加工的正式出版物。

1）会议文献的特点

人们不但可以在学术会议上进行面对面的直接交流，还可以利用各种会议文献进行文献交流。会议文献具有以下特点。

（1）涉及的专业内容集中专一，专业性和针对性强。

（2）传递信息速度快，反映相应学科领域的研究新水平。这是因为，学术领域内的很大一部分新研究、新发现都会先通过会议文献向外界报道。

（3）会议文献的质量有高有低，在使用时尤其要进行区分。比如，在计算机领域，CORE（computing research & education）Ranking 提供了对计算领域会议的国际排名，类似于 SIGCOMM（special interest group on data commun ication）等会议在全球范围内享有极高的声誉。

（4）许多重要的学术会议都会与出版商合作以图书或期刊的形式结集出版会议论文，一般称之为会议论文集（proceeding），或者直接以电子版形式存储在出版商的平台中。当然，也可能有会议论文不出版或不存储，这给后期的利用带来了复杂性。

2）会议文献的作用

会议文献以其独到的特点与图书、期刊、研究报告等相区别，具有其他信息源不具备的特殊功能。

（1）对科学研究起导向作用，会议文献能够展示各个学科专业发展的趋向，反映各学科专业各种不同的学术观点，能够对整个学科领域的研究热点、研究方向起导向作用。

（2）了解学科的最新研究水平。从图书、期刊、研究报告等信息源中，一般可以了解各学科领域的研究水平，但是这些信息是断续的，不连贯的。会议文献为研究者提供了一个全面了解学科发展前沿的绝好机会。

（3）对科学研究起促进作用。与会人员往往是在某个领域某个环节有突破性的发明、发现或进展的研究人员，会议文献所反映的新颖观点、解决问题的独特办法等常常给与会者带来启发、参考作用。

2. 会议文献的主要特征字段

会议论文的主要字段有：标题（包含副标题）、作者、作者机构、摘要、关键词、会议名称、时间、地点等。如果会议论文结集出版，还可能包含图书的标题、编辑人员信息等。

3. 会议信息的获取

目前有很多渠道可以了解到国内和国外学术会议的召开信息，这里仅举两个常用的网站供读者参考。

1）中国学术会议在线（https://www.meeting.edu.cn/zh）

中国学术会议在线是经教育部批准，由教育部科技发展中心主办，面向广大科技人员的科学研究与学术交流信息服务平台（图 3.4-1）。中国学术会议在线本着优化科研创新环境、优化创新人才培养环境的宗旨，针对当前我国学术会议资源分散、信息封闭、交流面窄的现状，通过实现学术会议资源的网络共享，为高校广大师生创造良好的学术交流环境，以利于开阔视野，拓宽学术交流渠道，促进跨学科融合，为国家培养创新型、高层次专业学术人才，创建世界一流大学做出积极贡献。该平台利用现代信息技术手段，将分阶段实施学术会议网上预报即在线服务、学术会议交互式直播/多路广播和会议资料点播三大功能，为用户提供学术会议信息预报、会议分类搜索、会议在线报名、会议论文征集、会议资料发布、会议视频点播、会议同步直播等服务。该平台还将组织高校定期开办"名家大师学术系列讲座"，并利用网络及视频等条件，组织高校师生与知名学者进行在线交流。

图 3.4-1　中国学术会议在线

2）Conal 会议提醒网站（http://www.conferencealerts.com）

该网站可以分时间、分国家地区、按学科专业、按主题查询各种学术会议情况，还提供了过往会议的网址和电子邮件地址（图 3.4-2）。

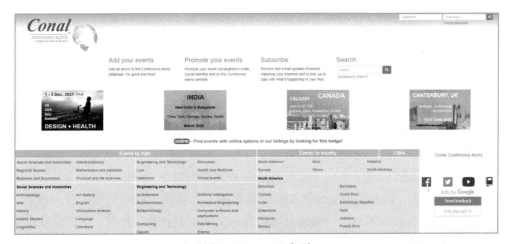

图 3.4-2　Conal 主页

3）其他

为了更好地发布学术会议动态，各个国家和地区都开发了一些专门预报和报道科技会议动态的数据库，如欧洲科学基金会提供的欧洲研究会议（http://www.esf.org/euresco/）；因特网会议预告网站（http://conferences.calendar.com/）；技术会议信息中心网站（http://www.techexpo.com/events/）等。读者也可通过各种学会、协会官网了解最新的学术会议召开信息。比如，可以通过 ACM（https://www.acm.org/）获得其最新会议信息。

3.4.3 专利文献

1. 专利的概念

专利（patent），从字面上是指专有的权利和利益。"专利"一词来源于拉丁语"litterae patentes"，意为公开的信件或公共文献，是中世纪的君主用来颁布某种特权的证明，后来指英国国王亲自签署的独占权利证书。在现代，专利一般是由政府机关或者代表若干国家的区域性组织根据申请而颁发的一种文件，这种文件记载了发明创造的内容，并且在一定时期内产生一种法律状态，即获得专利的发明创造在一般情况下他人只有经专利权人许可才能予以实施。截至 2021 年，世界上共有 175 个国家和地区建立了专利制度。

我国从 1978 年开始筹建专利制度，1979 年开始着手专利法的制定，1984 年 3 月 12 日《中华人民共和国专利法》正式颁布，并于 1985 年 4 月 1 日起开始施行。我国的专利分为 3 种类型，具体包括：①发明专利，保护周期为 20 年；②实用新型专利，保护周期为 10 年；③外观设计专利，保护周期为 10 年。

发明创造要想获得专利保护，必须向法定机构提出专利申请，经审查后符合专利法规规定的条件，才能获得专利权。我国规定授予专利权的条件包括形式审查和实质审查。形式审查是指申请文件是否齐全、格式是否符合规定的要求等。实质审查主要是指申请专利的发明创造是否具有新颖性、创造性、实用性。

2. 专利文献的概念与特点

专利文献是专利的体现。世界知识产权组织（World Intellectual Property Organization，WIPO）1988 年编写的《知识产权法教程》将专利文献定义为："专利文献是包含已经申请并被确认为发现、发明、实用新型和工业品外观设计的研究、设计、开发和实验成果的有关资料，以及保护发明人、专利所有人及工业品外观设计和实用新型注册证书持有人权利的有关资料的已出版或未出版的文件（或其摘要）的总称。"通常，专利文献主要是指各国专利局的正式出版物，包括专利申请说明书、专利说明书和官方的专利通报或公报。作为公开出版物的专利文献主要有各种类型的发明、实用新型和外观设计说明、公报、文摘、索引及有关的分类资料。

与其他科技文献相比，专利文献的特点主要表现在以下 4 个方面。

（1）数量巨大、内容广博。专利文献全面反映了人类使用技术领域的智力活动。世界上每年发明创造成果的 90%～95%可以在专利文献中查找到。目前，专利信息是世界上数量较大的技术信息源之一，全世界的专利文献已达 5000 多万件，而且每年仍以 150

多万件的速度递增。专利文献几乎涵盖人类生产活动的全部技术领域。

（2）集技术、法律、经济信息于一体。专利文献记载技术解决方案，确定专利权保护范围，披露专利权人、注册证书所有人权利变更等法律信息。同时，依据专利申请、授权的地域分布，可分析专利技术销售规模、潜在市场、经济效益及国际的竞争范围，是一种独一无二的综合科技信息源。

（3）反映新的科技信息。首先，大多数国家专利局采用先申请制原则，致使申请人在发明完成之后尽早提交申请，以防他人捷足先登。其次，新颖性是专利性的首要条件，因此，发明创造多以专利文献而非其他科技文献形式公布于众。最后，20世纪70年代初专利申请早期公开制度的推行，更加速了科技信息向社会的传播速度。

（4）格式统一、形式规范。各国出版的专利说明书文件结构一致，均包括扉页、权利要求、说明书、附图等内容。扉页采用国际通用的 INID 代码标识著录项目，引导读者了解、寻找发明人、申请人、请求保护的国家、专利权的授予等有关信息。权利要求说明技术特征，表述请求保护的范围。说明书清楚、完整地描述发明创造内容。附图用于对文字说明的补充。更重要的是，专利文献均采用或标注国际专利分类划分发明所属技术领域，从而使各国的发明创造融为一体，成为便于检索的、系统化的科技信息资源。

3. 我国专利文献构成

我国公开的专利文献主要包括专利说明书、专利公报及专利索引。

1）专利说明书

专利说明书是专利文献的主体，其主要作用一方面是公开受专利保护的技术信息，另一方面是限定受保护的专利权的范围。我国国家知识产权局出版三种类型的专利说明书：《发明专利申请公开说明书》《发明专利说明书》《实用新型专利说明书》。专利说明书采用国际上统一的专利文献著录项目识别代码（INID 代码），每一件专利说明书由说明书扉页、权利要求书、说明书和附图组成。

（1）说明书扉页。说明书扉页包括与专利相关的重要著录项目，诸如发明名称、专利申请人、发明人、专利权人、申请日、申请号、公开（公告）号、国际专利分类号、摘要及摘要附图，要求优先权的还包括优先权申请日、申请号和申请国。

（2）权利要求书。权利要求书是申请人请求专利保护的范围。它清楚、具体地说明发明或实用新型的技术特征和保护范围。

（3）说明书。说明书是详尽地描述发明创造技术内容的文件。各国专利局对说明书内容的要求大致相同，一般包括发明所属技术领域、背景技术、发明内容（所要解决的技术问题、采用的技术方案）、发明实施例和说明书附图。

2）专利公报

依据《中华人民共和国专利法》规定，我国国家知识产权局每周出版一期专利公报。专利公报的主要内容有：①通报各种专利申请和授权专利；②公布与专利法和专利事务有关的各种通知（如发明保密专利、专利申请的撤回、专利的实质审查决定、专利权的无效宣告、专利权的终止、专利权的强制许可等）；③索引，包括申请公开索引、授权公告索引等，分别按国际专利分类号、申请号和申请人排序，供检索用。

目前，我国出版三种专利公报：《发明专利公报》《实用新型专利公报》《外观设计专利公报》。

3）专利索引

专利索引是检索专利文献的重要工具。《中国专利索引》包括按照国际专利分类号排列的《分类索引》、按照专利申请人或专利权人名称排列的《申请人、专利权人索引》和按照专利申请号和授权号排列的《申请号、专利号索引》。

在这三种专利文献中，以专利说明书最为重要，也是目前专利文献检索和获取的重点。下面对专利说明书进行重点介绍。

4. 专利说明书的主要特征字段

通常，一份专利说明包含的主要特征字段有以下两个方面。

（1）与内容有关的特征字段，主要包括：专利名称、摘要、分类号。

（2）其他特征字段，主要包括：申请（专利）号、申请日、公开（公告）日、公开（公告）号、发明人、申请人、代理人、代理机构等。

在实际检索和阅读专利文献中，还可能会涉及"同族专利"的概念。同族专利是指由于专利保护的地域性和"早期公开、延迟审查"的专利审批制度，造成了专利文献的大量重复出版，从而形成了一组由不同国家出版的内容相同或基本相同的专利文献。每组专利文献中的每件专利说明书之间，通过一种特殊联系媒介——优先权，相互联系在一起。

优先权是指《保护工业产权巴黎公约》联盟各成员国给予本联盟任一国家的专利申请人的一种优惠权，当联盟内某国的专利申请人已在某成员国第一次正式就一项发明创造申请专利，当申请人就该发明创造在规定时间内向本联盟其他国家申请专利时，申请人有权享有第一次申请的申请日期。发明和实用新型的优先权期限为 12 个月，外观设计的优先权期限为 6 个月。一项优先权包括优先申请国家、申请日期及申请号。专利申请人通过《专利合作条约》(*Patent Cooperation Treaty*，PCT)，可以只提交一份"国际"专利申请即在许多国家中的每一国家同时为一项发明申请专利保护。PCT 缔约国的任何国民或居民均可提出这种申请。

通常，把这种具有共同优先权的在不同国家或国际专利组织多次申请、多次公布或批准的内容相同或基本相同的一组专利文献称作专利族（patent family）。在习惯上，将专利族中的每件专利文献也称为同族专利。在同一专利族中最早优先权的专利文献称基本专利。比如，US 4588244（申请日：1985 年 1 月 14 日）、JP 61-198582 A（申请日：1985 年 11 月 30 日）、GB 2169759 A（申请日：1986 年 1 月 3 日）、FR 2576156 A（申请日：1986 年 1 月 13 日）构成了专利族，其中 US 4588244 为基本专利。

3.4.4 标准文献

1. 标准文献的概念与特点

标准文献是为了在一定的范围内获得最佳秩序，经协商一致制定并由公认机构批准，共同使用和重复使用的一种规范性文件，简称标准。这是国际标准化组织（International Organization for Standardization，ISO）、国际电工委员会（International Electrotechnical Commission，IEC）、国际电信联盟（Internation Telecommunication Union，ITU）三大国际标准化组织共同给标准下的定义。

标准具有以下特点。

（1）权威性。标准要由权威机构批准发布，在相关领域有技术权威，为社会所公认，在一定条件下具有某种法律效力，有一定的约束力。在我国，国家标准由国务院标准化行政主管部门制定；行业标准由国务院有关行政主管部门制定，报国务院标准化行政主管部门备案；地方标准由省、自治区、直辖市人民政府标准化行政主管部门制定。强制性国家标准一经发布，必须强制执行。

（2）民主性。标准的制定要经过利益相关方充分协商，并听取各方意见。比如，2018年5月发布的强制性国家标准《电动自行车安全技术规范》（GB 17761—2018），就是由工业和信息化部、公安部、原工商总局、原质检总局（国家标准委）等部门，组织电动自行车相关科研机构、检测机构、生产企业、高等院校、行业组织、消费者组织等方面的专家成立工作组，共同协商修订，并向社会公众广泛征求意见而形成的。

（3）实用性。标准的制定修订是为了解决现实问题或潜在问题，在一定的范围内获得最佳秩序，实现最大效益。

（4）科学性。标准来源于人类社会实践活动，其产生的基础是科学研究和技术进步的成果，是实践经验的总结。在标准制定过程中，对关键指标要进行充分的实验验证，标准的技术内容代表着先进的科技创新成果，标准的实施也是科技成果产业化的重要过程。

（5）时效性。标准的时效性强，它只以某时间阶段的科技发展水平为基础，具有一定的陈旧性。随着经济发展和科学技术水平的提高，标准不断地进行修订、补充、替代或废止。

2. 标准的划分

标准有不同的划分方法。

（1）按内容划分，有基础标准（一般包括名词术语、符号、代号、机械制图、公差与配合等）、产品标准、辅助产品标准（工具、模具、量具、夹具等）、原材料标准、方法标准（包括工艺要求、过程、要素、工艺说明等）。

（2）按成熟程度划分，有法定标准、推荐标准、试行标准、标准草案。

（3）按适用范围划分，有国际标准、区域标准、国家标准、行业标准、地方标准、企业标准。通常，国际标准由国际标准化组织理事会审查，ISO 理事会接纳国际标准并由中央秘书处颁布；国家标准在中国由国务院标准化行政主管部门制定，如 GB 开头代表我国国家标准、GJB 开头代表国家军用标准；行业标准由国务院有关行政主管部门制定，如 YY 开头代表医药行业标准、XB 开头代表稀土行业标准；地方标准一般由地方有关行政主管部门制定，地方标准以 DB 开头，同时含有地方代码，如 110000 代表北京市；企业生产的产品没有国家标准和行业标准的，应当制定企业标准，作为组织生产的依据，并报有关部门备案，一般以"Q"作为企业标准的开头。

3. 标准文献的主要特征字段

一件完整的标准一般包括以下各项标识或陈述：①标准级别。②分类号，通常是《国际十进分类法》（UDC）类号和各国自编的标准文献分类法的类号。③标准号，一般由标准代号、序号、年代号组成。比如，DIN-11911-79，其中 DIN 为联邦德国标准代号，11911 为序号，79 为年代号；GB/T 4894-2009，其中 GB/T 是中国国家推荐性标准代号，4894 为序码，2009 为年代号。④标准名称。⑤标准提出单位。⑥审批单位。⑦批准年月。⑧实施日期。⑨具体内容项目。

3.4.5 科技报告

科技报告是记录某一科研项目调查、实验、研究的成果或进展情况的报告，又称研究报告、报告文献。科技报告出现于 20 世纪初，第二次世界大战后迅速发展，成为科技文献中的一大门类。每份报告自成一册，通常载有主持单位、报告撰写者、密级、报告号、研究项目号和合同号等。按内容可分为报告书、论文、通报、札记、技术译文、备忘录、特种出版物。科技报告大多与政府的研究活动、国防及尖端科技领域有关，发表及时，课题专深，内容新颖、成熟，数据完整，且注重报道进行中的科研工作，是一种重要的信息源。据统计，科研人员对科技报告的需求量占到其全部文献需求量的 10%~20%。

归纳起来，科技报告主要具有以下四个突出特点。

（1）专业性强，内容详尽，附有图表、数据、研究方法等信息，涉及或覆盖科研的全过程，其技术含量和使用价值远高于其他文献。

（2）科技报告时效性强，具有较强的新颖性和前沿性，能及时反映科研过程进展和技术进步成果，代表项目研究的最新状况和水平，有助于提升研究起点，形成成果阶梯，可以加快一个国家整体的科技创新和科技进步步伐。

（3）大部分不公开出版发行，一般为非正式出版物。科技报告也不受篇幅限制，可以是几页，也可以是几百页，虽然具有严格的编写规范，但一般不经过同行专家评审和专业编辑人员审查，发布相对较快。

（4）科技报告管理严格，有不同的密级划分和使用范围限制，以保证科技报告的安全利用，保护相关知识产权。

科技报告所具备的特点决定了它具有不同于其他信息源的作用。科技报告一般内容叙述详尽，题目专深而具体，通常反映了最新的研究成果，因此，科技报告的内容具有很高的应用价值和学术研究价值。科技报告还是预示或揭示新发明的重要信息源，这是因为科技报告通常蕴含着极其重要的科技信息，这些信息本身就是解决某一问题的最新成果或者预示着信息发明和新发现。

由于科技报告的重要作用，目前世界各国每年都生产数量庞大的科技报告。在这些报告中有政府部门发布的，如美国政府的四大报告（AD 报告、PB 报告、NASA 报告、DOE 报告）；有科研机构发布的，如由我国各核研究机构发布的《中国核能报告》；有公司、企业等营利性组织发布的，如美国著名智库机构兰德（Rand）公司每年都会为美国政府撰写一些战略分析报告，以帮助美国政府进行战略决策；咨询公司为客户做的咨询报告也在科技报告之列。此外，有一些个人出于研究兴趣或者经济因素考虑也会发布科技报告。

3.4.6 科技档案

科技档案主要产生于从事自然科学研究、生产技术和基本建设等活动的单位，一些行政管理单位也有自身的基本建设活动。一些专业主管单位也颁发有关科技工作的指示、决定、规程、规范和审批文件等，在基层科技单位也将这些文件归入科技档案。

1. 科技档案的概念

科技档案是在自然科学研究、生产技术、基本建设等活动中形成的具有查考利用价值，并已归档保存的科学技术文件材料。科技档案包括图样、图表、文件材料、计算材料、图像、影片及各种录音、录像、机读磁带、光盘等，是档案的一大门类。

科技档案不同于科技资料。反映一定单位科技活动的并具有历史查考凭证作用的科技文件材料才能转化为科技档案，而收集交流来的只起参考作用的材料是科技资料。被本单位采用的外来科技资料则转化为本单位的科技档案，科技档案通过复制提供给外单位参考使用则转化为科技资料。科技档案是一次文献的一种。

2. 科技档案的分类

按照科技活动，科技档案可分为自然现象观测分析档案、设计科研档案、生产技术档案和管理维修档案4种。自然现象观测分析档案记载和反映从宏观世界到微观世界各个自然科学基础学科的成就，常常记载着人类的新发现和对自然界运动发展规律的系统知识，具有长期和永久利用价值，积累材料的时间越长、越不间断、越完整，利用的价值越大。设计科研档案记载和反映为满足人的某种需要而进行的产品或工程项目的设计、科研成果，常常反映科技人员创造性劳动过程，在一定时期内重复利用率高，在生产建设中直接发挥作用，具有长期或永久查考借鉴价值。生产技术档案产生于实现设计、科研要求的物质生产或施工中，内容具体，数量繁多。随着技术革新或技术革命日新月异的发展，这种档案内容更新速度快，多反映人们的发展创造成果，利用它对促进生产力的发展有一定作用。管理维修档案是设备或工程项目使用单位所必备的管理维修工具，具有明显地依附于设备或工程项目的特点，随着设备和工程项目的使用、运转、改造与维修而不断补充新的档案内容。

按照科技活动的不同领域和专业，科技档案可分为科学技术研究档案、农业技术档案、工业技术档案、交通运输技术档案、基本建设档案、城市建设档案、设备仪器档案、医疗卫生档案、地质档案、测绘档案、气象档案、天文档案、水文档案、地震档案、环境保护档案等种类。

3. 科技档案的作用

科技档案作为科学技术信息的载体，可以起到促进生产力发展的作用。国家进行经济建设，采用一定的新技术要和本国的资源情况、工业水平、原材料、社会的传统和文化水平相适应，这就需要多种门类的科技档案共同发挥作用。一个企业或事业单位进行领导决策，除了要充分了解国内外的技术水平和市场动态外，更要注意分析研究自己的技术力量和技术水平、设备条件、原材料的供应和信息掌握的多少等，这就需要充分利用本单位的各种科技档案。科技档案作用的发挥带有全面性、综合性和系统性的特点。在设计工作中提高图纸复用率为科技档案成批成套发挥作用开辟了新的前景。在现代化生产的科学管理、设备改造和技术市场兴起后的科技交流及科学技术史的系统研究中，科技档案可以提供系统的科学数据和依据。科技档案在政治斗争中为增强国力、保证军工生产和恢复被破坏的建筑物及设备方面也具有重大作用。

3.4.7 政府出版物

政府出版物又称"官方出版物"，是具有官方性质，并由政府部门及其专门机构，根据国家的命令出版的文献资料。根据 1958 年联合国教科文组织召开的"有关各国之间交换官方出版物和政府文献"会议规定，官方出版物包括下列几种：中央、联邦及地方政府的各种行政方面的出版物及报告；全国性目录；国家编纂的各种手册、工具书；法律及司法部门、法院判例及其他有关出版物等。在各种政府出版物中，有的在未列入政府出版物前已经发表过，有的是初次发表。政府出版物是了解各国政治、经济、科学技术等情况的一种重要资料，应注意收集和利用。

政府出版物内容广泛，但其核心部分是官方发布的法律和行政性文献，如会议文件、司法资料、国家的方针政策、规章制度、有关国情的报告、国家权威机构发布的统计资料、外交文书等。从国家内部管理的角度看，政府要通过发布文件来管理国家，公民要通过政府发布的文件了解政府的法令、国家的状况等。从国际事务角度看，国际社会是从一个国家的政府出版物来了解一个国家的政治制度、立场、国家发展状况等。政府出版物在治理国家、舆论导向、参与国际事务方面的特殊而又重要的作用，成为区别于其他出版物的本质特征。

目前，世界上许多国家和地区都对政府信息和出版物公开有明确的规定。例如，美国 1967 年制定《情报自由法》规定政府文件公开是原则，不公开才是例外；1976 年制定《阳光下的政府法》进一步规定，合议制行政机关的会议必须公开，公众有权观察会议，取得会议信息。芬兰于 1951 年制定《公文书公开法》；丹麦于 1970 年制定《行政文书公开法》；挪威于 1970 年制定《行政公开法》；英国于 1994 年制定《政府情报公开实施报告》及其《解释方针》，开始推行情报公开制度；法国于 1978 年制定《行政文书公开法》；澳大利亚于 1982 年制定《情报自由法》；加拿大于 1982 年制定《情报自由法》；韩国于 1998 年制定《公共机关情报公开法》；日本于 1999 年制定《关于行政机关保有的情报公开的法律》。我国也于 2007 年 4 月 5 日公布了《中华人民共和国政府信息公开条例》，并于 2019 年 5 月 15 日起施行新修订的条例。这些政策条例的施行为政府信息和出版物的公开提供了政策和法律依据。

随着网络技术的发展，许多政府出版物除了以正式出版物形式出现，也会在政府官网中公开。比如，我国中央人民政府就在其官网上主动集中公开相关政府信息（图 3.4-3）。

图 3.4-3　中华人民共和国中央人民政府信息公开

第 4 章

全文数据库：获取全文

在传统纸质环境下，大多数文献信息都是以纸质载体形式出现。随着信息技术的广泛应用，越来越多的文献不仅有纸质版本，同时还以电子形式出现，甚至只有电子形式。由于电子形式获取、传递、共享更为便利，读者使用电子形式的文献信息已成为主流。读者经常要浏览或下载其电子版的原始全文，为此必须使用全文数据库（full-text database）来检索并获取其全文。

4.1 全文数据库概述

4.1.1 全文数据库的概念与种类

所谓全文数据库，是指组织和存储文献基本信息及其完整全文的源数据库。全文数据库可以将包括题名、著者、摘要、关键词、正文、参考文献和著作日期等在内的数据全部收入数据库，供用户检索、获取和利用。它也可看作是将经典著作、学术期刊、重要的会议录、法律法规、新闻报道及百科全书、手册、年鉴等的全部文字和非文字内容转换成的计算机可读形式。全文数据库可以解决用户获取一次文献所遇到的困难，能向用户提供一步到位的查找原始文献的信息服务。

20 世纪 80 年代中期开始，国外全文数据库的建设呈现出迅猛发展的势头。我国由于汉字处理比较复杂，以及计算机技术的发展相对滞后，到 20 世纪 90 年代全文数据库才进入大规模研制和开发时期。我国比较著名的全文数据库有中国知网系列数据库、万方资源系列数据库、维普期刊数据库、超星系列数据库、人大复印资料全文数据库等。

目前，全球全文数据库数量庞大，可以划分为许多类型。

（1）根据出版方式划分，可分成：①由印刷型文献电子化得到的全文数据库，目前大多数全文数据库都是这种类型，比如，万方的期刊全文数据库中几乎所有的期刊都有印刷版；②纯电子出版物，即没有对应的印刷型文献的电子出版物，如 PLoS 全文数据库。

（2）根据全文的呈现和检索方式划分，可分为：①以文摘＋文件的形式呈现并仅可对文摘进行检索，目前大多数全文数据库都是这种类型，如万方的期刊全文数据库，可对期刊及论文的题目、摘要、关键词等信息进行检索并下载论文 PDF 全文；②以全文形式呈现并可对全文内容进行检索的全文数据库，比如，人大复印报刊资料全文数据库可对论文全文进行检索。

（3）根据收录内容和种类及应用领域的不同，可划分为：①专门的全文数据库，如图书全文数据库、期刊全文数据库、学位论文全文数据库、专利全文数据库等；②综合的全文数据库，比如，爱思唯尔的 ScienceDirect 数据库就是一个综合性的全文数据库，里面包含了图书、期刊等多种类型的全文。

4.1.2　全文数据库的特点

全文数据库是读者使用得非常频繁的一类数据库。其特点主要有以下两个方面。

（1）可以直接获取全文。用户使用全文数据库不仅可以获取数据库中存储的文献文摘信息，同时还可以直接浏览和下载文献全文，这是全文数据库最为明显的特点。

（2）不同类型文献的全文数据库分布状态存在很大差异。在数字环境下，大多数常用文献信息类型都具有相对应的全文数据库，但不同类型文献的全文数据库往往存在较大差别，因而必须深入理解全文数据库的运行模式及其分布，这对我们检索和获取文献全文是至关重要的。这也是接下来要学习的重点。

4.2　电子期刊全文数据库

考虑到目前几乎所有的学术期刊都能通过网络获取其电子版本，尤其是电子版本通常时效性更强，因而本书着重介绍一下电子期刊全文的获取。电子期刊论文全文主要通过电子期刊全文数据库来获取。

由于在信息技术环境、出版制度、出版规模等方面的差异，不同国家和地区的电子期刊全文数据库运行模式和分布状态存在较大不同。总体来看，电子期刊全文数据库建设模式归纳起来大致可以分为自建和第三方集成两类模式。

1. 自建模式

所谓自建模式，是指期刊出版机构自己构建相应的全文数据库平台，并将出版的电子期刊及论文全文存储至该平台，为读者提供检索和全文获取服务。

2. 第三方集成模式

所谓第三方集成模式，是指期刊出版机构将出版的电子期刊及论文全文存储至第三方构建起来的全文数据库平台中，并由第三方平台为读者提供检索和全文获取服务。

4.2.1　我国期刊全文数据库

1. 我国期刊全文数据库建设模式

据《中国科技期刊产业发展报告（2021）》统计数据，全国每个主管单位平均主管 3.84 种科技期刊，每个主办单位平均主办 1.61 种，每个出版单位平均出版 1.16 种。全国出版科技期刊数量超过 10 种的出版单位仅有 9 家。由于出版的期刊种类普遍较少，难以形成经济上的规模效应，且由于信息技术的限制，早期极少有期刊出版机构创建自有的出版和发行平台，这给期刊的数字化利用带来了不便。

1999年6月，清华大学、清华同方发起"中国知识基础设施工程"（俗称中国知网），以全面打通知识生产、传播、扩散与利用各环节信息通道，打造支持全国各行业知识创新、学习和应用的交流合作平台为总目标，揭开了我国第三方期刊全文数据库建设的序幕。

目前，我国绝大多数期刊将其论文全文授权并存储于由第三方机构创建的期刊全文数据库平台中。这种第三方期刊全文数据库主要有CNKI、万方数据（以下简称万方）、维普、超星。读者利用这些第三方平台，可以免费检索并付费（多数时候为读者所在机构付费）下载收录其中的期刊论文全文。

此外，我国近年来也高度重视哲学社会科学领域学术期刊数据库的建设，并重点建设了"国家哲学社会科学学术期刊数据库"（以下简称NSSD），旨在建设成为我国国内最大的社会科学精品期刊数据库，最大的社会科学开放获取平台，实现学术资源的开放共享，为学术研究提供有力的基础条件，促进学术成果的社会传播，推动我国哲学社会科学繁荣发展、走向世界。NSSD由全国哲学社会科学规划领导小组批准建设，中国社会科学院承建，具体责任单位为中国社会科学院图书馆（调查与数据信息中心）。作为国家社会科学基金特别委托项目，于2012年3月正式启动，系统平台于2013年7月16日上线开通。NSSD也是第三方集成平台，但与CNKI、万方、维普和超星不同的是，NSSD为公益性质，读者经简单注册后即可免费下载其中的期刊全文。

期刊向第三方平台的授权可以是独家授权。比如，《财政研究》期刊仅授权全文给CNKI；也可以同时授权给多个第三方数据库，如《情报学报》期刊同时授权给CNKI、万方和维普。这就造成了我国第三方期刊全文数据库内容既有区别，同时又存在大量重复的现状。读者在使用时应注意到此种现状。

值得注意的是，随着网络技术的普及，越来越多的我国期刊出版机构建立了自身的期刊投审稿网站，这些网站许多也提供对期刊论文全文的免费下载。比如，《情报学报》期刊（图4.2-1）在其官网（https://qbxb.istic.ac.cn/）上提供对论文的免费下载。

图 4.2-1　期刊官网提供免费下载

2. 我国主要的期刊全文数据库

1）CNKI 学术期刊库

CNKI（https://kns.cnki.net/kns8?dbcode=CFLQ）是目前我国最大的综合性全文数据库（图 4.2-2）。CNKI 学术期刊库收录中文学术期刊 8700 余种，含北大核心期刊 1960 余种，网络首发期刊 1950 余种，最早回溯至 1915 年，共计 5700 余万篇全文文献。该数据库须订购使用。

图 4.2-2　CNKI 学术期刊库

2）万方中国学术期刊数据库

万方数据库是由北京万方数据股份有限公司及万方数据电子出版社创建的综合性全文数据库（图 4.2-3）。万方平台中的中国学术期刊数据库（https://c.wanfangdata.com.cn/periodical）收录了约 8000 余种期刊，其中包含北京大学、中国科学技术信息研究所、中国科学院文献情报中心、南京大学、中国社会科学院历年收录的核心期刊 3300 余种，年增 300 万篇，每周更新 2 次，涵盖自然科学、工程技术、医药卫生、农业科学、哲学政法、社会科学、科教文艺等各个学科。该数据库须订购使用。

图 4.2-3　万方中国学术期刊数据库

3）维普网（VIP）

维普网（http://www.cqvip.com/），原名"维普资讯网"，由重庆维普资讯有限公司创建（图4.2-4）。该数据库收录了1989年以来的14 000余种中文科技期刊，分类包括社会科学、自然科学、工业技术、农业科学、医药卫生。该数据库须订购使用。

图 4.2-4　维普网

4）超星期刊全文数据库

超星期刊（https://qikan.chaoxing.com/）是超星集团打造面向各级、各类用户的期刊知识服务（图4.2-5）。目前收录了国内期刊6500余种，核心期刊超过1200种，600余种独家期刊，实现与上亿条外文期刊元数据联合检索。内容涵盖理学、工学、农学、社科、文化、教育、哲学、医学、经管等各学科领域。该数据库须订购使用。

图 4.2-5　超星期刊

5）国家哲学社会科学学术期刊数据库（NSSD）

截至 2021 年，NSSD（http://www.nssd.cn/）收录哲学社会科学领域精品学术期刊 2000 多种，论文超过 1000 万篇，以及超过 101 万位学者、2.1 万家研究机构相关信息（图 4.2-6）。其中，国家社科基金重点资助期刊 187 种，中国社会科学院主管主办期刊 80 多种，三大评价体系（中国社会科学院、北京大学、南京大学）收录的 600 多种核心期刊，回溯至创刊号期刊 700 多种，最早回溯至 1920 年。该数据库属公益性数据库，读者注册后可以免费使用。

图 4.2-6　国家哲学社会科学学术期刊数据库

4.2.2　国际期刊全文数据库

1. 国际期刊全文数据库建设模式

在国际上，学术期刊出版市场竞争非常激烈。出版机构或者具有较为鲜明的特色得以立足，如各种学会（协会）出版社、大学出版社等，或者通过不断收购、兼并和重组，形成规模优势，如爱思唯尔出版集团、Springer 出版集团等。绝大多数出版机构都建立了自有全文数据库，将出版的电子期刊及论文全文存储在该数据库中，为用户提供对所出版期刊全文的检索和下载获取服务，这是国际学术期刊全文数据库的主流模式。这些全文数据库数量众多，典型的有爱思唯尔的 ScienceDirect、Springer 的 SpringerLink 等。

当然，在国际上也存在数量较多的小型出版机构，甚至是单一期刊出版机构。这些机构与中国的学术期刊出版机构类似，建立自己的全文数据库平台不具备经济性，故主要采用第三方平台模式，将期刊授权给其他大型的出版商全文数据库平台。比如，*Management Information Systems Quarterly* 期刊除在其官网中可以进行获取，还将全文授权至 EBSCO 平台 Academic Search Ultimate（ASU）期刊数据库中，提供给用户获取；美国地球物理学会（American Geophysical Union）将其旗下的 23 种学术期刊全部授权给 Wiley 平台发行和获取；等等。此外，也有许多出版商出于扩大影响力的目的，将自身出版的期刊授权给其他出版机构的全文数据库中。比如，Wiley-Blackwell 公司将其下属期刊 *Acta Crystallographica. Section A，Foundations & Advances* 授权给 EBSCO 公司，收录在其 ASU 全文数据库中。

2. 国际上主要的期刊全文数据库

1）ScienceDirect 数据库（https://www.sciencedirect.com）

爱思唯尔是起源于荷兰的一家全球著名的学术出版商，每年出版大量的学术图书和期刊，大部分期刊被 SCI、SSCI、EI 收录，是世界上公认的高品质学术出版商（图 4.2-7）。ScienceDirect（俗称 SD）全文数据库是爱思唯尔公司的核心产品，因而许多读者又直接将其称为 Elsevier 数据库。爱思唯尔公司将其出版的 2500 多种期刊和 11 000 图书全部数字化并存储至 ScienceDirect 中，通过网络提供服务。该数据库涉及众多学科，包括计算机科学、工程技术、能源科学、环境科学、材料科学、数学、物理、化学、天文学、医学、生命科学、商业及经济管理、社会科学等。该数据库须订购获取全文。

图 4.2-7　ScienceDirect 数据库

2）SpringerLink 数据库（https://link.springer.com）

SpringerLink 全文数据库由德国施普林格（Springer）出版集团出版（图 4.2-8）。SpringerLink 是施普林格及其合作公司推出的全球最大的在线科学、技术和医学（STM）领域学术资源平台。SpringerLink 是目前全球最大的在线学术资源平台。凭借弹性的订阅模式、可靠的网络基础，以及便捷的管理系统，SpringerLink 已成为各家图书馆最受欢迎的产品。通过 SpringerLink 平台，读者可以快速地获取重要的在线研究资料。

SpringerLink 目前为全世界 600 家企业客户、超过 35 000 个机构提供服务。SpringerLink 的服务范围涵盖各个研究领域，提供超过 1900 种同行评议的学术期刊，以及不断扩展的电子参考工具书、电子图书、实验室指南、在线回溯数据库及更多内容。涵盖学科包括行为科学、工程学、生物医学和生命科学、人文、社科和法律、商业和经济、数学和统计学、化学和材料科学、医学、计算机科学、物理和天文学、地球和环境科学、计算机职业技术与专业计算机应用、能源。SpringerLink 每天都会新增高品质的内容，包括学会刊物、参考工具书、会刊、专著、手册、实验室指南及更多内容，提供参考文献链接、检索结果、社群书签及最新的语义链接等功能，使用户可在更短时间内获得更精确的搜索结果和相关内容。该数据库须订购获取全文。

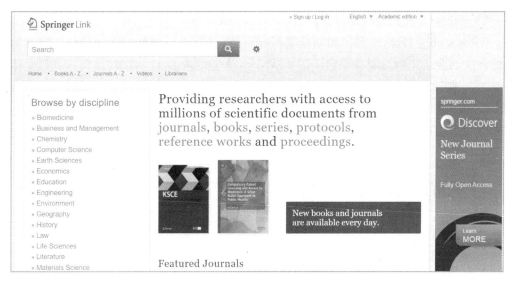

图 4.2-8　SpringerLink 数据库

3）Taylor&Francis 数据库（https://www.tandfonline.com）

Taylor&Francis 数据库是由 Taylor&Francis 集团推出的一个全文数据库平台（图 4.2-9）。Taylor&Francis 集团是全球知名的理论和科学图书出版商，每年出版 540 多种期刊和 1500 多种新书，也是世界最大电子图书出版集团，电子图书出版的数量超过 18 000 册，涵盖各学科，为不同领域的研究人员、学者提供了丰富的资料。

图 4.2-9　Taylor&Francis 数据库

Taylor & Francis 期刊数据库提供超过 1000 种经专家评审的高质量期刊，内容最早至 1997 年，包括来自社会科学与人文科学先驱出版社 Routledge 及声誉卓越的 Psychology Press 的期刊。该数据库包含14 个学科：人类学、考古学与文化遗产，艺术与人文，商业管理与经济，犯罪学与法学，教育学，地理、规划、城市与环境，图书馆与信息科学，媒体、文化与传播研究，国际关系与区域研究，公共卫生与社会保健，心理学，社会学及其相关学科，体育、休闲与旅游，战略、防御与安全研究。该数据库须订购获取全文。

4）Wiley Online Library 数据库（https://onlinelibrary.wiley.com）

Wiley Online Library 是由约翰威立国际出版公司（John Wiley&Sons Inc.）建立的一个综合性的网络出版及服务平台（图 4.2-10）。该公司在 1807 年创建于美国，是全球历史悠久、知名的学术出版商之一，享有世界第一大独立的学协会出版商和第三大学术期刊出版商的地位，对专业人士、科研人员、教育工作者、学生等提供所需的知识和服务，在化学、生命科学、医学及工程技术等领域学术文献的出版方面具有较强的权威性。

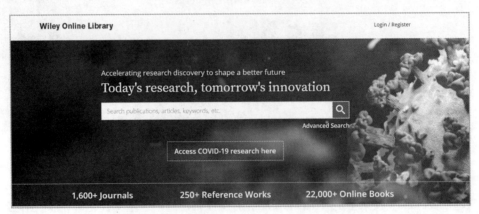

图 4.2-10　Wiley Online Library 数据库

作为全球较大、较全面的经同行评审的科学、技术、医学和学术研究的在线多学科资源平台之一，Wiley Online Library 覆盖了生命科学、健康科学、自然科学、社会与人文科学、物理学、化学、工程学、农业、食品科学、医学、心理学、护理学、商业、经济、语言学、历史学、政治学等全面的学科领域。它收录了来自 1500 余种期刊、10 000 多本在线图书及数百种多卷册的参考工具书、丛书系列、手册和辞典、实验室指南和数据库的 400 多万篇文章，并提供在线阅读。该在线资源平台具有整洁、易于使用的界面，提供直观的网页导航，提高了内容的可发现性，增强了各项功能和个性化设置、接收通信的选择。该数据库须订购获取全文。

5）Emerald 数据库（https://www.emeraldinsight.com）

Emerald 于 1967 年由来自世界著名百所商学院之一布拉德福商学院（Bradford University Management Center）的学者建立（图 4.2-11）。主要出版管理学、图书馆学、工程学等专业领域的期刊。Emerald 出版的期刊包括 200 余种管理学（超过全球同类期刊 10%，含 24 种图书馆和信息管理学），16 种工程学。在全球范围内，有 98% 以上的世界前 100 名商学院；58% 以上的全球 500 强企业用户订购 Emerald 的期刊和数据库，产生了 8 000 000 以上的每年文章下载量和 26 000 名以上的庞大专家作者群。Emerald 数据库包括管理学电子期刊库、工程学电子期刊库、回溯期刊库、电子丛书库和文摘数据库。

Emerald 全文期刊数据库覆盖以下学科范围：会计金融和法律、经济和社会政策、健康护理管理、工业管理、企业创新、国际商务、管理科学及研究、人力管理、质量管理、市场学、营运与后勤管理、组织发展与变化管理、财产与不动产、策略和通用管理、培训与发展、教育管理、图书馆管理与研究、信息和知识管理、先进自动化、电子制造和包装、材料科学与工程等。该数据库须订购获取全文。

图 4.2-11　Emerald 数据库

6）IEEE Xplore 数据库（https://ieeexplore.ieee.org）

IEEE Xplore 隶属于美国电气和电子工程师协会（Institue of Electrical and Electronics Engineers，IEEE）（图 4.2-12）。IEEE 是一个国际性非营利性科技学会，拥有全球近 175 个国家 36 万多名会员。其前身是成立于 1884 年的美国电气工程师协会（AIEE）和成立于 1912 年的无线电工程师协会（IRE）。1963 年，AIEE 和 IRE 正式合并为 IEEE。透过多元化的会员，该组织在太空、计算机、电信、生物医学、电力及消费性电子产品等领域是权威性组织。在电气及电子工程、计算机及控制技术领域，IEEE 发表的文献占了全球近 30%。IEEE 每年也会主办或协办 300 多项技术会议。IEEE Xplore 是一个学术文献数据库，主要提供计算机科学、电机工程学和电子学等相关领域文献的索引、摘要及全文下载服务。该数据库须订购获取全文。

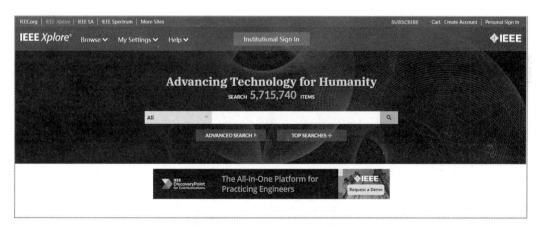

图 4.2-12　IEEE Xplore 数据库

7）Nature 数据库（https://www.nature.com）

《自然》（Nature）是世界上历史悠久的、有名望的科学杂志之一，首版于 1869 年 11 月 4 日。与当今大多数科学杂志专一于某个特殊的领域不同，其是少数依然发表来自很多科学领域的一手研究论文的杂志（其他类似的杂志有《科学》和《美国科学院学报》等）（图 4.2-13）。在许多科学研究领域中，很多最重要、最前沿的研究结果都是以短讯的形式发表在《自然》上。

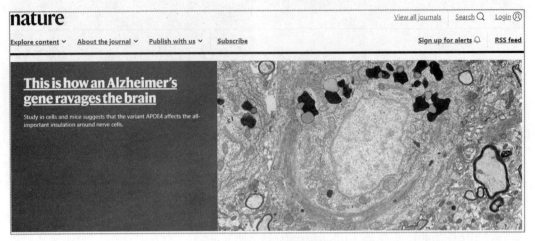

图 4.2-13　Nature 数据库

1999 年，Nature 出版集团（NPG）成立，与麦克米兰出版公司联合出版《自然》电子版。这一方式得到了极大的成功，也将《自然》推上了一个新的发展阶段。NPG 努力服务于科学、技术和医学领域，寻求为科学家提供信息的新方法，出版经同行严格评议的创新性原始研究工作成果、权威评论、筛选和调查过的材料综述、科学参考资料及职业信息。目前，NPG 出版许多在各自领域具有重要影响的国际刊物，主要包括《自然》《自然研究杂志》《自然评论专业杂志》和《NPG 参考》等，覆盖生物、医学、物理等学科，近年来医学与生物尤其突出。比如，2001—2002 年，数据库增设了 3 种关于癌症、免疫学、药物学的评论期刊；2002 年又增设材料科学子刊 Nature materials，该刊是材料学方向众多专家必看的刊物之一。从这一点也可以看出集团化后的 NPG 办刊之灵活，对新学科发展之敏锐感触。

截至目前，NPG 出版的系列刊物有 Nature、Nature Biotechnology、Nature Cell Biology、Nature Medicine、Nature Neuroscience、Nature Reviews Cancer、Nature Reviews Drug Discovery、Nature Structural Bioligy 等。出版的参考工具书有 Encyclopedia of Life Science、Encyclopedia of Astronomy&Astrophysics、The Cancer Handbook 等。该数据库须订购获取全文。

8）PLoS 数据库（https://plos.org）

PLoS 为美国科学公共图书馆（the Public Library of Science）的简称，该机构由生物医学科学家哈罗德·瓦尔缪斯（Harold E. Varmus）、帕克·布朗（Patrick O. Brown）和迈克尔·艾森（Michael B. Eisen）创立于 2000 年 10 月，是一家由众多诺贝尔奖得主和慈善机构支持的非营利性学术组织，为科技人员和医学人员服务并致力于使全球范围科技和医学领域文献成为可以免费获取的公共资源（图 4.2-14）。

图 4.2-14　PloS 数据库

最初 PLoS 并没有将自己定位为出版者，而是鼓励和号召科技和医学领域的期刊出版机构通过在线公共知识仓库（如 PubMed Central）为研究人员提供文献全文的免费获取。当时得到了来自 180 个国家 30 000 多名科研人员的支持，但商业出版机构却没有给予响应。2001 年 PLoS 认识到，更为有效和实际的方法应该是自己创建提供免费存取的高质量 PLoS 期刊。于是，在 2002 年 11 月收到 Gordon and Betty Moore 基金会的 900 万美元的赞助后，PLoS 招募工作人员成立了期刊编辑部，PLoS 出版了 7 种生命科学与医学领域的期刊，分别为：*PLoS Biology*、*PLoS Medicine*、*PLoS Computational Biology*、*PLoS Genetics*、*PLoS Pathogens*、*PLoS ONE*、*PLoS Neglected Tropical Diseases*，这 7 种期刊已成为国际上顶级水平的科学期刊。PLoS 期刊实行开放存取政策，用户可以免费获取该数据库中的期刊论文，并可以进行再发布或其他使用，只需按创作共享注明出处授权条款的要求注明作者和来源。

9）Sage 电子期刊数据库（https://journals.sagepub.com/）

Sage 是世界领先的独立学术出版公司，由 Sara Miller McCune 女士创立于 1965 年，以支持有价值的知识传播和全球教育为宗旨（图 4.2-15）。就出版规模而言，Sage 是世界第五大学术出版商。

图 4.2-15　Sage 电子期刊数据库

Sage 每年出版 1000 余种学术期刊、800 余种人文社科类学术参考类书籍和教科书，以及一系列创新的馆藏参考资源，如期刊数据库、研究方法数据库、视频数据库、商业案例集等。重点学科包括教育学、心理学、研究方法、商业管理、传播传媒、社会学、政治与国际关系、犯罪学与刑事司法、地理与环境、健康与护理、科技医药等。该数据库须订购获取全文。

10）Science 数据库（https://www.science.org/）

Science 数据库是美国科学促进会（American Association for the Advancement of Science，AAAS）下属的期刊全文数据库（图 4.2-16）。AAAS 成立于 1848 年，是世界上最大的科学和工程学协会的联合体，也是最大的非营利性国际科技组织，下设 21 个专业分会，涉及的学科包括数学、物理、化学、天文、地理、生物等自然科学和社会科学。AAAS 现有 265 个分支机构和 1000 万个成员，其年会是科学界的重要聚会，近年来，每次年会都能吸引数千名科学家和上千名科学记者参加。

图 4.2-16　Science 数据库

AAAS 下设 Science、Science Advances、Science Immunology、Science Robotics、Science Signaling、Science Translational Medicine、Science Partner Journals 共 7 种期刊，其中《科学》杂志是世界发行量最大的具有同行评议的综合科学刊物，读者逾百万名。该数据库须订购获取全文。

11）ACM 数字图书馆（https://dl.acm.org/）

ACM（Association for Computing Machinery）创立于 1947 年，是全球历史最悠久和最大的计算机教育、科研机构。ACM 目前提供的服务遍及全球 100 多个国家，会员数超过 9 万名，涵盖工商业、学术界及政府单位。ACM 致力于发展信息技术教育、科研和应用，出版最具权威和前瞻性的文献，如专业期刊、会议录和新闻快报，并于 1999 年开始提供在线数据库服务——ACM Digital Library（图 4.2-17）。

在过去的几年里，ACM 全文数据库增加了 20 世纪 50 年代至今的所有出版物的全文内容，以及 Special Interest Group 的相关出版物，包括快报和会议录。同时 ACM 还整合了第三方出版社的内容，全面集成了"在线计算机文献指南"。

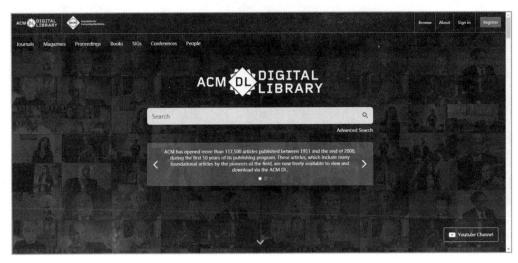

图 4.2-17　ACM 数字图书馆

ACM 数据库内容包含期刊、杂志和会报 50 余种，主要覆盖计算机科学与软件工程、计算机科学与信息系统、计算机科学与硬件结构、计算机科学与理论方法四大学科，是世界上最具权威的计算机类期刊出版机构。该数据库须订购获取全文。

除此之外，在国际上还有数量众多的期刊全文数据库，表 4.2-1 列出了国际上其他部分期刊全文数据库。限于篇幅，本书无法一一为读者呈现所有的期刊全文数据库，读者可以自行查找并熟悉各个期刊全文数据库及其出版期刊的学科范围。

表 4.2-1　国际上其他期刊全文数据库

出版机构或数据库	网址
AIP (American Institute of Physics)	https://aip.scitation.org/
APA (American Psychological Association)	https://psycnet.apa.org/home/
APS (American Physical Society)	https://journals.aps.org/
ASM (American Society for Microbiology)	https://asm.org/
BioMed Central	https://www.biomedcentral.com/
BMA (British Medical Association)	https://www.bmj.com/
CUP (Cambridge University Press Journals)	https://www.cambridge.org/core/
IOP Science AAS Journals	https://iopscience.iop.org/
JSTOR	https://www.jstor.org/
Kluwer Law Online Journals	https://kluwerlawonline.com/
Microbiology society 电子期刊	https://www.microbiologyresearch.org/
OVID LWW 电子期刊全文数据库	https://ovidsp.ovid.com/
Oxford Journals	http://www.oxfordjournals.org/
Proceedings of the National Academy of Sciences of the USA (PNAS)	https://www.pnascentral.org/
RSC (Royal Society of Chemistry)	https://pubs.rsc.org/
SIAM (Society for Industry and Applied Mathematics)	https://epubs.siam.org/
SPIE (International Society for Optical Engineering)	http://spiedigitallibrary.org/
The European Mathematical Society	https://euromathsoc.org/

4.2.3 通过全文数据库检索和获取期刊论文全文

期刊全文数据库可以为读者提供期刊论文的文摘信息检索和全文下载服务。

1. 文摘信息检索服务

期刊全文数据库一般可以为读者提供浏览和检索两种服务方式。一方面，读者可以通过系统提供的浏览功能，分类查看学科、期刊及论文文摘信息；另一方面，系统也提供检索功能，一般包括基本检索和高级检索，高级检索允许读者从多个字段进行逻辑组配检索。不同的数据库在功能的提供方面略有差异，但大体是相同的。读者一般可以通过系统提供的帮助功能进行熟悉。

2. 全文下载服务

对期刊全文数据库而言，提供全文下载服务是最为根本的服务。目前，无论是国内还是国外的期刊全文数据库，其提供全文下载服务主要有订购（subscription-based）和开放存取（open access，OA）出版两种模式。

1）订购模式

大多数情况下，期刊全文数据库采用订购模式，即读者付费使用。值得注意的是，付费使用是针对全文下载，读者可以免费浏览、检索论文题录信息。通常，读者依赖所在机构（图书馆）订购上述期刊全文数据库。一旦所在机构订购了某数据库，读者只要在机构内网 IP 范围内就可以使用该期刊全文数据库，阅读和下载期刊论文全文。在实际情况中，如果机构不订购全库而只订购部分子库，那么读者只能使用订购的部分。

对于读者所在机构未订购的期刊全文数据库资源，有以下几种方法可供读者参考和获取论文全文。

（1）自费使用。用户可以自行注册成为期刊全文数据库正式用户，并自费使用机构未订购的资源，但费用可能较高，如 ScienceDirect 数据库中一篇期刊论文的下载费用高达 20 美元左右，CNKI 目前按照 0.5 元/页进行收费。

（2）利用其他图书馆资源。对本单位没有订购而其他单位有订购的期刊全文数据库，用户可以通过图书馆提供的馆际互借服务方式进行期刊论文的传递，具体可咨询所在机构图书馆。

另外，读者也可利用网络上的图书馆参考咨询联盟服务。全国图书馆参考咨询联盟（http://www.ucdrs.net/）是一个非常有用的资源。该联盟是在全国文化信息资源共享工程国家中心指导下，由中国公共、教育、科技系统图书馆合作建立的公益性服务机构，其宗旨是以数字图书馆馆藏资源为基础，以因特网的丰富信息资源和各种信息搜寻技术为依托，为社会提供免费的网上参考咨询和文献远程传递服务。截至 2021 年，该联盟拥有我国目前最大规模的中文数字化资源库群，包括元数据总量 7.6 亿篇（册），其中中文图书 660 万册、中文期刊元数据 12 000 万篇、中文报纸 19 000 万篇、中文学位论文 680 万篇、中文会议论文 680 万篇、外文期刊 29 000 万篇、外文学位论文 680 万篇、外文会议论文 2600 万篇、开放学术资源 4900 万篇、国家标准与行业标准 7 万件、专利说明书 86 万件。读者在该联盟平台进行注册并登录，即可免费利用其服务（图 4.2-18）。

图 4.2-18　全国图书馆参考咨询联盟

此外，读者也可利用身份证注册国家图书馆或其他省级公共图书馆账户，一般都会允许每天下载数量不等的论文，基本可以满足用户需求。

（3）获取其免费版本。目前，许多论文在网络上存在免费版本可供下载，主要包括：第一，许多作者会将论文的预印本提交至某些预印本平台（如前所述的 ArXiv），其内容与论文最终版本基本一致；第二，作者也可能会将论文的后印本（post-print，即与正式出版论文内容一致或正式出版的论文）提交某些平台进行存储。比如，厦门大学许多师生将发表的论文存储至厦门大学学术典藏库；国家自然科学基金委员会要求受资助的项目必须将研究成果提交至国家自然科学基金基础研究知识库。又比如，许多作者将其发表的论文提交至学术社交网络平台 ResearchGate、Academia.edu 等平台。当然，要一一确认是否存在这些免费版本是比较困难的，这里提供一个小技巧，读者可以使用学术搜索引擎，如百度学术、Google Scholar，来查阅相关论文是否存在免费版本下载（图 4.2-19）。

图 4.2-19　利用百度学术获取论文免费版本

（4）通过某些公益性平台。一些由学者和公益组织自发创建的电子期刊论文分享网站也可以用来尝试获取电子期刊论文全文。比如，在学术界较为知名的 Sci-Hub，可以在其主页搜索框中输入论文 URL、DOI 或 PMID 尝试获取全文（图 4.2-20）。

图 4.2-20　通过 Sci-Hub 获取期刊论文全文

（5）网络求助。用户也可以通过论坛、百度学术、QQ 群、微信群等多种方式进行求助，来获取电子期刊论文全文，如小木虫论坛、丁香园等学术论坛都是非常有用的资源。百度学术也提供了文献求助功能，读者可以自行尝试。

2）OA 出版模式

在全球范围内，随着传统基于订购的全文数据库价格不断上涨，学术图书馆不堪重负而不得不缩减期刊订购，形成了所谓的"期刊危机"，阻碍了学术交流的高效进行。为此，国际学术界、出版界、图书情报界联合发起了 OA 运动，旨在促进科学及人文信息的广泛交流，促进利用互联网进行科学交流与出版，提升科学研究的公共利用程度，保障科学信息的保存，提高科学研究的效率。

按照布达佩斯开放存取先导计划（Budapest open access initiative，BOAI）中的定义，OA 是指某文献在因特网公共领域里可以被免费获取，允许任何用户阅读、下载、拷贝、传递、打印、检索、超级链接该文献，并为之建立索引，用作软件的输入数据或其他任何合法用途。用户在使用该文献时不受财力、法律或技术的限制，而只需在存取时保持文献的完整性，对其复制和传递的唯一限制，或者说版权的唯一作用应是使作者有权控制其作品的完整性及作品被准确接收和引用。

OA 有两种实现方式。一种称为自存档（self-archiving），即由作者将文献（预印本或后印本）上传至学科仓储或机构仓储，供读者免费阅读；另一种则称为 OA 期刊。有别于订购模式（即作者不付费，读者付费），OA 期刊采取向读者免费开放阅读和下载，但向作者收取论文处理费（article processing charges，APCs）或通过其他渠道获取经费以维持正常的运行。

在国际上，越来越多的出版机构都在尝试 OA 出版模式。一方面，已经有许多的 OA 出版机构出现，如 PloS、BMC（BioMed Central）等出版机构，其旗下所有期刊全部开放存取，读者可以直接访问其自建平台，免费阅读或下载其论文内容。另一方面，许多原来基于订购的出版机构，如爱思唯尔、*Nature* 等，也尝试对部分期刊和论文采用 OA 出版模式。

在我国，原先依赖于第三方平台的许多期刊，也开始同步建立自己的网站，提供对本期刊论文的免费下载，其比例已超过 50%。比如，《情报学报》期刊提供对其出版论文的免费下载。与此同时，也有第三方平台提供对中文期刊论文的免费全文下载。比如，我国 NSSD 数据库可以供用户免费使用。

随着期刊 OA 出版的推进，已有一些平台提供对 OA 期刊的集成检索和获取。DOAJ（Directory of Open Access Journals，https://doaj.org/）是由瑞典的隆德大学图书馆 Lund University Libraries 专门为 OA 期刊发现所创建的一个目录系统（图 4.2-21）。它设立于 2003 年 5 月，是目前 OA 期刊最为著名的平台。截至 2022 年 6 月，DOAJ 收集了来自 130 多个国家的 18 000 多种 OA 期刊信息，并提供对于论文的集成检索。

图 4.2-21　DOAJ

值得注意的是，伴随着 OA 出版模式的日益盛行，在学术出版界也出现了一丝不和谐的声音，这就是掠夺性期刊（predatory journal）的出现。"掠夺性期刊"一词为美国科罗拉多州立大学的图书管理员杰弗里·比尔所创，是指纯粹以商业盈利为目的而发行的低品质期刊。这类期刊常打着 OA 出版的旗号，利用科研人员急于发表论文的心态，四处邀请学者投稿，并向学者宣称有专业的编辑编委、公正的同行评审，能够帮助作者实现论文的快速发表。实际上，这些期刊并没有完善的同行评审流程，甚至很多编委的姓名都是捏造的。作者投稿后，这些期刊并不会对文章进行严格的评审，他们会在投稿后的短短几天时间内便通知作者文章被录用，然后向作者索要高昂的文章处理费（APCs）。掠夺性期刊不仅让作者损失钱财，也对整个学术界造成了巨大的负面影响。

作为研究人员，特别是初入研究界的研究人员，学会辨别掠夺性期刊是非常有必要的。通常，掠夺性期刊主要有以下特征。

- 向作者保证，文章必定能快速过审并发表。
- 期刊名称与某一国际知名期刊很像。例如，很多掠夺性期刊会选择在知名期刊的名称前加上 International 的字样，以此名称来迷惑作者。
- 邮件中宣称的收稿领域，与收件者本人的研究领域毫不相关。
- 过往发表的文章所涉及的研究领域异常广泛。
- 期刊名称与其文章的研究领域不一致。
- 自称具有极高的影响因子，但却无从查证。
- 宣称该刊被收录在某些国际一流的数据库中，但在数据库中却没有该刊的记录。
- 在作者投稿前，拒绝向作者说明文章处理费（APCs）的收取标准。
- 没有提供编委的名字与机构，或提供的编委信息是捏造的。
- 没有提供编辑部或出版商的联系方式。
- 期刊出版的时间非常不稳定。例如，有时相隔一个月出版一期，有时则半年出版一期。
- 期刊出版商的名称中出现了某个国家，但实际注册地却是其他国家。比如，某一出版商的名称为"英国×××出版集团"，但查证后却发现该出版商的实际注册地是在非洲某国，那么作者便应对其出版的期刊提高警惕。

如果邀约稿件的期刊满足上述的大部分特征，那么这种期刊极有可能是不正规的掠夺性期刊。自 2008 年起，杰弗里·比尔开始对"潜在、可疑"的掠夺性出版商进行逐一登记，并列出成千上万种掠夺性期刊，这就是著名的"Beall 黑名单"。这份黑名单曾一时被全球众多学者奉为投稿的"避坑"指南。Beall 黑名单触犯了很多出版商的利益，因而遭受巨大的非议，并一度关闭，但目前运行正常，读者可参考 https://beallslist.net/ 查阅要投稿的期刊是否为掠夺性期刊。此外，也可以咨询同事或导师，是否知道这本期刊，或者是否向其投递过稿件。

4.2.4 期刊全文数据库使用的深入说明

一般来说，期刊全文数据库均会提供相应的检索界面，读者可以直接打开其主页进行检索，并尝试下载获取期刊论文全文，其具体过程可参见本书第 5 章的内容。然而，对用户而言，使用期刊全文数据库的关键问题在于，必须深刻理解一点，即无论是哪一个期刊全文数据库都有其明确的数据收录范围。比如，某出版机构全文数据库一般只包含其出版的期刊论文全文。例如，ScienceDirect 数据库只包含了爱思唯尔所出版的全文内容。当用户明确知道所要查询和获取的期刊或论文包含在某一期刊全文数据库中时，才能使用该数据库，否则绝不能盲目地进行检索。我们通过以下 3 个具体案例来进行说明。

案例 4-1：某读者想要查阅 *Information Processing & Management*（IPM）期刊中最新刊载的论文，应如何操作？

分析：在该案例中，读者应通过其他途径查阅 IPM 隶属于哪个出版机构。比如，可以直接使用百度搜索引擎查询。经查找，IPM 为爱思唯尔出版集团旗下期刊，并包含在 ScienceDirect 全文数据库中。因此，读者可以进入 ScienceDirect 平台，浏览或检索

IPM 页面，并查阅其最新刊载的论文。事实上，当使用百度查询该期刊时，一般也能直接找到其在 ScienceDirect 数据库中的链接，但需要读者仔细甄别。

案例 4-2：某读者想要下载《情报学报》期刊中最新刊载的论文，应如何操作？

分析：在该案例中，读者应通过其他途径查阅《情报学报》隶属于哪个出版机构及其全文发行途径。经查找，《情报学报》有以下几个渠道可获取：第一，《情报学报》自建有网站，可通过该网站查阅并下载最新刊载论文；第二，《情报学报》包含在 CNKI、万方、NSSD 三个第三方全文数据库中，因此读者也可通过这三个平台查阅下载最新刊载论文，但 CNKI、万方为收费下载，NSSD 为注册后免费下载。

在实践中，读者经常要查询与某一主题相关的论文特别是外文文献。必须注意的是，这些论文往往分布在许多种期刊当中，而这些期刊往往又是由许多不同的出版机构所出版，并分布在不同的全文数据库当中。读者必须谨记，不要轻易使用单一的期刊全文数据库来实现这一目的。我们通过以下具体案例来进行说明。

案例 4-3：某读者想要系统查阅有关"Information behavior"的期刊论文，其通过 **ScienceDirect** 平台进行检索并找到了相关论文，该操作是否妥当？

分析：在该案例中，有关"Information behavior"的期刊论文分布在许多期刊中，这些期刊可能由不同的出版机构出版，并包含在不同的全文数据库中，如 ScienceDirect、Springer、Wiley、Emerald 等。通过 ScienceDirect 平台只能查到爱思唯尔集团下属期刊中所刊载的论文，无法找到其他全文数据库中的论文，此时会产生大量的漏检，因此不妥。

当然，读者也可以同时在许多个全文数据库中进行检索，以确保这一目的的实现。然而，读者要想完全了解与自己学科相关的期刊以及所在的全文数据库几乎是不现实的。因而，在实践中，往往不直接对期刊全文数据库进行检索，而先通过其他的检索工具（如文摘索引数据库、学术搜索引擎等）查找到相关期刊论文的文摘信息，如刊名、标题、出版机构、DOI，甚至是资源 URL，然后进入到相应的全文数据库中，下载该期刊论文。这些工具在本书后续章节中会进行详细介绍。

读者可能也注意到这样一个事实，许多读者在系统中检索有关某一主题的中文期刊论文资料时，常常会直接使用 CNKI 数据库进行检索。那么，这种操作合不合理呢？从严格意义上讲，这种做法并不十分合理，其原因是 CNKI 并没有收集全我国所有的期刊，也有少量中文期刊授权给万方、维普，而没有授权给 CNKI，读者直接用 CNKI 进行检索并下载可能要冒着遗漏某些期刊论文的风险。当然，这种风险有多大，读者能否承担由此带来的后果，则依赖于用户的具体目的和所在的学科。事实上，对多数读者而言，由于 CNKI 总体对中文学术期刊的收录率很高（达到 95%以上），这种风险总体可控。但毫无疑问的是，用户必须认识到这一点。如果要确保不漏检，读者可以综合利用 CNKI、万方及维普同时进行检索。

4.3 电子图书全文数据库

随着信息和网络技术的发展，越来越多的出版社在出版纸质图书的同时，也会提供对应的电子图书，有的甚至只提供电子图书。电子图书便于存储和传递，阅读也非常方便，因而越来越受到用户的重视。目前，国内外已有较多的图书全文数据库，可以提供对电子图书全文的检索、阅读和下载。由于在信息技术环境、出版制度、出版规模等方面的差异，不同国家和地区的图书全文数据库的运行模式和分布状态存在较大不同，读者必须予以重视。总体来看，与电子期刊全文数据库类似，图书全文数据库的建设模式归纳起来大致分为自建和第三方集成两类模式（参见第 4.2 节）。

4.3.1　我国的图书全文数据库

截至 2021 年，我国出版社接近 600 家，数量众多，其图书全文数据库涵盖了自建和第三方集成两种模式，但总体以第三方集成平台为主。

1. 第三方图书全文数据库

从总体上看，我国绝大多数出版社由于规模偏小，基本没有建立自有的图书全文数据库并进行商业化运作，而是将出版的电子图书授权给第三方主体，并集中组织存储至由其建立的图书全文数据库，这也是我国图书全文数据库运行的主流模式。此种类型的图书全文数据库主要有超星数字图书馆、方正 Apabi 电子图书数据库（中华数字书苑）等。值得注意的是，不同的出版社选择合作的第三方平台不尽相同，甚至可能同时授权给多个第三方平台，因而第三方平台在收录图书的范围与数量上存在一定差异。

1）超星数字图书馆

超星数字图书馆（http://book.chaoxing.com/）成立于 1993 年，是国内专业的数字图书馆解决方案提供商和数字图书资源供应商（图 4.3-1）。超星数字图书馆是国家"863"计划中国数字图书馆示范工程项目，2000 年 1 月正式开通服务。它由北京世纪超星信息技术发展有限责任公司投资兴建，与机械工业出版社、中信出版集团等近 300 家出版社和 10 余家出版集团展开深度合作，目前拥有数字图书 100 多万种，涉及哲学、宗教、社科总论、经典理论、民族学、经济学、自然科学总论、计算机等各个学科门类。该数据库须订购下载全文。

图 4.3-1　超星读书

2）方正 Apabi 电子图书（数字资源平台）

数字资源平台是阿帕比推出的专业的优质中文数字内容整合服务平台（图 4.3-2）。数字资源平台提供近 40 万种电子图书、3000 余种工具书、近万卷年鉴及 30 余万张图像的全文浏览和数据检索服务。旨在为图书馆、企业、政府等客户及其所属读者提供全文检索、知识检索、在线阅读、离线借阅、移动阅读、下载、打印等数字内容和知识服务。该数据库须订购下载全文。

图 4.3-2　方正 Apabi 电子图书

3）书生之家数字图书馆

书生之家数字图书馆由北京书生数字技术有限公司于 2000 年创办，主要提供 1999 年以来中国大陆地区出版的新书的全文电子版。目前，书生之家数字图书馆收录近 70 万种电子图书，每年以六七万种的数量递增，所收图书涉及社会科学、人文科学、自然科学和工程技术等所有类别。该数据库须订购下载全文。

4）畅想之星电子图书数据库

畅想之星电子图书数据库是由北京畅想之星公司联合全国 400 余家出版商精心打造，提供中文电子书数据库专业服务，涉及学科包括医学、哲学、经济学、法学、教育学、文学、历史学、理学、工学、农学、军事学、管理学和艺术学 13 大门类。全库电子书数量超过 64 万品种，近三年新书 7 万余种，每周更新 2000 种电子书，年更新不低于 10 万种。畅想之星电子书目前服务全国客户超过 2300 家。该数据库须订购下载全文。

除此之外，还有其他第三方图书全文数据库，限于篇幅，本书不一一列举，读者可以自行查阅。

2. 出版社自建的图书全文数据库

在我国，一些规模较大的出版社建立了自有图书全文数据库，提供所出版电子图书全文的检索、阅读和下载服务。其中较为典型的有科学出版社建立的科学文库、中国社会科学出版社建立的中国社会科学文库、中华书局旗下的中华经典古籍库等。

1)科学文库

科学文库（http://book.sciencereading.cn/）是科学出版社数字图书全文检索、在线浏览和下载借阅的平台，是优秀科学家的群体智慧宝库，曾获中国出版界最高奖——"中国出版政府奖"（图4.3-3）。"科学文库"以服务于教育科研机构的专业人员为宗旨，提供专业优质的数字图书资源、高效便捷的知识服务，满足各个层次的专业人士和广大用户对权威、经典、实用科技知识的需求，有效支撑科学知识水平的提高和相关学科的发展。现阶段主要面向机构用户提供收费服务，以整体、分库或定制资源形式销售。所有内容均未授权第三方，保证资源独有性。

图4.3-3　科学文库

该数据库具有如下特点。

（1）质量高。几乎囊括科学出版社60余年来所有获奖作品、知名专家著作、重点丛书、各学科必备经典专著和教材等。

（2）容量大。总品种数为53 000余种，每年更新近3000种。

（3）学科全。覆盖自然科学、工程与技术科学、人文与社会科学、医药科学、农业科学五大门类的所有一级学科，按中图法和学科领域进行双重分类。

（4）种类多。包括专著、教材、图集、报告、工具书、科普等，满足科研、教学、管理、大众等各个类别的专业用户。

（5）历史悠久。出版时间从1951年至今。

（6）文件优质。原版高清PDF格式，准确无误地保留专业文字、图形、符号、公式等。

（7）检索强大。支持书名摘要检索、全文检索、高级检索，并辅有二次筛选，快速发现所需资源。

（8）功能齐全。采用WebPDF技术为用户保存在线批注、标记、笔记等信息并实现多终端同步和共享，增强了在线使用便捷性。使用方便，多终端适应，可在线看，亦可下载阅读，无并发数限制。

2）中国社会科学文库

中国社会科学文库（http://www.sklib.cn/）是中国社会科学出版社自主研发的哲学社会科学学术领域的专题电子书知识库，包含社科类图书 18 000 多种，知识点条目 84 万多条，论文近 10 万篇，图像图表 153 万幅，权威机构观点文章数万条，内容覆盖马克思主义理论、哲学宗教、历史考古、文学艺术、人口社会、民族边疆、政治法律、经济管理、新闻传播等哲学社会科学重点学科（图 4.3-4）。

图 4.3-4　中国社会科学文库

3）中华经典古籍库

中华经典古籍库是古籍整理发布平台的子库，由中华书局下属古联（北京）数字传媒科技有限公司负责建设和运营（图 4.3-5）。中华经典古籍库作为其正在运营的重点产品，其资源全部来源于线下出版的纸制书，以中华书局整理本古籍图书为核心，同时涵盖多家专业出版社的古籍整理成果，并通过数字化加工的方式最终进行线上发布。目前，中华经典古籍库包含 5000 余种古籍整理图书。

图 4.3-5　中华经典古籍库

除此之外，读者也可以自行搜索相应的出版社有无建立图书全文数据库。

4.3.2 国际电子图书全文数据库

在国际上，出版市场竞争非常激烈。出版机构或者通过不断地收购、兼并和重组，形成规模优势，如爱思唯尔出版集团、Springer 出版集团等，或者具有较为鲜明的特色得以立足，如各种学会（协会）出版社、大学出版社等。值得注意的是，多数出版机构为综合出版机构，不仅仅出版学术期刊，也出版大量的图书。绝大多数出版机构都建立了自有的全文数据库，将出版的电子图书全文组织存储在该数据库中，提供给用户使用，这是国际电子图书全文数据库的主流模式。这些全文数据库数量众多，典型的有 ScienceDirect、SpringerLink 等，具体的数据库可参见 4.2.2 节。相对而言，第三方平台模式则较为少见。

4.3.3 通过图书全文数据库获取图书全文

1. 订购模式

大多数情况下，图书全文数据库采取订购（subscription）模式，即付费使用。读者一般依赖于所在机构订阅上述图书全文数据库。一旦所在机构订阅，用户只要在机构内网 IP 的范围内就可以使用图书全文数据库，阅读和下载图书全文。如果用户所在机构图书馆没有订购某一全文数据库，用户也可以自行注册成为其正式用户，并付费进行图书全文下载，但费用可能较高。

2. 通过馆际互借获取全文

近年来，许多图书馆都提供了馆际互借服务，拓展了文献资源共享的范围，提高了文献，尤其是外文原文的保障能力和馆藏利用率。读者可以利用一些本地和全国的图书馆联盟服务进行查阅，了解所需图书的全文收藏单位，然后通过馆际互借功能进行原文索取，如全国图书馆参考咨询联盟。

3. OA 模式

目前，也有一些出版机构对其自建的图书全文数据库（全部或部分）不采取订购模式，而采取 OA 模式，即读者可以直接免费使用该数据库并下载图书全文。比如，Springer 出版集团下属的 SpringerOpen 平台对图书进行开放获取，Taylor&Francis、De Gruyter 等诸多知名出版机构都实施了图书 OA 计划和项目。读者可以进入出版机构全文数据库中获取。

读者也可以利用一些集成检索工具一站式检索出版机构提供的开放存取图书。欧洲开放获取出版网络（Open Access Publishing in European Networks, OAPEN）是一个基于大学出版社的联盟，致力于人文社会科学单行著作的 OA 出版。2012 年，OAPEN 创建了 Directory of Open Access Books（DOAB）（图 4.3-6）。DOAB 旨在收集来自不同学术出版机构的 OA 图书信息，增加 OA 图书的可发现性，以帮助学者、学生及公众发现这些图书。截至 2021 年，DOAB 已收集了来自 600 多家学术出版机构的近 50 000 种经过同行评审的图书。

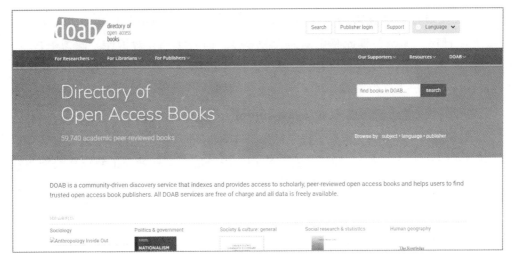

图 4.3-6　Directory of Open Access Books

4. 其他方式

用户也可以通过论坛、QQ 群、微信群等多种方式进行求助，来获取电子图书全文。比如，小木虫论坛、经管之家等学术论坛都是非常有用的资源。除此之外，一些由学者和公益组织自发创建的电子图书分享网站，如 Zlibrary、Library Genesis（图 4.3-7）都可以用来尝试获取电子图书全文。

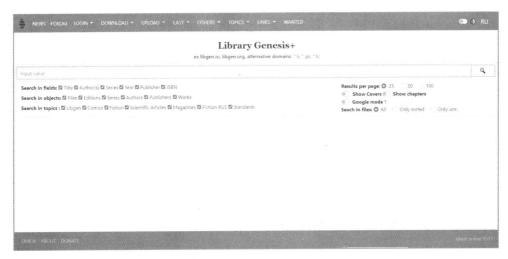

图 4.3-7　Library Genesis

4.4　报纸全文数据库

4.4.1　报刊社提供的全文数据库

随着网络技术的发展，许多报刊社都建立了自己的网站或全文数据库，读者可以自行进入这些网站或者使用搜索引擎进行检索，充分利用这些网站。

1. 《人民日报》图文数据全文检索系统（http://data.people.com.cn/rmrb/）

《人民日报》图文数据库是中国最大的党政、时政类信息数据库，涵盖了自 1946 年至今的内容。该数据库可提供版次、作者、日期、标题、正文等字段的组合检索和全文检索，可方便快捷进行阅读与下载，且提供"原版样式"。

2. 新华社政务信息服务系统（https://api.zg.cnfin.com/zas/）

新华社主办的新华网，涵盖了新华社旗下各种新闻、信息和各种专题专栏资料，读者可以免费浏览阅读。此外，新华社直属机构中国经济信息社创办了新华社政务专供信息系统（新华智库），充分利用新华社遍布全球的信息采集网络及与国际知名信息机构的协作网络，以理性决策原则为导向，直接对接政府的政策研究、发展规划等部门，根据政府的个性化需求，提供信息咨询产品及用户增值服务。主要服务内容包括每日快递、经济信息、热点专题、新华社报刊、战略性行业、舆情监测、用户点题等，以终端方式向用户提供。

3. 历年《光明日报》数据库（http://epaper.gmw.cn/gmrbdb/）

《光明日报》是中共中央主管主办、中央宣传部代管的中央党报。《光明日报》创建了光明网（https://www.gmw.cn/），读者可以通过光明网检索、阅读《光明日报》的所有内容。此外，《光明日报》还创建了历年《光明日报》数据库，提供《光明日报》自创刊年至今的所有历史数据。读者可全文检索，数据库提供原版 PDF 和文本版两种格式。读者可通过正文、作者、标题、栏目、版名、来源、广告主等检索。

4. 大公报(1902—1949 年)数据库(http://tk.cepiec.com.cn/tknewsc/tknewskm/)

《大公报》于 1902 年在天津创办，是迄今中国发行时间最长的中文报纸。大公报（1902—1949 年）数据库完整收录 1902—1949 年间《大公报》天津、上海、重庆、汉口、桂林、香港及大公晚报等不同版本的全文资料，是目前《大公报》版本收集整理最为完整全面的数据库。大公报（1902—1949 年）全文数据库由中国国家图书馆提供原始图档。

5. 中国近代报刊数据库（http://tk.cepiec.com.cn/SP/）

中国近代报刊数据库平台收录了《申报》《中央日报》《台湾民报》《台湾时报》《台湾日日新报》，囊括了海峡两岸近代报纸史料。

4.4.2 第三方报纸全文数据库

1. 中国重要报纸全文数据库（https://kns.cnki.net/kns8?dbcode=CCND/）

目前，我国也有机构提供第三方报纸全文数据库，其中最为知名的为 CNKI 创办的中国重要报纸全文数据库。中国重要报纸全文数据库是 CNKI 平台子库之一，是以学术性、资料性报纸文献为出版内容的连续动态更新的报纸全文数据库。报纸库收录并持续更新 2000 年以来出版的各级重要党报、行业报及综合类报纸 500 余种。

2. PressDisplay 报纸库（http://library.pressdisplay.com/）

Swets 公司推出的 PressDisplay 报纸库解决了读者长期反映的国外报纸到货延迟和缺期的烦恼，并满足对多语种文献的需求。该库收录了来自全世界 70 余个国家 40 多种语言的 800 余份全球知名的报纸，如《中国日报》(*China Daily*)、《远东经济评论》(*Far Eastern Economic Review*)、《华尔街日报》(*The Wall Street Journal*)、《华盛顿邮报》(*The Washington Post*)、《今日美国》(*USA Today*)、《卫报》(*The Guardian*)、《观察家报》(*The Observer*)、《每日快讯》(*Daily Express*)、《每日电讯》(*The Daily Telegraph*)、《每日镜报》(*Daily Mirror*) 等。语种包括英语、俄语、德语、日语、朝鲜语、阿拉伯语、西班牙语、法语、波兰语、葡萄牙语等 40 余种。

读者可按照报纸原版面阅读，并依据国家、语言、报纸名称浏览，提供全文检索，对于在报纸名称前有播放标记的，提供 11 种语言的翻译，并具有标准语音播放功能，可方便读者学习外语。

3. 世界各国报纸全文库（https://infoweb.newsbank.com/）

世界各国报纸全文库（*Access World News*）是美国 NewsBank 公司具有代表性的数据库之一，也是全球最大与增长最快的报纸数据库，提供 1800 余种世界各地主要报纸（其中包括 200 家左右主要通讯社与 10 余家主要电视台）。Access World News 所收录的内容既有世界上著名的大报，也有各国家和地区的地方报纸，内容全面，涉及经济、商业、财政、政府、政治、环境、科技、文化、教育、体育、艺术、健康，以及所收录资源中涵盖的各个领域。

Access World News 数据库有非常强的时效性，每天更新，可以看到当天大部分报纸。全库每天新增文章 10 万篇以上。并提供丰富的回溯信息，最早可到 20 世纪 70 年代。该报纸库的内容以英语为主，同时提供西班牙语、法语、德语、意大利语、葡萄牙语，英语和西班牙语检索界面可自由切换。除《华尔街日报》外，绝大部分报纸提供原报全部文章全文。提供多种检索方式组合，可任意选定数据库内报纸进行检索，同一检索栏内关键词数量无限制，高级检索状态下可任意增加检索栏最多至 5 个，检索结果数量无上限且相关度高。同时，数据库提供浏览报纸功能，读者可以浏览数据库内所有报纸，部分报纸提供原报版面划分。

4.5 学位论文全文数据库

4.5.1 学位论文的存储与自建全文数据库

目前，学位论文全文数据库的建设也存在自建和第三方模式两种。

1. 自建模式

几乎所有的学位授予单位都要求学位获得者将学位论文的纸质版和电子版提交至本机构图书馆进行存档。一般来说，在电子环境下，各个学位授予单位图书馆都自建有学位论文全文数据库，用以实现对电子版学位论文的存档和访问，但对于访问权限的规定则各有不同。部分图书馆对自建学位论文全文数据库采取免费访问方式，但也有图书馆采取局域网内 IP 访问控制方式，这使得学位论文的获取变得较为复杂。

2. 第三方模式

考虑到自建学位论文数据库的零散分布及访问的不确定性，目前已有服务商提供学位论文第三方存储、检索和下载服务,即学位获得者授权将自己的学位论文存储至第三方服务平台并对读者提供服务。

4.5.2 国内学位论文的获取

我国绝大多数硕士和博士学位授予单位都自建有学位论文数据库,但多数有 IP 地址访问的限制,用户虽然可以通过正常的馆际互借流程获取其全文,但更多的是通过第三方学位论文全文数据库进行获取。我国主要的第三方学位论文全文数据库有 CNKI 学位论文库、万方学位论文库、CALIS 学位论文库、国家科技图书文献中心(National Science and Technology Library,NSTL)中文学位论文数据库及中国国家图书馆博士论文数据库等,其中前两者使用较为普遍。

1. CNKI 学位论文全文数据库(http://www.cnki.net)

中国知网中的"中国博士学位论文全文数据库"(CDFD)、"中国硕士学位论文全文数据库"(CMFD)是目前国内资源完备、质量上乘、连续动态更新的中国博硕士学位论文全文数据库,收录从 1984 年至今的博硕士学位论文。截至目前,中国知网收录来自全国 506 家培养单位的博士学位论文和 786 家硕士培养单位的优秀硕士学位论文 500 万余篇,产品分为十大专辑、168 个专题,覆盖基础科学、工程科技、农业科技、医药卫生科技、哲学与人文科学、社会科学、信息科技、经济与管理科学等各个领域。

该数据库的记录字段有作者、作者单位、学位单位、导师、支持基金、发表时间、更新日期、主题、题名、关键词、摘要、目录、全文、参考文献、中国分类号和学科专业名称。提供快速检索、标准检索、专业检索、科研基金检索和句子检索。中国知网博硕士学位论文的基本检索页面如图 4.5-1 所示。

图 4.5-1　CNKI 博硕士学位论文数据库

2. 万方学位论文全文数据库(http://www.wanfangdata.com.cn)

万方数据资源系统的中国学位论文数据库(Chinese Dissertations Database,CDDB)始建于 1985 年,由国家法定学位论文收藏机构中国科技信息研究所提供,由万方数据加工建库，收录了自 1980 年以来我国各高等院校、研究生院及研究所的博士、硕士学位论文，年增 30 万篇，并逐年回溯，涵盖理学、工业技术、农业科学、医药卫生、人文社科、交通运输、航空航天、环境科学等各学科。该数据库提供基本检索和高级检索两种检索方式，进入学位论文浏览页面，可以通过在搜索框里直接输入检索词，查找相关学位论文，也可以通过学科分类、专业目录或者学校所在地逐级缩小检索范围进行查找。万方学位论文全文数据库检索页面如图 4.5-2 所示。

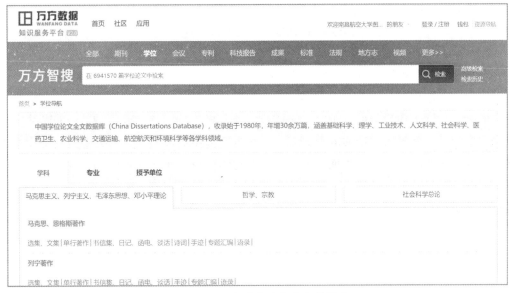

图 4.5-2　万方学位论文全文数据库

3. CALIS 学位论文中心服务系统（http://etd.calis.edu.cn）

该服务系统由 CALIS 全国工程中心（清华大学图书馆）负责承建，收录包括北京大学、清华大学等全国著名大学在内的 83 个 CALIS 成员馆的硕士、博士论文。CALIS 学位论文中心服务系统面向全国高校师生提供中外文学位论文检索和获取服务。

该系统采用"e 读"搜索引擎，检索功能便捷灵活，提供简单检索和高级检索两种检索方式，可进行多字段组合检索，也可以从资源类型、检索范围、时间、语种、发表的论文来源等多角度进行限定检索。检索结果包括作者单位、中文题名、语种、保密级别、学位级别、答辩日期、所属院系、著者专业、导师姓名、导师专业、关键词、页数。系统能够根据用户登录身份显示适合用户的检索结果，检索结果通过多种途径的分面和排序方式进行过滤、聚合和导引，并与其他类型资源关联，方便读者快速定位所需信息。

目前系统提供国内外大量学位论文的在线浏览全文或者在线浏览前 16 页论文的服务，对无法在线获取的全文系统提供全文传递联合保障服务。通过单击检索结果页面的"文献传递"按钮，进入"文献传递"服务页面，选择用户所在的图书馆，系统自动将用户带入其所在图书馆的文献传递服务系统并可在此提交文献传递请求，帮助用户获取所需要的学位论文全文。通过本系统开展学位论文文献传递服务，提交申请并获得文献传递服务的用户可以获得一定的补贴。CALIS 学位论文中心服务系统检索页面如图 4.5-3 所示。

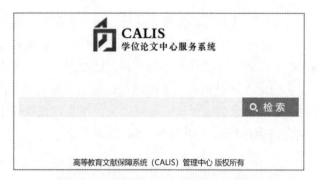

图 4.5-3　CALIS 学位论文中心服务系统

4. 国家科技图书文献中心中文学位论文数据库（http://www.nstl.gov.cn）

该中文学位论文数据库主要收录了 1984 年以来我国高等院校、研究生及研究院所发布的硕士、博士和博士后的论文。学科范围涉及自然科学各专业领域，并兼顾社会科学和人文科学，每年增加论文 6 万余篇。该数据库提供简单检索、高级检索两种检索方式，读者进入学位论文浏览页面，可以通过在搜索框里直接输入检索词，查找相关学位论文，也可以通过学科分类、专业目录或者学校所在地逐级缩小检索范围进行查找。该数据库的学位论文的高级检索页面如图 4.5-4 所示。

图 4.5-4　NSTL 中文学位论文库

5. 中国国家图书馆博士论文数据库（http://mylib.nlc.cn/web/gust/boshilunwen）

中国国家图书馆学位论文收藏中心是国务院学位委员会指定的全国唯一负责全面收藏和整理我国博士学位论文的专门机构，也是人事部专家司确定的唯一负责全面收藏博士后研究报告的专门机构。

国家图书馆博士论文数据库提供免费检索，读者可从题名、作者、学科专业和学位级别等字段进行检索。每篇论文提供的信息有：中文题名、副题名、外文题名、论文作者、导师、学科专业、研究领域、研究方向、学位级别、学位授予单位、学位授予日期、论文页码总数、关键词、中文摘要、英文摘要、目录和前24页浏览。

6. 台湾博硕士论文知识加值系统（http://ndltd.ncl.edu.tw）

台湾博硕士论文知识加值系统收录了1956年至今的中国台湾100余所大学院校、1 000多个研究所的博硕士论文摘要。截至目前，授权的论文电子全文有432 953篇，书目与摘要有1 057 777篇可供免费下载参阅。

4.5.3 国外学位论文的获取

1. 通过学位授予单位获取

目前，欧美等国家和地区绝大多数博士学位授予单位自建有学位论文数据库，且多数开放存取，对外免费使用，用户可以自行进入相关大学图书馆学位论文系统进行检索并获取学位论文全文。以哈佛大学为例，读者可以进入其图书馆网站，进行学位论文的检索（图4.5-5）。

图 4.5-5　哈佛大学学位论文检索

当然，这些分散的学位论文资源检索起来非常不易。为了实现一站式检索和获取，读者可以利用一些已有的网络集成检索工具，其中较为知名的有 NDLTD（Networked Digital Library of Theses and Disertations），以及由我国自主研发的 OADT（Open Access Disertations and Theses）（详见第8章介绍）。这些工具采用特定机制（如OAI-PMH）系统收集来自各学位论文授予单位提供的学位论文信息，并提供集成检索。值得注意的是，这些工具本身并不提供学位论文的存储，只提供学位论文全文的下载链接。

2. 通过第三方平台获取

除此之外，国外也存在第三方学位论文全文数据库，目前国外主要的学位论文全文数据库有 ProQuest 学位论文全文数据库（ProQuest Dissertations & Theses，PQDT）。

PQDT 原名为 PQDD（ProQuest Digital Dissertation），是 ProQuest 公司（原 UMI）出版的博硕士论文数据库。它收录了欧美 2000 余所大学的学位论文，涉及文、理、工、农、医等多个领域，分为科学及工程版和人文社科版，是目前世界上最大、最广泛使用的学位论文数据库。收录年限自 1861 年开始，其中 1980 年以后的博士论文包含 350 字左右的文摘。1988 年以后的硕士论文包含 150 字左右的摘要，1997 年以后的论文可免费看到前 24 页的扫描图像。数据库每周更新。2004 年 12 月，PQDD 改名为 PQDT，这意味着其将更重视硕士学位论文的收藏。所有论文都可以纸本缩微或数字形式（1997 年以后出版）订购其全文副本。

为了满足国内高校教学科研对欧美博硕士论文全文的广泛需求，CALIS 文理中心组织、中科公司—亚信公司从 2002 年起代理，组织国内各高等院校、学术研究单位及公共图书馆建立 ProQuest 学位论文中国集团联盟，以优惠的价格、便捷的手段共同采购国外优秀博硕士论文，建立了 ProQuest 学位论文全文数据库，实现了学位论文的网络共享。联盟的运作模式是：凡参加联盟的成员馆均可在每年的下半年从 PQDT 中挑选部分学位论文加入 ProQuest 学位论文全文数据库中；各成员馆皆可共享 ProQuest 学位论文全文数据库的资源；各馆所订购资源不会重复；一馆订购，全国受益。随着时间的推移，加盟馆的增多，共享资源数量不断增长。

ProQuest 学位论文全文数据库通过建立镜像站点的形式接受成员馆用户的访问，目前该数据库在国内建立了 3 个镜像站点：北大的 CALIS 文理中心镜像站（http://proquest.calis.edu.cn）、上海交通大学镜像站，以及中国科技信息研究所镜像站。该数据库系统通过 IP 地址控制访问权限，成员馆的用户可登录任意一个镜像站进行访问，使用 ProQuert 学位论文全文数据库中的资源。

PQDT 数据库提供了基本检索、高级检索和分类浏览三种检索界面。基本检索和高级检索提供的可检字段有：作者、摘要、论文名称、学校、学科、指导老师、学位、论文卷期次、ISBN、语种、论文号以及时间限定等。论文分类浏览界面的左端是分类导航树，分类导航树将所有的论文分为 11 大类，每个大类又分为若干小的类目，然后逐级单击，就会显示出相关类的所有论文，并在相关类中进行二次检索（图 4.5-6）。

图 4.5-6　PQDT 全文检索平台

4.6 会议论文全文数据库

4.6.1 国内学术会议文献获取

我国学术会议的召开通常都有正式的会议网站,但相关的论文很少在其网站上公开或结集出版,我国学术会议文献获取主要依赖于 CNKI、万方等第三方全文数据库。

1. CNKI 中国重要会议论文全文数据库

CNKI 中的中国重要会议论文全文数据库是《中国学术期刊(光盘版)》电子杂志社编辑出版的国家级连续电子出版物。它重点收录 1999 年以来,中国科协系统及国家二级以上的学会、协会、高校、科研院所,政府机关举办的重要会议,以及在国内召开的国际会议上发表的文献。其中,国际会议文献占全部文献的 20%以上,全国性会议文献超过总量的 70%,部分重点会议文献可回溯至 1953 年。产品分为十大专辑:基础科学、工程科技Ⅰ、工程科技Ⅱ、农业科技、医药卫生科技、哲学与人文科学、社会科学Ⅰ、社会科学Ⅱ、信息科技、经济与管理科学。这十专辑下分为 168 个专题。目前,已收录出版国内外学术会议论文集 4 万本,累积文献总量 300 万余篇。

该数据库提供的检索途径有快速检索、高级检索、专业检索、作者发文检索、句子检索、来源会议检索等检索界面。用户可以通过主题、论文题目、关键词、摘要、作者、中国分类号、会议时间、会议名称、作者机构、会议级别、主办单位、全文、学会、会议地点等多种途径进行检索,如图 4.6-1 所示。

图 4.6-1 CNKI 中国重要会议论文全文数据库

2. 中国学术会议文献数据库(万方数据知识服务平台)

万方的中国学术会议文献数据库(China Conference Proceedings Database)收录中文会议和外文会议,中文会议收录始于 1982 年,年收集约 3000 个重要学术会议,年增 20 万篇论文,每月更新。外文会议主要来源于 NSTL 外文文献数据库,收录了 1985

年以来世界各主要学协会、出版机构出版的学术会议论文共计 766 万篇全文（部分文献有少量回溯），每年增加论文 20 余万篇，每月更新。该数据库是国内目前收录会议数量较多、质量较高、学科覆盖较广的信息源，是用户了解国内学术会议动态、科学技术水平，以及进行科技研究等必不可少的工具。该数据库提供了简单检索和高级检索两种检索方式。用户进入学术会议论文浏览页面，可以在搜索框里直接输入检索词，查找相关会议论文，也可以通过学科分类或者会议主办单位分类逐级缩小范围，如图 4.6-2 所示。

图 4.6-2　万方中国学术会议文献数据库

4.6.2　国外学术会议文献获取

国外学术会议文献全文的获取一般可以通过以下两个渠道。

1. 通过会议网站获取会议文献

一般来说，正式的国际学术会议都会有官方网站。读者可以访问其官网，查看其是否有相关的文献可供下载。此外，许多国际学术会议也可能将会议文献（包含海报、演讲、摘要等）存储至指定的知识仓储，如 FigShare。

2. 通过会议论文集获取会议文献

许多大型学术会议在召开之后，会指定相应的出版机构将会议文献以会议论文集（proceedings）的形式出版，并将会议论文集电子版存储至某出版机构的全文数据库中。比如，2020 First International Conference of Smart Systems and Emerging Technologies（SMARTTECH）会议的论文集由 IEEE 出版，读者可以通过 IEEE Xplore 全文数据库获取该会议的文献（图 4.6-3）。在大型国际学术会议中，这种方式使用得较为普遍。

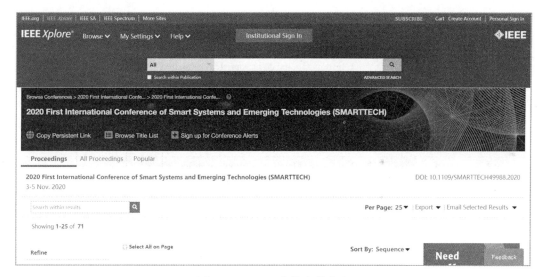

图 4.6-3　IEEE 会议文献获取

当然，这些会议全文数据库也可能采取订购和开放存取两种模式，读者可参见 4.2.3 节中外文期刊全文数据库的获取方式。

4.7　专利全文数据库

绝大多数国家和地区的法定专利管理机构都实现了对专利文献的数字化，并义务对公众提供免费的检索和阅读服务。读者可以进入其官方网站，访问其专利全文数据库进行检索和免费阅读或下载（但附加功能，如专利分析可能收费）。这些专利全文数据库均可以在专利管理机构官网上查阅到。表 4.7-1 列举了各国（地区）的专利管理机构及其专利全文数据库网址，读者可以尝试访问。

表 4.7-1　各国（地区）的专利管理机构及其专利全文数据库网址

地域范围	网站名称及网址
中国大陆	国家知识产权局综合服务平台–专利检索系统 http://www.pss-system.gov.cn/
欧洲	Espacenet http://ep.espacent.com/
非洲	African Intellectual Property Organization（OAPI） http://www.oapi.int/index.php/en/
美国	United States Patent and Trademark Office https://www.uspto.gov/
日本	J-Plat Pat https://www.j-platpat.inpit.go.jp/
韩国	Korean Intellectual Property Office（KIPO） https://www.kipo.go.kr/kpo/MainApp/
英国	Intellectual Property Office http://www.ipo.gov.uk/home.htm/

续表

地域范围	网站名称及网址
法国	L'Institut national de laproprieteindustrielle, INPI https://www.inpi.fr/fr/
德国	DPMAregister https://register.dpma.de/DPMAregister/marke/einsteiger/
澳大利亚	Australia Goverment-IP Australia https://www.ipaustralia.gov.au/
新西兰	NewZealand Intellectual Property Office https://www.iponz.govt.nz/
新加坡	Intellectual Property Office of Singapore https://www.ipos.gov.sg/
加拿大	Canadaian intellectual Property Office https://www.ic.gc.ca/eic/site/cipointernet-internetopic.nsf/eng/Home/

以我国的专利全文数据库为例，用户可以先进入国家知识产权局网站，找到"专利检索"栏目并进入全文数据库（http://pss-system.cnipa.gov.cn/），即可进行检索和专利全文的免费下载，如图 4.7-1 所示。

图 4.7-1　我国专利检索系统

此外，市场上也有许多收费的第三方专利全文数据库可供利用。其中，较主要的有 CNKI 专利库及万方中外专利数据库。

1. CNKI 专利库（https://kns.cnki.net/kns8?dbcode=SCOD）

CNKI 专利库包括中国专利和境外专利。中国专利收录了 1985 年以来在中国大陆申请的发明专利、外观设计专利、实用新型专利，共 3740 余万项，每年新增专利约 250 万项；境外专利包含美国、日本、英国、德国、法国、瑞士、世界知识产权组织、欧洲专利局、俄罗斯、韩国、加拿大、澳大利亚、中国香港及中国台湾等十国两组织两地区的专利，共计收录从 1970 年至今专利亿余项，每年新增专利约 200 万项。

2. 万方中外专利数据库（https://c.wanfangdata.com.cn/patent）

中外专利数据库（Wanfang Patent Database，WFPD）涵盖 1.3 亿余条国内外专利数据。其中，中国专利收录始于 1985 年，共收录 3300 万余条专利全文，可本地下载专利说明书，数据与国家知识产权局保持同步，包含发明专利、外观设计和实用新型 3 种类型，准确地反映了中国最新的专利申请和授权状况，每月新增 30 万余条。国外专利 1 亿余条，均提供欧洲专利局网站的专利说明书全文链接，收录范围涉及美国、日本、英国、德国、法国、瑞士、俄罗斯、韩国、加拿大、澳大利亚、世界知识产权组织、欧洲专利局等十一国两组织数据，每年新增 300 万余条。

除上述两种类型外，读者也可以利用市场上一些免费的专利全文数据库，如 FreePatentsOnline，其网址为 https://www.freepatentsonline.com/。FreePatentsOnline 是一个功能强大、免费的专利查询网站，目前提供美国专利和专利申请、部分欧洲专利、日本专利和世界知识产权组织（World Intellectual Property Organization，WIPO）专利的全文查询与下载，使用非常方便。

4.8 标准全文数据库

标准的电子全文均由标准制定或管理单位在线提供，绝大多数提供了相应的全文数据库以便查询和全文获取。

1. 我国的标准全文获取

《中华人民共和国标准化法》第十七条规定："强制性标准文本应当免费向社会公开。国家推动免费向社会公开推荐性标准文本。"在该法的推动下，我国构建了统一的全国标准信息公共服务平台（https://std.samr.gov.cn/），可以提供绝大部分我国标准（包括国家标准、行业标准、地方标准、企业标准等）的检索和下载（图 4.8-1）。

图 4.8-1　全国标准信息公共服务平台

值得注意的是，我国的国家标准有非采标和采标之分。所谓采标，是采用国际标准的简称，是指将国际标准的内容，经过分析研究和试验验证，等同或修改转化为我国标准（包括国家标准、行业标准、地方标准和企业标准），并按我国标准审批、发布程序审批、发布。由于采用的是国际标准，其版权属于标准制定单位，因此采标一般不能通过该平台在线阅读，只能提供标准题录信息。

2. 国际标准的全文获取

国际上的标准制定和管理单位较多，本书仅列举其中九个较为具有代表性的进行说明。

1）国际标准化组织（ISO）及其标准

ISO 标准是指由国际标准化组织（International Organization for Standardization，ISO）制定的标准。国际标准化组织是一个由各国家标准化机构组成的世界范围的联合会，截至 2021 年共有 165 个成员。根据该组织章程，每一个国家只能有一个最有代表性的标准化团体作为其成员，我国现以中国国家标准化管理委员会（Standardization Administration of China，CAS）的名义参加 ISO 活动。

ISO 的技术活动是制定并出版国际标准（international standards）。ISO 的工作涉及除电工标准以外的各个技术领域的标准化活动。20 世纪 90 年代以后，通信技术领域的标准化工作展现出快速的发展趋势，成为国际标准化活动的重要组成部分。ISO 与国际电工委员会（IEC）和国际电信联盟（ITU）加强合作，相互协调，三大组织联合形成了全世界范围标准化工作的核心。ISO 与 IEC 共同制定了《ISO/IEC 技术工作导则》，该导则规定了从机构设置到人员任命及个人职责等一系列细节，把 ISO 的技术工作从国际一级到国家一级，再到技术委员会（Technical Committee，TC）、分委员会（Sub-Committee，SC），最后到工作组（Working Group，WG）连成一个有机的整体，从而保证了这个具有 165 个成员、2850 个技术委员会、分委员会及工作组和 30 000 名专家参加的国际化庞大机构的有效运转。ISO 已经发布 24 000 余项国际标准、技术报告及相关指南，而且尚在不断增加之中。为制定这些标准，平均每个工作日有 15 个 ISO 会议在世界各地召开。

ISO 制定的标准均可以从其官网（https://www.iso.org/）进行浏览、检索，但绝大部分全文的查看是需要收费的（图 4.8-2）。

图 4.8-2　ISO 标准目录

2）国际电工委员会（IEC）及其标准

国际电工委员会（IEC）成立于 1906 年，是世界上成立最早的国际性电工标准化机构，负责有关电气工程和电子工程领域中的国际标准化工作。1947 年，IEC 曾作为一个电工部门并入国际标准化组织（ISO），1976 年又从 ISO 中分立出来。IEC 的宗旨是促进电工、电子和相关技术领域有关电工标准化等所有问题上（如标准的合格评定）的国际合作。该委员会的目标是：有效满足全球市场的需求；保证在全球范围内优先并最大限度地使用其标准和合格评定计划；评定并提高其标准所涉及的产品质量和服务质量；为共同使用复杂系统创造条件；提高工业化进程的有效性；提高人类健康和安全；保护环境。

我国于 1957 年加入 IEC，1988 年起改为以国家技术监督局的名义参加 IEC 的工作，当前是以中国国家标准化管理委员会的名义参加 IEC 的工作。中国是 IEC 的 99%以上的技术委员会、分委员会的成员。目前，我国是 IEC 理事局（CB）、标准化管理局（SMB）、合格评定局（CAB）的常任成员。我国于 2011 年 10 月 28 日，在澳大利亚召开的第 75 届国际电工委员会（IEC）理事大会上，正式通过了中国成为 IEC 常任理事国的决议。当前 IEC 常任理事国为中国、法国、德国、日本、英国、美国。

IEC 标准的权威性是世界公认的。IEC 每年要在世界各地召开一百多次国际标准会议，世界各国的近 10 万名专家在参与 IEC 的标准制定、修订工作。IEC 已经有技术委员会（TC）100 个，分技术委员会（SC）107 个。IEC 标准在迅速增加，1963 年只有 120 个标准，截至 2018 年 12 月底，IEC 已制定发布了 10 771 个国际标准。

目前，IEC 制定的标准均可以通过其官网（https://www.iec.ch/homepage）进行浏览、查询，但绝大部分标准全文是需要购买的（图 4.8-3）。

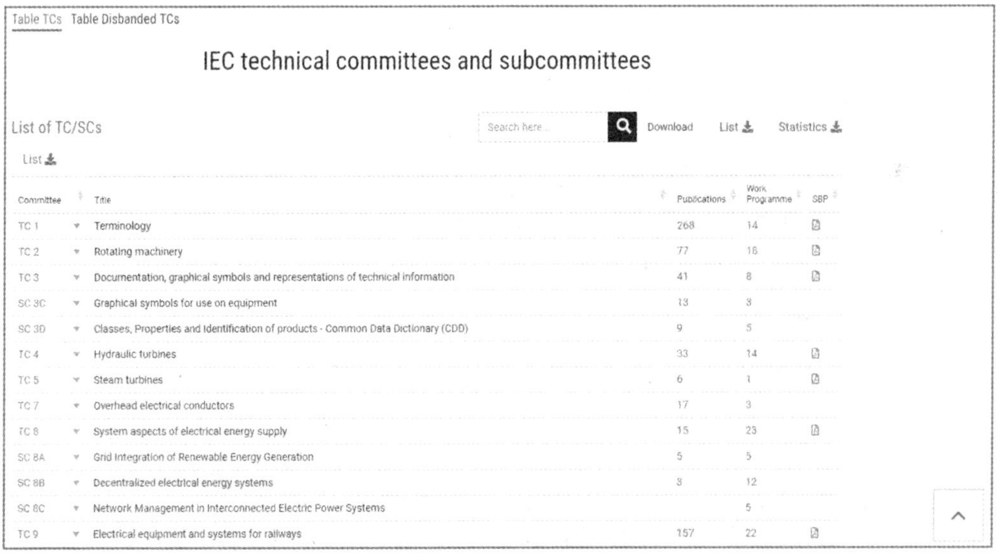
Table TCs　Table Disbanded TCs

IEC technical committees and subcommittees

List of TC/SCs　Search here...　Download　List　Statistics

List

Committee	Title	Publications	Work Programme	SBP
TC 1	Terminology	268	14	
TC 2	Rotating machinery	77	16	
TC 3	Documentation, graphical symbols and representations of technical information	41	8	
SC 3C	Graphical symbols for use on equipment	13	3	
SC 3D	Classes, Properties and Identification of products - Common Data Dictionary (CDD)	9	5	
TC 4	Hydraulic turbines	33	14	
TC 5	Steam turbines	6	1	
TC 7	Overhead electrical conductors	17	3	
TC 8	System aspects of electrical energy supply	15	23	
SC 8A	Grid Integration of Renewable Energy Generation	5	5	
SC 8B	Decentralized electrical energy systems	3	12	
SC 8C	Network Management in Interconnected Electric Power Systems		5	
TC 9	Electrical equipment and systems for railways	157	22	

图 4.8-3　IEC 标准目录

3）美国国家标准学会（ANSI）及其标准

美国国家标准学会（American National Standards Institute，ANSI）成立于 1918 年，

是非营利性质的民间标准化团体。美国政府商务部、陆军部、海军部等部门，以及美国材料试验协会（ASTM）、与美国机械工程师协会（ASME）、美国矿业与冶金工程师协会（ASMME）、美国土木工程师协会（ASCE）、美国电气工程师协会（AIEE）等组织都曾参与 ANSI 的筹备工作，ANSI 实际上已成为美国国家标准化中心，美国各界标准化活动都围绕它进行。

ANSI 协调并指导美国全国的标准化活动，给标准制定、研究和使用单位以帮助，提供国内外标准化情报。同时，又起着美国标准化行政管理机关的作用。ANSI 现有工业学会、协会等团体会员约 200 个，公司（企业）会员约 1400 个。其经费来源于会费和标准资料销售收入，无政府基金。美国标准学会下设电工、建筑、日用品、制图、材料试验等各种技术委员会。

ANSI 本身很少制定标准。其 ANSI 标准的编制，主要采取以下三种方式。

（1）由有关单位负责草拟，邀请专家或专业团体投票，将结果报 ANSI 设立的标准评审会审议批准。此方法称为投票调查法。

（2）由 ANSI 的技术委员会和其他机构组织的委员会的代表拟订标准草案，全体委员投票表决，最后由标准评审会审核批准。此方法称为委员会法。

（3）从各专业学会、协会团体制定的标准中，将其中较成熟的，而且对于全国普遍具有重要意义的，经 ANSI 各技术委员会审核后，提升为国家标准（ANSI）并冠以 ANSI 标准代号及分类号，但同时保留原专业标准代号。

ANSI 的标准可以通过其网上平台 ANSI webstore（https://webstore.ansi.org/）进行查询和购买。

4）美国机械工程师协会（ASME）及其标准

美国机械工程师协会（American Society of Mechanical Engineers，ASME）成立于 1880 年，总部设在美国纽约，制定了众多的工业和制造业行业标准。ASME 主要从事发展机械工程及其有关领域的科学技术，鼓励基础研究，促进学术交流，发展与其他工程学、协会的合作，开展标准化活动，制定机械规范和标准。现在 ASME 拥有工业和制造行业的 600 项标准和编码，这些标准在全球 90 多个国家被采用。

目前，ASME 拥有的标准可以在 ASME 官网（https://www.asme.org/codes-standards/find-codes-standards）中进行查询和购买。

5）美国材料与试验协会（ASTM）及其标准

美国材料与试验协会（American Society for Testing and Materials，ASTM），前身是国际材料试验协会（International Association for Testing Materials，IATM），是当前世界上较大的标准发展机构之一，也是一家独立的非营利机构。

ASTM 的主要职责是制定材料、产品、系统和服务等领域的特性和性能标准，试验方法和程序标准，促进有关知识的发展和推广。其业务范围不仅是研究和制定材料规范和试验方法标准，还包括各种材料、产品、系统、服务项目的特点和性能标准，以及试验方法、程序等标准，截至 2021 年已制定近 13 000 多项标准。

ASTM 标准制定一直采用自愿达成一致意见的制度。标准制度由技术委员会负责，由标准工作组起草。经过技术分委员会和技术委员会投票表决，在采纳大多数会员共同意见后，并由大多数会员投票赞成，标准才获批准，作为正式标准出版。在一项标准编制过程中，对该编制感兴趣的每个会员和任何热心的团体都有权充分发表意见，委员会对提出的意见都给予研究和处理，以吸收各方面的正确意见和建议。

目前，ASTM 标准均可以通过其官网（https://www.astm.org/products-services/standards-and-publications.html）检索和购买。

6）德国标准化学会（DIN）及其标准

DIN 是德国标准化学会（Deutsches Institut für Normung e.V.）的简称。DIN 是德国最大的具有广泛代表性的公益性标准化民间机构，成立于 1917 年，总部设在首都柏林。该学会通过有关方面的共同协作，为了公众的利益，制定和发布德国标准及其他标准化工作成果并促进其应用，以有助于经济、技术、科学、管理和公共事务方面的合理化、质量保证、安全和相互理解。

DIN 制定的标准几乎已经涉及建筑工程、采矿、冶金、化工、电工、安全技术、环境保护、卫生、消防、运输、家政等各个领域。截至 2021 年底，DIN 共制定发布了 3 万余个标准，每年大约制定 1500 个标准，其中 80%以上已为欧洲各国所采用。

目前，DIN 制定的标准通过其子公司 Beuth Verlag 进行销售。用户可以通过 Beuth 网上平台（https://www.beuth.de/en）进行查询并购买。

7）英国标准协会（BSI）及其标准

英国标准协会（British Standards Institution，简称 BSI）成立于 1901 年，当时称为英国工程标准委员会，是世界上最早的全国性标准化机构。经过 100 多年的发展，现已成为举世闻名的，集标准研发、标准技术信息提供、产品测试、体系认证和商检服务五大互补性业务于一体的国际标准服务提供商，面向全球提供服务。

作为世界上第一个国家标准组织，BSI 管理着 24 万个现行的英国标准、2500 个专业标准委员会，参加标准委员会的成员达 23 万多名，BSI 正在进行着 7000 多个标准项目的研发。作为全球权威的标准研发和国际认证评审服务提供商，BSI 倡导制定了世界上流行的 ISO9000 系列管理标准，在全球多个国家拥有注册客户，注册标准涵盖质量、环境、健康和安全、信息安全、电信和食品安全等几乎所有领域。

目前，BSI 标准可以通过其官网（https://knowledge.bsigroup.com/）进行查询和购买。

8）日本工业标准调查会（JISC）及其标准

日本工业标准调查会（Japanese Industrial Standards Committee，JISC），成立于 1991 年，前身是工业品规格统一调查会，是专门负责制定和审议日本标准的组织。日本工业标准（JIS）是日本国家级标准中最重要、最权威的标准。

根据日本工业标准化法的规定，JIS 标准对象除对药品、农药、化学肥料、蚕丝、食品，以及其他农林产品制定有专门的标准或技术规格外，还涉及各个工业领域。其内容包括：产品标准（产品形状、尺寸、质量、性能等）、方法标准（试验、分析、检测与测量方法和操作标准等）、基础标准（术语、符号、单位、优先数等）。

JIS 标准细化分为土木建筑、一般机械、电子仪器及电器机械、汽车、铁路、船舶、钢铁、非铁金属、化学、纤维、矿山、纸浆及纸、管理系统、陶瓷、日用品、医疗安全用具、航空、信息技术、其他共 19 项。截至 2021 年，共有现行 JIS 标准 10 918 个。

要查看和检索 JIS 标准可以通过其官网（https://www.jisc.go.jp/app/jis/general/GnrJISSearch.html）或者通过日本标准协会集团（https://webdesk.jsa.or.jp/）进行购买。

9）法国标准协会（AFNOR）及其标准

法国标准协会（Association Francaise de Normalisation，AFNOR），成立于 1926 年，是根据法国民法成立，并由政府承认和资助的全国性标准化机构，总部设在首都巴黎。AFNOR 代表法国于 1947 年加入国际标准化组织（ISO），又是欧洲标准化委员会的创始成员团体。AFNOR 在国际和区域标准化活动中作出了重要贡献。

AFNOR 在国内主要地区设有 7 个代理机构和 32 个网点，承担着信息传递、标准应用咨询等业务。AFNOR 指导 17 个大标准化规划组，涵盖农业食品、机械制造、电工技术与电子技术、煤气、管理与服务、基础标准、交通、建筑、环境、卫生等领域。目前，法国共有 3 个标准化局（最多时达 39 个），承担了 AFNOR 的 50%的标准制修订工作，其余 50%则由 AFNOR 直接管理的技术委员会来完成。

AFNOR 标准可以通过 AFNOR editions（https://www.boutique.afnor.org/）检索和购买。

4.9 科技报告全文数据库

在全球范围内，科技报告全文数据库的建设备受重视。

1. 中文科技报告全文数据库

1）国家科技报告服务系统（https://www.nstrs.cn/index）

国家科技报告服务系统于 2014 年 3 月 1 日正式上线。系统已开通了针对社会公众、专业人员和管理人员三类用户的共享服务。该系统的开通将实现万份科技报告向社会开放共享，公众只要登录网址，就可以检索国家科技计划项目所产生的科技报告，通过实名注册的用户可在线浏览公开科技报告全文。同时，系统采取了相应的技术措施，确保科技报告作者相关知识产权权益。

截至 2021 年，该系统收录了中华人民共和国科学技术部、中华人民共和国国家自然科学基金委员会、中华人民共和国交通运输部及地方科技报告总计 31 万多份。其界面如图 4.9-1 所示。

图 4.9-1 国家科技报告服务系统

2）万方科技报告全文数据库（https://c.wanfangdata.com.cn/nstr）

万方科技报告数据库包括中文科技报告和外文科技报告。中文科技报告收录始于 1966 年，源于中华人民共和国科学技术部，共计 2.6 万余份，均提供全文的收费阅读和下载。外文科技报告收录始于 1958 年，涵盖美国政府四大科技报告，共计 110 万余份，但只提供检索，不提供全文的下载。

2. 外文科技报告的检索和全文获取

世界上较著名的科技报告系列有美国政府的四大报告（PB 报告、AD 报告、NASA 报告、DOE 报告），英国航空委员会（ARC）报告、英国原子能局（UKAEA）报告、法国原子能委员会（CEA）报告、德国航空研究所（DVR）报告、日本的原子能研究所报告等。

1）NTIS 数据库与 NTRL 数据库

NTIS(National Technical Information Service)是美国目前最大的政府信息资源中心，全面收集由政府资助立项的科学、技术、工程及商业信息。NTIS 数据库是美国国家技术情报社出版的美国政府报告文摘题录数据库，收录美国政府立项研究及开发的项目报告为主，少量收录西欧、日本及世界各国（包括中国）的科学研究报告。以录内容包括项目进展过程中所做的一些初期报告、中期报告、最终报告等，反映最新政府重视的项目进展。该库 75%的文献是科技报告，其他文献有专利、会议论文、期刊论文、翻译文献；25%的文献是美国以外的文献；90%的文献是英文文献。专业内容覆盖科学技术各个领域。该数据库所对应的印刷型刊物为：*Government Reports Announcements & Index* (GRA & I)和 *Government Inventions for Licensing*。

NTIS 的 National Technical Reports Library（https://ntrl.ntis.gov/NTRL/）提供经过认证的美国政府技术报告，拥有 300 万条以上的资料信息和 800 000 多篇科技报告全文（PDF 格式），主要收集了美国国防部、能源部、内务部、宇航局、环境保护局、国家标准局等国家、州及地方政府部门立项研究完成的项目报告，少量收录世界各国（如加拿大、法国、日本、芬兰、英国、瑞典、澳大利亚、荷兰、意大利）和国际组织的科学研究报告，包括项目进展过程中所做的初期报告、中期报告和最终报告等，能够及时反映科技的最新进展。

2）Science.gov（https://www.science.gov/）

Science.gov 是美国联邦政府的科学门户网站，由美国能源部（DOE）主办，链接了 2200 多个科学网站供用户查询。它由来自美国 12 个主要科技部门的 17 个科技信息机构组成的联合工作组开发维护，包括农业部、商业部、国防部、教育部、能源部、健康和公共事业部、内务部、环保局、美国航天及空间管理局和美国科学基金会等。

Science.gov 提供超过 2 亿页的美国政府科学技术信息搜索平台，包括政府机构网站及相关的数据库，其内容包括农业与食品、应用科学与技术、航天与宇宙、生物与自然、保健与医学、能源、计算机与通信、环境、地球与海洋、数理化、自然资源、科学教育等 12 大类，用户可按大类或主题词检索。Science.gov 是了解美国各领域科学研究计划、发展方向、进展的重要窗口。

3）NASA 科技报告数据库 NTRS（https://ntrs.nasa.gov/）

NASA 科技报告数据库（NASA Technical Reports Server，NTRS）系统报道 NASA 报告及其他有关航天科技文献（不包括期刊）的文摘刊物、NASA 合同用户提供的科技报告；美国其他政府机构、国内外学术机构、大学及私营公司发表的科技报告；NASA 所拥有的专利、学位论文和专著；外国公开发表的科技报告。该数据库收录全文文献 28 万多篇，影音图像 51 万多幅，其他来源文献 17 万多篇。学科范围包括 10 大类、76 小类、10 大类，分别为：航空学、宇航学、化学和材料、工程学、地球科学、生命科学、数学和计算机科学、物理、社会科学和空间科学。

4）Information Bridge（https://www.osti.gov/）

Information Bridge 免费全文提供美国能源部（DOE）的研究报告和资料出处，文献最早回溯到 1991 年，学科涉及物理、化学、材料、生物、环境科学、工程技术、计算机信息科学等。

值得注意的是，虽然大量的科技报告可以直接在全文数据库中获取原文，但仍有许多报告无法直接获取全文，可以通过原文传递服务在我国境内科技报告的收藏机构获得。中国科技信息研究所是我国引进科技报告的主要单位；上海图书馆/上海科技情报研究所也有美国四大报告的原文馆藏；中国国防科技信息中心收藏有大量的 AD 报告和 NASA 报告；中国科学院文献情报中心是收藏美国四大报告，尤其是 PB 报告最全的单位；中国核科技信息与经济研究院收藏有较多的 DOE 报告；中国国防科技信息中心收藏有美国四大报告全文；北京航空航天大学图书馆收藏有 NASA 报告全文。

另外，用户也可以向美国商务部所属的国家科技情报服务处（NTIS）直接订购科技报告全文。

第 5 章

常用的全文数据库介绍

本章重点对国内及国际上常用的各种类型文献的全文数据库及其使用方法进行介绍。

5.1 中 国 知 网

中国知网，全称为中国知识基础设施（China National Knowledge Infrastructure，CNKI），由清华大学中国学术期刊（光盘版）电子杂志社、光盘国家工程研究中心和清华同方光盘股份有限公司于 1999 年 6 月联合建立。目前，CNKI 中国知识资源总库是世界上全文信息量规模最大的全文数据库，其用户遍及全国和世界多个国家和地区，基本实现了中国知识信息资源在互联网条件下的社会化共享与国际化传播。

CNKI 各主要数据库都提供了 Web 版（网上包库）、镜像站点两种使用方式。镜像站点是将数据库管理系统和用户订购的文献数据安装在机构用户的内部网站上，在限定 IP 地址范围内，机构用户的读者可以不限次数使用，机构用户按所购数据库产品及其并发用户数支付数据库使用费的使用模式。目前，绝大多数用户使用的都是 Web 版。

CNKI 新版总库平台 KNS 8.0，正式命名为：CNKI 中外文文献统一发现平台，也称全球学术快报 2.0。平台的总体设计思想是，让读者在"世界知识大数据（GKBD）"中快速地、精准地、个性化地找到相关的优质文献。平台的新特性主要表现在以下 8 个方面。

（1）深度整合海量的中外文文献，包括 90%以上的中国知识资源，如期刊、学位论文、会议论文、报纸、年鉴、专利、标准、成果、图书、古籍、法律法规、政府文件、企业标准、科技报告、政府采购等资源类型，以及来自 65 个国家和地区、600 多家出版机构的 7 万余种期刊（覆盖 SCI 的 90%、SCOPUS 的 80%以上）、百万册图书等，累计中外文文献量逾 3 亿篇。

（2）持续完善中英文统一主题检索功能，构建中外文统一检索、统一排序、统一分组分析的知识发现平台，打造兼顾检全检准和新颖权威的世界级的检索标准。

（3）完善检索细节。比如，一框式检索、高级检索支持同一检索项内输入*、+、-、""、()进行多个检索词的组合运算；完善及新增多项智能引导，包括主题、作者、机构、基金、期刊等检索引导。

（4）创新多维度内容分析和展示的知识矩阵，通过多维分组、组内权威排序、分组项细化实现中英文文献的精准发现、权威推荐。

（5）全新升级文献知网节，优化页面布局，首屏揭示节点文献的内容特征及可读性，构建以单篇文献为节点的世界知识网络，刻画以节点文献为中心的主题发展脉络，满足用户对选定文献全面感知及主题扩展的需求。

（6）完善"我的 CNKI"，具备收藏文献、保存历史、主题定制、引文跟踪等个性化功能，实现网络版与手机版用户数据的跨平台同步。

（7）丰富各单库功能，专门设计产品宣介模块，介绍基本出版情况，反映产品内容特点，优化各单库检索和知网节功能。

（8）新增个性化推荐系统，集"我的关注"、精彩推荐和热门文献于一体，版面占据总库平台及各单库的首页面，"我的关注"与个人账号关联，满足用户个性化需求。

CNKI 平台界面如图 5.1-1 所示。

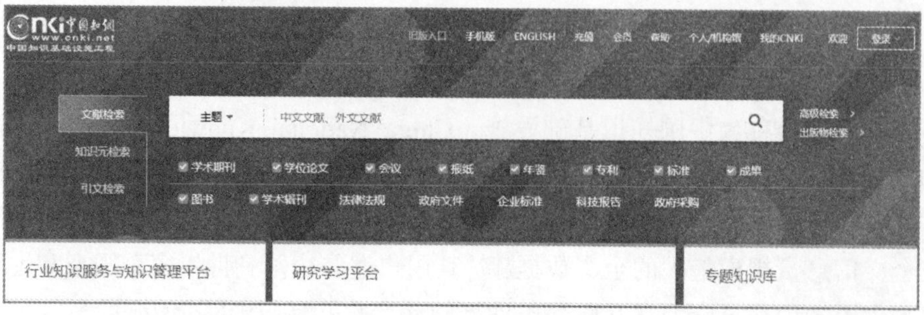

图 5.1-1　CNKI 平台界面

5.1.1　CNKI 的重要数据库资源

CNKI 平台中包含众多数据库资源，其中全文数据库资源如下。

1. 学术期刊库

学术期刊库又称为中国学术期刊（网络版），其英文名称为 Chinese Academic Journal Network Publishing Database（CAJD）。CAJD 是"十一五"国家重大网络出版工程的子项目，是在《国家"十一五"时期文化发展规划纲要》中国家"知识资源数据库"出版工程的重要组成部分。CAJD 是具有全球影响力的连续动态更新的中文学术期刊全文数据库。

CAJD 以学术、工程技术、政策指导、高级科普、行业指导及教育类期刊为主，内容覆盖自然科学、工程技术、农业、哲学、医学、人文社会科学等各个领域。收录国内学术期刊 8540 余种，全文文献总量 5850 余万篇。知网总库平台升级后提供中英文整合检索，该库默认的检索结果包含知网合作的国外期刊题录数据，但只有"中文文献"分组项内的条目是本库全文数据。

CAJD 产品分为十大专辑：基础科学、工程科技Ⅰ、工程科技Ⅱ、农业科技、医药卫生科技、哲学与人文科学、社会科学Ⅰ、社会科学Ⅱ、信息科技、经济与管理科学。十大专辑下分为 168 个专题。CAJD 收录自 1915 年至今出版的期刊，部分期刊回溯至创刊。

2. 学位论文库

学位论文库包括中国博士学位论文全文数据库和中国优秀硕士学位论文全文数据库，是目前国内资源完备、质量上乘、连续动态更新的中国博硕士学位论文全文数据库。该库出版500余家博士培养单位的博士学位论文40余万篇，780余家硕士培养单位的硕士学位论文470余万篇，最早回溯至1984年，覆盖基础科学、工程技术、农业、医学、哲学、人文、社会科学等各个领域。

3. 会议论文库

会议论文库重点收录1999年以来，中国科协系统及国家二级以上的学会、协会，高校、科研院所，政府机关举办的重要会议，以及在国内召开的国际会议上发表的文献，部分重点会议文献回溯至1953年。目前，会议论文库已收录国内会议、国际会议论文集4万本，累计文献总量350余万篇。

4. 中国重要报纸全文数据库

中国重要报纸全文数据库是以学术性、资料性报纸文献为出版内容的连续动态更新的报纸全文数据库。报纸库年均收录并持续更新各级重要党报、行业报及综合类报纸逾650余种，累计出版2000年以来报纸全文文献2070余万篇。产品分为十大专辑：基础科学、工程科技Ⅰ、工程科技Ⅱ、农业科技、医药卫生科技、哲学与人文科学、社会科学Ⅰ、社会科学Ⅱ、信息科技、经济与管理科学。十大专辑下分为168个专题文献数据库和近3600个子栏目。

5. 中国年鉴网络出版总库

中国年鉴网络出版总库是目前国内较大的连续更新的动态年鉴资源全文数据库。内容覆盖基本国情、地理历史、政治军事外交、法律、经济、科学技术、教育、文化体育事业、医疗卫生、社会生活、人物、统计资料、文件标准与法律法规等各个领域。目前年鉴总计5360余种、4万本、3930余万篇。

年鉴内容按国民经济行业分类可分为农、林、牧、渔业，采矿业，制造业，电力、燃气及水的生产和供应业，建筑业，交通运输、仓储和邮政业，信息传输、计算机服务和软件业，批发和零售业，住宿和餐饮业，金融业，房地产业，租赁和商务服务业，科学研究，技术服务和地质勘查业，水利、环境和公共设施管理业，居民服务和其他服务业，教育，卫生管理，社会保障与社会福利业，文化、体育和娱乐业，公共管理和社会组织，国际组织等21类行业。

地方年鉴按照行政区划分类可分为北京市、天津市、河北省、山西省、内蒙古自治区、辽宁省、吉林省、黑龙江省、上海市、江苏省、浙江省、安徽省、福建省、江西省、山东省、河南省、湖北省、湖南省、广东省、广西壮族自治区、海南省、重庆市、四川省、贵州省、云南省、西藏自治区、陕西省、甘肃省、青海省、宁夏回族自治区、新疆维吾尔自治区、香港特别行政区、澳门特别行政区、台湾省共34个省级行政区域。

6. 专利库

专利库包括中国专利全文数据库（知网版）和海外专利摘要数据库（知网版）。

中国专利全文数据库（知网版）收录了 1985 年以来在中国申请的发明专利、外观设计专利、实用新型专利，共 3770 余万项，每年新增专利约 250 万项。可以通过申请号、申请日、公开号、公开日、专利名称、关键词、分类号、申请人、发明人、优先权等检索项进行检索，并一次性下载专利说明书全文。

海外专利摘要数据库（知网版）包含美国、日本、英国、德国、法国、瑞士、世界知识产权组织、欧洲专利局、俄罗斯、韩国、加拿大、澳大利亚、中国香港及中国台湾地区十国两组织两地区的专利，共计收录从 1970 年至今专利 1 亿余项，每年新增专利约 200 万项。可以通过申请号、申请日、公开号、公开日、专利名称、关键词、分类号、申请人、发明人、优先权等检索项进行检索，专利说明书全文可以链接到欧洲专利局等网站进行下载。

7. 标准数据总库

标准数据总库包括国家标准全文、行业标准全文、职业标准全文及国内外标准题录数据库，共计 60 万余项。

其中，国家标准全文数据库收录了由中国标准出版社出版的，国家标准化管理委员会发布的所有国家标准；行业标准全文数据库收录了现行、废止、被代替、即将实施的行业标准；职业标准全文数据库收录了由中国劳动社会保障出版社出版的国家职业标准汇编本，包括国家职业技能标准、职业培训计划、职业培训大纲。上述标准全文均可一次性下载。

国内外标准题录数据库收录了中国以及世界上先进国家、标准化组织制定与发布的标准题录数据，共计 54 万余项。其中，国内部分收录了所有的中国国家标准（GB）、国家建设标准（GBJ）、中国行业标准的题录摘要数据，共计标准 10 万余项；国外部分收录了世界范围内重要标准，如国际标准（ISO）、国际电工标准（IEC）、欧洲标准（EN）、德国标准（DIN）、英国标准（BS）、法国标准（NF）、日本工业标准（JIS）、美国标准（ANSI）、美国部分学协会标准（如 ASTM、IEEE、UL、ASME）等 18 个国家的标准题录摘要数据，共计标准 30 万余项。可以通过标准号、标准名称、关键词、发布单位、起草单位、发布日期等检索项进行检索。国内外标准题录数据库只提供题录，不提供全文下载。

8. 中国图书全文数据库

中国图书全文数据库以中国知网海内外 2 亿名专业读者为服务对象，集图书检索、专业化推荐、在线研学、在线订阅功能于一体。通过参考文献、引证文献等关联关系，实现了图书内容与其他各类文献的深度关联融合。目前已收录精品专业图书 14 406 本，覆盖人文社科、自然科学、工程技术等各领域，并实时更新。

9. 学术辑刊库

学术辑刊库收录自 1979 年至今国内出版的重要学术辑刊，共计 1020 余种，30 余万篇。辑刊的编辑单位多为高等院校和科研院所，其内容覆盖自然科学、工程技术、农业、哲学、医学、人文社会科学等各个领域。编者的学术素养高，论文质量好、专业特色强，具有较强的学术辐射力和带动效应。

5.1.2　CNKI 数据库的检索功能

CNKI 提供了电脑端和手机端两种入口，电脑端入口为：https://www.cnki.net/；手机端入口为：https://m.cnki.net/mcnkidown/index.html。本书以电脑端为准介绍其功能与使用方法。

1. 总库检索与单库检索

CNKI 默认为总库一框式检索界面（图 5.1-1）。总库检索涵盖的资源类型有：学术期刊、学位论文、会议、报纸、年鉴、专利、标准、成果、图书、学术辑刊、特色期刊等。总库检索后，即可得到检索结果。读者也可以单击各资源类型名称按钮，下方的检索结果区即为该资源类型文献。例如，单击"学术期刊"按钮，即可查看学术期刊文献（图 5.1-2）。

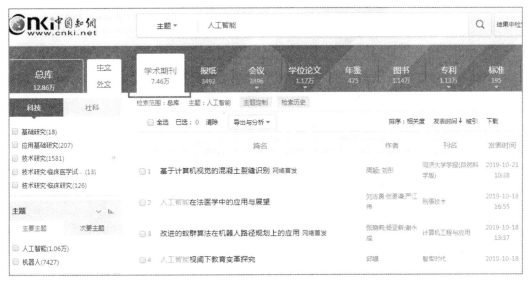

图 5.1-2　总库检索后分类型查看文献

如果只想检索某种资源类型的文献，读者可以根据需要选择参与总库检索的资源类型，在首页勾选对应的复选框即可，也可以在默认首页单击产品名称按钮，进入单库检索首页（图 5.1-3），进行一框式检索即可。

图 5.1-3　单库检索

一般而言，总库检索与单库检索在检索项、检索条件控制方面有一定的差异。总库检索的检索项一般为所有类型的文献所共有的一些字段，如题名、作者等，而单库则有更为丰富的选项，比如，选择学术期刊库进行检索，其会出现期刊名称、ISSN、CN 等检索项，在其高级检索界面则会有普通期刊、北大核心、CSSCI、CSCD 等来源类别的条件选择。

2. 检索方式

1）一框式检索

一框式检索将检索功能浓缩至"一框"，根据不同检索项的需求特点采用不同的检索机制和匹配方式，体现智能检索优势，操作便捷，检索结果兼顾查全率和查准率。读者可以在平台默认首页选择"检索范围"选项，下拉选择检索项，在检索框内输入检索词，单击"检索"按钮或键盘回车，执行检索命令（图 5.1-4）。

图 5.1-4　一框式检索操作方式

（1）检索项。总库提供的检索项有：主题、篇关摘、关键词、篇名、全文、作者、第一作者、通讯作者、作者单位、基金、摘要、小标题、参考文献、分类号、文献来源、DOI。

①主题检索。主题检索是在中国知网标引出来的主题字段中进行检索，该字段内容包含一篇文章的所有主题特征，同时在检索过程中嵌入了专业词典、主题词表、中英对照词典、停用词表等工具，并采用关键词截断算法，将低相关或微相关文献进行截断。

②篇关摘检索。篇关摘检索是指在篇名、关键词、摘要范围内进行检索，具体参见篇名检索、关键词检索、摘要检索。

③关键词检索。关键词检索的范围包括文献原文给出的中、英文关键词，以及对文献进行分析计算后机器标引出的关键词。机器标引的关键词基于对全文内容的分析，结

合专业词典，解决了文献作者给出的关键词不够全面准确的问题。

④篇名检索。期刊、会议、学位论文、辑刊的篇名为文章的中、英文标题。报纸文献的篇名包括引题、正标题、副标题。年鉴的篇名为条目题名。专利的篇名为专利名称。标准的篇名为中、英文标准名称。成果的篇名为成果名称。古籍的篇名为卷名。

⑤全文检索。全文检索指在文献的全部文字范围内进行检索，包括文献篇名、关键词、摘要、正文、参考文献等。

⑥作者检索。期刊、报纸、会议、学位论文、年鉴、辑刊的作者为文章中、英文作者。专利的作者为发明人。标准的作者为起草人或主要起草人。成果的作者为成果完成人。古籍的作者为整书著者。

⑦第一作者检索。只有一位作者时，该作者即为第一作者。有多位作者时，将排在第一个的作者认定为文献的第一责任人。

⑧通讯作者检索。目前期刊文献对原文的通讯作者进行了标引，可以按通信作者查找期刊文献。通讯作者指课题的总负责人，也是文章和研究材料的联系人。

⑨作者单位检索。期刊、报纸、会议、辑刊的作者单位为原文给出的作者所在机构的名称。学位论文的作者单位包括作者的学位授予单位及原文给出的作者任职单位。年鉴的作者单位包括条目作者单位和主编单位。专利的作者单位为专利申请机构。标准的作者单位为标准发布单位。成果的作者单位为成果第一完成单位。

⑩基金检索。根据基金名称，可检索受到此基金资助的文献。支持基金检索的资源类型包括：期刊、会议、学位论文、辑刊。

⑪摘要检索。期刊、会议、学位论文、专利、辑刊的摘要为原文的中、英文摘要，原文未明确给出摘要的，提取正文内容的一部分作为摘要。标准的摘要为标准范围。成果的摘要为成果简介。

⑫小标题检索。期刊、报纸、会议的小标题为原文的各级标题名称，学位论文的小标题为原文的中英文目录，中文图书的小标题为原书的目录。

⑬参考文献检索。检索参考文献里含检索词的文献。支持参考文献检索的资源类型包括：期刊、会议、学位论文、年鉴、辑刊。

⑭分类号检索。通过分类号检索，可以查找到同一类别的所有文献。期刊、报纸、会议、学位论文、年鉴、标准、成果、辑刊的分类号指中图分类号。专利的分类号指专利分类号。

⑮文献来源检索。文献来源是指文献出处。期刊、辑刊、报纸、会议、年鉴的文献来源为文献所在的刊物。学位论文的文献来源为相应的学位授予单位。专利的文献来源为专利权利人/申请人。标准的文献来源为发布单位。成果的文献来源为成果评价单位。

⑯DOI 检索。输入 DOI 号检索期刊、学位论文、会议、报纸、年鉴、图书。国内的期刊、学位论文、会议、报纸、年鉴只支持检索在知网注册 DOI 的文献。

（2）检索推荐/引导功能。平台提供检索时的智能推荐和引导功能，根据输入的检索词自动提示，可根据提示进行选择，更便捷地得到精准结果。使用智能推荐或引导功能后，不支持在检索框内进行修改，修改后可能得到错误结果的或得不到检索结果。

①主题词智能提示。输入检索词，自动进行检索词补全提示。适用字段：主题、篇名、关键词、摘要、全文。例如，输入"基因"，下拉列表显示"基因"开头的热词，通过鼠标（键盘）选中提示词，鼠标单击"检索"按钮（直接回车）或者单击"提示词"，执行检索（图5.1-5）。

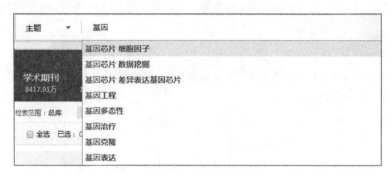

图 5.1-5　主题词智能提示

②作者引导。输入检索词，进行检索引导，可根据需要勾选对应的复选框，精准定位所要查找的作者。在作者引导中，优先展示已经完成作者认证并进行学术成果认领的作者。认证作者姓名后有认证标识。

例如，输入"王大中"，勾选第一层级的"王大中 清华大学"复选框，就能够检出所有清华大学的王大中所发表的文献，检索时精准定位所查找的作者，排除同名作者，并且不管原文机构是否含"清华大学"字样，只要规范为清华大学的，都可以被检索到（图5.1-6）。

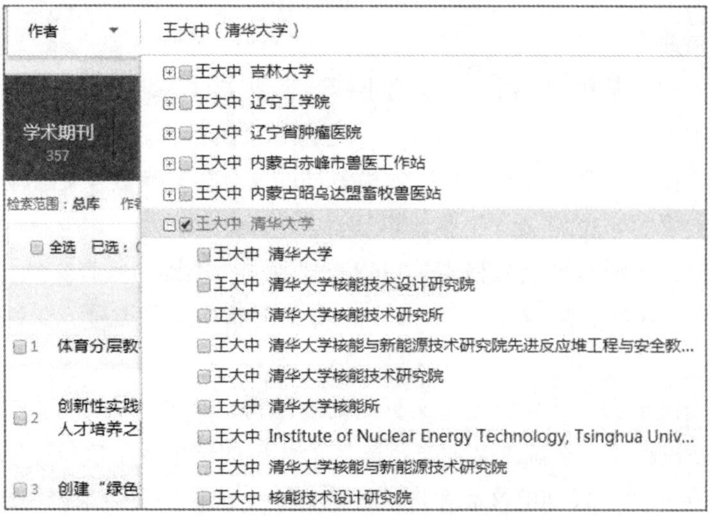

图 5.1-6　作者引导

某作者同时有多个单位，或需要检索某作者在原单位与现单位所有发文的，则在引导列表中勾选多个单位的复选框即可。

③基金引导。输入检索词，下拉列表显示包含检索词的规范基金名称，勾选对应的复选框后用规范的基金代码进行检索，精准定位。例如，输入"自然科学"，勾选"国

家自然科学基金"复选框后单击"检索"按钮,检索结果是将原文基金名称规范为国家自然科学基金的全部文献(图 5.1-7)。

图 5.1-7　基金引导

④文献来源引导。输入检索词,下拉列表显示包含检索词的规范后的来源名称,勾选对应的复选框后用来源代码进行检索,精准定位。有文献来源引导功能的资源类型包括期刊、报纸、学位论文、年鉴、辑刊。例如,用户输入"工业经济",在列表中勾选所要查找的来源名称所对应的复选框,检索结果会包含此来源现用名及曾用名下的所有文献(图 5.1-8)。

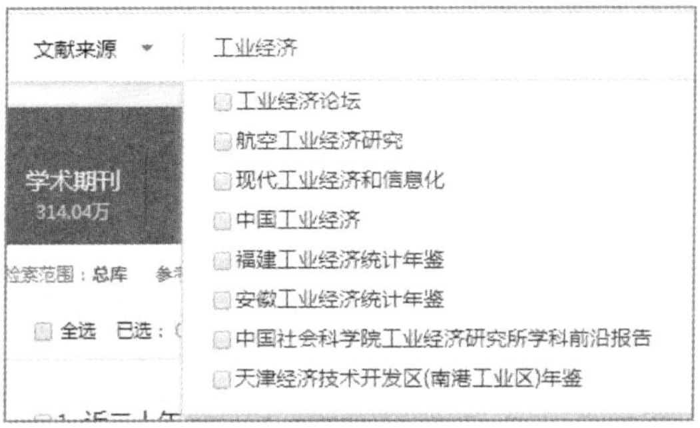

图 5.1-8　文献来源引导

⑤同字段组合运算。CNKI 支持运算符*、+、−进行同一检索项内多个检索词的组合运算,检索框内输入的内容不得超过 120 个字符。输入运算符*(与)、+(或)、−(非)时,前后要空一个字节,优先级需用英文半角括号确定。若检索词本身含空格或*、+、−、()、/、%、= 等特殊符号,进行多词组合运算时,为避免歧义,须将检索词用英文半角单引号或英文半角双引号引起来。

例如,篇名检索项后输入:神经网络*自然语言,可以检索到篇名包含"神经网络"及"自然语言"的文献。主题检索项后输入:(锻造 + 自由锻)*裂纹,可以检索到主题为"锻造"或"自由锻",且有关"裂纹"的文献。如果需要检索篇名包含"digital library"和"information service"的文献,在篇名检索项后输入:'digital library' * 'information service'。如果需要检索篇名包含"2 + 3"和"人才培养"的文献,在篇名检索项后输入:'2 + 3' * 人才培养。

⑥结果中检索。结果中检索是指在上一次检索结果的范围内按新输入的检索条件进行检索。输入检索词,单击"结果中检索"按钮,执行后在检索结果区上方显示检索条件,如图 5.1-9 所示。

图 5.1-9　结果中检索

第一次检索主题为"人工智能"的文献，在此结果中检索文献来源为"电脑知识与技术"的文献。单击最后的"×"按钮，可以清除最后一次的检索条件，退回到上一次的检索结果。

2）高级检索

（1）高级检索入口。在 CNKI 首页单击"高级检索"按钮进入高级检索页，也可在一框式检索结果页单击"高级检索"按钮进入高级检索页（图 5.1-10）。高级检索页单击"标签"按钮可切换至高级检索、专业检索、作者发文检索、句子检索。高级检索支持多字段逻辑组合，并可通过选择精确或模糊的匹配方式、检索控制等方法完成较复杂的检索，得到符合需求的检索结果。

图 5.1-10　高级检索页

（2）检索区。高级检索区主要分为两部分，上半部分为检索条件输入区，下半部分为检索控制区。

①检索条件输入区。默认显示主题、作者、文献来源 3 个检索框，可自由选择检索项（检索项具体描述参见一框式检索项）、检索项间的逻辑关系（AND、OR 或 NOT）、检索词匹配方式等。

高级检索根据检索项的特点，采用不同的匹配方式，主要包括相关度匹配、精确匹配和模糊匹配。当检索项为主题时，默认为相关度匹配，根据检索词在该字段的匹配度，得到相关度高的结果。其他检索项均提供精确、模糊两种匹配方式。篇关摘（篇名和摘要部分）、篇名、摘要、全文、小标题、参考文献的精确匹配，是指检索词作为一个整体在该检索项进行匹配，完整包含检索词的结果。模糊匹配，则是检索词进行分词后在该检索项的匹配结果。篇关摘、关键词、作者、机构、基金、分类号、文献来源、DOI 的精确匹配，是指关键词、作者、机构、基金、分类号、文献来源或 DOI 与检索词完全一致。模糊匹配，是指关键词、作者、机构、基金、分类号、文献来源或 DOI 包含检索词。

全文和摘要检索时，可选择词频，辅助优化检索结果。选择词频数后进行检索，检索结果为在全文或摘要范围内，包含检索词，且检索词出现次数大于或等于所选词频的文献。

单击检索框后的"＋""－"按钮可添加或删除检索项，最多支持 10 个检索项的组合检索。

②检索控制区。检索控制区的主要作用是通过条件筛选、时间选择等，对检索结果进行范围控制。控制条件包括出版模式、基金文献、时间范围、检索扩展。检索时默认进行中英文扩展，如果不需要中英文扩展，可以手动取消勾选。

（3）切库区。高级检索页面下方为切库区，单击"库名"按钮，可切换至某单库高级检索。

（4）文献导航。文献分类导航默认为收起状态，点击展开后勾选所需类别，可缩小和明确文献检索的类别范围。总库高级检索提供 168 个专题导航，是 CNKI 基于中图分类而独创的学科分类体系。年鉴、标准、专利等除 168 个导航外，还提供单库检索所需的特色导航。

（5）检索推荐/引导功能。与一框式检索时的智能推荐和引导功能类似，主要区别是：高级检索的主题、篇名、关键词、摘要、全文等内容检索项推荐的是检索词的同义词、上下位词或相关词；高级检索的推荐引导功能在页面右侧显示。勾选后进行检索，检索结果为包含检索词或勾选词的全部文献。例如，输入"人工智能"，推荐相关的机器智能、决策系统等，可根据检索需求进行勾选（图 5.1-11）。

图 5.1-11　检索推荐/引导

（6）同字段组合运算。高级检索与一框式检索相同，均支持同一检索项内输入*、＋、－进行多个检索词的组合运算。详见"一框式检索"中的同字段组合运算。

（7）结果中检索。高级检索支持结果中检索，执行后在检索结果区上方显示检索条件，与之前的检索条件间用"AND"连接。

（8）检索区的收起与展开。高级检索执行检索后，检索区只显示第一行的检索框，缩减检索区空间，重点展示检索结果，单击"展开"按钮即显示完整检索区（图5.1-12）。

图 5.1-12　检索区收起

3）作者发文检索

在高级检索页切换"作者发文检索"标签，可进行作者发文检索。作者发文检索通过输入作者姓名及其单位信息，检索某作者发表的文献，功能及操作与高级检索基本相同。

4）句子检索

在高级检索页切换"句子检索"标签，可进行句子检索。句子检索是通过输入的两个检索词，在全文范围内查找同时包含这两个词的句子，找到有关事实的问题答案。句子检索不支持空检，同句、同段检索时必须输入两个检索词（图5.1-13）。

例如，检索同一句包含"人工智能"和"神经网络"的文献。

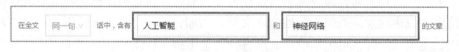

图 5.1-13　句子检索（1）

检索结果如图 5.1-14 所示，句子1、句子2 为查找到的句子原文，"句子来自"为这两个句子出自的文献题名。

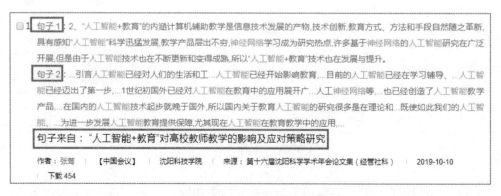

图 5.1-14 句子检索（2）

句子检索支持同句或同段的组合检索，两组句子检索的条件独立，无法限定于同一个句子/段落。例如，在全文范围检索同一句中包含"数据"和"挖掘"，并且同一句中包含"计算机"和"网络"的文章，如图 5.1-15 所示。

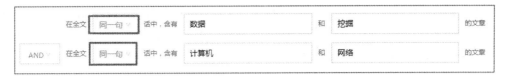

图 5.1-15　句子检索（3）

检索到的文献，全文中有同一句同时包含"数据"和"挖掘"，并且另有一句同时包含"计算机"和"网络"。例如，检索结果中下面这篇文献，并没有在同一句中同时出现输入的 4 个检索词（图 5.1-16）。

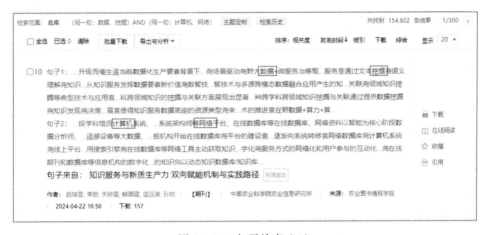

图 5.1-16　句子检索（4）

5）专业检索

CNKI 也支持专业检索，在高级检索页切换"专业检索"标签，可进行专业检索。但专业检索一般用于图书情报专业人员查新、信息分析等工作，使用运算符和检索词构造检索式进行检索，普通读者很少会用到。如确有需要，读者可以通过查看其帮助说明进行学习。

5.1.3　CNKI 检索结果查看

CNKI 的检索结果页包括分库查看区、检索条件区、检索结果区、分组筛选区、相关搜索区。

1. 分库查看区

分库查看区横向展示总库所覆盖的所有资源类型，总库检索后，各资源类型下显示符合检索条件的文献量，突显总库各资源的文献分布情况，可单击查看任一资源类型下的文献。

此外，也可点击"中文"或"外文"，查看检索结果中的中文文献或外文文献。单击"总库"按钮回到中外文混检结果。

2. 检索条件区

分库查看区下方显示检索范围和检索条件，并提供查看检索历史、检索表达式的定制功能。主题定制需要登录个人账号，单击"主题定制"按钮，可以定制当前的检索表达式至"我的CNKI"，可了解所关注领域的最新成果及进展。单击"检索历史"按钮，可查看检索历史，未登录个人账号的情况下可查看最近的10条记录。在检索历史页单击"检索条件"按钮，直接查看检索结果。检索条件显示区还显示检索或筛选结果的数量。

3. 检索结果区

检索结果区提供对检索结果的呈现功能。检索结果可以按发表时间、相关度、被引、下载进行排序，可根据需要选择相应的排序方式。全文检索默认按相关度降序排序，将最相关的文献排在前面。其他检索默认按发表时间降序排序，展示最新研究成果和研究方向。用户可以选择每页显示检索记录的条数（默认为每页显示20条，另可选择显示10条或50条）。

检索结果的浏览模式分为列表模式（☰）和详情模式（▦）两种，默认为列表模式。

1）列表模式

列表模式简洁明了，便于快速浏览和定位。列表模式以列表形式展示检索结果，提供文章题名、作者、来源、发表时间、被引频次、下载频次等关键信息，同时也提供下载、阅读html、收藏、应用等操作功能（图5.1-17）。

	题名	作者	来源	发表时间	数据库	被引	下载	操作
□1	Pursuing superior performance of service innovation through improved corporate social responsibility	Lan Li;Gang Li;Xue Yang;Zhilin Yang	Asia Pacific Journal of Marketing and Logistics	2019-08-22	Emerald journal			
□2	大数据与创新双驱动的知识创新服务需求与趋势研究	范丽鹏;王日芬;李嫄	情报工程	2019-06-15	期刊			
□3	新时代、新挑战、新策略——"2018年学术图书馆发展"高端论坛会议综述	靳嘉林;张甲;王日芬;余厚强	大学图书馆学报	2019-05-21	期刊	354		
□4	Service innovation capabilities as the precursor to business model innovation: a conditional process analysis	Malkah Noor Kiani;Mehboob Ahmad;Syed Hussain Mustafa Gillani	Asian Journal of Technology Innovation	2019-05-04	Taylor journal			

图5.1-17 检索结果列表模式

读者可以单击题名进入文献知网节；单击文献来源名称，如刊名，进入出版物详情页；单击作者，跳转至作者知网节。

单篇文献提供下载、阅读、收藏、引用等功能：①下载功能，有下载权限的账号可单击下载原文。海外合作题录文献（期刊、图书）提供原文链接⬚，通过该链接访问合作数据库下载全文。②阅读功能，已加工为html的文章在登录机构账号后可进行html阅读，未加工html的文章可在线阅读原文。③收藏功能，须登录个人账号，收藏后可在"我的CNKI""我的收藏"查看。④引用功能，单击后可复制该篇文献的引文格式加以引用。此功能提供三种格式的引文，国标格式默认选中，可直接复制粘贴，其他格式单击文字内容则选中。引用单篇文献的，无须再勾选后导出，操作更加便捷（图5.1-18）。

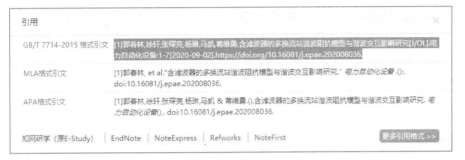

图 5.1-18　CNKI 引用格式

2）详情模式

详情模式显示较为详细的文献信息，可通过浏览题录信息确定是否为所查找的文献。详情模式的页面布局分为两个部分，左半部分为题录摘要区，右半部分为操作功能区（图 5.1-19）。

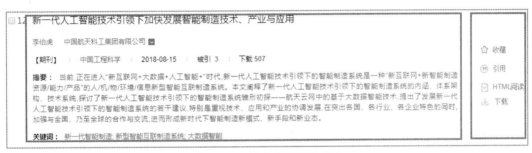

图 5.1-19　检索结果详情模式

题录摘要区显示文章题名、作者及单位、资源类型、文献来源、发表时间、被引频次、下载频次、文章摘要、原文关键词。期刊、会议、辑刊文献经规范后的作者，作者及其单位对应显示，默认显示第一作者及其单位，单击展开箭头可查看全部作者及其对应单位。作者及其机构经过规范的，单击作者或单位名称，跳转至作者知网节或机构知网节。单击关键词进入关键词知网节，其他单击跳转规则与列表模式相同。

操作功能区各操作与列表模式相同。

4. 分组筛选区

检索结果区左侧为分组筛选区，提供从"科技/社科"、主题、学科、发表年度、研究层次、文献类型、文献来源、作者、机构、基金等多层面的分组筛选角度，并支持多个条件的组合筛选，以快速、精准地从检索结果中筛选出所需的优质文献。

默认展开"主题"分组项的分组内容，单击分组标签上的下拉箭头（ ∨ ），展开分组项。部分分组项存在细化项。比如，主题分组细化为主要主题、次要主题，依据某主题词在文献中所占的分量划分；作者、机构分组细化为中国、国外，分别指中文文献的作者/机构和外文文献的作者/机构。分组内容按照该内容出现次数进行排序。

分组项展开后，单击上拉箭头（ ∧ ），可折叠分组项；勾选分组条件后，可执行筛选；清除勾选，可恢复至勾选前的结果。

除"科技/社科"分组外，各分组项提供可视化分析功能，直观反映检索结果某个分组类别的文献分布情况，单击可视化图标（ ）查看可视化图像。如图 5.1-20 所示，展示了主要主题分布的可视化情况。

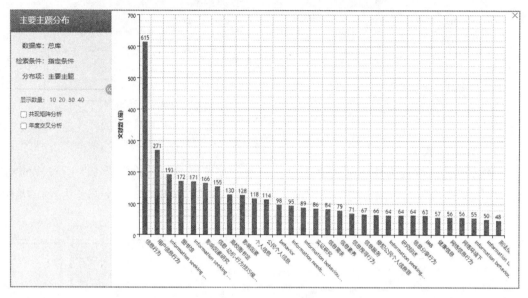

图 5.1-20　分组可视化

5. 相关搜索区

在检索结果的下方，提供相关搜索功能。相关搜索是系统推荐与用户输入相关的词，包括相关搜索的研究主题，作为系统性学术研究的参考。相关搜索，最多推荐 14 个与输入的检索词相关的主题词，单击主题词，则以该主题词为检索词执行主题检索（图 5.1-21）。

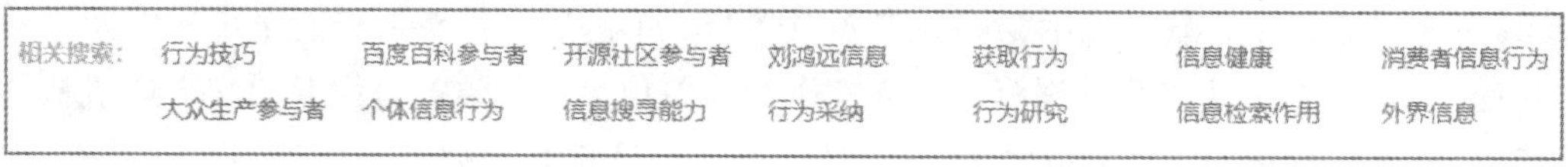

相关搜索：	行为技巧	百度百科参与者	开源社区参与者	刘鸿远信息	获取行为	信息健康	消费者信息行为
	大众生产参与者	个体信息行为	信息搜寻能力	行为采纳	行为研究	信息检索作用	外界信息

图 5.1-21　相关搜索推荐

5.1.4　CNKI 文献管理与分析

CNKI 中可以对检索出的文献进行导出和可视化分析。读者在检索结果列表中勾选需要管理的文献，然后从两个入口均可进入。

（1）单击检索结果区的"已选文献"按钮（图 5.1-22），进入文献管理中心对选定的文献进行相关处理，包括导出文献、生成检索报告、可视化分析和在线阅读等功能（图 5.1-23）。

图 5.1-22　单击"已选文献"进入文献管理中心

图 5.1-23　文献管理中心

（2）从检索结果页面导出与分析入口，单击"导出与分析"按钮，进入对应的操作界面（图 5.1-24）。

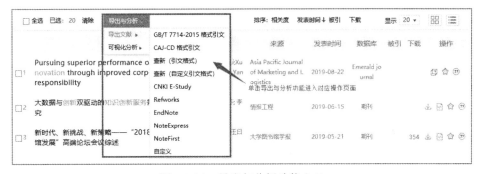

图 5.1-24　导出与分析功能入口

1. 导出文献

从检索结果页面或者文献管理中心进入导出题录页面，包括多种文献导出格式，如图 5.1-25 所示。默认显示为信息与文献参考文献著录规则 GB/T 7714-2015 格式题录。GB/T 7714-2015 格式引文、CAJ-CD 格式引文、查新（引文格式）样式与功能一致。其他的格式还包括 MLA 格式引文、APA 格式引文。此外，还可以选择导出到特定的文献管理软件中的格式，如知网研学、EndNote、NoteExpress 等。

图 5.1-25　GB/T 7714—2015 格式引文

1）已选文献

返回已选文献页面（文献管理中心），可重新选择已选文献条目。

2）自定义字段选择

在查新（自定义引文格式）和自定义格式中，提供自定义字段选择。不可更改选中状态的复选框字段为预设字段，可自由选中的字段为自定义字段，全选或重置可以更改自定义字段的选中状态。自定义字段的选中状态变更后，单击"预览"按钮，在结果预览区可查看更改后的输出结果（图 5.1-26）。

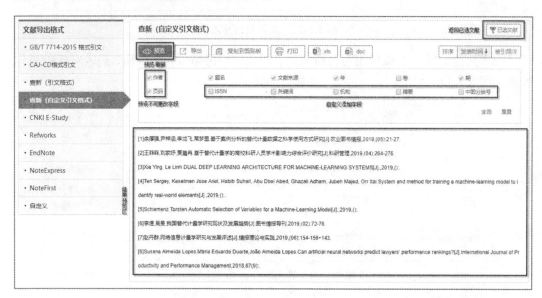

图 5.1-26　查新（自定义引文格式）

3）预览

无自定义字段选择操作，无须单击"预览"按钮操作。有自定义字段选择操作，当可供选择字段改动后，点击预览可以查看更改后的结果。

4）导出/复制到剪贴板/打印/xls/doc

将已选文献的题录，按照当前选择的"文献导出格式"输出文件，保存到用户电脑上。"xls"为生成 Excel 文档，"doc"为生成 Word 文档。CNKI E-Study、Refworks、EndNote、NoteExpress、NoteFirst 无导出"xls"和"doc"按钮。

5）排序

可按照文献的发表时间和被引频次升序或降序排列显示。

2. 可视化分析—全部检索结果分析

CNKI 文献可视化功能是基于文献的元数据及参考引证关系，用图表的形式直观展示文献的数量与关系特征。可视化分析主要包括对全部检索结果分析和已选结果分析。全部检索结果分析功能从检索结果页面"导出与分析"—"可视化分析"—"全部检索结果分析"进入。

1）总体趋势分析

总体趋势分析显示逐年的发文量以及当前年份的预测值（图 5.1-27）。

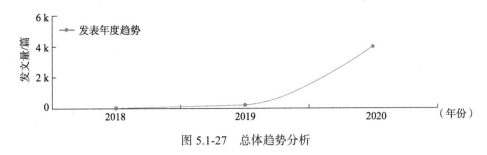

图 5.1-27　总体趋势分析

2）分布分析

分布分析的项与当前检索结果页面中的左侧分组项中各分组项的可视化结果一致，采用柱状图或饼图展示分组数据。

3）比较分析

可以单击任意分布中柱状图中柱形或饼状图一中扇区，添加该项分组数据作为比较项进行比较。

3. 可视化分析—已选结果分析

已选结果分析是指对用户勾选的文献进行分析。目前，已选结果分析支持最多选择 200 篇文献进行分析。已选结果分析可从检索结果页面"导出与分析"—"可视化分析"—"已选结果分析"或文献管理中心进入。已选结果可视化分析主要包括指标、总体趋势、关系网络及分布 4 个方面。

1）指标

指标分析的指标项包括文献数、总参考数、总被引数、总下载数、篇均参考数、篇均被引数、篇均下载数、下载被引比。其中下载被引比为总下载数除以总被引数。

2）总体趋势

总体趋势分析显示所选文献、参考文献、引证文献在其发表时间年度范围内的数量趋势（图 5.1-28）。

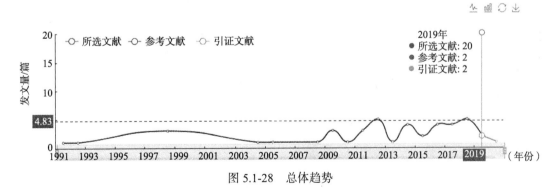

图 5.1-28　总体趋势

3）关系网络

关系网络主要包括文献互引网络、关键词共现网络、作者合作网络 3 种。

（1）文献互引网络。分析基于 CNKI 的引文数据。除了已选文献，还会将已选文献的参考文献及引证文献纳入分析范围（见图 5.1-29）。

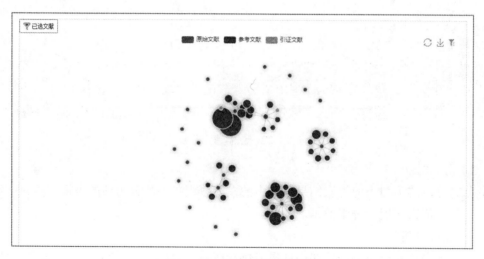

图 5.1-29　文献互引网络分析

（2）关键词共现网络。关键词共现网络分析所采用的关键词为 CNKI 机器标引的关键词（图 5.1-30）。

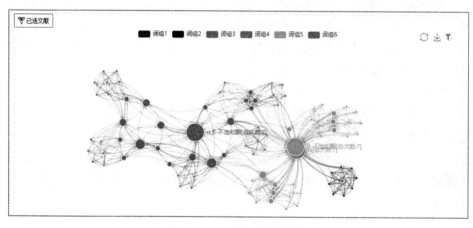

图 5.1-30　关键词共现网络

（3）作者合作网络。作者合作网络分析的基础是基于 CNKI 对文献作者的标引与规范加工的作者数据（图 5.1-31）。

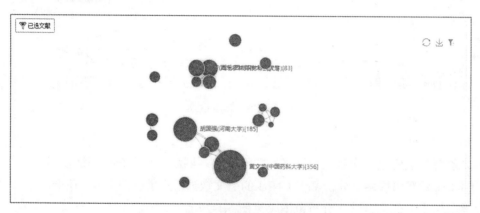

图 5.1-31　作者合作网络

4）分布

分布分析从不同角度展示文献的主要分布情况，包括资源类型分布、学科分布、来源分布、基金分布、作者分布和机构分布。计算方式为某一项的文献数占已选文献总数的比例；分布分析最多显示五项组成部分的比例情况。此外，如果已选文献的类型不包含上述元数据信息，则该分布不显示。作者、机构项的统计以规范标引数据为准。如图 5.1-32 所示，展示了某检索结果机构分布分析的结果。

图 5.1-32　机构分布分析

4. 生成检索报告

生成的检索报告主要包括检索条件、检索统计报表、检索评价、检索报告执行人及保存/打印检索报告等。

5. 在线阅读

不同于检索结果的单篇文献预览，该处是选中的多篇文献的在线阅读。在线阅读支持期刊论文、博士论文、硕士论文、报纸、会议论文和年鉴组合选择，单次最多选择 50 篇，组合阅读如图 5.1-33 所示。

图 5.1-33　组合阅读

5.1.5 个性化功能

CNKI 的个性化功能主要体现在"我的 CNKI"。"我的 CNKI"是 CNKI 面向个人用户提供的文献发现与管理服务,用户登录个人账号,平台可提供基于个人使用记录的相关推荐与热门文献;查看与管理各项使用记录;文献收藏与主题订阅管理;文献、作者、出版物关注等。具体操作可参见全球学术快报 2.0 使用手册:https://piccache.cnki.net/index/helper/ manual.html。

5.2 万方数据知识服务平台

万方数据知识服务平台简称万方数据,成立于 1993 年。2000 年,在原万方数据(集团)公司的基础上,由中国科学技术信息研究所联合中国文化产业投资基金、中国科技出版传媒有限公司、北京知金科技投资有限公司、四川省科技信息研究所和科技文献出版社等五家单位共同发起成立——"北京万方数据股份有限公司"。目前,万方数据拥有学术期刊、学位论文、会议论文、专利、标准、科技成果等多个数据库,类型多样富有特色,已成为获取中文学术资源主要的平台之一。以下简要介绍其中主要的数据库资源。

5.2.1 万方的重要数据库资源

目前,万方数据知识服务平台已更新至 V2.0。该平台被称为万方智搜。万方包含以下重要的数据库资源。

1. 中国学术期刊数据库

万方中国学术期刊数据库收录始于 1998 年,包含 8000 余种期刊,其中包含北京大学、中国科学技术信息研究所、中国科学院文献情报中心、南京大学、中国社会科学院历年收录的核心期刊 3300 余种,年增 300 万篇,周更新 2 次,涵盖自然科学、工程技术、医药卫生、农业科学、哲学政法、社会科学、科教文艺等各个学科。

2. 中国学位论文全文数据库

万方中国学位论文全文数据库收录始于 1980 年,年增 30 万余篇,涵盖基础科学、理学、工业技术、人文科学、社会科学、医药卫生、农业科学、交通运输、航空航天和环境科学等各学科领域。绝大部分学位论文都可以一次性下载全文,部分学位论文无全文下载。

3. 中国学术会议文献数据库

会议资源包括中文会议和外文会议,中文会议收录始于 1982 年,年收集约 3000 个重要学术会议,年增 20 万篇论文,每月更新。外文会议主要来源于 NSTL 外文文献数据库,收录了 1985 年以来世界各主要学协会、出版机构出版的学术会议论文共计 766 万篇全文(部分文献有少量回溯),每年增加论文 20 万余篇,每月更新。

4. 中外科技报告数据库

该数据库包括中文科技报告和外文科技报告。中文科技报告收录始于 1966 年,源于中华人民共和国科学技术部,共计 2.6 万余份,可以一次性下载全文。外文科技报告收录始于 1958 年,涵盖美国政府四大科技报告(AD 报告、DE 报告、NASA 报告、PB 报告),共计 110 万余份,但只有题录信息,无全文下载。

5. 中外专利数据库

该数据库涵盖 1.3 亿余条国内外专利数据。其中,中国专利收录始于 1985 年,共收录 3300 万余条专利全文,可本地下载专利说明书,数据与国家知识产权局保持同步,包含发明专利、外观设计和实用新型三种类型,准确地反映中国最新的专利申请和授权状况,每月新增 30 万余条。国外专利 1 亿余条,仅提供欧洲专利局网站的专利说明书全文链接,收录范围涉及中国、美国、日本、英国、德国、法国、瑞士、俄罗斯、韩国、加拿大、澳大利亚、世界知识产权组织、欧洲专利局等 11 国 2 组织数据,每年新增 300 万余条。

6. 中外标准数据库

该数据库收录了所有中国国家标准(GB)、中国行业标准(HB),以及中外标准题录摘要数据,共计 200 万余条记录,其中中国国家标准全文数据内容来源于中国质检出版社,中国行业标准全文数据收录了机械、建材、地震、通信标准,以及由中国质检出版社授权的部分行业标准。

7. 中国科技成果数据库

该数据库收录了自 1978 年以来国家和地方主要科技计划、科技奖励成果,以及企业、高等院校和科研院所等单位的科技成果信息,涵盖新技术、新产品、新工艺、新材料、新设计等众多学科领域,共计 90 余万项。数据库每两月更新一次,年新增数据 1 万条以上。该数据库仅能查看题录信息,无全文下载。

8. 中国法律法规数据库

该数据库收录始于 1949 年,涵盖国家法律法规、行政法规、地方法规、司法解释、合同范本等。每月更新,年新增量不低于 8 万条,可下载全文。

5.2.2 万方平台资源导航

万方资源导航分为资源类型导航和数据库导航。资源导航主页入口为中部"资源导航"标志。数据库导航入口为"数字图书馆"标志(图 5.2-1)。

图 5.2-1 资源导航入口

1. 资源类型导航

展示万方收录的资源类型及相关资源的更新情况介绍。例如，单击图 5.2-1 中的学术期刊，可进入期刊资源的导航页，首先呈现的是该资源的介绍，以及本周更新期刊推荐（图 5.2-2）。

图 5.2-2　万方收录的学术期刊

此外，左侧为期刊的学科分类导航，中间部分为刊首字母、核心收录、来源数据库、收录地区、出版周期、优先出版的期刊导航。用户可对创刊时间、影响因子、被引次数、更新日期进行排序（图 5.2-3）。

图 5.2-3　期刊导航与浏览

单击期刊封面或者刊名，即可进入期刊详情页（图 5.2-4）。

图 5.2-4　期刊详情页

2. 数据库导航

数据库导航展示万方智搜收录的数据资源，包括万方来源的数据库，以及第三方合作的数据库（图5.2-5）。

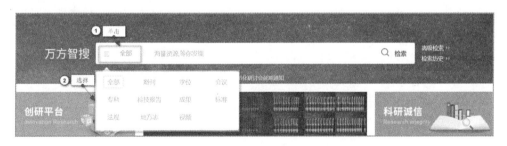

图 5.2-5　数据库导航

5.2.3　万方平台信息检索功能

1. 统一检索

万方智搜首页的检索框即统一检索的输入框，能够实现多种资源类型、多种来源的一站式检索和发现。同时，它还可对用户输入的检索词进行实体识别，便于引导用户更快捷地获取知识及学者、机构等科研实体的信息。

统一检索为用户提供了不同资源类型的检索，包括期刊、学位、会议、专利、科技报告、地方志等资源。默认在所有类型中检索，用户也可以通过单击检索框中的"全部"按钮进行资源类型选择（图5.2-6）。

图 5.2-6　万方资源类型选择

万方智搜可检索篇级文献，也可以检索期刊母体、会议、志书。比如，期刊检索可以实现期刊论文检索和期刊检索，输入检索词或限定字段并输入检索词，单击"搜论文"按钮，可以实现对期刊论文的检索；输入刊名、刊号，单击"搜期刊"按钮，可以实现对期刊母体的检索。图5.2-7 为万方期刊资源的检索界面。

图 5.2-7　万方期刊资源的检索界面

在统一检索的输入框内，用户可以选择想要限定的检索字段，目前共有 5 个可检索字段：题名、作者、作者单位、关键词和摘要（图 5.2-8）。当用户选择了特定的资源类型，则检索字段会随之改变。

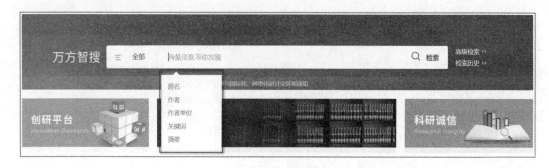

图 5.2-8　万方统一检索字段选择

用户可以单击检索框进行限定检索，也可以直接在检索框内输入检索式进行检索。例如，用户想检索题名包含"青蒿素"的文献，可以单击"题名"字段检索，检索式为：（题名：青蒿素）。除此之外，用户也可以自主输入检索式检索，例如，（标题：青蒿素）（题目：青蒿素）（题：青蒿素）（篇名：青蒿素）（t：青蒿素）（title：青蒿素），均表示在题名字段中检索青蒿素（图 5.2-9）。

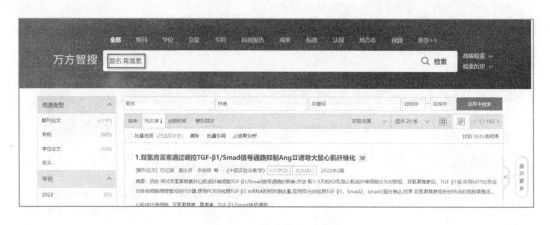

图 5.2-9　输入检索式检索

万方智搜默认用户直接输入的检索词为模糊检索，用户可以通过双引号""（英文符号）来限定检索词为精确检索。例如，用户想要"信息资源检索"方面的文献，检索式（信息资源检索）为模糊检索，检索式（"信息资源检索"）为精确检索。

另外，用户也可以在检索框内使用者 not、and、or 对检索词进行逻辑匹配检索，其中 and 可以用空格代替，逻辑优先级关系为 not > and > or。例如，用户想要"信息检索"和"本体"方面的文献，检索式为：（信息检索 and 本体）或（信息检索本体）（图 5.2-10）。

图 5.2-10　布尔逻辑检索

2. 智能检索

智能检索指的是用户输入检索词，系统可以识别检索词的实体类型，智能提示用户是否要查找该实体。例如，在检索框里，输入检索式：张建国，系统识别张建国属于学者，因而优先展示学者张建国发表的文献，并提供所有同名学者的名片供用户选择（图 5.2-11）。

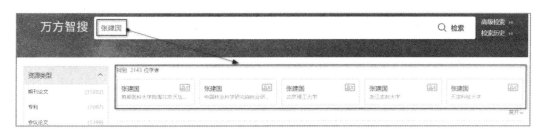

图 5.2-11　作者智能识别

又比如，在检索框里，输入检索式：情报学报，系统识别情报学报为期刊名称，提示用户是否要查看《情报学报》这本刊物（图 5.2-12）。

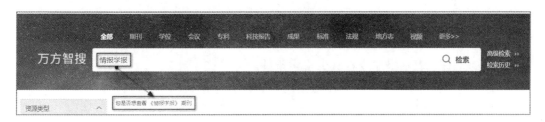

图 5.2-12　期刊智能识别

3. 结果中检索

在检索结果页面，还可以对该检索结果进行二次检索。二次检索可以对检索字段进行限定检索。二次检索的检索字段根据不同的资源会有所不同，主要有题名、作者、关键词、起始年、结束年。

例如，在检索框里，限定题名：信息检索，得到检索结果。对检索结果进行二次检索，限定题名：语义，单击"结果中检索"即可对上一次检索结果进行精简（图 5.2-13）。

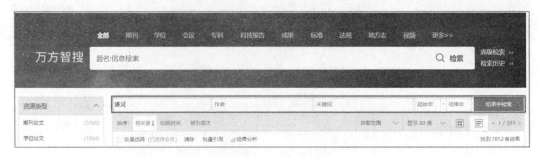

图 5.2-13　结果中检索

4. 高级检索

万方智搜首页检索框的右侧有高级检索的入口，单击进入高级检索界面。高级检索支持多个检索类型、多个检索字段和条件之间的逻辑组配检索，方便用户构建复杂检索表达式（图 5.2-14）。

图 5.2-14　高级检索界面

在高级检索界面，用户可以根据自己需要，选择想要检索的资源类型。系统通过以下检索条件，帮助用户提升检索的准确率。

- ➕或者➖，表示添加或者减少检索条件。
- "与""或"和"非"，表示限定检索条件，优先级为：非>与>或。
- 主题、作者、作者单位等，表示检索的限定条件。
- 发表时间和更新时间，表示限定的文献发表时间和万方智搜更新时间。
- 精确，表示系统对于用户输入的检索词不拆分进行检索。例如，输入信息管理学院，检索仅包含"信息管理学院"的文献。
- 模糊，表示系统对于用户输入的检索词拆分进行检索。例如，输入信息管理学院，检索不仅包含"信息管理学院"的文献，也包含信息系统管理学院的文献。

高级检索还添加了智能检索的功能，智能检索包括中英文扩展和主题词扩展。中英文扩展指的是对检索词进行中文英文的扩展检索，扩大检索范围；主题词扩展指的是基于主题词表，对检索词扩展同义词和下位词，帮助用户保证查准率的条件下，扩大检索范围，提升检索的查全率。

5. 作者发文检索

作者发文检索是通过输入作者姓名和作者单位等字段来精确查找相关作者的学术成果。用户可以选择想要检索的资源类型，通过 + 或者 - 添加或者减少检索条件，通过"与""或"和"非"限定检索条件进行检索。可以检索第一作者，并且能够同时检索多个作者的成果（图 5.2-15）。

图 5.2-15　作者发文检索

6. 检索历史

万方智搜提供对用户的检索行为的记录，即检索历史。检索框的右侧有检索历史的入口，单击进入检索历史界面（图 5.2-16）。

图 5.2-16　检索历史界面

在检索历史界面，可以导出检索历史，包括检索式、检索结果数量、检索时间等。在未登录状态下，用户没有清除缓存或清空检索历史，最多保存 50 条检索记录。在个人用户登录状态下，系统默认保存 30 天内所有的检索记录，便于用户快捷地检索获取文献。

另外，用户也可以在检索历史页面，单击检索式进行重新检索；单击"订阅"按钮订阅该检索式下的文献，有更新时，系统会自动发送消息，用户可在个人中心查看；单击"导出"按钮，可以将检索历史导出。

5.2.4　万方平台检索结果呈现与分析

1. 检索结果展示

1）结果展示：详情式/列表式

万方提供两种检索结果呈现方式，分别为详情式与列表式，默认为详情式。详情式可以展示标题、作者、摘要、关键词等信息，用户单击标题后的"M"图标可查看该条记录的文摘阅读量、下载量、第三方链接量及被引量。列表式只展示标题、作者、来源、时间等简要信息。用户可以在检索结果页进行切换。

在检索结果页中通过设置每页显示条数，用户可根据需要自由切换，每页显示 20 条、30 条或 50 条（图 5.2-17）。

图 5.2-17　结果展示

2）结果排序

万方智搜提供对检索结果的多维度排序，除包括相关度、出版时间、被引频次等指标外，还提供下载量等排序指标（图 5.2-18）。针对不同的资源类型，万方还提供了不同的排序指标。例如，针对专利资源，万方提供了专利的申请时间、公开时间等排序指标。针对成果资源，万方提供了先进成果优先、成果级别、新成果优先、公布年份等排序指标。

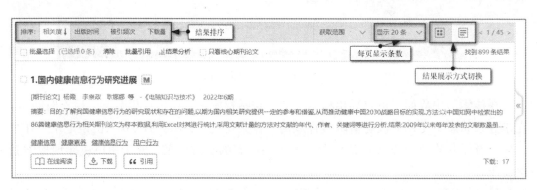

图 5.2-18　结果排序

3）结果筛选

在检索结果页面，通过资源类型、出版时间、语种、来源数据库等限定条件进一步缩小检索结果范围。

例如，在期刊的检索结果页面，可以通过出版时间、学科分类、核心收录、语种、来源数据库、刊名、出版状态、作者、机构等限定指标对期刊论文进行筛选。除此之外，系统还可为用户提供"只看核心期刊论文"的功能。

用户还可通过"获取范围"对结果获取范围进行限定，包括免费全文、有全文的资源、原文传递的资源、国外出版物（图 5.2-19）。

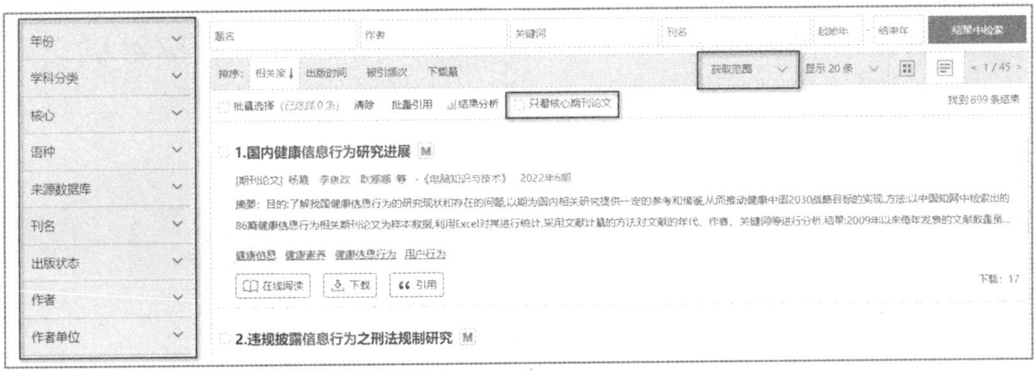

图 5.2-19　结果筛选

4）结果操作

系统通过严密的嵌接用户检索发现的过程，提供针对文献的多种便捷操作，包括对单篇操作或批量操作、下载、引用等。对于单篇文献，用户可在检索结果页进行在线阅读、下载、引用操作（图 5.2-20）。

图 5.2-20　单篇文献信息操作

用户单击"引用"按钮，可根据需要导出不同的文献格式。默认为导出基于国家标准的参考文献格式，用户可以根据需要导出 NoteExpress 等文献管理工具格式（图 5.2-21）。

图 5.2-21　导出参考文献

对于多篇文献，用户可采用全选、清除、批量引用等操作，实现多篇文献的统一操作管理。

5）文献详情

文献详情页包括期刊、学位、会议、专利、科技报告、成果、标准、法规、地方志、视频。

期刊文献详情页展示该文献的中文标题、摘要、中文关键词、作者、作者单位、刊名、年，卷（期）/所属期刊栏目、分类号等信息及英文字段信息（图5.2-22）。

图 5.2-22　期刊文献详情

同时，万方提供该文献的参考文献、引证文献，用户还可以查看参考关系图及被引分布图。依据该文献，还提供相关文献、相关学者等信息推荐（图5.2-23）。

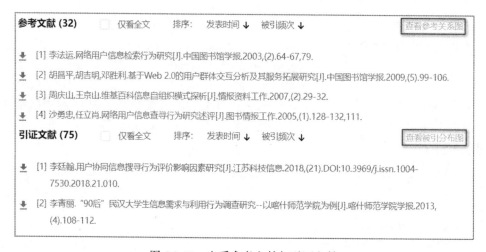

图 5.2-23　查看参考文献与引证文献

2. 检索结果分析

1）知识脉络分析

通过单击文献的关键词，可以构建出多维度、多层次、内容深度关联的知识脉络。比如，单击"协同信息行为"一词，即可呈现其知识脉络，包括发文总量、总被引频次、研究学者数、研究机构数、发文趋势、被引趋势、高质量论文、相关主题词、学科分布、研究学者、研究机构等（图5.2-24）。

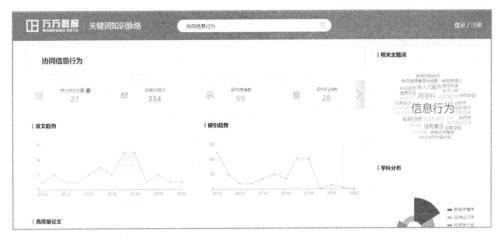

图 5.2-24　知识脉络分析

2）检索结果可视化分析

在检索结果页面可以看到"结果分析"按钮，单击之后，跳转到万方分析–检索结果分析页面，可对年份、作者、机构、学科、期刊、基金、资源类型、关键词进行可视化分析（图 5.2-25）。

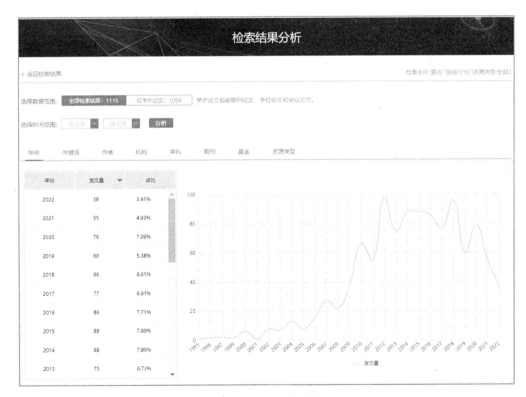

图 5.2-25　检索结果分析

3. 文献获取

万方智搜在知识产权的许可下，为用户提供资源多种渠道的获取服务，帮助用户便捷获取所需资源，实现快速、简便、易用、流畅的无缝检索体验与文献获取保障。

1）在线阅读和下载

万方智搜支持全文的在线阅读，包括期刊论文、学位论文、会议论文、专利文献、科技报告、法规、地方志资源。单击检索结果页面或者文献详情页面的"在线阅读"或"下载"按钮可以查看和下载文献（图 5.2-26）。

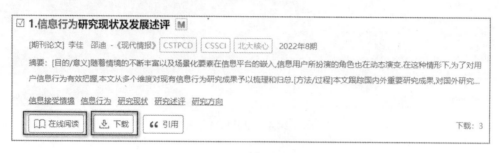

图 5.2-26　在线阅读与下载

此外，万方对科技报告的获取流程进行了优化。在万方智搜中，个人实名认证用户登录，检索出中文科技报告后，进行一次性补充部分个人信息，并进行学者认证，即可实现在本平台永久无缝便捷的在线阅读。若该个人用户未认证，则会引导用户认证后，跳转至科技报告系统补全信息。

2）原文传递

万方智搜除了提供本平台收录的资源外，还与国家科技图书情报中心（NSTL）、国家工程技术数字图书馆（ISTIC）合作，提供文献的原文传递服务。机构用户利用万方智搜检索到来自 NSTL 和 ISTIC 的资源，可以通过原文传递服务便捷快速地获取所需资源。

5.2.5　万方平台个性化服务

万方平台对个人注册用户提供个性化服务，用户可以在个人中心补充完善个人相关信息，系统可以基于用户学术背景、检索行为等为用户提供更精准的个性化推送服务。

用户在注册登录后，即可进入个人文献管理空间——万方书案。用户订阅或收藏的文献可在此找到。个人中心左侧导航的订阅管理及期刊搜索结果页可以使用订阅服务。利用期刊的订阅服务可以便捷地获取订阅的期刊论文信息，当论文更新时，用户会第一时间通过系统通知收到推送的论文，用户可进入用户中心查看，订阅更新内容可在万方书案中查看。

5.3　维普中文期刊服务平台

5.3.1　维普中文期刊服务平台简介

维普中文期刊服务平台（以下简称维普）由重庆维普资讯有限公司（前身为中国科

技情报研究所重庆分所数据库研究中心）开发，是以中文期刊资源保障为基础，以数据整理、信息挖掘、情报分析为路径，以数据对象化为核心，面向知识服务与应用的一体化服务平台。

截至 2021 年，该平台收录了自 1989 年（部分期刊回溯至创刊年）的 15 200 余种（其中现刊 9456 种、核心期刊 1983 种），7100 万余篇文献，涵盖医药卫生、农业科学、机械工程、自动化与计算机技术、化学工程、经济管理、政治法律、哲学宗教、文学艺术等 35 个学科大类，457 个学科小类。

该平台的功能特色有：①高效的文献检索平台。检索排序优化和同义词扩展等大大提高检索性能，并提供全面的期刊文献全文资源获取服务。②精准的聚类组配方式。产品依托高元数据厚度的资源提供灵活的聚类组配方式，实现对检索的多类别层叠筛选，实现在任意检索条件下对结果再次组配检索，提高资源检索的精确性。③参考引证文献双向追踪。一站式提供参考文献和引证文献的双向追踪，直观地揭示该文献课题的总体发展趋势和学术影响情况，反映出该课题目前是处于快速上升、平稳积累，还是成熟发展阶段，同时可对引文进行追踪分析。④详尽的计量分析报告。以学术计量体系为理论基础，以大数据分析为技术储备，以"中文科技期刊数据库"为数据原型，自动形成分析报告，方便用户快速掌握相关领域前沿学术成果，了解相关学术信息。

5.3.2 维普中文期刊服务平台的检索

1. 基本检索

维普首页默认为一框式的基本检索方式，用户通过选择检索字段，输入检索词，单击"检索"按钮进入检索结果页面，查看检索结果信息，反复修正检索策略从而获取最佳检索结果（图 5.3-1）。

图 5.3-1　维普期刊一框式检索

基本检索步骤如下。

第一步，选择检索项。维普默认检索项为任意字段，读者也可以选择在题名或关键词、题名、关键词、摘要、作者、第一作者、机构、刊名、分类号、参考文献、作者简介、基金资助、栏目信息等字段中选择。

第二步，在检索框中，输入检索词。为获得最佳检索结果，可通过平台提供的检索词智能提示功能,反复修正检索策略。

第三步,进行检索。单击"检索"按钮进入检索结果页面。结果页面如图 5.3-2 所示。结果页面分为 5 个部分,分别为检索记录区、二次检索区、分类筛选区、分析与排序区、检索结果区。

图 5.3-2　维普期刊检索结果

第四步,进入文章页面,并进行下载。用户单击检索结果区中的文章,即可进入文章页面浏览详细信息并进行下载(图 5.3-3)。

图 5.3-3　维普期刊论文详情

2. 高级检索

单击维普期刊首页上的"高级检索"按钮,即可进入高级检索页面。高级检索除提供框式检索外,还提供直接输入检索式检索(专业检索),普通读者选择默认的框式检索即可(图 5.3-4)。

图 5.3-4　维普期刊高级检索

高级检索可以选择检索项，并输入检索词，并提供逻辑组配检索。高级检索可以设定时间限定、期刊范围、学科限定等限制条件，可进一步减小检索范围，获得更符合需求的检索结果。

5.4　超　　星

北京世纪超星信息技术发展有限责任公司（以下简称超星）成立于 1993 年，是国内较早从事纸质资料的数字化，以及制作电子出版物的公司之一，也是中国规模较大的数字图书馆解决方案提供商和数字图书资源提供商。其业务范围包括数字图书资源加工、供应、采集、管理，以及提供数字图书的创作、发布和交流。超星用户群体不仅覆盖全国各省区市及各行业、专业的图书馆，也承担着大量国外图书出版机构的数字化业务。超星以先进、实用为指导思想，锐意创新，在数字图书馆相关技术的研发方面取得了显著的成效。迄今为止，超星阅览器 SSReader 已经成为国内使用人数众多、技术成熟、创新点多的图书阅览器。

超星数字图书馆是世界较大的中文数字图书馆之一。2000 年 5 月，超星数字图书馆被列为国家"863 计划"中国数字图书馆示范工程。截至 2021 年，超星数字图书馆藏书量达到 260 万种，并且每年以十万种左右的速度递增。目前，超星数字图书馆平台（https://www.chaoxing.com/）主要包含电子图书、电子期刊、学术讲座、泛雅学习平台等资源。这里重点介绍超星读书和超星期刊两类学术资源。

5.4.1　超星读书

超星读书的访问网址为：http://book.chaoxing.com/。超星读书与机械工业出版社、中信出版集团等近300家出版社和10余家出版集团展开深度合作，获得了出版机构的授权。超星读书既提供网页端服务，也提供客户端服务，两者基本一致。读者可以自行下载其客户端使用，本书重点介绍其网页端操作。

1. 超星读书的浏览与检索

（1）浏览功能。用户可按中国图书馆分类法划分的22个大类及其小类进行浏览查询，可以点击首页中的"全部分类"进行类别选择和浏览图书（图5.4-1）。

（2）检索功能。超星读书可提供用户按书名、作者及全部字段这3个字段进行检索（图5.4-1）。

图5.4-1　超星读书

2. 超星图书的下载和阅读

单击检索结果中的书名，可查看该书详情（图5.4-2）。

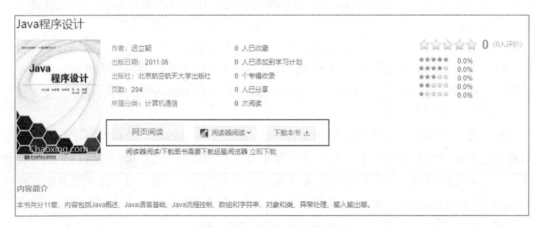

图5.4-2　超星图书详情页

单击详情页中的"网页阅读"按钮，可直接通过浏览器进行阅读，其页面如图5.4-3所示。若要通过阅读器阅读或下载图书，则需要下载超星阅览器。

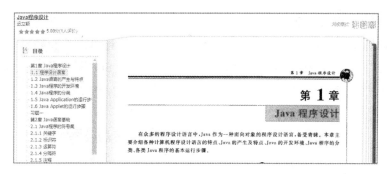

图 5.4-3　超星图书网页阅读

5.4.2　超星期刊

超星期刊的访问网址为：https://qikan.chaoxing.com/。截至 2021 年，超星期刊涵盖中外文期刊 8800 余种，其中得到授权的全文收录中文期刊 7400 余种（核心期刊超过 1300 种），实现与上亿条外文期刊元数据联合检索，内容涉及理学、工学、农学、社科、文化、教育、哲学、医学、经管等各学科领域。其页面如图 5.4-4 所示。

图 5.4-4　超星期刊

超星期刊的主要功能包括以下 4 个方面。

（1）导航功能。读者可以利用超星期刊提供的期刊导航和分类导航功能浏览和查阅期刊。

（2）检索功能。用户可按全部、主题、标题、刊名、作者、第一作者、机构、关键词、摘要、栏目、基金、正文这些字段进行简单检索。此外，超星期刊也提供高级检索功能，读者可以使用逻辑组配、期刊来源类别（全部期刊、SCI 来源期刊、EI 来源期刊、核心期刊、CSSCI 来源期刊）、年份、语种等进行限定检索。此外，超星期刊也提供专业检索功能，考虑到专业检索较多面向专业人士，此处不做介绍，读者可以进入超星期刊网站查看其使用说明。

（3）全文阅读。超星期刊不仅提供传统 PDF 格式文件的下载，更创新性地实现了流式媒体的全文直接阅读，构建了全终端、全过程、多渠道的传播神经网络，最大限度地提高了读者精准获取文献的速率。

（4）知识图谱和个性化功能。在期刊论文页面，用户还可以查看超星提供的知识图谱，包括主题指数、影响因子趋势、相似文献、全国馆藏和关联作者等。用户可以注册并登录超星期刊，登录用户可以进行收藏等个性化操作。

5.5 ScienceDirect 全文数据库

5.5.1 资源简介

ScienceDirect（https://www.sciencedirect.com）是爱思唯尔集团旗下的全文数据库平台，以期刊和图书的收录为主，主要收录期刊（journals）、图书（books）、教科书（textbooks）、手册（Handbooks）、参考书（reference works）和丛书（book series）的书目和全文信息。截至 2021 年，已收录期刊 4600 多种、图书 33 000 多种，并提供超 140 万篇文章的开放获取。ScienceDirect 数据库按照主题将文献分为物理科学与工程（physical sciences and engineering）、生命科学（life sciences）、健康科学（health sciences）和人文社会科学（social sciences and humanities）四大类，每个大类又细分成若干子类，共计 24 个学科类别。

5.5.2 浏览与检索方法

ScienceDirect 提供了浏览和检索两种功能。

1. 浏览功能

读者利用浏览功能可能浏览 ScienceDirect 平台上的期刊和图书。浏览功能位于 ScienceDirect 平台主页顶部，单击"Journals & Books"链接，即可进行浏览，其界面如图 5.5-1 所示。整个界面分为按题名筛选、按字母浏览及精炼区三部分。

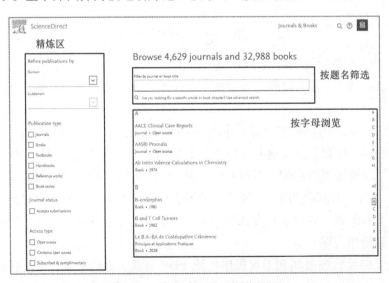

图 5.5-1　ScienceDirect 浏览界面

当选中某一出版物时，单击该出版物名可进入其详情页面。该页面显示了出版物名称、简介、出版机构、作者、目录、相关出版物链接等内容，并提供了出版物的分享、出版物内文献检索及下载、投稿等服务，图 5.5-2 为期刊详情页面。

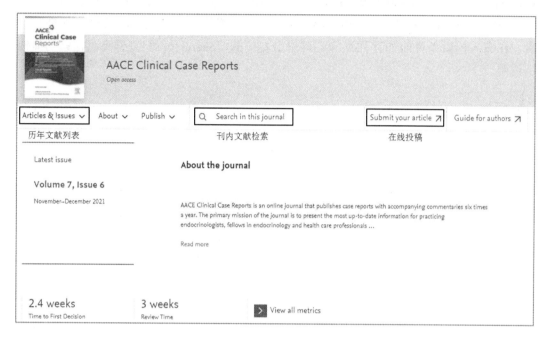

图 5.5-2　ScienceDirect 期刊详情界面

2. 检索功能

ScienceDirect 平台的检索功能包括快速检索和高级检索两种方式。

1）快速检索

快速检索功能位于 ScienceDirect 数据库主页顶部，根据输入框中的提示输入关键词（keywords）、作者名（author name）、期刊或图书名（journal/book title）、卷号（volume）、期数（issue）、页码（pages）中的一项或多项后单击检索，即可进行快速检索，如图 5.5-3 所示。在输入期刊或图书名时，当输入前几个字母后，系统会列出以这些字母开头的期刊或图书作为选择，以提高检索速度。

图 5.5-3　ScienceDirect 快速检索界面

2）高级检索

在主页快速检索图标右侧单击"Advanced search"即可进入高级检索页面，如图 5.5-4 所示。高级检索提供了更多的检索条件输入选择，从上至下依次为：主题词

（find articles with these terms）、期刊或图书名（in this journal or book title）、出版年份或年份范围[year（s）]、作者[author（s）]、作者单位（author affiliation）、卷号[volume（s）]、期数[issue（s）]、页码或页码范围[page（s）]、标题/摘要/作者所列关键词（title, abstract or author-specified keywords）、标题（title）、参考文献（references）、国际标准刊号/国际标准书号（ISSN or ISBN）。同样，可选择输入一项或多项检索条件进行检索，在输入检索条件时如存在疑问，可单击左侧的"Search tips"查看高级检索功能使用说明。

图 5.5-4 ScienceDirect 高级检索

5.5.3 检索结果的处理

1. 检索结果的展示

ScienceDirect 检索结果展示分为检索条件展示区、检索结果列表区和检索结果精炼区 3 个部分（图 5.5-5）。

图 5.5-5　ScienceDirect 检索结果展示

1）检索条件展示区

检索条件展示区展示了本次检索的条件，并提供了"高级检索"，以便用户在本次检索结果中进行二次检索。

2）检索结果列表区

检索结果列表区展示了本次检索出的文献。检索结果按相关度（sorted by relevance）或日期（sorted by date）进行排序，以方便用户快速找到更为需要的文献，默认使用相关度排序。检索结果的展示可以选择每页展示 25 条、50 条或 100 条记录。用户可以勾选检索结果并将其以特定格式（包括 RefWorks、RIS、BibTeX 或 text 格式）导出（export）到文献管理软件中。

3）检索结果精炼区

检索结果精炼区展示了本次检索的结果数量。在初次检索结果列表页面，可根据页面左侧导航栏提供的年份（years）、文献类型（article type）、出版物名称（publication title）、学科领域（subject areas）和存取类型（access type）进行精炼，以提高检索精确度。

2. 文献查看与获取

用户在检索结果列表页面单击文献名可查看该文献的详细信息，包括文献的目录、下载链接、基本或全文信息、相关文献等，如图 5.5-6 所示。

图 5.5-6　ScienceDirect 文献详情页面

（1）文献目录位于页面左侧，除了文献的目录框架，还列出了文献正文所含图形的缩略图及表格的编号列表。

（2）文献的下载链接位于页面顶部，包括本篇文献的下载链接"View PDF"，以及同期所有文献的下载链接"Download full issue"。ScienceDirect 数据库中的文献分为免费获取文献和付费获取文献，在检索结果列表页面中，标有 Open access（开放获取）和 Full text access（全文获取）的文献为免费获取文献，而未标注的文献则为付费获取文献。

（3）文献基本或全文信息位于页面的中间部分，从上至下依次为出版物、出版时间、文献名、作者及单位、相关操作、获取方式、摘要、关键词等信息，对于开放获取文献或是已被购买的付费获取文献，在关键词下方会进一步显示文献的正文及参考文献。在这种情况下，用户单击文献目录中的章节标题、图形缩略图及表格编号，即可相应跳转到文献正文各章节及图表所在位置，方便快速查看想要了解的内容。除了查看文献信息，用户还可对文献进行"存入 Mendeley"（add to Mendeley）、"分享"（share）和"引用"（cite）操作，其中"存入 Mendeley"是指将文献导出到名为 Mendeley 的文献管理软件中，以便对文献进行统一管理，但须在该软件上注册才能使用。Mendeley 是爱思唯尔旗下的一款文献管理软件，在全球范围内拥有大量用户。

（4）相关文献位于页面右侧，包括本文献的相关推荐文献列表（recommend articles）及引文列表（citing articles）。

5.6　SpringerLink 全文数据库

5.6.1　SpringerLink 简介

SpringerLink（https://link.springer.com）是德国 Springer 出版集团于 1995 年推出的

全文数据库平台，历经多次改版，现已成为世界领先的学术类全文数据库之一。SpringerLink 以期刊和图书的收录为主，致力于为研究人员提供从期刊、图书、参考书、丛书、协议（protocol）和会议文献（conference paper）中获取数百万科学文献的途径，其内容涵盖了包括生物医学（biomedicine）、商业和管理（business and management）、化学（chemistry）、计算机科学（computer science）、地球科学（earth sciences）、经济学（economics）、教育（education）、工程（engineering）、环境（environment）、地理（geography）、历史（history）、法律（law）、生命科学（life sciences）、文学（literature）、材料科学（materials science）、数学（mathematics）、医学与公共卫生（medicine & public health）、药理学（pharmacy）、哲学（philosophy）、物理学（physics）、政治学与国际关系（political science and international relations）、心理学（psychology）、社会科学（social sciences）、统计学（statistics）共 24 个学科领域的科学文献。截至 2021 年，SpringerLink 的内容包括 30 余万种图书、3800 余种期刊、1800 多种参考工具书与 50 余万个实验指南，文献总量达到 1000 余万篇。

5.6.2 SpringerLink 浏览功能

SpringerLink 提供按学科主题和内容类型两种浏览方法（图 5.6-1）。

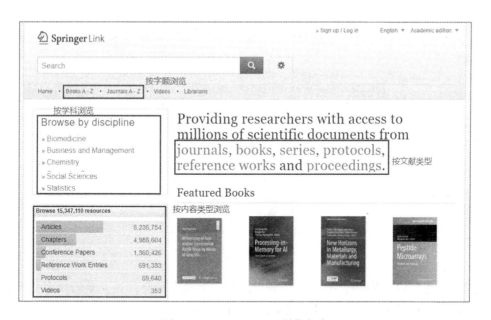

图 5.6-1　SpringerLink 浏览方式

1. 按学科主题浏览

SpringerLink 主页左侧列出了数据库所涵盖的 24 个学科主题列表，单击某学科名即可浏览该学科主题下的所有文献。例如，单击"Business and Management"这个学科，系统将检索出商业与管理学科下的所有文献，如图 5.6-2 所示。在浏览结果页面，可以按照内容类型、细分学科、语言类型进行精炼。

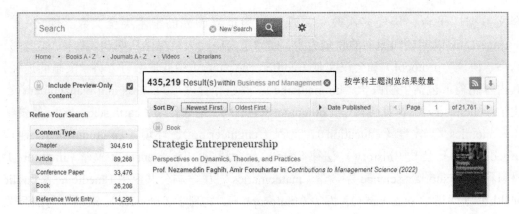

图 5.6-2　按学科主题浏览

2. 按内容类型浏览

SpringerLink 可以按内容类型进行浏览，分为论文、图书章节、会议文献、工具书词条、协议、视频等类别。单击每个类别，即可显示该类别下的所有记录。例如，单击"Article"（论文），将显示平台中所有的论文。在浏览结果页面，还可以按学科、细分学科、语言类型进行精炼（图 5.6-3）。

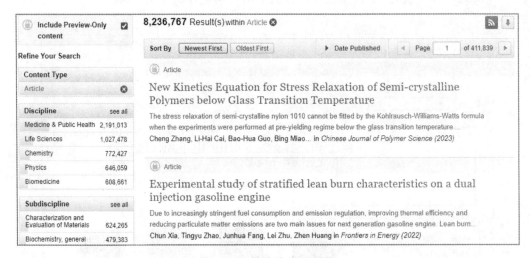

图 5.6-3　按内容类型浏览

此外，还可以按期刊、图书、丛书、协议、工具书和会议论文集等文献类型进行浏览。对图书及期刊，还提供字顺浏览服务，用户单击"Books A-Z"及"Journals A-Z"可进行浏览。

5.6.3　SpringerLink 检索功能

SpringerLink 提供了快速检索和高级检索两种文献检索方法。

1. 快速检索

快速检索功能位于 SpringerLink 数据库主页顶部，如图 5.6-4 所示，在检索框中输入要检索的关键词后单击检索图标即可进行快速检索。SpringerLink 快速检索功能默认对全文进行检索，同时支持逻辑运算、位置运算、词干检索、短语检索和截词检索功能。

图 5.6-4　SpringerLink 快速检索

（1）逻辑运算。SpringerLink 支持逻辑"与""或""非"运算。检索词之间的逻辑与运算用"AND/and/&"或空格表示。例如，若输入"digital AND e-commerce"，则将检索出同时包含 digital 和 e-commerce 的文献。若两个单词之间没有逻辑运算符，则默认为用 AND 链接。逻辑或运算用"OR/or/|"表示，如 digital OR e-commerce。逻辑非运算用"NOT/not"表示，如 digital NOT e-commerce。当检索词之间同时存在两种或三种逻辑运算符时，其运算次序为：逻辑非→逻辑或→逻辑与。

（2）位置运算。SpringerLink 支持"NEAR/near""ONEAR/onear"及"NEAR/n"位置算符。"NEAR/near"表示其连接的两个检索词之间的距离不能超过 10 个词，前后顺序可以调换；"ONEAR/onear"表示其连接的两个检索词必须相邻，且两者按输入时的顺序出现；"NEAR/n"表示其连接的两个检索词之间的距离不能超过 n（<10）个词，但前后顺序可以调换。例如，若输入"e-commerce NEAR/4 digital"，则系统将检索出同时包含 e-commerce 和 digital 且两者的距离不超过 4 个单词的文献。

（3）词干检索。SpringerLink 默认执行词干检索，对于输入的某个检索词，系统会提取该检索词的词干，并将包含该词干的相关词都作为检索词。例如，若输入检索词"running"，则系统将同时检索含有"runner""run""ran"等类似词的文献。

（4）短语检索。SpringerLink 允许对由多个单词组成的词组进行整体检索，只需将词组放在双引号内，系统会进行整体检索并遵从这些单词的先后顺序。

（5）截词检索。SpringerLink 支持的截词符号为"*"和"?"。"*"可代表任意数量的字母。例如，搜索"hea*"将返回包含以"hea"开头的任何单词的结果，如"head""heats""health""heated""heating"等。"?"则只能代表 1 个字母。例如，搜索 hea? 将仅返回包含以"hea"开头的 4 个字母单词的结果，如"head""heat""heal"等。当截词运算符前面至少有 3 个字符时，截词搜索效果更佳。

2. 高级检索

点击快速检索功能右侧的星状图标（　），在弹出的选项中进一步单击"Advanced Search"，即可进入高级检索界面，如图 5.6-5 所示。SpringerLink 高级检索功能允许输入的检索条件从上至下依次为：包含以下所有关键词（with all the words）、包含以下完整关键词（with the exact phrase）、至少包含其中一个关键词（with at least one of the words）、不包含以下关键词（without the words）、标题（where the title contains）、作者（where the author/editor is）、出版年份或年份时间段，可选择输入一项或多项检索条件进行检索。其中，前 4 项所对应的语法依次为逻辑与运算、短语检索、逻辑或运算、逻辑非运算。

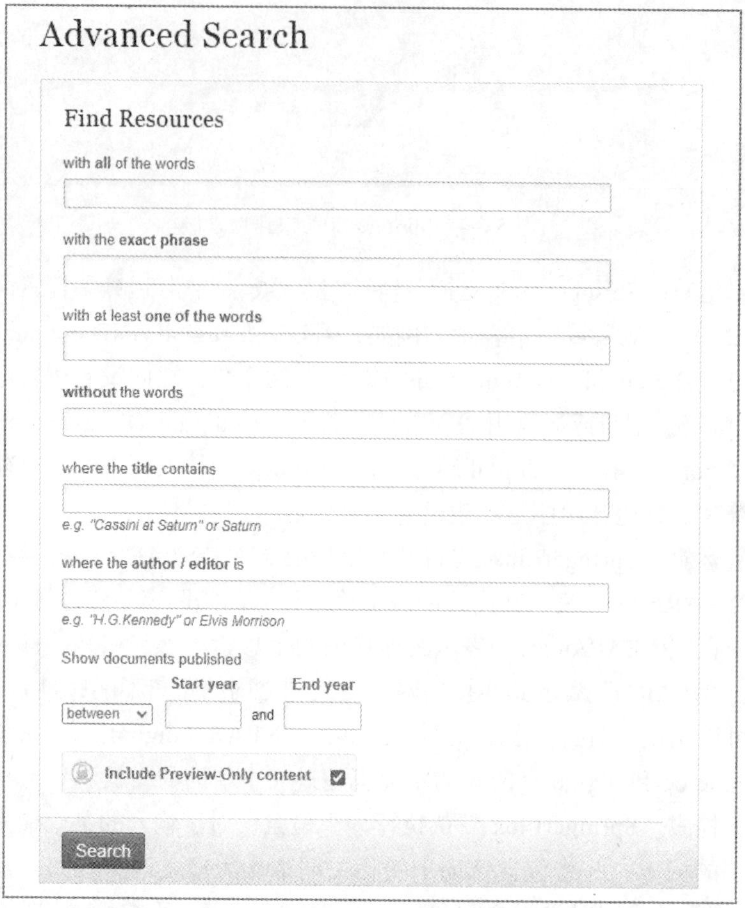

图 5.6-5　SpringerLink 高级检索

此外，系统在出版年份下方设置了一个名为"Include Preview-Only content"的选项，当勾选该选项时，表示系统将根据检索条件检索所有文献，包括免费获取文献和付费获取文献，对于免费获取文献系统会显示全文信息，但付费获取文献只会显示文献概览信息而非全文；若不勾选该选项，则系统将只检索免费获取文献，该选项初始为默认勾选状态。

3. 检索结果的处理

1）二次检索与排序

对于基本检索、高级检索和浏览 3 种方式，SpringerLink 提供了对检索结果的精炼（refine）和排序服务。

（1）结果精炼。在初次检索结果的基础上，用户可根据页面左侧的文献类型（content type）、学科主题（discipline）、子学科（subdiscipline）、语言（language）及时间范围（date published）对检索结果进行二次筛选，其中时间范围的筛选位于页码切换区的左侧，如图 5.6-6 所示。用户也可在页面顶端的快速检索框中在原检索词后继续输入新的检索词进行二次检索，但要注意此时须单击检索图标执行检索，如单击"New Search"，则系统将不会在原检索结果的基础上执行二次检索，而是清空原检索结果转为执行新的检索。

（2）排序。对于检索结果，可按相关度（relevance）或发表时间（newest first/oldest first）进行排序，图 5.6-6 为按发表时间顺序排列的结果。

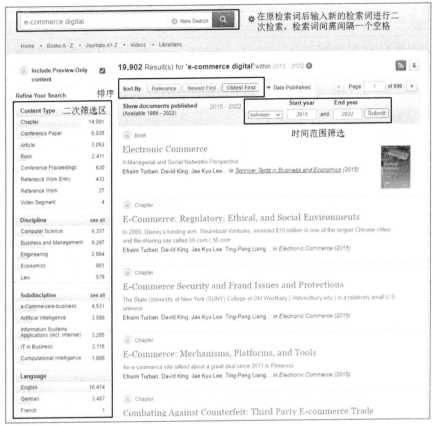

图 5.6-6　SpringerLink 检索结果精炼（按发表时间排序）

2）文献查看与获取

在检索结果列表页面单击文献名可进入文献详情页面，包括出版时间、文献名、作者、出版机构、文献引用操作、文献目录、文献概览或全文、参考文献等。文献详情页中显示了 Open Access 的为开放获取文献，读者可以免费下载，如图 5.6-7 所示。未显示 Open Access 的为付费获取文献，需要读者或其单位订购后才能下载。对可以下载全文的文献，单击右上方"Download PDF"即可下载全文。

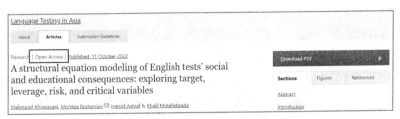

图 5.6-7　SpringerLink 开放获取文献

5.7 EBSCOhost 平台及其数据库

5.7.1 EBSCOhost 平台简介

EBSCO 公司于 1944 年由美国人艾尔顿·斯蒂芬斯（Elton B. Stephens）创立，公司名称来源于 Elton Bryson Stephens Company 的字母缩写，总部位于美国亚拉巴马州伯明翰市。EBSCO 是全球较大的资讯内容集成商之一，也是全球资源发现服务的领导者和企业研究/学习资源的主要提供者之一。EBSCO 出版的内容主要涉及科学、技术、医疗、商业等领域，用户性质包含学术研究机构、企业、医院、医学院与政府单位。

EBSCOhost 平台是 EBSCO 公司旗下的数据库集成和检索平台，基于该平台，用户可访问 EBSCO 旗下的大多数数据库资源。

5.7.2 EBSCOhost 系列数据库简介

EBSCOhost 是一个数据库资源集成检索平台，包含有众多的数据库，读者可查看其数据库列表（https://www.ebsco.com/products/research-databases?f%5B0%5D=market%3A1）。其特色数据有 Academic Search Ultimate（ASU）、Business Source Ultimate（BSU）、Applied Science & Technology Source Ultimate、CINAHL Ultimate、Humanities Source Ultimate、MEDLINE Ultimate、Sociology Source Ultimate 等，其中 ASU 和 BSU 是国内使用较多的两个全文数据库。以下仅对这两个数据库进行介绍。

1. ASU

ASU 是 EBSCO 旗下的一个综合学术参考类全文数据库，其内容涵盖社会科学、教育、法律、医学、语言学、人文、工程技术、工商经济、信息科技、通信传播、生物科学、教育、公共管理、社会科学、历史学、计算机、科学、传播学、法律、军事、文化、健康卫生医疗、宗教与神学、生物科学、艺术、视觉传达、表演艺术、心理学、哲学、妇女研究、各国文学等学术研究领域。截至 2021 年，ASU 提供 4500 多种非 OA 全文期刊，以及 5500 多种 OA 期刊的检索和获取。EBSCO 还提供与 ASU 非常类似的 Academic Search Elite、Academic Search Premier、Academic Search Complete 三个版本的数据库，四者只在期刊的收录数量上存在区别，ASU 是最多的。要查看 ASU 收录的期刊或其他资源列表，可访问：https://www.ebsco.com/products/research-databases/academic-search-ultimate。

2. BSU

BSU 是 EBSCO 旗下的一个商管财经类全文数据库，内容涵盖包括市场营销、管理、MIS、POM、会计、金融和经济在内的所有商业学科。截至 2021 年，BSU 提供 2200 多种非 OA 期刊和 1300 多种 OA 期刊的检索和全文获取。另外，BSU 数据库还收录书籍专著、企业公司档案、国家经济报告、行业报告、案例研究、市场研究报告、SWOT 分析报告等非期刊类全文资源。同时，BSU 数据库还收录专题论文、参考工具资料、书摘、会议论文、投资研究报告等。EBSCO 还提供与 BSU 非常类似的 Business Source Elite、Business Source Premier、Business Source Complete 3 个版本的数据库,四者只在期刊和其他资源的收录数量上存在区别,BSU 是最多的。要查看 BSU 收录的期刊或其他资源列表,可访问:https://www.ebsco.com/products/research-databases/business-source-ultimate。

5.7.3 EBSCOhost 系列数据库的检索

本书以 EBSCOhost 中的 Academic Search Premier(ASP)数据库为例,介绍该平台的一般使用方法。

1. 选择数据库

进入 EBSCOhost 平台后,勾选 ASP,单击"Continue"按钮即可进入检索界面(图 5.7-1)。

图 5.7-1 选择数据库

2. 检索功能

EBSCOhost 提供基本检索和高级检索功能。

1)基本检索

进入 ASP 数据库检索界面,默认为基本检索。单击基本检索页中的"Search Options"按钮,可选择检索模式、限制条件等。检索模式支持以下 4 种方式。

(1)布尔逻辑/短语检索。支持任何布尔逻辑检索或精确短语搜索。搜索部分短语时,将忽略停止词。

(2)查找所有检索词。自动为多个检索词之间加上 AND 运算符。

(3)查找任意检索词。自动为多个检索词之间加上 OR 运算符。

（4）SmartText（智能）检索。用户输入一段文本，SmartText 检索可以利用特定算法，从输入的文本提取到最相关度最高的检索词，然后进行搜索，但并非所有数据库都可以使用此模式。

在检索框中输入检索词，单击"Search"按钮，即可显示检索结果（图 5.7-2）。

图 5.7-2　检索选项

2）高级检索

单击基本检索页面或其他页面上的"Advanced Search"按钮，即可进入高级检索界面（图 5.7-3）。

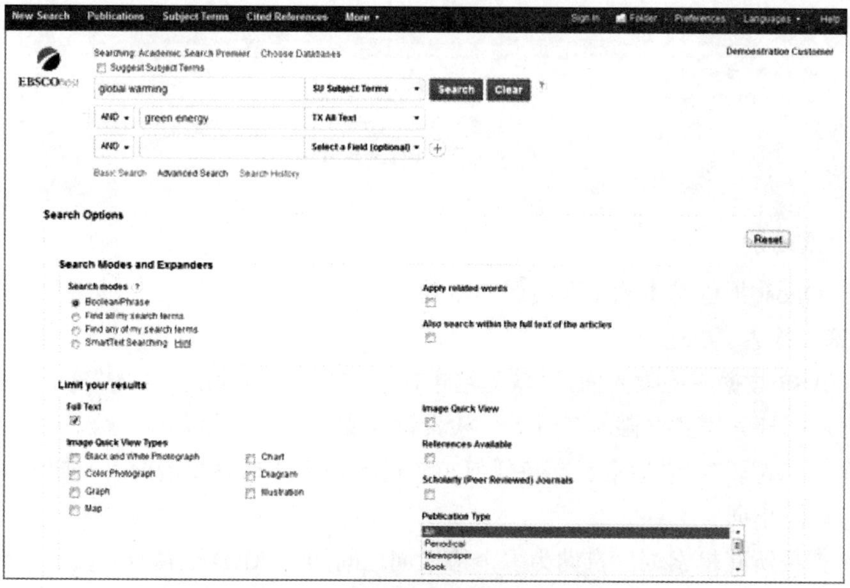

图 5.7-3　高级检索

高级检索提供多个字段的逻辑组配检索及"Search Options"限定检索条件。用户在检索框中输入检索词，选择检索字段和逻辑运算符，并选择检索条件，单击"Search"按钮即可进行检索。

3）检索结果展示与文献查看

检索结果（图 5.7-4）默认为按相关性（relevance）排序，也可以选择按时间排序。Page Options 可以选择每页显示的结果数量。在页面左侧，可以对检索结果进行精炼。

图 5.7-4　检索结果

检索结果页面展示了相应的记录。每条记录简要地展示标题、作者、文献类型、来源、主题词、所含图像等信息。单击某条文献的标题，可以查看该文献的详情，也可以单击标题右侧"快速预览"按钮（ ）快速浏览该文献基本信息。单击"PDF Full Text"按钮，即可下载该文献全文。

当用户需要打印、保存或导出检索记录时，可以单击文献标题右侧的"添加"按钮（ ），将记录添加至文件夹，并在 Folder View 模式下，选择要执行的操作。在操作时，可以选择相应的格式。在导出时，可以选择 RIS、EndNote Web 等格式。

5.8　国家知识产权局专利检索与分析平台

5.8.1　国家知识产权局专利检索与分析平台简介

截至 2022 年 6 月,国家知识产权局专利检索及分析平台(http://pss-system.cnipa.gov.cn/）共收集了 103 个国家、地区和组织的专利数据，同时还收录了引文、同族、法律状态等数据信息。主要国家的收录专利数据范围说明如表 5.8-1 所示。

表 5.8-1 收录专利数据范围

国家/地区/组织	数据范围	数据量/条	国家/地区/组织	数据范围	数据量/条
CN	19850910-20211228	79 902 235	US	17900731-20210715	18 919 514
JP	19130206-20210715	43 514 036	KR	19731023-20210630	6 634 908
GB	17820704-20210721	3 837 792	FR	18550227-20210716	3 231 475
DE	18770702-20210722	7 893 497	RU	19921015-20210709	1 490 257
CH	18880109-20210715	731 540	EP	19781220-20210721	7 313 496
WO	19781019-20210715	5 644 517	其他	18270314-20210720	18 068 761

5.8.2 检索功能

国家知识产权局专利检索及分析平台提供常规检索、高级检索、导航检索、命令行检索、药物检索等检索方式。本书只介绍前 3 种，其他两种检索方式读者可以自行查看其使用说明。

1. 常规检索

常规检索主要提供了一种方便、快捷的检索模式，帮助用户快速定位检索对象（如一篇专利文献或一个专利申请人等）。如果用户的检索目的十分明确，或者初次接触专利检索，可以以常规检索作为检索入口进行检索。

常规检索中提供了基础的、智能的检索入口，主要包括自动识别、检索要素、申请号、公开（公告）号、申请（专利权）人、发明人及发明名称（图 5.8-1）。

图 5.8-1 常规检索

在"自动识别"中检索，支持最多输入 20 个检索词（包括日期、关键号码等）。如果多个关键词之间用空格分隔，系统按照多个关键词之间"AND"的关系进行检索。例如，输入"三星 IBM"，系统自动按照"三星 AND IBM"的关系进行检索。

在"检索要素、申请号、公开（公告）号、申请（专利权）人、发明人、发明名称"

中检索，如果多个关键词之间用空格分隔，系统按照多个关键词之间"OR"的关系进行检索。例如，输入"三星 IBM"，系统自动按照"三星 OR IBM"的关系进行检索。

检索时，用户可以选择检索字段，默认为自动识别，检索框中部及下部会自动显示该字段的检索式输入规则信息。此外，还可以选择数据范围，最后单击"检索"按钮执行检索操作就可以显示检索结果页面。

2. 高级检索

高级检索主要根据收录数据范围提供了丰富的检索入口及智能辅助的检索功能。用户可以根据自身的检索需求，在相应的检索表格项中输入相关的检索要素，并确定这些检索项目之间的逻辑运算，进而拼成检索式进行检索。如果用户希望获取更加全面的专利信息，或者对技术关键词掌握得不够全面，那么可以利用系统提供的"智能扩展"功能辅助扩展检索要素信息。为了保证检索的全面性，充分体现数据的特点，系统根据专利数据范围的不同提供了不同的检索表格项。

在专利检索页面上方，单击菜单导航中的"检索"按钮，选择下拉菜单中的"高级检索"，即可进入高级检索页面（图 5.8-2）。在高级检索页面，主要包含 3 个区域：范围筛选、检索项和检索式编辑区。

图 5.8-2　高级检索

1）检索范围

在范围筛选中，用户可以选择检索的数据范围。例如，选择"发明"和"中国"。

2）检索项

用户可以在检索表格项中输入相应的检索信息。在检索项区域中，通过将鼠标移动到检索表格项区域查看检索字段的应用说明信息。其中，申请号、公开（公告）号、IPC分类号、CPC分类号等四项检索项存在操作助手按钮，单击"？"按钮，可以进行具体查询。

3）检索式编辑区

用户按照一定的逻辑将表格项中的检索条件拼接完成后，可以在检索式编辑区中生成检索式，也可以随时调整检索式的内容。

比如，在"申请（专利权）人"字段中输入关键词"华为"，在"发明名称"字段中输入关键词"手机"。在检索式编辑区，可以通过单击"生成检索式"按钮，构建后的检索式显示在检索式编辑区，如图 5.8-3 所示。

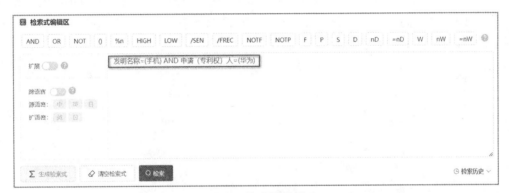

图 5.8-3　检索式编辑区

在编辑完成检索式之后，单击"检索"按钮，系统执行检索操作并在新的页面显示检索统计结果。

检索式编辑区的下方为检索历史。在该区域中，用户可以查看当前注册用户所有检索模块的检索式历史的相关信息，并进行引用或检索的操作。在上方输入框中输入检索式序号和运算符，可将检索历史进行检索式运算操作，单击"运算"按钮执行检索（图 5.8-4）。

图 5.8-4　检索历史

3. 导航检索

IPC 查询是一种快速查询分类号含义的工具。如果用户希望了解指定分类号的含义或者指定技术所属分类体系，可以通过该工具获得最直接的帮助。其中，有 IPC 导航、CPC 导航、国民经济分类导航这 3 种方式。

在专利检索页面上方，单击菜单导航中的"检索"按钮，选择下拉菜单中的"导航检索"，即可进入导航检索页面。选择需要导航的方式，如"IPC 导航"，输入关键词分类号或者分类含义，单击"专利分类查询"按钮，即可进行查询（图 5.8-5）。

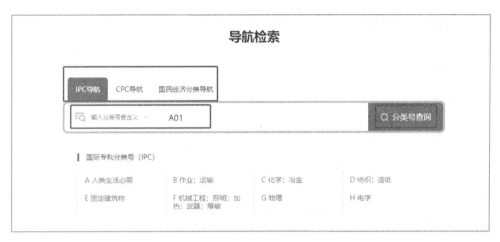

图 5.8-5　导航检索

4. 检索结果查看与筛选

在常规检索或高级检索中进行检索后，即可得到检索结果（图 5.8-6）。检索结果分为筛选区和检索结果统计区。

图 5.8-6　检索结果

1）结果筛选

在检索结果页面，用户可对检索结果进行字段筛选，包括发明类型、申请日、公开日等字段。

2）检索结果统计及查看

结果的呈现分为：图文/列表/多图模式，用户可以进行自由切换。单击右侧"申请日排序"按钮，可对检索结果进行排序，系统支持按照申请日降序、申请日升序、公开日降序、公开日升序进行排列。

用户勾选某篇文献，可对文献进行浏览/批量收藏/加入批量下载库/加入分析库/跟踪/打印等功能，也可以查看对其摘要/主权利要求/著录项目/IPC 分类/CPC 分类/法律状态/同族/引文进行切换查看（图 5.8-7）。

图 5.8-7　专利文献信息查看

如果需要查看文献的详细信息，可以直接单击该文献公开号或者单击"浏览"按钮查看指定文献的详细信息。进入"详细浏览"页面，左侧为待览文献列表，右侧上方为功能操作区包括：高亮、格式设置、翻译等功能（图 5.8-8）。

图 5.8-8　专利文献详细浏览

在浏览过程中，可以通过功能操作区提供的功能辅助浏览和管理文献信息，包括著录项目、全文文本、摘要附图、说明书附图、全文图像、法律状态、引证、同族，可以查看每个部分对象的详细信息。

为了便于离线查看专利文献信息，用户可在"详细浏览"页面中通过"下载"

功能将文件保存到本地。在"文献下载设置"页面中，用户可以选择需要下载的内容（摘要信息、全文文本、全文图像），然后输入验证码，单击"确定"按钮进行下载（图 5.8-9）。

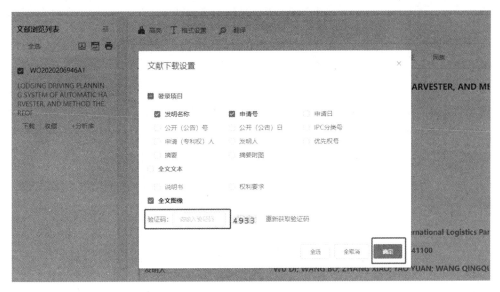

图 5.8-9　专利文献下载

用户如果需要收藏某篇文献，可以通过收藏功能将其收录到用户收藏夹下，方便日后进行查找和浏览。用户也可以单击"＋分析库"按钮，将指定的文献加入文献分析库中。

第 6 章

事实型数据库

在科学研究中，事实型数据库是研究人员经常利用的信息资源，在研究过程中扮演着重要角色。比如，经济学家常常要使用各种统计数值数据库，筛选出适合的数据，并进行建模和计量分析；在化学领域，学者常常要查阅各种物性数据；在商业管理领域，为了教学和研究需要，常常要查阅许多商业案例；等等。目前，在许多学科领域都存在事实型数据库，了解这些常用的资源是必要的。

6.1 事实型数据库简介

事实型数据库是数值和事实数据库的统称，这是因为数值本身也是事实的一种。在实际应用中，许多数据库既包含纯数值型的内容，也包含非数值型的事实内容，两者很难区分开来。事实型数据库产生于 20 世纪 70 年代前后，与全文数据库同属源数据库。然而，与基于期刊论文、会议文献、学位论文及图书等文献类型的全文数据库相比，事实型数据库所提供的是最原始的客观事实、统计数字、音像图谱等，可以直接利用和回答读者问题的信息。

6.1.1 事实型数据库的主要特点

事实型数据库的主要特点可以概括如下。

（1）尽管在功能上事实型数据库与传统的参考工具书类似，但比较而言，参考工具书编写和出版周期较长，许多最新的事实和数据不可能快速被工具书收录；而事实型数据库的编排大都已经实现计算机化，其内容更新及时，存储范围广泛，检索功能强大，检索效率更高，而且随着互联网的发展和普及，在信息资源的交互性和共享方面的功能都更加强大。

（2）相对于文献数据库，数值和事实型数据库具有更强的实用性，涉及面非常广；它直接面向问题，总是以特定的事实或数字回答用户的查询。文献型数据库检索结果可能是很多条记录，而事实型数据库检索途径多、查准率高，其检索结果往往只是单一的记录。同时，事实型数据库对数据的权威性、可靠性、真实性和客观性要求较高。

（3）由于事实型数据库在数据的构成、数据描述的方式、编排体例等方面的差异，以及数据库中各类数据本身的特点，各种事实型数据库中的检索字段/入口有较大的不同，检索方法也因此不尽相同而表现出各自的特点与特色。

6.1.2 事实型数据库的类型

1. 按存储的内容分类

按存储的内容,主要可划分为数值型数据库和事实型数据库。

(1)数值型数据库。数值、数据库是一种以自然数值形式表示、计算机可读的数据集合。数值、数据库一般分为基本内容全部是数值数据的"数值数据库"和兼有数值数据和文本数据的"文本-数值数据库",数值、数据库的基本特征是向用户提供数值型数据,如 GDP 数据、汇率数据、宏观经济运行数据、上市企业财务数据、物性数据、基因数据等,并在计算机软件帮助下,进行数值的各项运算和推导。

(2)事实型数据库。事实型数据库主要是提供各种可利用的可参考的事实,如历史人物年谱、百科知识数据、商业案例、政府法规等。

2. 按编排体例划分

从编排体例来分类也是较为常见的,其主要类型包括以下 7 种。

1)网络字典、词(辞)典

字典与词(辞)典是以"说文解字"为目的,提供文字或词语拼写、读音、意义、用法等相关知识供人们查考的工具。目前,许多字典与词(辞)典通过网络的方式发行,提供查询服务,其种类繁多,很难列举穷尽。下面几个比较有影响的查询站点。

(1)大辞海(http://www.dacihai.com.cn/)。《辞海》是我国目前唯一的大型综合性辞书,既收单字和普通词语,又收各类专科词语,兼具语文辞书和专科辞书的功能,收词丰富,检索方便,实用性强,深受广大读者欢迎。《大辞海》是在《辞海》的基础上编撰的规模更大、所收字词更多、内容更加丰富的特大型综合性辞书。《大辞海》提供在线查询。

(2)汉辞网(http://www.hydcd.com/)。该网站成立于 2004 年 10 月 31 日,提供在线字典、在线词典、成语词典、古文、古诗词、近义词反义词等在线查询,弘扬汉语文化。该网站的数据源包含《康熙字典》《中华大字典》《汉语大字典》《新华字典》等字典,以及《现代汉语词典》等词典内容。

(3)汉典(https://www.zdic.net/)。汉典是一个面向广泛受众、含有丰富及有益内容的教育和信息网站。该网络始建于 2004 年,是一个有着巨大容量的字、词、词组、成语及其他中文语言文字形式的免费在线辞典。

(4)韦氏词典(https://www.merriam-webster.com/)。韦氏词典是梅里亚姆-韦伯斯特公司出版的英语词典系列,它以其权威性和实用性成为广大英语工作者和学习者的必备工具书。通过该网站可以查询韦氏系列词典的词条。

(5)牛津词典(https://www.oxfordlearnersdictionaries.com/)。牛津词典是英国牛津大学出版社出版的多种英语词典的统称,是英国语言词典的代表。该网站提供对牛津系列词典中词条的查阅。

(6)其他网络词典,如金山词霸(http://www.iciba.com/)、百度汉语(https://hanyu.

baidu.com/）、有道词典（https://dict.youdao.com/）等。

2）专业手册数据库

手册也叫"指南""便览""须知"，英文手册则有"handbook"和"manuals"两类。手册具有类例分明、资料具体、叙述简练、小型实用、查阅方便等特点。过去，手册往往是许多科技人员案头必备工具。现在，手册大多以数据库形式出现，并提供方便快捷的查检方式，帮助人们从翻查卷帙浩繁的厚重纸本的传统方式中解脱出来，过去要花几个月才能收集到的参考资料，现在只要几分钟就能够收集齐全。比如，有百年历史的德国《Beilstein 有机化学手册》和《Gmelin 无机和有机金属化学手册》是当今现有最完整的可查询化学资料的较权威的参考工具之一，到目前为止，这两部参考工具书已积累了历年出版的上千册资料，并还在以每年 30 多册的速度递增。1994 年，集成了这两部庞大资料库的电子版 CrossFires Beilstein/Gmelin 数据库在欧美等国家和地区发行。到目前为止，已成为化学研究人员经常使用的数据库之一。

3）图像、图录数据库

图录包括地图、历史图谱、文物图录、艺术图录、科技图谱等，是主要用图像或附以简要的文字，反映各种事物、文物、人物、艺术、自然博物及科技工艺等形象的图谱性资料。其中，地图是按一定法则，概括地反映地表事物和社会现象的地理分布情况、辅助地理科学的资料；历史图谱、文物图录、人物图录、艺术图录等，是一种以图形形象地揭示各种人、事、物形象的资料；科技图谱包括有关科学技术或工艺流程的设计图、线路图、结构图和其他以图形表谱为主的资料。

在许多学科领域，都有常用的图像数据库。以计算机和人工智能领域为例，近年来大量的图像数据库涌现，包括各种经典数据集（如 ImageNet、PASCAL VOC、Labelme、COCO、Caltech、Corel5k、CIFAR 等）、人脸数据库（如 AFLW、LFW、AFW、FDDB、WIDER FACE 等）、行人检测数据库（INRIA Person Dataset、CaltechPedestrian Detection Benchmark、MIT cbcl 等）、年龄、性别数据库（如 Adience）、车辆数据库（如 KITTI）等。读者可以通过搜索引擎或人际关系渠道了解所在学科的图像数据库。

4）网络百科全书

百科全书可以说是人类一切或某一知识门类广泛的概述性著作。百科全书收录的内容包括各学科或专业的定义、原理、方法、基本概念、历史及现状、统计资料、书目和重大事件等各方面的资料。

万维网独特的超文本链接技术和树状数据结构最适合表达百科全书类大型工具书复杂的知识体系结构，表现知识之间的错综复杂联系，并能提供方便快捷的检索方法，利用超链接直接实现相互交叉和关联的知识点之间的跳转，因此许多传统百科全书都已转向互联网，基于网络对外服务。

此外，随着互联网的广泛普及与发展，基于网民协同编辑的网络百科全书，如百度百科等也应运而生。与传统百科全书相比，网络百科全书内容更为丰富，词条更新速度更快，使用更为便捷，人们能随时方便地使用和查询网络百科全书，并从中获取各种知识。

5）组织机构名录数据库

组织机构名录收录的内容是机构名称及其概况介绍，如机构的宗旨、组织结构、权限、业务或研究工作范围、地址、职能、人员、资信等。机构名录包括学校名录、研究机构名录、工商企业名录、行政和组织机构名录、学协会名录等。在商业领域，组织机构名录数据库格外重要。

6）传记资料数据库

传记资料数据库收录的内容是各学科、领域知名人士的个人资料介绍，主要内容包括姓名、生卒年月、学历、职称、所在国别、民族、工作单位、所从事的专业、论文和著作、主要科研活动及成就等生平传记。在历史研究领域，传记资料数据库受到了广泛欢迎。

7）年鉴、统计资料数据库

年鉴是收录某年内发生的事情和其他动向性问题的年度性资料库，其内容包含年内的各类事实、数据、统计资料、图表、图像及近期发展动向等。年鉴有综合性和专科性之分。按其收录的地域范围不同，则有地区性年鉴、国际性年鉴和世界性年鉴等。作为年度性的各类统计资料，尤其以统计年鉴最权威也最详尽。例如，要查找某类工业企业的人员、各种产品的产销数据、重要研究成果或产品的进出口等各类事实和数据，可以在专业性年鉴或统计年鉴中检索。

3. 按学科进行分类

在研究领域，事实型数据库可以按学科进行分类，较为繁杂，大体包括以下 3 个领域。

（1）科学、技术与医学领域，主要包括各种试验、分析及比较结果数据。例如，CrossFire Beilstein/Gmelin 是世界上最全的有机和无机化学数值与事实数据库。该数据库包括 Beilstein 有机化学资料库及 Gmelin 无机化学资料库，含有 1000 多万种化合物资料。收录的资料有分子的结构、物理化学性质、制备方法、生物活性、化学反应和参考文献来源等。其中，收录的化学性质数值资料达 3500 多万条，化学反应超过 1000 多万种。

（2）社会科学领域，主要包括政策法规、社会调查、人口统计、收入水平、失业就业等宏观数据，以及市面上较为常见的与商业经营有关的市场行情、供需关系、税务、利润、投资、企业名录、商业案例等数据。例如，世界银行（World Bank）的在线统计数据库（http://data.worldbank.org.cn/catalog），其包括的重要数据库有：①世界发展指标数据库，收录 220 多个国家和 18 个地区的社会、经济、金融、自然资源和环境等数据，该数据库是全球经济发展基本数据库总汇。②全球发展金融数据库，收录 135 个国家向"世界银行债务申报系统"申报的本国债务和国家保证债券的统计数据。目前，商业数值数据库在各种数值数据库中占有较大的比重。

（3）人文艺术领域，主要包括各种历史事件、人物年谱、图谱、名录等数据。例如，美国 Gale 公司的 Bjography in Contert 人物传记资料数据库，提供全球各个领域重要人物的精确、权威的传记资料，可以查阅人物的生平、得奖情况、从事的职业或从事的研究等相关翔实的资料，是一个内容全面的参考数据库，可同时满足大众和学术研究的需要。用户还可以对感兴趣的人物所处的历史时代、其取得的成就、生活状况,以及对特殊国家或区域、特殊年代和特殊事件进行深入的研究。

当然,以上仅为粗略划分,在不同的细分领域,其具体内容是多样化的。

6.2 常用的面向科研的事实数据库

在科研过程中,科研人员要用到很多的事实数据库。本书基于科研的不同阶段简单划分,对科研人员所需求的事实数据库进行简要介绍。

6.2.1 科研项目数据库

在从事学术研究工作时,研究人员常常要查阅以往的科研立项及当前的申报信息,以便发现其中的研究热点,为未来的科研活动乃至项目申报提供参考,这时可以使用相应的科研项目数据库。通常,可以从立项单位所建立的数据库进行查询,也可以使用一些商业性的项目数据库进行查询。

1. 科研主管单位建立的数据库

科研项目主管单位一般都会在项目官网上提供相应的申报信息及项目立项信息。通常主管单位可能会以网页信息展示科研项目信息。比如,国内许多省级社会科学基金项目都可以在省社会科学联合会网站上查看,此外许多科研项目数据库也提供项目信息检索。比如,我国国家自然科学基金委员会提供了"国家自然科学基金大数据知识管理服务平台"。科研人员可以浏览科研项目主管单位网站仔细查看。这里我们仅介绍国家自然科学基金及国家社会科学基金的项目数据库,其他项目包括国外的科研项目读者可以自行查阅。

1)国家自然科学基金大数据知识管理服务平台(https://kd.nsfc.gov.cn/)

该平台的"信息检索"和"数据统计"功能可以供读者查询国家自然科学基金支持的科研项目,其网站页面如图 6.2-1 所示。

图 6.2-1　国家自然科学基金项目查询

（1）信息检索功能。提供项目公布、结题项目检索和科研成果检索等功能。
（2）数据统计功能。提供资助项目统计、结题项目统计、成果产出统计等功能。

2）国家社科基金项目数据库（http://fz.people.com.cn/skygb/sk/index.php/Index/seach）

国家社科基金科研创新服务管理平台包含了项目申报、项目管理、项目查询等功能。其中，项目数据库具备立项项目查询及成果查询的功能（图 6.2-2）。

（1）立项查询功能。可以按项目批准号、项目类别、学科分类、项目名称、立项时间、项目负责人、所在单位等信息进行查询。

（2）成果查询功能。可以按成果名称、成果形式、作者、获奖情况等进行查询。

图 6.2-2　国家社科基金项目查询

2. 商业性的科研项目数据库

除了利用项目主管单位提供数据库进行查询外，读者也可以利用一些商业性的科研项目信息数据库来检索科研项目信息。这些数据库往往收录了不同类别的项目信息，具有一定的综合性，能够满足读者一站式检索科研项目信息的需求，同时也便于读者对诸多项目信息进行综合对比、分析，从中发现新机会。

1）泛研全球科研项目数据库（http://www.funresearch.cn/）

泛研网是科研项目大数据领域的开拓者，致力于为科学工作者、学习者打造基于科研项目为核心的综合情报门户平台，提供情报数据库及领先的科研资讯等服务，解决长久以来科研情报生态缺失的重要起始环节。泛研全球科技项目数据库的网页界面如图 6.2-3 所示。泛研网包含多个子数据库，常用的子数据库如下。

（1）全球科研项目数据库。收录了世界上 20 多个科技发达国家和地区的 1000 多万个受资助科研项目数据及 3000 多万条科研成果（产出）链接指向，项目与成果关联，数据最早可追溯到 20 世纪 50 年代，涵盖了全学科领域、多个主流语种，支持机器在线翻译，实时动态更新，确保始终具有最新的科研项目数据。

（2）科研项目申报信息库。实时动态收录最新资助情报，可以定制查看区域，可为科研管理者提供定制入口，发现本机构需要的申报资讯。

（3）企业科技需求库。发现与市场、行业对接，以及科研成果转化机会，面向社会开放了企业需求自助发布功能。

图 6.2-3　泛研全球科研项目数据库

（4）全球文献服务系统。国内外文献专著等原文传递服务，响应及时。

（5）奖项竞赛申报信息库。提供全国各地区的奖项申报评选及竞赛通知。

（6）全球科研项目交互分析系统。无缝对接全球科研项目检索系统，以全球科研项目数据为基础，提供支持3个维度、复杂对标的交互分析，分析结果可视化展示，并支持以图表等格式导出。

（7）人才专家申报信息库及人才专家数据库。收录全国各地区人才选拔评选通知，往年公示的基金评审专家、科技专家库专家及其他科技人才等信息。国家自然科学基金和国家社科基金专家库单独展示，申报代码确定后，利用科研知识图谱技术为专家画像，为用户推荐专家；可以按申报课题、关键词推荐；在有专家名单的情况下，提取专家所在单位，擅长学科领域。用户可自己准备专家名单，也可从奖励竞赛库、人才专家库中分析提取。

（8）科研项目定制检索系统。目前支持国家自然科学基金、国家社会科学基金、国家重点研发计划定制化检索，提供快捷检索入口，支持常用的如学科、研究领域等定制化分析。

（9）奖项竞赛数据库。提供全国各省市公开的科技奖等获奖名单、获奖成果等，支持奖项名称等关键词检索。

（10）全球科研项目指南库。收录引领全球科技发达国家科研资助趋势、方向性的项目指南，提供剩余5%的领先科研情报。

（11）数据导出服务系统。支持全球科研项目库检索结果（含项目及成果）以 excle 表格的格式导出，可自定义导出字段。

（12）科研工具系统。国家自然科学基金项目申报代码推荐，为用户推荐最合适的几个申报代码，更可查看分析对比不同代码近五年的中标率等各类数据，辅助决策。国家自然科学基金项目代码名称对照表，提供历年国家自然科学基金项目代码，了解申报代码含义变化历史，也可查看申报代码的中标率等分析数据。

2）CNKI 科研项目申报信息库（http://projects.cnki.net/）

CNKI 的"科研项目申报信息库"通过对国家部委、省及省会城市、重点企事业单位等 2000 多个网站发布的科研项目申报信息进行监测、采集、筛选、分类，为科研人员提供科研项目的情报服务。监测的网站覆盖国家部委、省及省会城市，以及重点企事业单位等，可实现日更新，是科研项目指南申报的高效工具。CNKI 的网页界面如图 6.2-4 所示。

图 6.2-4　CNKI 科研项目申报信息库

"CNKI 科研项目申报信息库"具有如下特色。

（1）来源可靠。权威、信息完整，可以提供申报附件的下载。

（2）获取及时。信息与官网同步，每日更新；一键式快速查找，多方面数据筛选，方便定位数据。

（3）信息关联。相似立项项目承接信息、相关领域文献与统计资料、相似指南组成信息网络，便于全方面了解申报情况。

目前，CNKI 科研项目申报信息库仅能查看国内的科研项目。

6.2.2　科研过程中所需事实数据库

在科研的具体执行过程中，科研人员要用到许多的事实数据库，但不同学科存在较大的差异，本书很难全面展示，这里仅就一些常见的事实数据库进行简单介绍。

1. 政府数据

政府部门是信息数据资源的最大拥有者。目前，我国信息数据资源 80% 以上掌握在各级政府部门手里。在科学研究过程中，科研人员常常要用到大量的政府开放数据，因此熟悉政府数据的开放和获取渠道非常重要。

1）国际组织发布的数据及检索网站

在国际上，存在许多国际组织，这些组织定期发布相关的统计和事实数据，具有非常高的学术价值。这里以世界卫生组织（WHO）为例进行说明。WHO 每年会发布大量与全球卫生有关的数据（https://www.who.int/data），这些数据已成为科学研究，以及全球、各国家与地区制定公共卫生政策的重要数据来源（图 6.2-5）。

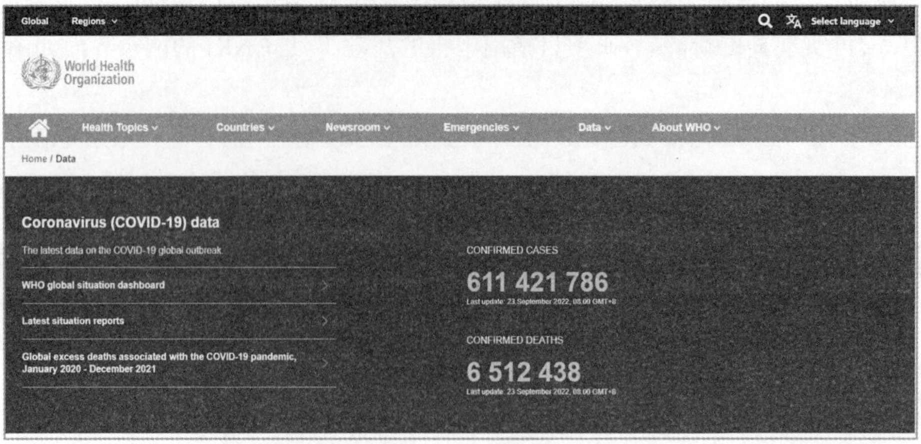

图 6.2-5　WHO 发布的数据

除 WHO 外，联合国统计司（UNSD）、联合国粮农组织（FAO）、经济合作发展组织（OECD）、联合国开发计划署（UNDP）、世界银行（WB）、欧盟统计局（EUROSTAT）、亚洲开发银行（ADB）、联合国亚太经社会（ESCAP）、国际货币基金组织（IMF）、欧洲中央银行（ECB）、世界贸易组织（WTO）、联合国贸发会议（UNCTAD）、联合国环境署（UNEP）、联合国儿童基金会（UNICEF）、国际能源署（IEA）等国际组织也都发布了大量的数据，科研人员可以结合自己的学科领域进行访问获取。

2）政府统计部门的数据及数据检索网站

全球几乎所有的国家和地区，都有法定的统计部门及统计体系，会定期发布相应的统计数据、统计公报或统计年鉴。随着网络的发展，大多会以网页或数据库的形式呈现，提供给用户浏览和检索。这里以我国为例做简要介绍，其他国家（地区）类似。

（1）国家统计局。为加快建设现代化服务型统计，更好地服务社会，国家统计局在 2008 年创建的"中国统计数据库"基础上，于 2013 年建立了新版统计数据库（https://data.stats.gov.cn/）（图 6.2-6）。

中国统计数据库不仅可以查询到国家统计局调查统计的各专业领域的主要指标时间序列数据，还可以按照个人需求制作个性化统计图表；不仅可以浏览众多承载历史的统计年鉴资料，还可以使用充满现代气息的可视化统计产品。

国家统计局数据库包含月度、季度、年度数据，以及地区数据、普查数据、国际数据 6 类统计数据，近 800 万条数据。

①月度数据主要有居民消费价格指数（CPI）、工业生产价格指数（PPI）、商品零售价格指数，以及规模以上工业生产、固定资产投资、房地产开发投资、社会消费品零售总额、对外经济贸易、交通运输、邮电通信、采购经理指数（PMI）、财政、金融等相关数据。

②季度数据主要有国内生产总值、农业、工业、建筑业、城镇居民收入与支出、农村居民收入与支出、固定资产价格指数、农产品生产价格指数。

③年度数据包括综合、国内生产总值、人口、就业人员和工资等 27 个领域的数据。

图 6.2-6　中国统计数据库

④地区数据涵盖了全国 31 个省（区、市）及部分城市主要经济指标。

⑤普查数据包括 2000 年、2010 年全国人口普查，2004 年、2008 年全国经济普查数据。

⑥国际数据提供了世界众多国家国内生产总值等主要指标的月度及年度数据。

读者也可以使用中国统计信息网（https://www.cnstats.org/）查阅我国统计信息，该网站也是国家统计局提供的官方网站，网站中汇集了海量的全国各级政府各年度的国民经济和社会发展统计信息，用户还可以在网站中找到统计年鉴、阶段发展数据、统计分析、经济新闻、主要统计指标排行等。

除中国统计信息外，读者也可访问 https://data.stats.gov.cn/gjwz.htm 查阅其他国家和地区公布的统计数据。

（2）各政府部门的统计数据。除国家统计局外，我国各政府部门几乎都提供了公开的统计数据，这些数据大多以网页的形式呈现，读者可以浏览这些数据。比如，国家知识产权局就提供了有关知识产权的统计数据（https://www.cnipa.gov.cn/col/col61/index.html）（图 6.2-7）。

图 6.2-7　国家知识产权局公开统计数据

读者也可查阅其他部分公布的统计数据，其地址可参见：https://data.stats.gov.cn/staticreq.htm。

3）政府开放数据

政府是公共数据最大的拥有者。在数字经济时代，数据已成为重要的战略资源和生产要素，政府数据开放对于建立更加透明公开的政府、提升政府公信力和治理能力、为社会和公众提供创新动力具有重大意义。放眼全球，许多国家都提出了数据开放行动与相关政策。其中，美国最早提出政府数据开放概念，2009 年颁布《开放政府指令》并上线数据门户网站。

我国政府数据开放最早可追溯到 2012 年，我国第一个政府数据开放平台在上海推出。2015 年开始，我国政府高度重视对数据的开放利用，并将政府数据开放上升到"国家战略"层面。2015 年国务院发布的《促进大数据发展行动纲要》明确提出"推动政府数据开放共享"整体要求；2016 年出台《政务信息资源共享管理暂行办法》，政府数据开放在中国实现快速发展；2018 年中央部门联合发布了《公共信息资源开放试点工作方案》，各地方政府相继建立政府数据开放平台，中国政府数据开放实现了从政策到实践的跨越式发展；在 2020 年暴发的新冠病毒感染，数据展现出前所未有的重要作用，数据释放出的价值更加明显，政府数据开放进程加快推进。

（1）中国政府开放数据。2015 年我国国务院印发的《促进大数据发展行动纲要》，要求"2018 年底前建成国家政府数据统一开放平台，率先在信用、交通、医疗、卫生、就业、社保、地理、文化、教育、科技、资源、农业、环境、安监、金融、质量、统计、气象、海洋、企业登记监管等重要领域实现公共数据资源合理适度向社会开放"。2021 年，复旦大学数字与移动治理实验室联合国家信息中心数字中国研究院发布了"中国地方政府数据开放报告（省域）"与"中国地方政府数据开放报告（城市）"。报告显示，截至 2021 年 10 月，我国已有 193 个省级和城市的地方政府上线了数据开放平台，其中省级平台 20 个，城市平台 173 个。

用户可以搜索各省市开放数据网站，进入其中进行浏览和搜索。以上海市公共数据开放平台（https://data.sh.gov.cn/）为例，截至 2022 年 9 月 26 日，包含数据机构 100 个、数据资源 4674 项、数据项总量 31 599 个，下载次数已达下载次数 1 660 022 次（图 6.2-8）。

（2）美国政府开放数据（https://data.gov/）（见图 6.2-9）。Data.gov 是美国政府建立的全球首个可自由获取数据的、用户与政府互动的、应用程序接口（application programming interface，API）的开放数据共享平台。网站于 2009 年 5 月 21 日上线。该网站具有数据量大、主题丰富、一站式的数据整合、数据类型多样、开放程度高等特点。截至 2022 年 9 月 26 日，Data.gov 共有 153 个发布和管理数据集的组织，共发布了 318 996 个数据集。

图 6.2-8　上海市公共数据开放平台

图 6.2-9　美国政府开放数据

（3）英国政府开放数据（https://data.gov.uk/）(图 6.2-10)。该网站与美国的 Data.gov 类似，于 2010 年上线服务。该网站允许访问各种主题的数据，包括商业和经济、政府开支、交通运输、健康、地图、教育、环境、社会等。这些数据由英国中央政府、地方当局和公共机构提供。

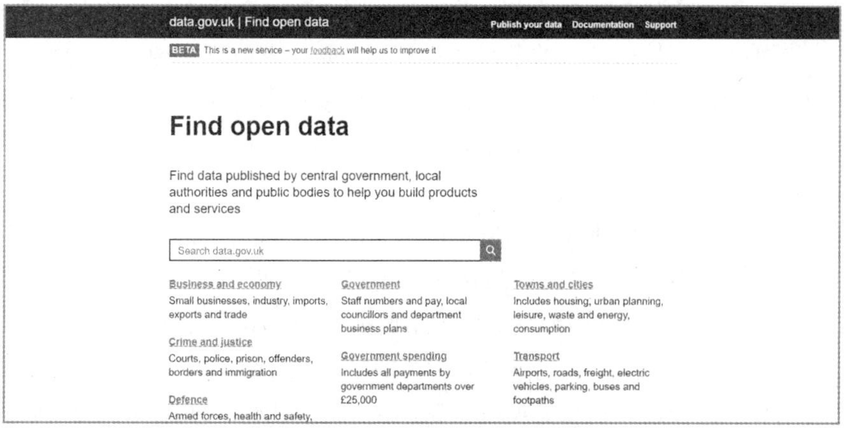

图 6.2-10　英国政府开放数据

（4）欧盟开放数据门户（https://data.europa.eu/en）（图 6.2-11）。截至 2022 年 9 月 26 日，欧盟开放数据门户收录了来自 36 个国家、173 个分类目录的 1 437 988 个数据集。

目前，全球许多国家和地区都建立了政府开放数据制度，并提供对于政府数据的开放访问，读者可以通过搜索引擎进行查找。限于篇幅，本书不一一展示。

图 6.2-11　欧盟开放数据门户

2. 特定学科的事实数据库

几乎各个学科领域都有特定的事实数据库，限于水平和精力，本书无法为读者一一呈现。那如何知道自己所在的学科或研究领域的事实数据库呢？以下 3 个方法可供读者参考。

第一，向老师、同学、同事等从事该领域研究的人群进行咨询，了解该领域的事实数据库，这是最为便捷的途径。

第二，在研究文献，特别是涉及数据分析的文献中，往往会详细地说明研究数据来源，因而读者可以借此获取事实数据库信息。

第三，一些高水平学科所在机构图书馆对该领域数据库往往收录较多，因此通过浏览它们的资源列表或直接向负责的学科馆员咨询往往也能收到意想不到的惊喜。比如，财经类专业可以浏览中央财经大学、中国人民大学等知名高校图书馆所订购的资源。

考虑到经管类事实数据库在市面上较为多见。本书列举其中较为主要的数据库。

1）国务院发展研究中心信息网

（1）概述。国务院发展研究中心信息网（http://www.drcnet.com.cn）简称"国研网"（图 6.2-12），创建于 1998 年 3 月，最初为国务院发展研究中心利用互联网、信息化手段为中央提供应对 1997 年亚洲金融危机策略所抽检的宏观经济网络信息平台。国研网以国务院发展研究中心丰富的信息资源和强大的专家阵容为依托，与海内外众多著名的经济研究机构和经济资讯提供商紧密合作，全面汇集整合国内外经济金融领域的经济信息和研究成果。

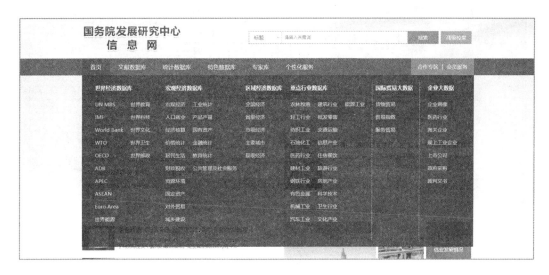

图 6.2-12　国研网

（2）数据分类。国研网包括文献数据库、统计数据库、特色数据库等数据库，以及专家库和个性化服务等内容。

文献数据库，包括特色产品（国研视点、专家解析、中美贸易摩擦专报、国研网系列研究报告）、标准产品（全球财经、宏观经济、区域经济、行业经济、金融中国等）、重点专题（重要讲话、宏观调控、创新发展、新型城镇化等）、热点专题。

统计数据库，包括世界经济数据库（World Bank、WTO、ADB、世界教育等）、宏观经济数据库（宏观经济、人口就业、经济核算、价格统计、居民生活、工业统计等）、区域经济数据库（省级、市级、县级）、重点行业数据库（农林牧渔、纺织工业、石油化工等）、国际贸易大数据、企业大数据（上市公司、政府采购）。

特色数据库，包括世界经济与金融信息平台、文化产业数据库、乡村振兴大数据画像平台、经济管理案例库等。

（3）数据检索。国研网包括简单检索和高级检索，用户在主页输入框内键入关键词，单击"搜索"按钮即可进行相应的数据检索服务。

2）中国经济信息网系列数据库

国家信息中心是国家发展和改革委员会归口管理的事业单位。中国经济信息网（简称"中经网"，https://www.cei.cn/），是国家信息中心组建的、以提供经济信息为主要业务的专业性信息服务网络，于1996年12月3日正式开通，由中经网数据有限公司负责运营。中经网通过与多个互联网运营商的宽带连接，以及与卫星通信公司的专线连接，为信息内容分发和互联网接入等各类网络应用提供了坚实的基础。

中经网继承了国家信息中心多年来丰富的信息资源和信息分析经验，利用自主开发的专网平台和互联网平台，为政府部门、金融机构、高等院校、企业集团、研究机构及海内外投资者提供宏观经济、行业经济、区域经济、法律法规等方面的动态信息、统计数据、研究报告和监测分析平台，帮助其准确了解经济发展动向、市场变化趋势、政策导向和投资环境，为其经济管理和投资决策提供强有力的信息支持（图6.2-13）。

图 6.2-13　中国经济信息网

中经网包含五大系列产品，其中系列经济研究报告、综合经济动态平台和统计数据库与经济监测平台这三个系列产品是目前使用较多的。具体的产品包括以下 3 个方面。

（1）系列经济研究报告，包括中国行业发展报告系列、行业月度监控报告、产业政策解读报告、中国地区经济发展报告、宏观经济形势预测报告、固定资产投资分析季报、金融市场流动性分析月报、中国权威经济论文库、中国行业发展报告会。

（2）综合经济动态平台，包括中经专网、中经要报、中经金融、决策要参、中经网经济形势与政策大数据平台。

（3）统计数据库与经济监测平台，包括中经网统计数据库、中经网产业数据库、世界经济数据库、"一带一路"统计数据库、中经网省级统计年鉴时序库、中国环境保护数据库、全国宏观经济监测预测系统、中国区域经济监测评价系统、经济景气分析系统、行业绩效标准值比较系统。

3）中国资讯行—高校财经数据库

（1）概述。中国资讯行（infobank）数据库于 1996 年在香港成立，是一家专门收集、处理及传播中国商业、经济信息的高科技企业。为确保数据的准确与权威，中国资讯行与百家中国政府部门权威机构建立战略联盟。目前，中国内地地区主要通过 http://www.bjinfobank.com/进行访问（图 6.2-14）。

（2）数据分类。中国资讯行数据库主要包括以下几个常用数据库。

- 中国经济新闻库：收录时间为 1992 年至今，收录了中国范围内及相关海外行业财经信息，以媒体报道为主。
- 中国统计数据库：收录时间为 1996 年至今，大部分数据来自于各省市地方统计机构年鉴及海关统计、经济统计快报等月度及季度统计。
- 中国商业报告库：收录时间为 1993 年至今，收录了中国宏观、中国金融、中国市场及中国各个行业的评论文章及研究文献，以及政府的各项年度报告全文。
- 中国法律法规库：收录内容以中国法律法规文献为主，兼收其他国家法律法规文献。收录中华人民共和国中央及地方法律法规，以及各行业相关条例和案例。

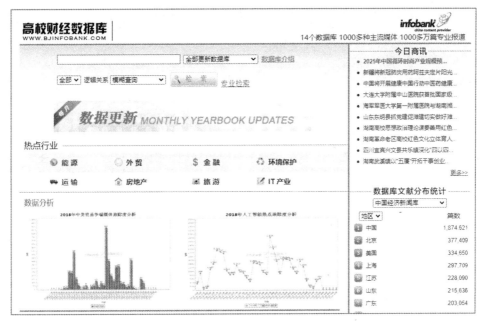

图 6.2-14　中国资讯行

- 中国上市公司文献库：收录了沪深交易所上市公司的资料，深圳和上海证券市场的上市公司各类招股书，上市报告，中期报告、年度报告等。
- 中国人物库：提供详尽的中国主要政治人物、工业家、银行家、企业家、科学家及其他著名人物的简历及有关资料。
- 中国医疗健康库：收录中国 100 多种专业和普及性医药报刊资料。
- 中国企业产品库：收录中国 27 万件制造业、邮电业及运输等公司的综合资料。

除此之外，该数据库还包括名词解释库、中国中央及地方政府机构库、English Publication 中国香港上市公司文献库。

4）中国经济与社会发展统计数据库（CNKI）

CNKI 中国经济与社会发展统计数据库包含统计类年鉴与资料、统计指标与数据两类资源。

（1）统计类年鉴与资料。数据库收录我国历年出版的统计年鉴（资料）1046 种，共 5894 册（其中包括普查、调查资料、汇编资料等统计资料 717 种、1453 册）。我国仍在连续出版的 192 种统计年鉴全部收录。全部统计类年鉴与资料囊括统计指标 1320 万个、统计数据 3.5 亿笔。CNKI 将各统计年鉴创刊以来所有统计图表制成了 excel 表格，表格总数 145 万个。

（2）统计指标与数据。统计指标与数据包含了以下数据。

①宏观/区域/行业进度数据。收录国家统计局等统计部门宏观/区域经济运行进度指标 21 900 个、数据 590 万笔，国民经济行业经济运行进度指标 36 800 个、数据 505 万笔。

②政府/产业年度数据。采集我国政府部门和各行业协会发布的统计数据 8900 万笔，涉及统计指标 95 万个，来源于 212 种、2680 多册行业年鉴和报告。

③国际数据。采集世界银行、联合国教科文组织、OECD 及各行业国际组织发布的年度统计数据 690 万笔,涉及统计指标 5200 多个。

CNKI 基于全部统计数据建成了"中国经济社会发展统计数据指标集",形成了 3837 万个指标数据序列。

5）Wind 经济数据库

Wind（万得）信息技术股份有限公司是中国领先的金融数据、信息和软件服务企业,总部位于上海陆家嘴金融中心。Wind 的用户包括中国绝大多数的证券公司、基金管理公司、保险公司、银行和投资公司等金融企业,以及被中国证监会批准的合格境外机构投资者（QFII）中的众多机构,还包括国内多数知名的金融学术研究机构和权威的监管机构。Wind 提供的数据被大量中英文媒体、研究报告、学术论文等引用。

在金融财经数据领域,Wind 已建成国内完整、准确的以金融证券数据为核心的一流大型金融工程和财经数据仓库,数据内容涵盖股票、基金、债券、外汇、保险、期货、金融衍生品、现货交易、宏观经济、财经新闻等领域,新的信息内容及时进行更新以满足机构投资者的需求。针对金融业的投资机构、研究机构、学术机构、监管部门等不同类型客户的需求,Wind 开发了一系列围绕信息检索、数据提取与分析、投资组合管理应用等领域的专业分析软件与应用工具。通过这些终端工具,用户可以"$7 \times 24 \times 365$"从 Wind 获取到及时、准确、完整的财经数据、信息和各种分析结果。基于数据,以数据为起点,Wind 紧密跟随金融市场日新月异的发展,不断向新的领域发展、新的产品和服务战略延伸。

Wind 经济数据库整合海量全球宏观和行业统计数据,数据及时准确,查找、分析和图形功能强大,支持在 excel 动态提取数据,是经济学家、策略分析师、行业研究员必备的数据库系统。Wind 数据库主要包含以下 5 个部分的内容。

（1）中国宏观数据。核心数据在发布 5 分钟内在终端展示,涵盖国民经济核算、工业、价格指数、对外贸易、固定资产投资等近 20 个领域。同时包含大量特色数据,如人民币国际化、利率市场化数据等。

（2）全球宏观数据。来源 IMF、世界银行等国际组织及各国官方网站等,包括美国、日本、欧盟等主要国家和地区深度宏观数据；包含国民经济核算、国际收支、人口与就业、价格、金融、贸易、制造业、房地产等领域数据。

（3）行业经济数据。百万海量数据,及时准确,分析研究好帮手。涵盖 21 个大类的行业数据,内容包括价格、产销量、进出口、库存、行业财务指标、重点上市公司经营业务等数据。来源包括国家统计局、海关总署、国家发展改革委、商务部、工信部、农业农村部等部委及众多行业网站。

（4）中国宏观预测。汇集 20 多家国内知名机构及十多家海外机构的宏观预测数据,提供了近 20 项宏观指标月度和年度数据的机构预测值和实际公布值,可查看机构预测的明细数据和预测时间,以及多达未来四期的月度和年度预测。

（5）全球经济日历。未雨绸缪,有的放矢,提前预知重要指标及事件公布时间。可查看中国及全球重要经济数据公布时间和重大经济事件发生日期,选取的国家和地区覆盖面极广，把脉世界主要经济体冷热动向。

Wind 经济数据库必须下载专用的客户端软件方能使用，读者可以在 https://www.wind.com.cn/进行下载。

6）国泰安 CSMAR 数据库

（1）概述。国泰安 CSMAR 数据库（China Stock Market & Accounting Research Database，https://cn.gtadata.com/）是深圳希施玛数据科技有限公司从学术研究的需求出发，借鉴 CRSP、COMPUSTAT、TAQ、THOMSON 等权威数据库专业标准，并结合中国实际国情开发的经济金融领域的研究型精准数据库。CSMAR 数据库涵盖了因子研究、人物特征、绿色经济、股票、公司、海外、资讯、基金、债券、行业、经济、商品期货等 18 大系列，包含 160 多个数据库、4000 多张表格、5 万多个字段。

（2）数据类型。CSMAR 数据包括股票市场系列（股票市场交易、市场指数、大宗交易等）、因子研究系列（动量因子、Fama-French 因子等）、公司研究系列（环境研究、供应链研究、财务报表、治理结构等）、人物特征系列（基金经理人物特征、上市公司人物特征）、基金市场系列（龚全基金、基金评级、私募基金）、债券市场系列、衍生市场系列、绿色竞技系列、海外研究系列等。

7）EPS 数据平台数据库

（1）概述。EPS 数据成立于 2008 年，是一家国家高新技术与中关村高新技术的双高企业，是专业的数据图书馆解决方案提供商和数据源提供商，先后上线了"EPS 数据平台""EPS 知识服务平台""中国微观经济数据查询系统""国家战略发展科研支撑平台"。

（2）数据类型。EPS 数据平台包括三类数据，分别为宏观数据、中微观数据和中国公共调查数据。

宏观数据包括：社会民生研究系列（教育、卫生、交通、文化等）、宏观经济研究系列（宏观经济、财政税收、劳动经济、固定资产投资、国土资源）、产业经济研究系列（农林、工业行业、第三产业等）、全球经济研究系列（世界贸易、世界经济发展等）、金融市场研究系列、重点行业研究系列、贸易外经研究系列、国内普查研究系列、区域和县域研究系列。

中微观数据包括：微观企业数据（工业企业、海关企业、企业专利、企业绿色发展）、专题数据平台（长江经济带大数据、中国革命老区大数据）。

中国公共调查数据包括：家庭追踪调查、家庭收入调查、小微企业调查、老年社会追踪问题、宗教调查等。

8）中国研究数据服务平台

（1）概述。中国研究数据服务平台（Chinese Research Data Services，CNRDS，http://www.cnrds.com）是一个高质量、开放式、平台化的中国经济、金融与商学研究的综合数据平台。CNRDS 是借鉴 WRDS（沃顿）数据平台等国外一流商学院打造的数据平台，构建中国特色的研究数据资源平台，其提供的数据模块由相关领域专家和学者提供，并由 CNRDS 提供技术支持、格式审核和后续维护；平台自有数据从采集、整理和呈现均由该领域国内外知名教授深度参与；各专业领域数据库公司提供的数据，邀请相关领域学者对数据质量进行严格审核。

（2）数据类型。截至 2021 年，CNRDS 包括 55 个独立数据库，其中特色库 33 个，基础库 22 个。特色数据库包括上市公司经营研究（海外上市研究数据库—COLD、上市公司年度信息数据库—COOD 等）、社会经济组织研究（政府审计数据库）、宏观经济研究系列（全球夜间灯光数据库、脱贫数据库）、区域经济研究系列（中国城市统计数据、中国县域统计数据等）、财政金融研究系列等。

9）CEIC 数据库

（1）概述。司尔亚司数据信息有限公司（CEIC, https://www.ceicdata.com/）成立于 1992 年，由经济学家和分析师组成，提供有关世界发达经济和发展中经济的广泛精准数据和行业数据。

（2）数据分类。CEIC 涵盖全球 200 多个经济体、20 个行业和 18 个宏观经济部门，汇集 2200 个来源最完整的 660 万个数据库，包括全球数据库、国家深度数据库、世界趋势数据库、中国数据库、印度数据库等。

按照指标划分的数据库包括：国民经济核算（名义国内生产总值、实际国内生产总值、人均国内生产总值、公共消费支出等）、建筑及房地产业（建筑许可、房价增长、名义住宅物业价格指数、世纪住宅物业价格指数）、国内贸易和家庭调查（已登记车辆数量、零售销售增长、人均家庭支出等）、国际收支（直接境外投资、经常账户余额、外商直接投资等）、货币（家庭债务、不良贷款率、货币供应等）、能源（发电量、天然气出口、天然气进口、天然气消费等）、银行业（资本充足率、速动资产比率）、政府和公共财政、人口和劳动力市场等。

10）全球案例发现系统

全球案例发现系统（GCDS, http://www.htcases.com/）是由北京华图新天科技有限公司研发的大型案例文献数据库集群。GCDS 由工商管理专业类的"中国工商管理案例库""工商管理案例素材库""全球工商管理案例在线"，以及公共管理专业类的"中国公共管理案例库""公共管理案例素材库""全球公共管理案例在线"等六个数据库组成，提供案例全文、案例素材和案例索引三种类型的文献数据，以满足用户在案例教学和案例开发中的全面需求。

11）Bureau van Dijk（毕威迪，BvD）数据库

毕威迪成立于 1991 年，是全球领先的企业信息和商业情报提供商，尤其是非上市公司信息和企业层级信息方面的专家信息。毕威迪数据库涵盖全球 2 亿家企业数据、3.5 万家银行和金融机构的数据和超过 150 万条并购交易数据，同时提供全球 201 个国家和地区的宏观数据和预测数据、国家风险评级和风险报告。其主要的子数据库有以下 4 个。

（1）Osiris 全球上市公司分析库。Osiris 数据库（https://osiris.bvdinfo.com/）是研究全球各国证券交易所内 155 个国家超过 80 000 家上市公司的大型专业财务分析库（含中国深/沪及海外上市公司数据），向专业用户提供深入分析各国上市公司所需的详细财务经营报表与分析比率、股权结构、企业评级数据、历年股价系列、企业行业分析报告等（含已退市公司数据）。

Osiris 库是目前欧美各国针对各国上市公司证券投资分析、企业战略经营分析、跨国企业转让定价、公司财务分析等研究领域中广泛使用的知名实证分析数据库。为适合

不同用户的需求及准确开展跨国、跨行业检索与分析，库中各上市公司的财务数据按不同财务格式分层呈现，由标准模板深入至原始财务数据。

毕威迪旨在将全球所有上市公司收入 Osiris。与此同时，数据库中也收录了全球近 3200 家重要的非上市公司的历年经营分析数据。财务会计准则具有国家和行业的差异，为正确反映出一家公司的财务情况，并同时提供准确的跨国检索与对比分析，Osiris 库中的公司分为工业、银行、保险公司三大类，共计七大模板。在每份公司报告中，数据按深度分为 5 个层次，分别以两种预设的货币——美元、欧元显示。Osiris 含合并与非合并财务报表。另外，每家公司报告中含有一份默认的标准同业对比报告，使用户可立刻将任一家公司与其同行业对比组进行比较。此外，用户也可自选同业公司组成员。

（2）BankFocus 全球银行与金融机构分析库。BankFocus 是银行研究的专业解决方案，是全球银行数据研究的一种新方法，结合了来自毕威迪和穆迪投资者服务公司（Moody's Investors Service）的核心数据，以及穆迪分析公司的专业知识创造的一个全面的银行数据库，BankFocus 提供了一系列检索和分析选项，提供了全球超过 44 000 家银行的详细、标准化的报告和比率。对于这些银行，用户可以访问用于同业分析的标准化数据，"报告"数据链接到源文件，以查看数据点是如何派生的。另外，该分析库提供多重财务模版：①全球标准格式，含 57 行项目和 38 个关键比率；②扩展全球详细格式，含超过 650 个指标项目；③国家格式模版，含超过 60 种"已公开"的国家格式，扩展到超过 3000 行项目；④IFRS/GAAP 和伊斯兰银行模板；等等。

BankFocus 由一个资深的银行分析团队支持，它的模板经常更新，以反映最新的会计和监管信息披露，包括：巴塞尔协议 III CET1，净稳定资金，总损失吸收能力，控股公司双重杠杆，衍生品净额结算和抵押品，自有资金和合格资本的最低要求，过渡版与"完全版"的监管资本比率要求，市场风险，如压力 VaR、利率风险、汇率风险等。另外，Bankfocus 可以查询市场指标和信用评级，包括信用违约互换（CDS）信息、市场数据和穆迪投资者服务公司的银行评级、标准普尔评级、惠誉评级和晨星评级等。

（3）Zephyr 全球并购交易分析库（https://zephyr.bvdinfo.com/）。Zephyr 是国际并购研究领域知名的 M&A 分析库，每天在线向用户发布全球并购（M&A）、首发（IPO）、计划首发、机构投资者收购（IBO）、管理层收购（MBO）、股票回购（share buyback）、杠杆收购（LBO）、反向收购（reverse takeover）、风险投资（VC）、合资（JV）等交易的最新信息。快速更新的全球数据来自欧洲著名并购信息专业提供商 Zephus 公司，集成 BvD 的增值软件。目前 Zephyr 收录了全球各行业 150 万笔并购记录，每年新增约 15 万笔。数据可追溯至 1997 年，并涵盖亚太地区及中国的交易记录。

（4）Chelem 国际商品贸易分析库。Chelem 国际商品贸易分析库是帮助用户深入分析单一国家的经济走势相对于全球经济表现的实证类分析数据库，它收录了全球 82 个最主要的经济活动体（国家与地区）的数据。这些国家与地区的贸易总量占据全球贸易总量的 99%，占世界生产总值的 96%。Chelem 包含三个模块：International Trade（国际贸易）、Gross Domestic Product（国内生产总值）、Balance of Payments（国际收支平衡）。

12）Gale 数据库

Gale 是全球知名的信息服务提供商，它创建并提供了 600 多个在线数据库，为读者提供在线参考文献、期刊、杂志和电子书等产品，其核心内容来自于 Gale 多年来出版的参考工具书，这些参考工具书系列被公认为世界上相应学科领域（文学、历史、商业、人物传记等）中最权威、最全面的参考资料，并且为 Gale 独家拥有，在其他同类数据库中无法查到。

Gale 下属的"Business Insights: Global"（BIG，https://link.gale.com/apps/BIG）数据库提供全球商业资讯、行业参考资料、统计数据、案例分析、期刊和报纸的综合数据库。该数据库不但涵盖了丰富的研究课题，而且提供了具体的解释与分析，深入的商业数据信息和翔实的资料来源可节省大量检索时间。研究人员可以通过国家、公司、行业及主题等多个方面获得国际市场的最新信息，用于研究报告和讲义中，并获取宝贵的商业竞争信息、个人职业发展和投资机会。该数据库包含以下内容。

（1）全球 50 万家公司及 70 000 家行业协会的详细信息，2200 多份公司年表，不但能够了解某一家公司的详细情况，而且可将该公司的数据与同等规模或同行业的公司进行对比。

（2）Gale 公司出版的众多著名商业参考书，如 *International Directory of Company Histories*、*Market Share Reporter*、*Business Rankings Annual* 等。

（3）超过 8300 多种商业信息来源，包括期刊、杂志、报纸、时事通讯等，如 *Wall Street Journal*、*New York Times* 及 *Financial Times*，提供各种商业信息及公司、产品、市场和技术方面的全面内容。

（4）超过 200 万份投资报告、投资经济报告，以及数千份详细的财务报告，包括基础数据和比较数据。

（5）超过 1000 份的 SWOT 报告（季度更新）。

（6）600 多个深度行业概况，提供相关内容和统计数据的深入链接。

（7）25 000 份行业报告和 2500 多份市场研究报告。

（8）数千份经济和商业指标的互动图表，可获得不同国家、不同行业和不同公司间的比较数据，为研究和报告提供丰富的信息，如国内生产总值、失业率、人口增长率、进出口贸易额、公司员工构成、公司总收入和销售额等。

（9）193 个国家概况信息，并提供相关内容和统计数据的深入链接。

（10）数百份国家经济报告。

（11）1000 多份全球商业的案例研究（case studies）。

（12）1200 多个商界管理人士的视频访谈。

6.2.3 科研数据共享仓储

在科学研究过程中，会产生大量的研究数据。公开数据对于促进科学研究的快速发展意义重大，可以让世界各国的领域内研究者对某些问题进行更深入、更全面的研究。

在大数据时代,数据库的开放和共享已逐渐成为研究领域的趋势之一,许多国内外期刊也鼓励投稿者共享和开放研究数据,为此就必须用到科研数据仓储。目前,全球已有许多研究数据仓储网站,读者可以利用这些网站查看相关研究所共享的数据,同时也可以利用这些网站共享自己的研究数据。

1. 科研数据仓储目录

科研产出存档数据库种类和数量繁多,要了解这些数据库,可以先使用科研数据仓储目录来查询。re3data.org 和 FAIRsharing 是目前全球规模最大、信息最全的两大知名科研数据仓储目录,已成为期刊选择与推荐数据存储库的重要参考。读者可以从这两个目录中检索和发现全球知名的科研数据仓库。

1) re3data.org(https://www.re3data.org/)

re3data.org 是一个研究数据库的全球注册表,涵盖来自不同学科的研究数据库。它可以帮助研究人员更好地找到合适的存储库用于存储和访问研究数据。此外,研究资助组织可以使用它来促进从其资助的研究项目中永久获取研究数据,并为出版商和学术机构提供了一种易于识别那些为科学家存储研究数据的知识库。其界面如图 6.2-15 所示。

图 6.2-15　re3data.org

re3data.org 于 2012 年秋季投入使用,由德国研究基金会(DFG)资助。re3data.org 的项目合作伙伴包括德国柏林洪堡大学的柏林图书馆和信息科学学院、德国地球科学研究中心图书馆和信息服务部门(LIS)、卡尔斯鲁厄理工学院 KIT 图书馆(KIT)和普渡大学图书馆。

目前,已有许多出版商和期刊,如 Copernicus Publications、PeerJ、Springer Nature 的科学数据在其编辑政策中将 re3data.org 称为一种工具,用于轻松识别适当的数据存储库以存储研究数据。欧洲委员会的"地平线 2020 中科学出版物和研究数据的开放获取指南"也建议使用 re3data.org。

截至 2022 年 6 月 19 日,re3data 中共有 2248 个数据存储库进行了注册,部分数据存储库由多个国家或地区共建。其中,美国有 1035 个数据库,德国有 347 个数据库,英国有 295 个数据库,中国共有 39 个数据库完成了注册。

2) FAIRsharing(https://fairsharing.org/)

FAIRsharing 是英国牛津大学发起的一项注册服务。FAIRsharing 系统收录了有关科学数据的元数据标准、数据库及数据政策的信息。截至 2022 年 9 月,共包含了 1607 项标准、1916 个数据库（包含仓储）和 156 项政策。其中，包括国家基因库生命大数据平台（CNGBdb）等在内的 105 个来自中国的数据库得到了 FAIRsharing 的认证。FAIRsharing 界面如图 6.2-16 所示。

图 6.2-16　FAIRsharing

2. 通用型的科学数据库

1）科学数据银行（Science Data Bank，https://www.scidb.cn/）

科学数据银行（Science Data Bank）是由我国中科院计算机网络信息中心自主研发，于 2015 年上线的一个公共的通用型科学数据存储库，主要面向科研人员、科研项目/团队、科研期刊、科研机构及高校等利益相关者，提供科学数据汇交、长期保存、出版、共享和获取等服务，支持多种的数据获取与使用许可，在保障数据所有人权益的基础上，促进数据的可发现、可引用、可重用。截至 2022 年 9 月，Science Data Bank 已收录 648 万余个公开数据集。

读者可以浏览数据集，并按照学科分类、关联期刊、文件类型、分享状态、数据许可、出版年份、相关机构进行筛选。读者也可以输入关键词、作者、标题等进行检索。其界面如图 6.2-17 所示。

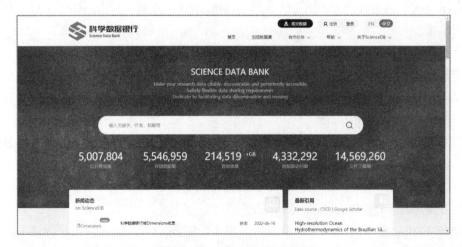

图 6.2-17　Science Data Bank

2）Figshare 数据知识库（https://figshare.com/）

Figshare 是一个基于云计算技术的在线数据知识库，用户可以存储、分享和发现科研数据的平台，如图 6.2-18 所示。Figshare 于 2011 年 1 月由 Mark Hahnel 发起，作为个人定制解决方案，用于组织和发布支持干细胞生物学博士学位的各种研究产品。2012 年 1 月以来，Figshare 得到了英国 Digital Science 公司的支持。2013 年 1 月，Figshare 宣布与 PLOS 合作，将 FIGhare 数据托管，提供访问和可视化与其相关的 PLOS 文章。2013 年 9 月，该知识库启动了机构知识库服务，为组织提供预先开发的基础设施，用于托管其成员社区生成的学术资料。2013 年 12 月，Figshare 宣布与 ImpactStory 整合，以支持 Altmetrics 的收集。Figshare 每年发布"开放数据的状态"，以评估开放研究中不断变化的学术环境。

图 6.2-18　Figshare 数据知识库

科研人员可以利用 Figshare 保存和分享他们的研究成果，包括数据、数据集、图像、视频、海报和代码，从而使得他们的研究，甚至包括初步研究曝光并获得认可。Figshare 遵循开放数据原则，用户可以自由访问数据和上传内容。Figshare 为所有内容对象分配 DOI，并采用 Creative Commons 许可协议共享数据，减少版权纠纷，使全球科学家可以存取、共享信息，并且采用基于云的数据管理系统来保证数据存储的安全和可靠性。

截至 2022 年 9 月，Figshare 平台拥有 80 多万名注册用户、2600 多万次页面浏览量、750 余万次下载，发表各种研究成果包括数据集、视频等共计 200 余万份，涉及生物学、化工、社会学等近 20 多个学科。

3）Dryad 数据库（https://datadryad.org/stash/）

Dryad 数据库于 2008 年 9 月由美国国家科学基金会资助建立，如图 6.2-19 所示。Dryad 数据库是存放优质数据资源的场所，使科学出版物背后的数据可被发现、可重复使用、可引用，其目标是与学术团体，出版、研究和教育机构，基金资助机构和其他利益相关机构构成学术交流体系来协同、维持和促进学术文献中基本数据的保护和再利用。Dryad 数据库提出的联合数据存档策略被许多主流期刊采纳，并推荐 Dryad 数据库作为存放数据场所。

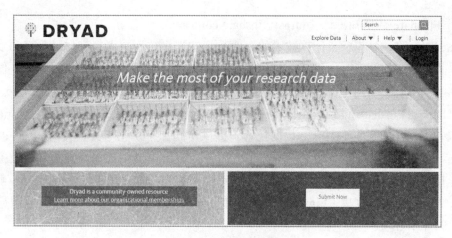

图 6.2-19　Dryad 数据库

作为数据库，Dryad 数据库支持存放各种类型数据，包括文本、图像、表格、音频、视频等，提交的数据文件拥有永久可解析的 DOI 标识。Dryad 数据库中数据可提供下载和重新利用，排除须经期刊编辑部允许、暂时限制使用的数据。利用 Dryad 数据库，研究人员可获取数据，研究和验证公布的数据是否合理，或用以解决新问题。特别值得注意的是，Dryad 数据库无须注册，可免费获取相关数据。

4）Harvard Dataverse 数据库（https://dataverse.harvard.edu/）

Harvard Dataverse 是由哈佛大学社会科学研究所（Institute for Quantitative Social Science，IQSS）、哈佛大学图书馆（Harvard Library）和哈佛大学信息技术中心（Harvard University Information Technology，HUIT）合作开发的一个免费的数据存储库，向来自哈佛社区内外的任何学科的所有研究人员开放，用户可以在其中共享、存档、引用、访问和探索研究数据，如图 6.2-20 所示。截至 2022 年 9 月，该数据库共收录 5967 个数据空间（dataverse），以及涵盖社会科学、经济学、物理学、生物学等学科的 15 万余个研究数据集、175 万余个数据文件。这些数据资源既可按出版日期、主题和作者名供用户浏览，也可通过简单或高级检索功能进行检索、下载和引用。

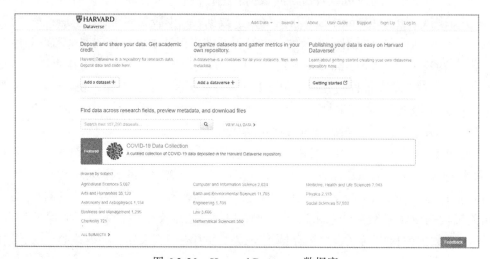

图 6.2-20　Harvard Dataverse 数据库

5）Zenodo 数据库（https://zenodo.org/）

Zenodo 是一个多学科研究数据知识库，支持各种内容，包括刊物、演示文稿、论文集、项目、图像、软件（包括与 GitHub 的集成）及所有语言的数据，由欧洲核子研究组织（European Organization for Nuclear Research，CERN）维护，如图 6.2-21 所示。它对数据格式没有任何限制，最多可以存储 50GB 的数据。此储存库中的数据可终身保存，可以采用封闭（只要未授权都无法访问）、开放或禁止（禁止期内无法访问）状态储存。

图 6.2-21　Zenodo 数据库

3. 特定学科的科研数据仓储

在许多学科领域，都有知名的针对该学科领域的科研数据仓储。限于篇幅，本书仅介绍其中几个仓储。读者如有需求，可自行查阅所在学科领域的科研数据仓储。

1）中国国家科学数据中心（https://www.escience.org.cn/data-center/）

为加强科技创新基础能力建设，推动我国科技资源的整合共享与高效利用，改变我国科技基础条件建设多头管理、分散投入的状况，减少科技资源低水平重复和浪费，打破科技资源条块分割、部门封闭、信息滞留和数据垄断的格局，"十一五"规划以来，国家有关部门贯彻"整合、共享、完善、提高"的方针，组织开展了国家科技基础条件平台建设工作。

国家科技基础条件平台是国家创新体系的重要组成部分，是服务于全社会科技进步与技术创新的基础支撑体系，主要包括大型科学仪器设备和研究实验基地、自然科技资源保存和利用体系、科学数据共享服务中心和网络、科技图书文献资源共享服务网络、科技成果转化公共服务平台、网络科技环境等六大部分，如图 6.2-22 所示。

科学数据重点整合、集成各部门、各地方、各单位的科学数据资源，充分利用国际科学数据资源，抢救离散科学数据资源，开发系列数据集和产品，构建面向全社会的网络化、智能化的科学数据管理与共享服务体系。目前，已认定的科学数据共享领域的有20 个数据中心。

图 6.2-22　中国国家科学数据中心

（1）国家高能物理科学数据中心。
（2）国家基因组科学数据中心。
（3）国家微生物科学数据中心。
（4）国家空间科学数据中心。
（5）国家天文科学数据中心。
（6）国家对地观测科学数据中心。
（7）国家极地科学数据中心。
（8）国家青藏高原科学数据中心。
（9）国家生态科学数据中心。
（10）国家材料腐蚀与防护科学数据中心。
（11）国家冰川冻土沙漠科学数据中心。
（12）国家计量科学数据中心。
（13）国家地球系统科学数据中心。
（14）国家人口健康科学数据中心。
（15）国家基础学科公共科学数据中心。
（16）国家农业科学数据中心。
（17）国家林业和草原科学数据中心。
（18）国家气象科学数据中心。
（19）国家地震科学数据中心。
（20）国家海洋科学数据中心。

2）PANGAEA 数据库（https://www.pangaea.de/）

PANGAEA 是地球和环境领域专业的数据发布者，提供存档、发布和重用数据服务，它由德国 Alfred Wegener 研究所、亥姆霍兹极地与海洋研究中心（AWI）和不来梅大学海洋环境科学中心（MARUM）几家机构负责托管。PANGEA 作为开放存取库运行，旨在存档、发布和分发来自地球系统研究的地理参考数据。该系统通过托管机构的承诺保证其内容的长期可用性。

PANGAEA 大多数数据是免费提供的，用户可以按照数据集描述中的许可条款免费使用，但也有一些正在进行的项目数据集受密码保护。每个数据集的描述始终可见，并包括可以联系要求访问的 PI。PANGAEA 使用数字对象标识符（DOI 名称）来识别、共享、发布和引用每个数据集，它允许将数据作为科学论文的补充或作为可引用的数据集合与数据期刊[如 ESSD（Earth System Science Data）、地球科学数据期刊、科学数据等]一起出版。PANGEA 数据编辑确保数据的完整性和真实性及高可用性。存档数据是机器可读的，并镜像到我们的数据仓库中，可以高效地编译数据。PANGEA 对任何项目、机构或个人科学家开放，可以使用或存档和发布数据，如图 6.2-23 所示。

图 6.2-23　PANGAEA 数据库

3）Kaggle（https://www.kaggle.com/）

Kaggle 由 Anthony Goldbloom 于 2010 年在墨尔本创立，主要是为开发商和数据科学家提供举办机器学习竞赛、托管数据库、编写和分享代码的平台。这一平台已经吸引了许多科学家和开发者的关注。2017 年，Kaggle 被谷歌公司收购。目前，Kaggle 已有 1000 万余名数据科学家，超过 50 000 个公开数据集可以进行分析，是数据科学领域重要的社区和平台之一，如图 6.2-24 所示。

图 6.2-24　Kaggle

6.2.4 其他数据库

1. 期刊引证报告（journal citation reports，JCR）

JCR 依据来自 Web of Science 中 SCI 和 SSCI 的引文数据，提供可靠的统计分析方法，对全球学术期刊进行客观、系统地评估，帮助用户以定量的方式了解全球的学术期刊，并且通过这些分析数据了解某学术期刊在相应研究领域中的影响力。目前，JCR 从世界上经同行评议的学术期刊中，筛选出被引次数最高近 8000 种期刊，涵盖 200 多门学科，提供自 1997 年以来的期刊引文统计分析数据。用户可以根据需要，对检索到的期刊群进行以下各种方式的排序：影响因子、立即指数、总引用次数、刊载论文总数、被引半衰期或期刊名称。JCR 具有两个版本："自然科学版"覆盖 ISI 数据库中的 6100 多种国际领先的科学技术领域期刊；"社会科学版"覆盖 ISI 数据库中约 1800 多种国际领先的社会科学领域期刊。

2. Altmetric（https://www.altmetric.com）

Altmetrics 是一个新兴的指标，它是由"alternative"和"metrics"组合在一起构成的术语，学术界将其译为"替代计量学"。在学术界，传统的学术影响力衡量指标，如期刊的影响因子虽然仍是使用最广泛的评价标准，但是随着社交媒体的兴起以及在学术界的广泛应用，许多研究成果在社交媒体中被广泛传播，而传统衡量指标对此却无能为力，因此学术界人士普遍认为应该寻求其他更新的指标来补充和完善传统的学术影响力衡量指标。

Altmetrics 最早由美国北卡罗来纳大学 Jason Prieme 倡议并创建，最初是将引文之外的社会媒体（social media）传播作为传统引文测度的补充。比如，论文在微博、Twitter（X）者 Facebook（Meta）等在内的社交媒体上的传播。Altmetrics 可更快速、全面、综合地评价定量指标对论文影响力的可能性。一方面，它可以针对在线论文进行实时测度。Science 出版平台、NATURE 出版平台、PLOS 出版平台、SCOPUS 数据库、PMC OA 期刊出版平台、BioMed Central OA 期刊出版平台等都采用了 Altmetrics 对每篇科学论文的学术影响力进行实时监测。另一方面，实现了更广的社会影响力、学科专家以外人士影响力的覆盖。

Altmetric 网站是 2011 年由 Euan Adie 开发的一款 Altmetrics 研究工具，旨在追踪和分析学术文献的在线活动状况，通过提取单篇学术论文在不同社交网络和在线媒体上被提及的次数，来综合这些数据计算学术论文的影响力，从而使得单篇论文层面的计量更加容易。对于个人研究者而言，Altmetric 网站可以为其推荐或者发掘新的学术论文，监测个人学术成果的网上影响力，如图 6.2-25 所示。

图 6.2-25　Altmetric 网站

6.3 数据采集工具

在研究过程中，如果没有现成的事实数据库可以使用，读者可以自己动手采集研究数据。常用的方式主要有两种：一是使用程序软件（如 Python），搭配一些线程的框架（如 Scrapy），编写采集源代码，进行数据的抓取，但这种方式对编程能力要求较高，读者往往要系统学习才能掌握；二是使用一些现成的数据采集工具，这些工具不需要编程，仅通过自定义要采集的数据页面规则即可进行抓取，对编程能力较弱的读者较为友好，本书仅简单介绍这类工具。

1. 火车采集器（http://www.locoy.com/）

火车采集器是一款专业的互联网数据抓取、处理、分析、挖掘软件，可以灵活迅速地抓取网页上散乱分布的数据信息，并通过一系列的分析处理，准确挖掘出所需数据，最常用的就是采集某些网站的文字、图像、数据等在线资源。火车采集器接口比较齐全，支持的扩展比较好用。有关火车采集器的帮助教程可参见：http://www.locoy.com/help。

2. 八爪鱼（链接：http://www.bazhuayu.com/）

八爪鱼采集器是一个简单实用的采集器，功能齐全，操作简单，无须写规则。云采集是八爪鱼采集器特有的功能，关机也可以在云服务器上运行采集任务。有关八爪鱼采集器的使用教程可参见：https://www.bazhuayu.com/tutorial8/hottutorial。

3. 集搜客（链接：http://www.gooseeker.com/）

集搜客是一款简单易用的网页信息抓取软件，能够抓取网页文字、图表、超链接等多种网页元素，提供好用的网页抓取软件、数据挖掘攻略、行业资讯和前沿科技等。有关集搜客的教程信息可参见：http://www.gooseeker.com/tuto/tutorial.html。

第 7 章

OPAC：查询馆藏信息

图书馆藏有大量的学术信息资源，读者要查询和获取这些资源，可以利用图书馆提供的联机公共目录查询系统（online public access catalogue，OPAC）。同时，任何一家图书馆的资源都是有限的，因此还需要利用联合目录查询系统以检索和利用其他图书馆的信息资源。

7.1 OPAC 概述

OPAC 是一种通过互联网对图书馆馆藏资源（包括电子资源）进行检索的工具，是利用图书馆馆藏资源的切入口。OPAC 允许用户从多个字段、多个角度进行简单和高级检索，从而获取到相关资源的馆藏信息。OPAC 作为图书馆自动化系统最终面对用户的互动界面，是图书馆和读者在网上交流的最重要的窗口，起着沟通用户与馆藏资源、用户与资源服务的作用，为用户通过网络检索和利用图书馆馆藏资源提供了极大的便利。

7.1.1 OPAC 的发展历史

OPAC 起源于 20 世纪 70 年代美国的一些大学图书馆和公共图书馆，首批采用 OPAC 的图书馆是加拿大的圭尔夫大学图书馆（1976 年）和滑铁卢大学图书馆（1977 年）。由于在此之前图书馆已广泛使用卡片目录，因此该阶段的 OPAC 系统主要采用机读目录代替卡片目录，记录字段和检索途径与卡片目录基本相同，检索过程采用菜单和指令较为复杂，其作用主要为图书馆内部编目和流通服务，并不为用户提供公共检索服务。

20 世纪 80 年代中期，得益于商业性书目检索系统的成功经验，OPAC 系统广泛采用了关键词检索和布尔逻辑检索，同时用户界面也采用下拉式菜单，并提供帮助、浏览等功能。

自 20 世纪 90 年代起，在因特网的推动下，OPAC 系统进入了 Web 时代，有学者将此称为 Web-Based OPAC 或 Web OPAC。此阶段的 OPAC 系统集成了图书馆自动化系统，通过互联网为用户提供远程服务，包括书目检索、借阅、预约等。其界面友好、检索功能完善，在检索内容上也突破了书目数据的限制，引进连续出版物题录、文摘、专题数据库等。近年来，OPAC 仍处于不断改进当中，已成为用户查询图书馆馆藏信息的主要来源。

7.1.2 OPAC 的分类

通常，单个图书馆可以提供 OPAC，被称为馆藏目录查询，如国家图书馆的联机公共目录查询系统。多个图书馆也可以合作提供 OPAC，被称为联合目录查询系统，可以用来检索多个图书馆的馆藏资源信息，如 CALIS 联合目录。

7.2 馆藏查询

7.2.1 馆藏 OPAC 查询

目前，绝大多数图书馆都提供了 OPAC 系统，一般情况下用户无须登录即可进行检索。用户也可以登录以便激活与登录有关的其他功能，如查看借阅记录、预约、检索历史记录等。一般而言，多数图书馆的 OPAC 系统只能检索本地纸质资源，如纸质图书（含附带光盘）、期刊等，但也有 OPAC 能够集成检索图书馆已购买的电子资源，如电子图书全文数据库中的图书，读者在使用 OPAC 时可查看 OPAC 系统的使用说明。

不同的图书馆所采用的 OPAC 系统可能存在不同，但在功能上基本是相似的。目前，国内外 OPAC 软件较多，国内主要有江苏汇文 OPAC（Libsys 图书馆管理系统——OPAC）、深圳图书馆 ILAS 系统；国外的有美国 Innopac 系统、美国 Unicom 系统、美国 Horizon 系统、美国的 Voyager 系统、以色列 Aleph 系统等。考虑到江苏汇文软件有限公司的 OPAC 系统在我国高校图书馆中使用较多，下面以其为例说明 OPAC 的基本用法（图 7.2-1）。

图 7.2-1 汇文 OPAC 系统（V5.6）

1. OPAC 的基本功能

读者在不登录的情况下，可以利用 OPAC 完成以下工作：①检索馆藏书目记录；②查看单册的馆藏信息，如每个复本的地点（即分馆及架位号）；③查看流通信息，如单册可以借阅多长时间和单册是否借出。

读者也可通过浏览器访问图书馆 OPAC 主页，在首页中登录栏中直接登录。读者可以：①使用电子书架；②查看检索历史；③对馆藏图书提交预约请求；④查看本人在图书馆的相关流通活动；⑤使用图书馆提供的所有对登录读者开放的个性化的读者服务。

2. 浏览功能

汇文 OPAC 系统提供"热门推荐""分类浏览""期刊导航"等浏览功能。

（1）热门推荐。提供热门借阅、热门评分、热门收藏、热门图书的浏览服务，相关书籍还可按照中图法进行分类。此外，还提供借阅关系图的查看。

（2）分类浏览。提供按中图法分类的图书浏览。

（3）期刊导航。提供按刊名拼音导航、西文字母导航、期刊学科导航、年度订购期刊等浏览期刊及其详细馆藏信息。

3. 检索功能

对读者而言，OPAC 除提供浏览功能外，还提供强大的检索功能。汇文 OPAC 系统的书目检索提供馆藏检索、简单检索、多字段检索共 3 种检索功能。

（1）馆藏检索。馆藏检索允许用户选择检索字段，输入检索词进行检索。馆藏检索也提供高级检索功能，用户可以使用布尔逻辑检索，并在文献类型、语种、排序、出版年、校区、馆藏地中进行限制，如图 7.2-2 所示。

图 7.2-2　汇文 OPAC 系统馆藏检索

此外，馆藏检索下方还提供热门检索词、热门借阅、热门图书供读者参考。

（2）简单检索。汇文 OPAC 系统的简单检索允许用户选择相应的字段，选择匹配方式（默认为前方一致），并输入检索词进行检索。用户还可以单击"更多限制"按钮，选择更多的检索限制（图 7.2-3）。

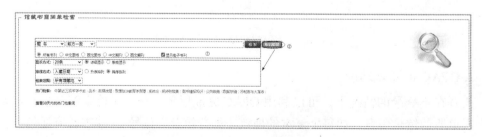

图 7.2-3　汇文 OPAC 系统简单检索

（3）多字段检索。多字段检索可以同时检索多个词组，词组之间的逻辑关系是"AND"。用户可以单击"多字段检索"按钮，显示多字段检索表单，输入检索词，即可进行检索（图7.2-4）。

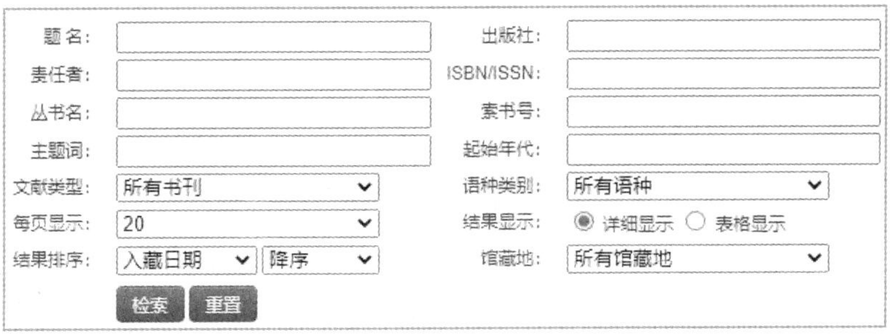

图 7.2-4　多字段检索

（4）二次检索。用户在检索结果列表中，单击"二次检索"按钮，出现二次检索窗口。对当前的检索结果设置新的检索条件后，重新提交检索请求，进行二次检索。检索条件可以选择布尔逻辑算符（AND、NOT 或 OR）、检索字段并输入新的检索词即可。

4. 检索结果展示

汇文 OPAC 系统的检索结果界面如图 7.2-5 所示，主要分为检索区、检索结果区、筛选区 3 个部分。

图 7.2-5　检索结果界面

（1）检索区。在检索区，可选择检索字段，输入检索词，进行"在结果中检索"或"重新检索"。

（2）检索结果区。检索结果区展示了检索记录，用户可以选择按入库时间（默认）、题名、责任者、书号、出版社、出版日期进行排序。

（3）筛选区。检索结果可按中图法、文献类型、馆藏地、主题进行筛选。

用户可单击每条检索结果记录，以查看该记录的详细信息（图7.2-6）。汇文 OPAC 系统详细展示了该记录的书目信息及馆藏信息。此外，还融合了豆瓣读书、当当网等网站有关该记录的信息。

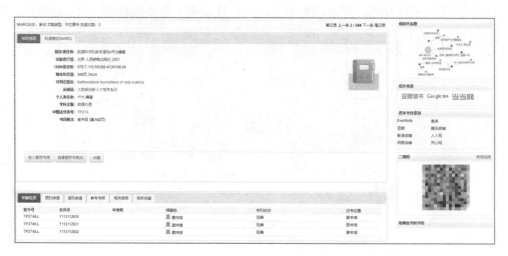

图 7.2-6　检索结果详情

7.2.2　馆藏集成查询

目前，各种学术文献数据库日益增多，而图书馆的数字资源检索系统却相对分散、复杂，如果需要检索多个数据库平台，就需要多次进入不同的数据库分别进行检索。当数据库平台比较少时，这种方式尚可实现。如果需要检索少则几个数据库，多则几十个数据库时，检索的工作量就会非常大，这给各类学术文献数据库的使用带来了不便，而且速度慢、效率低。

发现系统是一种通过数据仓储实现馆藏资源统一揭示的工具，它将各类数字资源进行整合，便于我们进行检索、获取与使用，这样我们便无须分别对不同数字资源进行检索，可以大大提高检索效率。目前，国内外影响力较大、系统相对成熟、常用的外文发现系统是 EBSCO 发现系统（EBSCO discovery system，EDS）、Primo 和 Summon。常用的中文发现系统有读秀、百链、超星发现系统。下面我们重点介绍 EDS 外文发现系统和读秀中文发现系统。

1. EDS 资源发现系统

1）EDS 概述

EDS 资源发现系统（Find+版本）是美国 EBSCO 公司出品的 EBSCO discovery service 资源发现系统在中国的本地化版本，系统在 EDS 外文资源发现的基础上，由南京大学数图技术实验室提供馆藏目录发现、中文发现、全文导航、学科发现、本地化技术支持和客制化服务；利用 EDS 系统包含的国外出版商授权提供的元数据和先进的多语种搜索技术，结合上述本地化功能和服务，搭建的国内领先的、适合中国地区图书馆用户的资源发现系统。

EDS 外文资源发现系统是将所有图书馆外文资源整合为一的检索平台，能够为读者提供统一的检索界面和检索方式，使读者能对图书馆所拥有的各种资源系统，包括电子期刊、电子图书、馆藏书目、机构典藏、开放存取数据库等资源进行一站式整合检索，检索结果能够被引用并且包含全文链接。图7.2-7为厦门大学EDS的检索主页。

图7.2-7　厦门大学EDS的检索主页

为了方便读者第一时间利用集成发现工具来检索资源，许多图书馆将EDS放在主页上，如图7.2-8所示。

图7.2-8　EDS功能主页展示

2）EDS资源与服务

截至2021年，EDS系统覆盖全球9万多家期刊和图书出版社，资源总量已达到9亿多条，覆盖的学术期刊超过17.7万种，其中全文资源近7000万种，包含学科期刊、会议报告、学术论文、传记、音视频、评论、电子资源、新闻等几十种类型的学术资源。学术资源的语言种类有近200种，非英语的出版社资源超过3000家。中文资源总量也达到近2亿条，期刊论文篇目数据达到8000万篇，书目信息资源800万种，电子书资源300万种，图书超过1200万种。同时，EDS/FIND+平台也扩展了期刊导航、学科导航、数据库期刊浏览、期刊检索、参考引文检索等功能。

EDS 系统包含外文资源发现、中文资源发现、馆藏资源发现、全文导航四大模块，其中外文资源发现是基于合法授权的、内容极丰富的、部署于美国的元数据仓和外文检索技术来实现的；中文资源发现内容涵盖所有主流中文数据库；馆藏资源发现在揭示 OPAC 信息的基础上，扩展提供封面、目录、简介、评论、图书馆导购等多种书目增值服务信息，并可以覆盖图书馆自建数据库等特色资源；全文导航基于文献动态链接（openURL resolver）提供对本机构已购全文资源的链接，对于本机构没有全文的资源，则提供文献传递和参考咨询等服务，以及其他协助获取全文的服务。

EDS 系统可以为图书馆读者提供高质量、低成本的学术资源发现和共享服务。系统给予读者一个简单易用、功能强大且容易客制化的整合平台，通过一个统一的检索界面，帮助读者迅速获取所需的文献。所有不同类型和来源的数据和检索结果被统一且完全整合在检索结果清单中。更重要的是，系统通过独特的相关性排序（relevancy ranking），将这些海量数据汇编成序，方便读者用最短的时间找到所需的研究文献。

3）EDS 的功能

（1）基本检索。基本检索是系统默认的快捷方式，系统提供关键词、题名、作者 3 个检索字段，读者输入检索词即可进行检索，如图 7.2-9 所示。

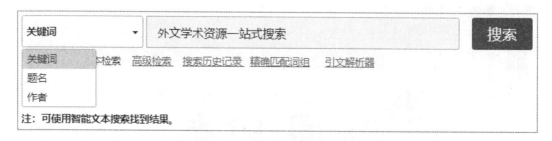

图 7.2-9　EDS 基本检索页面

（2）高级检索。高级检索提供所有文本、作者、标题、主题词、期刊名/来源、摘要、ISSN、ISBN 等检索字段，并支持多个不同字段进行逻辑组配检索（图 7.2-10）。

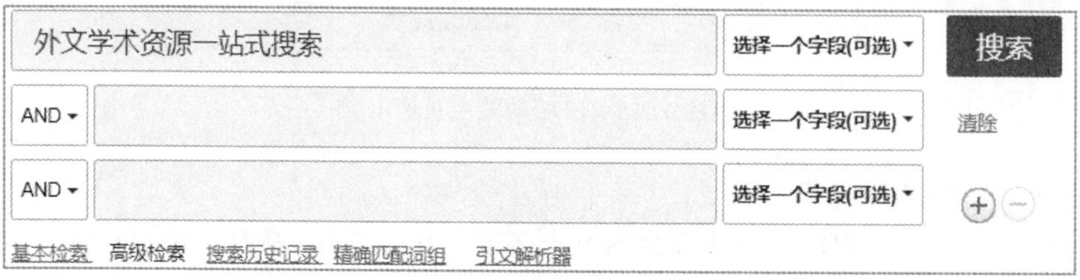

图 7.2-10　EDS 高级检索页面

高级检索还可以在检索选项中设置其他限制条件，如检索模式、限制结果（全文、同行评审期刊、期刊名称、作者、地点、语言、出版日期等）（图 7.2-11）。

图 7.2-11　EDS 高级检索

（3）检索结果展示与全文获取。EDS 的检索结果如图 7.2-12 所示。检索结果页左侧提供了各种结果精炼选项，读者可以根据需要选择。右侧提供了检索结果列表，可以按照相关性和时间排序，默认按照相关性进行排序。读者单击检索结果标题链接即可查看该结果详细信息。EDS 发现系统将检索结果汇编成序，对于付费购买的机构通过"PDF 全文""在线全文"等标记，对于开放存取资源通过"open aceess"标记，实现对丰富资源的即时访问，以便读者用最短的时间找到所需的研究文献。对于本机构没有全文资源使用权限的，提供文献传递和参考咨询服务，以便协助其获取全文。

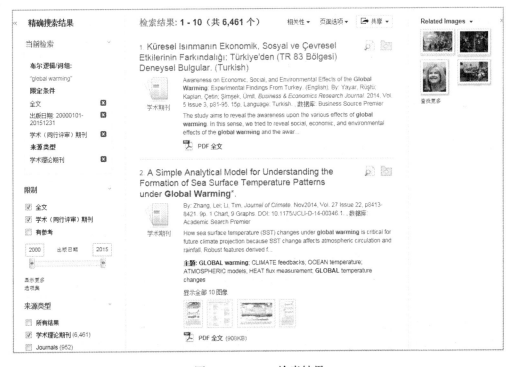

图 7.2-12　EDS 检索结果

2. 读秀发现系统

1）读秀概述

读秀是由超星公司海量全文数据及资料基本信息组成的超大型数据库,有 430 多万种中文图书、10 亿页全文资料,为用户提供内容的章节和全文检索,部分文献的原文试读,以及高效查找、获取各种类型学术文献资料的一站式检索,周到的参考咨询服务,是一个真正意义上的学术搜索引擎及文献资料服务平台。

2）读秀的特色与功能

（1）整合资源。整合各种文献资源于同一平台,实现统一检索管理。读秀将图书馆馆藏纸质图书、中文图书数据库等各种资料整合于同一平台上,统一检索,使读者能在读秀平台上获取所有信息,方便读者的使用,同时也节省图书馆的人力、物力,提高工作效率及图书馆的管理水平和服务水平。

①统一平台。将图书馆现有的纸质图书和电子图书及各种学术机构资源整合到同一平台。读者在读秀平台上零距离地获取知识,提高图书馆资源的利用率。

②统一检索。将读秀搜索框嵌入图书馆门户首页,实现资源统一检索。避免多个站点逐一登录、逐一检索的弊端,读者可在读秀平台上查询所有馆藏中文信息,检索便捷,使用方便。

（2）检索资源。通过读秀的深度检索,快速、准确地查找学术资源。读秀集成了业界先进检索技术,突破以往简单的元数据检索模式,实现了基于内容的检索,使检索深入章节和全文。利用读秀的深度检索,读者能在短时间内获得深入、准确、全面的文献信息。

（3）获取资源。读秀为读者整合学术资料,并提供多种阅读、获取资源的途径。读秀的海量资源与用户图书馆资源整合,为用户打造一个资源库的同时,也为用户提供了多种获取海量资源的捷径,满足读者快速获取知识的需求。读秀提供资料的部分原文试读,更加全面地揭示文献内容,利于读者选择资料。

（4）定制特色功能。满足用户的管理需求和读者的阅读需求。读秀的定制特色功能包括以下 3 个方面。

①流量统计系统。阅读量、点击量、分类统计、饼状图、柱状图、趋势图等功能。

②图书推荐系统。推荐购买纸书、电子图书及图书推荐排行统计功能。

③图书共享系统。图书书目馆际互知、网上书店购买、联系出版社等功能。

3）读秀的检索

第一步,访问 https://www.duxiu.com/ 进入读秀,如图 7.2-13 所示。

第二步,选择文献类型,在搜索框中输入查询词,单击"中文搜索"或"外文搜索"按钮,将为读者在海量的资源中查找相关文献。

第三步,浏览搜索结果。读秀的检索结果页面分为 4 个部分,上部为检索条件和二次检索区,可重新输入检索词进行再次检索和在结果中检索；左侧为精炼区,可按照条件对检索结果进行筛选；中间为检索结果列表,可按照相关性和时间等方式排序并查看检索结果；右侧为相关结果区,可查看该检索条件下其他类型的相关文献,如图 7.2-14 所示。

第 7 章　OPAC：查询馆藏信息

图 7.2-13　读秀检索主页

图 7.2-14　读秀检索结果

第四步，查看检索结果记录。单击检索结果列表每条记录的标题，即可查看记录的详细信息。对于有馆藏纸本的图书，可到馆借阅；对于有电子书、期刊论文或其他类型资源使用权限的，读秀为图书馆购买过的电子期刊或其他数据库提供挂接服务。有链接的，该馆用户可通过全文链接进行下载。对无使用权限的资源，须通过有关单位的文献咨询与传递服务平台索取全文。

7.3　图书馆联合目录查询系统

单个图书馆的馆藏可能并不能满足读者的需求，许多图书馆之间为了实现资源共享、利益互惠的目的而组织起来,形成图书馆联盟。联盟受共同认可的协议和合同制约,它既可以理解为馆际合作,又可以理解为传统图书馆与数字和虚拟图书馆,纸型资源与电子资源的互补共存。目前,图书馆联盟提供联合目录查询系统提供给用户进行查询。

7.3.1 地区性的联合目录查询

近年来,我国成立了很多区域性的图书馆联盟,它们也提供了相应的联合目录查询系统,如广州高校图书馆联盟、江西高校图书馆联盟等。读者可查阅所在单位参加的地区性联盟。通常,这些联盟都提供了相应的联合目录查询系统供读者查询。下面以江西高校图书馆联盟为例进行介绍。

1. 概述

江西高校图书馆联盟是以江西昌北高校图书馆的传统文献和数字资源为基础,以"资源共知、服务共享"为目标,运用先进的网络技术,打破地域限制,为广大读者打造的一个统一的、"一站式"的资源统一检索和服务平台。该联盟源于 2010 年 3 月 19 日江西省南昌市昌北地区的江西财经大学图书馆、华东交通大学图书馆、江西农业大学图书馆三所高校图书馆发起成立的昌北高校图书馆联盟。2018 年 3 月 8 日正式更名江西高校图书馆联盟。

江西高校图书馆联盟是网络化、数字化的图书馆,其成员馆包括南昌大学图书馆、江西财经大学图书馆、南昌航空大学图书馆、华东交通大学图书馆、江西农业大学图书馆、东华理工大学图书馆、江西中医药大学图书馆、江西科技师范大学图书馆,实现了江西省南昌市主要高校图书馆传统文献和数字资源在同一平台上的整合,以及统一调度使用、电子文献原文传递、纸质文献馆际互借,为广大读者提供全方位的文献获取服务,如图 7.3-1 所示。

图 7.3-1　江西高校图书馆联盟

2. 资源与服务

江西高校图书馆联盟利用联盟共享平台,向联盟各成员馆读者提供方便快捷的"一站式"检索服务,联盟读者可通过平台检索各成员馆的各类电子资源及纸质资源。联盟平台通过元数据采集技术收录了联盟各成员馆 70 余个数据库、近百万册（件）纸质文献的超过 2 亿条的元数据，读者可通过指向元数据的检索直接或通过原文传递、馆际互借等方式获得各类文献资源。资源类型包括纸质馆藏、电子图书、电子期刊、会议论文、学位论文、报纸、专利、标准、视频、图像、随书光盘、OA 资源及特色数据库等。

3. 检索功能

1）基本检索

基本检索是联盟系统默认的快捷方式。首页提供书名、作者两个检索字段，读者选择适当的文献类型与检索字段，在检索框中输入中文（外文）检索词，单击"中文搜索"（或"外文搜索"）按钮，即可在大量的元数据中对中文图书、期刊论文、学位论文、报纸、标准文献等各类文献进行"一站式"检索，并从中找出所需信息，如图 7.3-2 所示。

图 7.3-2　基本检索页面

2）高级检索

高级检索可以同时检索多个字段，字段之间的逻辑关系是"AND"。读者可以从"检索首页"窗口进入"高级检索"菜单，平台提供了中文（外文）期刊高级检索、中文（外文）图书高级检索和学位论文高级检索等多个选项，每个检索选项下提供书名、作者、主题词、期刊名/来源、摘要、ISSN、ISBN 等检索字段，并支持多个不同字段进行逻辑组配检索。读者在检索框中输入检索词，即可进行检索（图 7.3-3）。

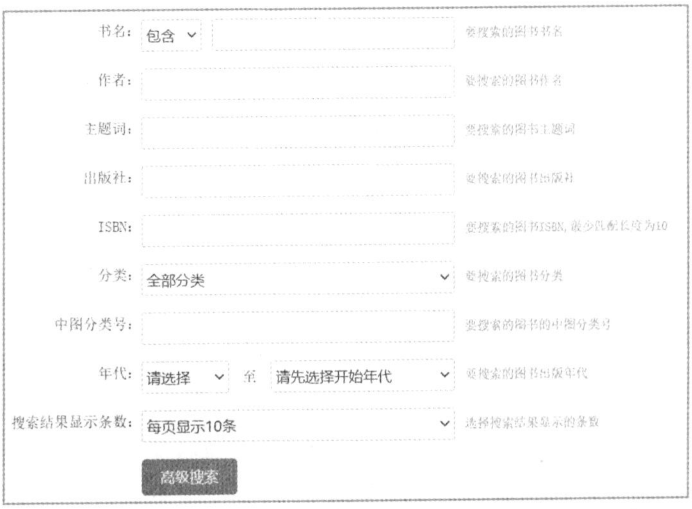

图 7.3-3　高级检索页面

3）检索结果展示与全文获取

江西高校图书馆联盟对检索结果可以按照不同的条件进行排序，如作者、时间、书名、访问量、收藏量、引用量等，平台默认按照相关性进行排序。检索结果如图 7.3-4 所示，左侧提供了各种结果精炼选项，读者可根据需要，按照条件对检索结果进行筛选。中间为检索结果列表，可按照多种方式排序并查看检索结果，在每项检索结果下进行了分类展示，读者单击"分类展示"即可进行二次检索。

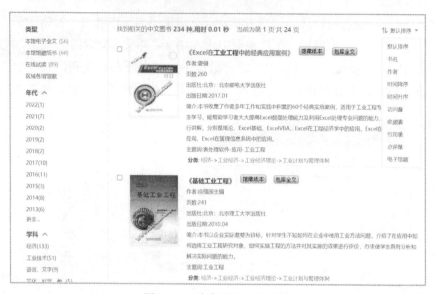

图 7.3-4　检索结果展示页面

查看检索结果记录。单击检索结果列表每条记录的标题，即可查看记录的详细信息。对于有馆藏纸本的图书，可到馆借阅；对于有电子书、期刊论文或其他类型资源使用权限的，读者可在线阅读或通过全文链接进行下载。对无使用权限的资源，或因各种缘由无法获取原文，读者可以单击"图书馆文献传递"按钮，进行原文传递申请。申请时须填写文献传递申请表，如图 7.3-5 所示。联盟将在 1 个工作日内将文献资料发送到读者

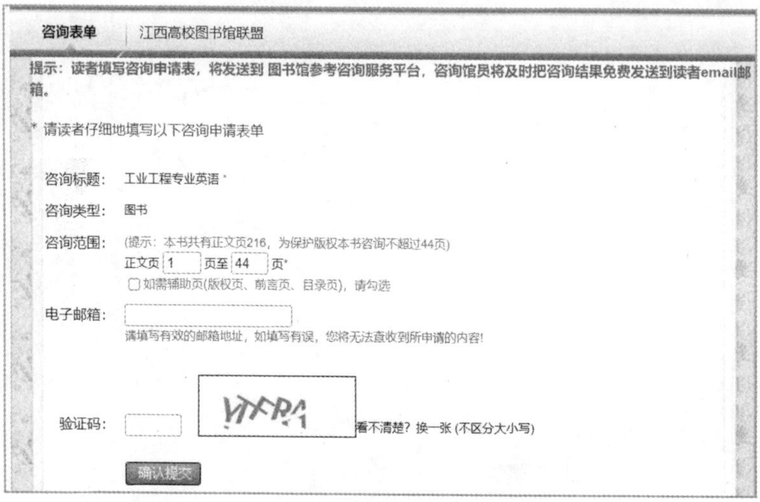

图 7.3-5　文献传递申请表

的电子邮箱。图书每本单次咨询不超过 50 页，默认为 1~50 页；同一图书每周的咨询量不超过全书页数的 20%；期刊等其他类型文献一次性传递完成。

7.3.2 国家性的联合目录查询和资源体

1. 全国图书馆参考咨询联盟

1）概述

全国图书馆参考咨询联盟（http://www.ucdrs.net/）（图 7.3-6）是在全国文化信息资源共享工程国家中心指导下，由中国公共、教育、科技系统图书馆合作建立的公益性服务机构，其宗旨是以数字图书馆馆藏资源为基础，以因特网的丰富信息资源和各种信息搜寻技术为依托，为社会提供免费的网上参考咨询和文献远程传递服务。

图 7.3-6　全国图书馆参考咨询联盟

截至 2021 年，该联盟拥有我国最大规模的中文数字化资源库群，包括元数据总量 7.6 亿篇（册），其中中文图书 660 万册、中文期刊元数据 12 000 万篇、中文报纸 19 000 万篇、中文学位论文 680 万篇、中文会议论文 680 万篇、外文期刊 29 000 万篇、外文学位论文 680 万篇、外文会议论文 2600 万篇、开放学术资源 4900 万篇、国家标准与行业标准 7 万件，专利说明书 86 万件。读者在该联盟平台进行注册并登录，即可免费使用其服务。

平台首页页面分为多个区域，顶部为检索栏，读者可以输入检索词进行相关文献的快速检索；检索栏下方提供了咨询窗口，读者可以针对使用中出现的问题进入对应的咨询窗口解决；在咨询窗口下，左侧区域向读者提供了全国各加盟馆的官方平台链接，右侧区域实时更新该平台的文献咨询服务动态和知识咨询服务动态，方便读者第一时间了解各文献的检索情况。

2）检索功能

读者首次使用需要先进行注册，已经注册用户可直接登录，登录后，可直接进入全国图书馆参考咨询联盟。在首页检索栏输入检索字段，选择适当文献类型，然后单击"中文搜索"或"外文搜索"按钮可进行快速检索，或者读者可以选择高级检索同时检索多个字段，平台提供了中文（外文）期刊高级检索、中文（外文）图书高级检索和学位论文高级检索等多个选项。每个检索选项提供书名、作者、主题词、期刊名/来源、摘要、ISSN、ISBN等检索字段，并支持多个不同字段进行逻辑组配检索。

检索结果页面如图 7.3-7 所示，顶部为检索条件和二次检索区，读者可重新输入检索字段进行再次检索或在结果中检索；左侧为精炼区，读者可按照条件对检索结果再次进行筛选；右侧为检索结果列表，可按照相关性和时间等方式排序并查看检索结果。

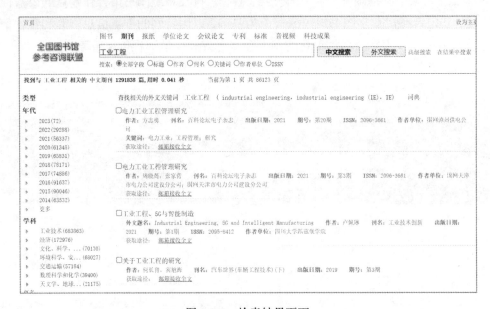

图 7.3-7　检索结果页面

在检索结果中选择所需要的文献，单击"邮箱接受全文"按钮进行文献传递申请，在图 7.3-8 中输入电子邮箱、验证码，单击"确认提交"，参加联盟的图书馆参考咨询员将把文献发送到读者指定的邮箱。

图 7.3-8　文献传递申请表

当检索到的文献未提供"获取途径"选项时,读者可以通过单击检索结果列表中每条记录的标题,进入下一页,在页面右侧的文献传递申请链接来进行获取(这种情况一般包括部分期刊论文、会议论文、学位论文及所有的专利文献、标准文献的申请,亦存在只有文献摘要而无该文献全文的情况)。具体情况如图7.3-9所示。

图 7.3-9 检索文献信息展示页

3)咨询功能

若读者需要查询自己的咨询情况,可通过首页的"我的咨询"来获取自己所申请文献20日之内的相关历史信息;若在使用过程中遇到实际问题,例如,需要的资源在首页检索不到,或者对文献检索、传递和利用有任何咨询,可以通过填写咨询申请表进行表单咨询(图7.3-10),也可以在工作时间通过 QQ 向咨询员进行实时咨询,以更高的效率获得自己的答复;若使用中需要有关百科知识的咨询,可使用知识咨询功能。

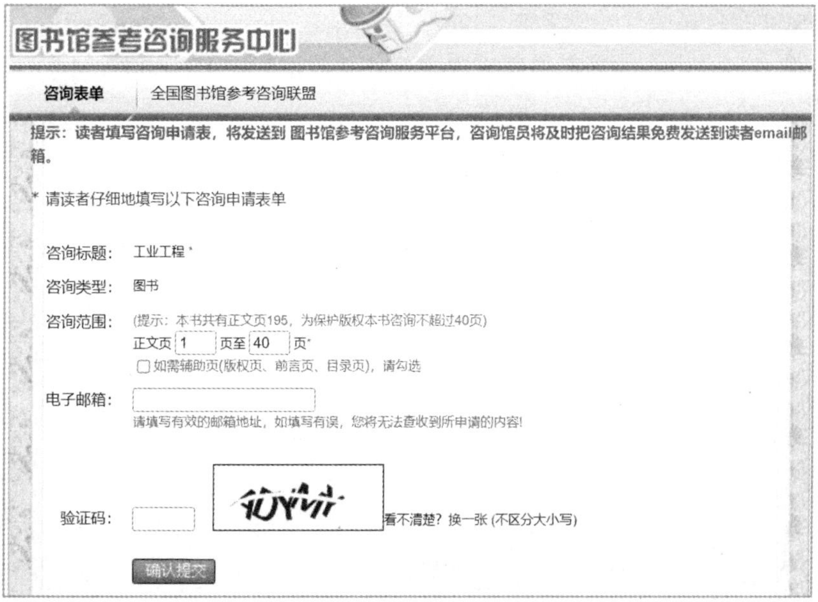

图 7.3-10 咨询申请表

2. CALIS 联合目录公共检索系统

1）概述

在我国，"中国高等教育文献保障系统"（China Academic Library & Information System，CALIS）是中国高校领域知名的图书馆联盟系统。CALIS 是教育部"九五""十五"和"三期""211 工程"中投资建设的面向所有高校图书馆的公共服务基础设施，通过构建基于互联网的"共建共享"云服务平台——中国高等教育数字图书馆、制定图书馆协同工作的相关技术标准和协作工作流程、培训图书馆专业馆员、为各成员馆提供各类应用系统等，支撑着高校成员馆间的"文献、数据、设备、软件、知识、人员"等多层次共享，已成为高校图书馆基础业务不可或缺的公共服务基础平台，并担负着促进高校图书馆整体发展的重任。

CALIS 从 1998 年 11 月正式启动建设。截至 2012 年，国家累计投资 3.52 亿元建设资金，建成以 CALIS 联机编目体系、CALIS 文献发现与获取体系、CALIS 协同服务体系和 CALIS 应用软件云服务（SaaS）平台等为主干，各省级共建共享数字图书馆平台、各高校数字图书馆系统为分支和叶节点的分布式"中国高等教育数字图书馆"。目前 CALIS 注册成员馆逾 1800 家，覆盖除台湾省外中国 31 个省（自治区、直辖市）和港澳地区，成为全球最大的高校图书馆联盟。

CALIS 由设在北京大学的 CALIS 管理中心负责运行管理。CALIS 的骨干服务体系，由四大全国中心（文理中心——北京大学，工程中心——清华大学，农学中心——中国农业大学，医学中心——北京大学医学部）、七大地区中心（东北——吉林大学，华东北——南京大学，华东南——上海交通大学，华中——武汉大学，华南——中山大学，西南——四川大学，西北——西安交通大学），以及 31 个省级（省、自治区、直辖市）中心和 500 多个服务馆组成。这些骨干馆的各类文献资源、人力资源和服务能力被整合起来支撑着面向全国所有高校的共享服务。

CALIS 联合目录公共检索系统（http://opac.calis.edu.cn/opac/simpleSearch.do）提供对 CALIS 联合目录中心数据库的所有中文、外文数据的检索，如图 7.3-11 所示。目前包含书目记录 800 万余条。

图 7.3-11　CALIS 联合目录公共检索系统

2）CALIS 的基本功能

CALIS 联合目录公共检索系统（以下简称 OPAC）采用 Web 方式提供查询与浏览服务，利用该统一检索平台可以检索不同高校图书馆的藏馆书目信息。其基本功能包括以下 8 个方面。

- 多库分类检索：OPAC 中的数据，按照语种划分，可分为中文、西文、日文、俄文 4 个数据库；按照文献类型划分，可分为图书、连续出版物、古籍。
- 排序功能：默认的排序优先次序是题名、相关度。
- 检索历史：保留用户发出的最后 10 个检索请求，用户关闭浏览器后，检索历史将清空。
- 多种显示格式：检索结果分为多种格式显示，即详细文本格式、MARC 显示格式。详细文本格式对所有用户免费开放；MARC 显示格式只对 CALIS 联合目录成员馆开放，成员查看或下载 MARC 记录，均按照 CALIS 联合目录下载费用标准收取。
- 多种格式输出：对所有用户提供记录引文格式、简单文本格式、详细文本格式的输出，此外，对 CALIS 联合目录成员馆还提供 ISO2709、MARCXML、CALIS bookXML、MARC 列表的输出。系统提供 E-mail 与直接下载到本地两种输出方式，输出字符集提供常用的"GBK""UTF-8""UCS2""MARC8"四种。用户可根据自己的需要进行选择。
- 浏览功能：对古籍数据提供四库分类的树型列表浏览。
- 收藏夹功能：对有权限的用户提供保存用户的检索式与记录列表、标注书签、添加和维护用户评论的功能，目前这些功能不对普通用户开放。
- 馆际互借：OPAC 系统提供用户直接发送请求到本馆的馆际互借网关，用户无须填写书目信息。

3）CALIS 的检索功能

（1）简单检索。CALIS 联合目录公共检索系统的检索功能主要提供简单检索、高级检索、浏览检索等方式。简单检索页面如图 7.3-12 所示。系统支持一个检索条件的简单检索，提供的检索字段有题名、责任者、主题、ISBN、ISSN 等。读者可以根据需要的检索条件选择检索字段，在检索栏输入检索词，执行检索即可得到检索结果。

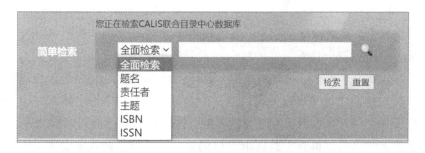

图 7.3-12　CALIS 简单检索页面

检索结果展示页面如图 7.3-13 所示，顶部展示检索表达式和检索结果记录；左侧提供了检索结果的精炼选项，读者可按照需求对检索结果进行二次检索；右侧列表中展示了文献的篇名及作者提示和来源刊提示。单击标题即可查看其书目信息和馆藏信息，检索结果如果能获取全文的，则直接下载电子全文；如果不能获取全文，则通过文献传递获取资源，如图 7.3-14 所示。

图 7.3-13　CALIS 检索结果展示页面

图 7.3-14　CALIS 检索结果信息页

（2）高级检索。高级检索功能中，系统提供了题名、作者、主题、ISBN 等 15 个检索字段，读者可进行三个检索条件的复合检索，各检索条件之间的组配关系包括"与""或""非"，高级检索功能可对资料类型、语言和出版时间等加以限定。读者根据检索条件以及各检索条件之间的逻辑关系，选择检索字段，在检索框中输入对应的检索词，按需求进行资料类型、出版形式及时间的限制，执行检索即可得到检索结果。选中检索结果列表中的文献篇名，可查看其详细书目信息和馆藏信息并获取全文（图 7.3-15）。

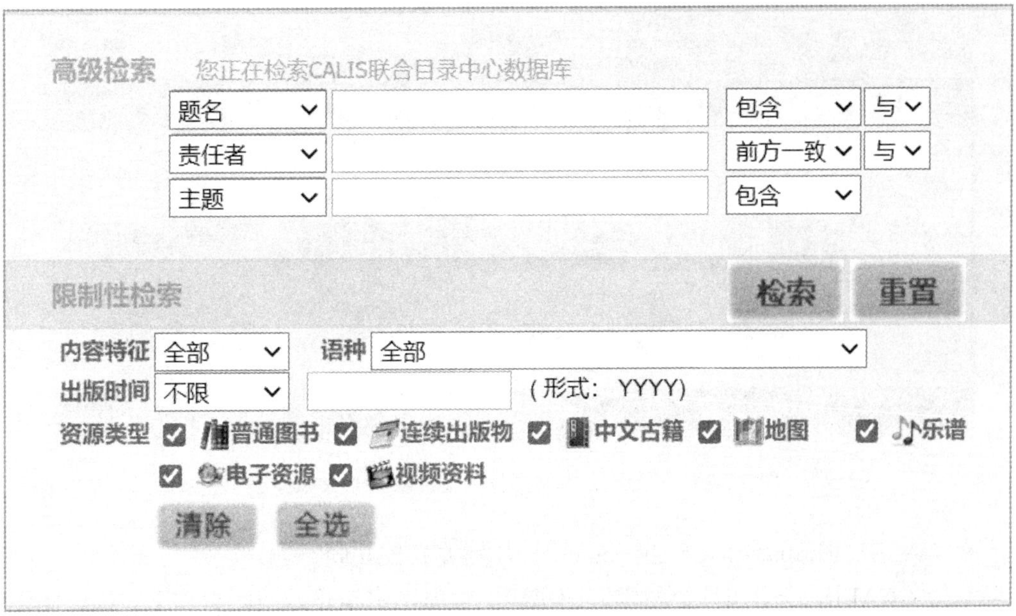

图 7.3-15　CALIS 高级检索页面

3. CASHL（中国高校人文社会科学文献中心）

1）概述

中国高校人文社会科学文献中心（China Academic Humanities and Social Sciences Library，CASHL），是在教育部的统一领导下，本着"共建、共知、共享"的原则、"整体建设、分布服务"的方针，通过组织国内具有学科、资源和服务优势的高等学校图书馆，有计划、有系统地整体引进国外人文社会科学图书、期刊和电子资源，借助现代化的服务手段，整合国内高校人文社科领域研究成果，服务国家发展战略，为人文社会科学教学科研、人才培养提供全面和最终的文献信息资源保障的服务体系，是教育部高校哲学社会科学"繁荣计划"的重要组成部分，也是全国性的、唯一的人文社会科学文献收藏和服务中心，其最终目标是成为"国家级哲学社会科学资源平台"。

在全面建设引进文献资源体系的同时，CASHL 也努力打造中国人文社会科学走向世界的成果平台，加强中文特色文献资源建设，积极参与中国特色哲学社会科学话语体系的建设。CASHL 在资源建设上本着整体建设、统筹安排、相对集中、讲求效益的原则，通过建设全国中心、区域中心和学科中心三级体系，实现高效图书馆馆际文献收藏与服务的分工合作，建设我国人文社会科学领域最高水平、最全面和最可持续的人文文献资源中心。CASHL 在服务建设上本着"共建、共知、共享"的原则，由 CASHL 中心馆和高校文科图书引进专款项目院校以集中式平台和分布式服务相结合的方式共同合作，建设集中式的 CASHL 网络服务体系，揭示报道 CASHL 收藏的印本期刊、电子资源、文专图书、大型特藏及其他非 CASHL 馆藏的人文社科学术资源，面向全国高校、哲学社会科学研究机构和工作者提供综合性文献信息服务，如图 7.3-16 所示。

图 7.3-16　CASHL 中国高校人文社会科学文献中心

在 CASHL（http://www.cashl.edu.cn/）各相关高校共同努力，以及与高等教育文献保障系统（CALIS）、中国社会科学院图书馆、上海图书馆达成战略合作下，CASHL 外文可服务文献量得到进一步提高。迄今为止，可供服务的人文社科核心期刊和重要期刊达到 6.2 万余种、印本图书达 345 万余种、电子资源数据库达 16 种，累计提供文献服务近 2200 万件，其中手工文献服务已突破 130 万件，文献平均满足率达 96.29%，服务时间缩短为 1.87 天，大大提高了外文图书的利用率，充分发挥其效益。除此之外，CASHL 还提供"高校人文社科外文期刊目次库"和"高校人文社科外文图书联合目录"等数据库，提供数据库检索和浏览、书刊馆际互借与原文传递、相关咨询服务等。CASHL 服务辐射面也进一步拓展，CASHL 目前已拥有近 900 家成员单位，个人注册用户 15.4 万多个，CASHL 服务惠及上千万个用户。

2）资源与服务

（1）CASHL 资源包括图书、期刊及数据库。

①图书。CASHL 平台整合的印本图书和电子图书面向全国高校读者提供统一检索、馆际互借和部分章节传递的文献共享服务，印本图书涵盖了国内 70 余所高校图书馆和上海图书馆的 345 万种；电子图书涵盖了 17 所高校图书馆的 17.5 万种。学科涉及文学、艺术、历史、考古、哲学、政治、军事、经济、法学、教育学、社会学、新闻传播、管理学、心理学、图书情报文献学、语言学、区域研究等。有权限访问电子图书的院校，可在校园网内直接单击检索结果浏览或下载全文。

②期刊。CASHL 平台整合的印本期刊和电子期刊面向全国高校读者提供统一检索、馆际互借和部分章节传递的文献共享服务。印本期刊涵盖了国内 17 所高校图书馆和上海图书馆、中国社会科学院图书馆的 6.2 万种；电子期刊涵盖 17 所高校图书馆的 20 多万种。有权限访问电子期刊的院校，可在校园网内直接单击检索结果浏览或下载全文。

③数据库。CASHL 全部数据库是 CASHL 平台上集成的 900 多个 CASHL 中心馆人文社科类数据库，涉及文学、艺术、历史、考古、哲学、政治、军事、经济、法学、教育学、社会学、新闻传播、管理学、心理学、图书情报文献学、语言学、区域研究等全部人文社会科学学科，以及各类交叉学科；文献类型包括图书、期刊、学位论文、音像、

乐谱、地图等 20 多种文献类型。有访问权限的院校，可在校园网内直接单击检索结果浏览或下载全文、收听或观看音像。

（2）特色资源包括大型特藏、哲社期刊、民国期刊及高校古文献资源。

①大型特藏。大型特藏文献，是专题完整、内容庞大、以原始资料为主、具有鲜明主题特色的大型文献，是 CASHL 的标志性收藏，其中大部分也是 CASHL 的独有收藏。其载体类型有大型图书、期刊合订本、缩微资料、图像资料等，该平台目前已引进 223 种，每年还在不断增加。

②哲社期刊。"国家哲学社会科学学术期刊数据库"（简称哲社期刊库）是由国家社科基金支持，中国社会科学院承建、中国社会科学院图书馆调查与数据信息中心开发维护的、可供开放获取的中文全文数据库。收录精品学术期刊 1000 多种，论文超过 485 万篇，以及超过 101 万位学者、2.1 万家研究机构相关信息。国家社科基金重点资助期刊 200 种。中国社会科学院主管主办期刊 80 多种。三大评价体系（中国社会科学院、北京大学、南京大学）收录的 500 多种核心期刊。回溯到创刊号期刊 500 多种，最早回溯到 1921 年。中国社会科学院图书馆与 CASHL 开展战略合作，共同提供文献联合保障服务。通过 CASHL 统一检索平台检索并单击检索结果，个人用户注册后在任何地点都可以登录使用。机构用户签署机构用户授权使用协议，在机构 IP 范围内无须登录，直接使用。

③民国期刊。CASHL 民国期刊目录收录了复旦大学、厦门大学、华东师范大学、福建师范大学、上海大学、绍兴文理学院、中国科学院上海生命科学信息中心生命科学图书馆 7 家图书馆的馆藏。共包含民国期刊 7000 多种，涵盖诸多学科，内容广泛、多样、全面，涉及当时的文学、语言文字、社会科学、历史地理、教育、经济、政治、法律、哲学、宗教、军事、体育、艺术、图书情报、新闻、自然科学、数理化、医药卫生、农业、工业、交通运输等门类。CASHL 用户可通过主页检索并发出文献传递申请，从而获得收藏馆提供的民国期刊文献传递服务。

④高校古文献资源。"高校古文献资源库"为中国高等教育文献保障系统（CALIS）三期建设的子项目之一。该资源库由北京大学牵头，联合国内包括香港中文大学、澳门大学在内的 27 家高等院校，以及国外的加拿大英属哥伦比亚大学、美国华盛顿大学东亚图书馆、美国哈佛大学燕京图书馆合力建设。资源库的主体建设完成于 2012 年 4 月，目前拥有古籍书目元数据近 70 万条，书影图像 20 多万幅，电子图书近 10 万册。目前高校古文献资源库的文献共享，仅有复旦大学、四川大学和吉林大学开展了面向 30 家参建馆的文献传递服务。

（3）文献服务包括文献传递、图书借阅及代查代检。

①文献传递。文献传递是一种非返还式的文献提供服务，为 CASHL 用户复印、传递"开世览文"收录的高校外文期刊论文、图书部分章节、缩微资料等文献。文献传递方式主要有电子邮件、网上文献传递系统（FTP）两种方式。用户可通过检索"CASHL 资源发现系统"，查找所需要的文献，当无法直接获得电子全文时，可通过提交文献传递申请获得。首次使用该服务时需要先注册用户并确认账号。文献一般通过电子邮件直接发到邮箱。

②图书借阅。图书借阅服务是面向 CASHL 馆际互借成员馆用户提供"开世览文"收录的高校馆藏外文图书、上海图书馆馆藏外文图书的馆际借阅服务,借阅方式有平信挂号邮寄和特快专递等。

用户通过检索"CASHL 资源发现系统",查到所需要的图书,可直接向收藏馆提交馆际互借申请借阅图书。

③代查代检。代查代检服务为用户提供了一种资源间接获取的服务方式。当用户在"CASHL 资源发现系统"平台上检索到一篇文献无收藏馆时,表明所需要的文章 CASHL 未收藏,此时可以选择通过 CASHL17 家中心馆任意一家图书馆在国内或者国外代为查找。或者用户仅仅知道文献的信息时,直接"提交申请",手工填写文献申请信息,由 CASHL 全国中心北京大学图书馆代为查找所需文献。

3)检索功能

基本检索功能下,平台提供了一个检索条件输入框和选择检索字段的下拉框,确定一个或几个检索词输入到该文本框中,不必考虑词序和区分大小写(图 7.3-17)。词与词之间默认的逻辑关系是 AND,它的含义是检索结果中必须含有所有检索词。

图 7.3-17　CASHL 基本检索页面

高级检索页面如图 7.3-18 所示,高级检索功能下,有多个检索条件输入框,用户可以根据需要输入一个检索条件进行简单查询或输入多个检索条件实现多个检索字段的组合检索,平台提供了题名、作者、主题、ISBN、ISSN、DOI、摘要、出版社等 12 个检索字段。

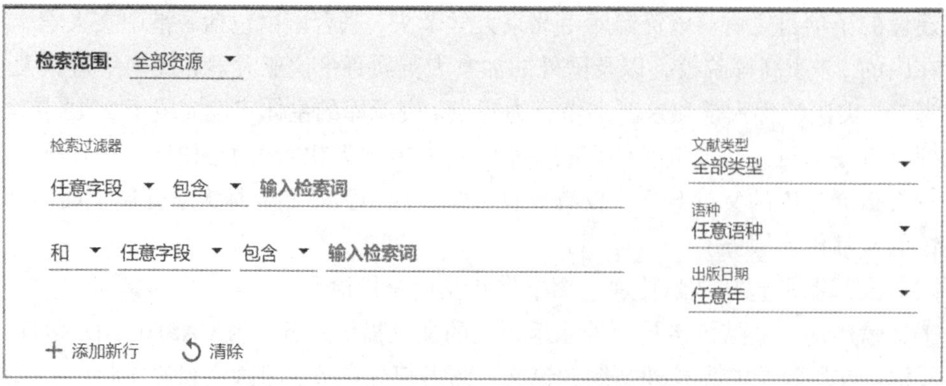

图 7.3-18　CASHL 高级检索页面

在检索结果页面中,如图 7.3-19 所示,用户可以通过左侧检索结果的精炼选项区,根据需求进一步限制,对检索结果进行二次筛选,或者直接单击文献名查看文献信息,如果需要获取全文，可复制保存文献信息作为申请文献传递的依据。

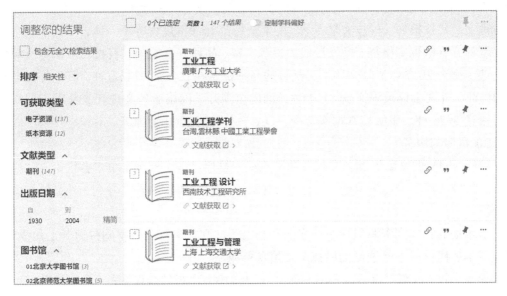

图 7.3-19　CASHL 检索结果展示页面

4. NSTL 国家科技图书文献中心

1）概述

国家科技图书文献中心（National Science and Technology Library，NSTL）是科技部联合财政部等 6 个部门，经国务院批准，于 2000 年 6 月 12 日成立的一个基于网络环境的科技文献信息资源服务机构。该文献中心由中国科学院文献情报中心、中国科学技术信息研究所、机械工业信息研究院、冶金工业信息标准研究院、中国化工信息中心、中国农业科学院农业信息研究所、中国医学科学院医学信息研究所、中国标准化研究院标准馆和中国计量科学研究院文献馆 9 个文献信息机构组成。

NSTL 以构建数字时代的国家科技文献资源战略保障服务体系为宗旨，按照"统一采购、规范加工、联合上网、资源共享"的机制，采集、收藏和开发理、工、农、医各学科领域的科技文献资源，面向全国提供公益的、普惠的科技文献信息服务，如图 7.3-20 所示。其发展目标是建设成数字时代的国家科技文献信息资源的保障基地、国家科技文献信息服务的集成枢纽和国家科技文献信息服务发展的支持中心。

图 7.3-20　NSTL 国家科技图书文献中心

国家科技图书文献中心（http://www.nstl.gov.cn/）是根据国家科技创新发展的需要，全面收藏和开发理、工、农、医等领域的科技文献，集中外文学术期刊、学术会议论文、学位论文、科技报告、科技文献专著、专利、标准和计量规程等于一体，形成了印本和网络资源互补的保障格局，已发展成为资源丰富、品种齐全的国家科技文献信息资源保障基地。截至2017年，外文印本文献订购品种稳定在2.4万～2.6万种，其中外文期刊16719种，外文会议录等文献8134种；面向全国开通网络版外文现刊519种、回溯期刊总量达3075种、事实型数据库2个、OA学术期刊7000余种等。

2）资源与服务

（1）NSTL的文献资源。文献资源浏览检索排序：学术期刊、学术会议论文、科技报告、科技文献专著、学位论文、标准、中外文计量规程、中外文专利、外文科技图书简介。

学术期刊：期刊资源包括中外文期刊和电子期刊，学科涵盖基础科学、工程技术、农业科学、医学科学等领域的科技文献信息资源。

学术会议：收藏了世界上所有科技类重要学协会出版的会议文献。学科涵盖基础科学、工程技术、农业科学、医学科学等领域的科技文献信息资源。

科技报告：收藏了美国著名的四大科技报告全文数据库（AD、PB、NASA、DOE）、行业报告、市场报告、技术报告等。侧重于军事工程技术、民用工程技术、航空和空间技术领域、能源技术及前沿技术的战略预测等内容报告。学科涵盖基础科学、工程技术、农业科学、医学科学等领域的科技文献信息资源。

科技文献专著：收藏了世界知名出版社和重要专业学协会出版的外文科技图书、文集汇编、参考工具书和检索工具书等专著。学科涵盖基础科学、工程技术、农业科学、医学科学等领域的科技文献信息资源。

学位论文：中文学位论文方面，收录1984年至今我国高校、科研院所授予的硕士、博士和博士后学位论文220多万篇，每年增加论文近20万篇。学科涉及自然科学各专业领域，涵盖全国1093所高校及科研机构。经济（F）、医药卫生（R）及自动化技术、计算机技术（TP）的学位论文馆藏量分列前三位。外文学位论文方面，收藏ProQuest公司出版的2001年以来的电子版优秀硕博士论文30多万篇，每年新增约4万篇，涉及自然科学和社会科学领域，涵盖924所国外高校及科研机构。工程类、生物学、化学学科的学位论文馆藏量分列前三位。

标准、计量规程：标准数据库方面，收藏了英国、德国、法国、日本、美国重要学协会标准数据库和中国国家标准数据库。内容涉及科学研究、社会管理及工农业生产的各个领域。约157 507条数据。计量规程方面，收藏了我国从1972年以来公开发行的2000多种计量检定规程、计量检定系统技术规范及计量基准、副基准操作技术规范等，涵盖已出版的全部国家计量检定规程及一些部门的计量检定规程，学科范围涉及自然科学各专业领域。

专利文献：收藏了国内外16个国家和地区的专利［国家知识产权局从1985年以来的所有公开（告）文献］。

外文科技图书简介：主要提供科技文献专著的题名、目录、摘要、和部分专著内容评价服务。

（2）NSTL的信息服务。文献服务是NSTL的一个主要服务项目。具体内容包括：文献检索、全文提供、网络版全文、目次浏览、目录查询等。非注册用户可以免费获得除全文提供以外的各项服务，注册用户同时可以获得全文提供服务。

文献检索栏目向用户提供各类型科技文献题录或文摘的查询服务。文献类型涉及期刊、会议录、学位论文、科技报告、专利标准和图书等，文种涉及中、西、日、俄等。提供普通检索、高级检索、期刊检索、分类检索、自然语言检索等多种检索方式。

全文提供服务是在文献检索的基础上延伸的一项服务内容，根据用户的请求，以信函、电子邮件、传真等方式提供全文复印件。此项服务是收费服务项目，要求用户注册并支付预付款。网络版全文服务提供NSTL购买的网络版全文期刊的免费浏览、阅读和下载。电子版图书的借阅服务，是面向部分西部个人用户提供的一个服务项目，需要申请授权，希望获得此项服务的用户需要填写"中国西部地区方正Apabi网上数字图书馆系统个人账户申请表"。

目次浏览提供外文科技期刊的目次页浏览服务（current contents），报道内容均为NSTL成员单位收藏的各文种期刊。用户可通过期刊目次页，浏览期刊的内容，查询相关文摘，进而请求全文。

目录查询提供西文期刊、西文会议、西文图书等文献类型的书目数据查询。报道内容均为NSTL成员单位馆藏文献。通过该栏目，用户可及时了解文献的到馆情况。

3）检索功能与全文获取

（1）普通检索。NSTL平台提供给用户3种检索类型：文献检索、词表检索和扩展检索。文献检索功能下可对期刊论文、会议文献、学位论文、科技报告、专利文献、计量规程等进行检索，检索方式有普通检索和高级检索两种。

进行普通检索时首先在检索栏上方选择查询字段，然后输入检索内容，可以是单个的检索词，也可以通过布尔逻辑运算符"AND"（与）、"OR"（或）、"NOT"（非）对多个检索词进行组配（图7.3-21）。

图7.3-21　NSTL普通检索页面

检索结果展示页面如图7.3-22所示，页面左侧系统提供了各种结果精炼选项，读者可根据需要，按照条件对检索结果进行筛选；页面中间为检索结果列表，可按照多种方式排序并查看检索结果，在每项检索结果下进行了关键词展示；页面右侧系统提供了与检索词相关的关键词，读者根据需要选择即可进行二次检索。当查看检索结果记录时，单击每条记录的标题，即可浏览该文章的详细信息。

图 7.3-22　NSTL 检索结果展示页面

（2）高级检索。在高级检索状态下，用户可以按字段和逻辑运算符构造检索式。检索结果集的范围为 NSTL 文献库的所有来源刊的文献。可检字段包括题名、作者、刊名、ISSN、文摘、机构、关键词、被引时间、出版时间等。用户可自由选择各检索字段间的关系，用"与""或"进行组合，并通过增加检索条件，重复类似操作，直到组合完所有条件为止，如图 7.3-23 所示。

图 7.3-23　NSTL 高级检索页面

在高级检索功能中，平台进一步提供了专业检索，在专业检索栏中，用户可检字段更加丰富。例如，会议论文可通过会议名称、主办单位来检索；学位论文可通过学位、院校、专业、研究课题、导师等字段检索；专利文献更是具体到了专利申请人、申请号、公开号、公告号、申请日期和公开日期等。该平台检索功能的优化进一步为用户提供了便利，使读者能够更加快捷准确地锁定需要的文献，如图 7.3-24 所示。

图 7.3-24　NSTL 专业检索字段

（3）全文获取。用户若需要获取检索结果的全文资源，可通过以下操作流程获取全文。

①在国家科技图书文献中心主页：http://www.nstl.gov.cn/，单击"新用户注册"，在用户注册说明中选择"个人用户注册"，审核通过后可进行充值使用。登录后，单击"文献检索"按钮，进入检索界面。

②检索文献。查询条件设置—选择检索字段—输入检索词—检索。

③筛选检索结果—加入申请单—选择投递方式"电子邮件"。

④核实个人信息，选择"网银支付"。

⑤通过用户邮箱或者临时邮箱获取全文。

7.3.3　国际性的联合目录查询

在国际上，联机计算机图书馆中心（Online Computer Library Center,Inc.，OCLC）是全球规模最大的非营利的图书馆会员制合作组织，全世界众多一流大学图书馆、国家图书馆、研究图书馆和大型公共图书馆都是 OCLC 的会员馆。OCLC 为数以千计的图书馆提供支持，提高信息在全球范围内的可获取性和有用性。

OCLC FirstSearch 是大型综合的、多学科的数据库平台，基本组数据库包共有 13 个子数据库，涉及广泛的主题范畴，覆盖所有领域和学科，所有信息来源于全世界知名图书馆和知名信息提供商。OCLC FirstSearch 目前为收费使用。其中，WorldCat 和 Ebooks 是其最为主要的两个子数据。

1. WorldCat

WorldCat 联机联合目录数据库是世界上最大的书目记录数据库，包含 OCLC 近 2 万家会员馆编目的书目记录和馆藏信息。从 1971 年建库至今，共收录有 491 种语言总计达 3.9 亿多条书目记录、25 亿多条的馆藏记录，每条记录还附带馆藏信息，基本上反映了从公元前 4800 多年至今世界范围内的图书馆所拥有的图书和其他资料。文献类型多样，包括图书、手稿、地图、网址与网络资源、乐谱、视频资料、报纸、期刊与杂志、文章及档案资料等。该库平均每 10 秒更新一次。

2. Ebooks（电子书书目数据库）

Ebooks 收录了 OCLC 成员图书馆编目的所有电子书的书目信息，约 1800 万种，涉及所有主题，涵盖所有学科，收录日期从公元前 1000 年至今。该库每天更新。

第 8 章

文摘索引数据库:查找文献线索

在学术研究中,常常需要系统、高效地查找文献线索。通常,全文数据库很难满足这一点,这时就应该寻求文摘索引数据库(abstracting & indexing database)检索工具的帮助。文摘索引数据库按照特定的目的,系统地将某一特定范围内文献的题录和摘要进行汇总,建立索引并存储至数据库,提供给用户检索,以供用户获取有关文献线索。从技术原理上看,文摘数据库与传统的书目数据库(bibliography database)并无太多区别,所不同的是,文摘索引数据库用于检索获取文献线索而非文献全文本身。

8.1 文摘索引服务概述

8.1.1 文摘索引服务的发展简介

19世纪初,学者们发现期刊数量越来越多,没有哪一位科学家能够阅读所有的期刊,或对同他的研究兴趣可能有关的所有出版著作保持充分的了解。学者们试图创建新的特定学科的期刊以解决这一问题,然而事实证明这一措施仍然无济于事。因此,在这一时期,纯粹的摘录文献信息的文摘型期刊开始出现,成为管理文献信息的重要手段。这一时期通常又被称为文摘索引工具的形成期,许多著名的文摘索引工具开始出现,如 Pharmacopoeia of the United States(1820 年创建)、Index Medicus(1879 年创建)、Index Notes(1884 年创建,The Engineering Index 的前身),以及 Science Abstracts(1898 年创建,Inspec 数据库的前身)。

20 世纪中叶,文摘索引工具也开始感受到数量日益增长的学术文献所带来的压力。1947 年,《化学文摘》(Chemical Abstract)编制了一份涵盖 1937—1946 年的索引,它需要 160 万张索引卡,以及几年的时间来制作。到 1960 年,《化学文摘》每年对摘要的处理量达到 104 484 份,比 1907 年开始的处理量增加了 1207%。在此情况下,计算机技术的出现提供了一个相对可行的解决方案。许多传统的基于纸质的文摘索引工具开始谋求计算机化以提高效率。比如,1957 年,BIOSIS 与 IBM 合作,为《生物学文摘》(Biological Abstracts)创建了世界上第一个由计算机生成的作者索引。1967 年,美国心理协会开始通过磁带提供《心理学文摘》(Psychological Abstracts)。此后,随着光盘等高密度存储介质的出现,文摘索引工具又开始谋求使用光盘存储数据并提供服务。

20 世纪 90 年代,随着网络技术的发展,越来越多的文摘索引工具开始建立数据库,并基于 Web 提供服务。目前,绝大多数用户都是基于 Web 的文摘和索引提供服务。

8.1.2 文摘索引服务的作用

文摘索引服务具有多种作用，具体如下。

（1）系统检索文献信息。今天，没有一位学者能够完全了解与某个研究领域直接或间接相关的材料的所有出版物。文摘索引服务系统收集了相关出版物信息，不仅摘录文献的题录（包括篇名、著者、出处）信息，也可以提供整篇文献内容浓缩的替代品——文摘，提供给读者检索，从而满足读者全面检索文献信息的目的。比如，有关"图书馆与信息科学"领域的信息包含在许多图书、期刊、学位论文、会议文献和其他众多类型的文献当中，读者要想全面了解这个领域有关的文献，就可以通过剑桥科学文摘的LISA（library and information science abstract）数据库或 EBSCO 的 LISTA（library, information science & technology abstracts）进行系统检索。

（2）提升期刊的显示度。传统上，文摘索引服务是出版商（和作者）的营销延伸。学者们往往熟知某些业内知名刊物，但其他大多数期刊则得不到应有的关注。文摘索引服务在文章层面上提供相关材料的线索，即使文章发表在学者不熟知的期刊上，或者不收录在学者所在机构的图书馆中。许多期刊都列出了它们被哪些文摘索引服务所收录，这也是作为期刊价值的证明。INAP（国际科学出版物可用性网络）建议出版商确保其期刊通过文摘索引服务得到更高的显示度，并鼓励他们通过此类服务提供与电子出版物全文的无缝链接。

（3）提供研究趋势分析。由于许多文摘索引服务机构长期收集信息，因此对其数据的分析可以提供历史上不同时期研究活动的快照，如第二次世界大战前后、冷战前后的年份等。文摘索引服务还可以跟踪文献的增长、新期刊的出版，并确定许多社会、政治、经济、技术和哲学趋势对学术交流的影响，以及跨学科和跨地域研究合作的兴衰。

（4）评估和改进期刊出版。几乎所有文摘索引服务积累的数据都有助于期刊的评估和改进，但一些特定的文摘索引服务，如科睿唯安公司 Web of Science 中的独特引文数据、爱思唯尔公司的 Scopus 和 EI（engineering index）常被作者用来确定要发表的期刊或评估他们已经发表的期刊的成功与否。此外，期刊出版单位也常常使用这些数据来评估编辑政策的成功与否，以及利用它们来发现新的期刊机会并监控其竞争对手。

（5）改进图书馆服务。图书馆使用其订阅的文摘索引服务作为其馆藏的"前端"索引。当文摘索引服务和图书馆馆藏均采用数字格式并链接时，这种前端安排尤其有利。图书馆利用文摘索引服务填补馆藏空白，并依靠馆际互借或文献传递服务检索全文。同时，文摘索引服务所提供的数据也是在管理馆藏作出选择/取消选择决定时使用的重要依据之一。

8.1.3 文摘索引数据库的特点

对文摘索引数据库而言，有四个特点需要读者注意。

第一，文摘索引数据库对文献的收录一般针对特定范围。比如，针对某一学科或综合性学科。又如，针对某一特定类型文献，涵盖的内容非常全面，这也是评价一个文摘索引数据库是否权威的重要标准之一。比如，《化学文摘》数据库涵盖了图书、期刊、专利及其他多种文献类型，涵盖了多种语种的文献，其数据量极为庞大。相对而言，全文数据库往往只收录能够得到授权的文献。当然，这种全面性是相对的，任何一个文摘索引数据库都无法保证对世界上 100%的文献进行收录，特别是对于非英语文献的收录以及某些专业领域属于跨学科，这些都可能影响到收录的全面性。

第二，文摘索引数据库一般只提供文献的线索，不提供文献全文的下载，读者如要下载全文仍须从文献对应的全文数据库进行下载。随着网络技术的发展，一些文摘索引数据库可以基于某些协议，如 OpenURL 等与相应的全文数据库进行无缝对接，读者在文摘数据库中检索到记录，即可单击相应的全文链接进入到全文数据库进行全文下载，读者应理解其中的机制。在某些情况下，文摘数据库可能与全文数据库合二为一，存在既是文摘数据库，又是全文数据库的情况。

第三，读者在进入某个研究领域时，应尽量去了解该领域是否有文摘索引数据库，并尽可能使用其查找文献，这样更有利于保证检索结果的系统性。

第四，文摘索引数据库在运营模式上以收费使用为多，但也有免费使用的。通常收费使用的文摘索引数据库必须进行授权登录才能进行检索，如 Web of Science；免费使用的则无须授权登录，如医学领域的 Medline、信息科学领域的 LISTA、教育学领域的 ERIC 等。也有文摘索引数据库既提供免费版，又提供收费版，免费版在功能上要弱于收费版。

8.1.4 文摘索引数据库的分类

文摘索引数据库可以分为很多类型。在实践中，最主要的可以分为两大类，即文摘数据库和引文数据库。文摘数据库通常收录特定范围内的文献的题录和文摘信息，并提供检索；而引文数据库则收录特定范围内的文献著录信息，并额外将文献间的引用关系予以收录，提供基于引文关系的文献查找功能。下面为读者重点讲解这两种类型的数据库。

8.2 文摘数据库

在科学研究领域，文摘数据库是十分重要的，它对于科学交流的高效进行极为关键。通常，文摘数据库大体可以划分为面向学科的文摘数据库和面向特定文献类型的文摘数据库两大类。

8.2.1 面向学科的文摘数据库

面向学科的文摘数据库，是指以学科领域为单位，系统收集与该学科领域有关的文献题录和摘要，提供从文献的各个特征字段进行检索。根据学科的差异，又可分为面向单一学科的文摘数据库和综合性的文摘数据库。

1. 面向特定学科的文摘数据库

在很多成熟的学科，都具有相应的文摘数据库。这些文摘数据库专注于某一特定学科，连续、系统、全面地对该学科全球的各种类型的文献信息进行收录，建立数据库，对外提供检索服务。通常，此种类型的文摘数据库往往涵盖了该学科领域绝大部分资源。比如，《化学文摘》涵盖了化学领域 98% 以上的文献资源，读者如果要全面检索该学科领域的资料，那么这是不二之选，这是务必要注意的。此外，由于专注于某一特定学科领域，因此除了一般的检索功能，这些文摘数据库还发展出特定的检索辅助工具，如医学领域可能采用特定的医学主题词表，化学领域则可能采用分子结构式进行检索等，其检索效率更高。

目前，面向特定学科的文摘数据库数量较多，其中较为典型的有美国《医学文摘》（*Medline*）、《化学文摘》（其网络版为 *SciFinder*）、《生物学文摘》（*Bidogial Abstracts*）、《图书馆与信息科学文摘》（*Library and Information Science Abstract*，LISA）等。本书挑选其中较为知名的进行简单介绍。

1）美国《医学文摘》（*Medline*）

Medline 是美国国家医学图书馆（National Library of Medicine，NLM）建立的医学文献分析与检索系统（MEDLARS）中使用频率最高也是最大的数据库，是当今世界权威的综合性生物医学数据库之一。它的内容涵盖 3 种重要的纸本医学文献检索工具：《医学索引》（Index Medieus）、《牙科文献索引》（Index to dental Lierature）和《国际护理索引》（Itemational Nursing Index）。收录的专业范围涉及基础医学、临床医学、护理学、牙科学、兽医学、药学、营养卫生、卫生管理以及生物学、社会医学等领域。它收录了 1966 年至今世界上 70 多个国家和地区用 40 多种语言出版的 5600 余种生物医学期刊上的文献，其中我国有 40 多种。Medline 网络版数据库每周更新一次。

Medline 作为一个基础性的医学文摘数据库，开放给很多数据库进行增值开发服务。目前，因特网上提供 Medline 医学文献检索服务的站点很多，有的无须用户登记注册就可进行检索，有的则需要用户在登记注册甚至是付费后方可使用。

国内医学科研人员和用户最常使用的免费医学文献检索网站是由美国国家医学图书馆开发的 PubMed 官方网站（https://pubmed.ncbi.nlm.nih.gov/）。无论从信息量、使用的方便程度，还是更新速度等多方面考虑，利用 PubMed 检索 Medline 的优势都不可取代。PubMed 诞生于 1996 年。作为目前最常用的文摘型数据库，PubMed 迄今为止已经收录了超过 2500 万条文献记录。其收录范围不仅包括 Medline，还有即将收录至 Medline 的处理中数据、期刊被 Medline 收录但是文章已经优先出版的文献、生命科学期刊出版商提交到 PMC 的文献、NIH 基金资助作者的文献和 NCBI 书籍等。PubMed 还提供链接到文献全文所在网站的全文链接。有关 PubMed 的详细使用介绍请参考本书第 9 章。

除了免费的 PubMed 外，EMBASE 也是读者经常使用的收费文摘数据库。EMBASE 为爱思唯尔公司独家版权的生物医学与药理学文摘型数据库，以及全球最大的医疗器械数据库。其将 1974 年以来的 EMBASE 生物医学记录与 1966 年以来的 MEDLINE 记录相结合并去重，共包含 95 个国家和地区出版的 8500 多种刊物，覆盖各种疾病和药物信息,尤其涵盖了大量北美洲以外(欧洲和亚洲)的医学刊物,从而满足生物医学领域的用户对信息全面性的需求。该数据库收录了 1947 年以来 3200 多万条记录,每年以 150 万条、每日 6000 条记录的更新速度递增,还收录了 2009 年以来 7000 余种会议的 240 多万篇摘要。

EMBASE 针对生物医学和药理学领域信息提供基于网络的数据检索服务,包含已发表的、同行审阅中的文献及会议摘要,如图 8.2-1 所示。涉及学科广泛,涵盖了药物研究及药理学、实验与临床医学、生物医学工程与技术、生物医学各基础学科、卫生政策与管理、药学经济学、环境与职业卫生、兽医、法医学和替代医学等,为药物警戒、循证医学、医学决策提供文献支持。

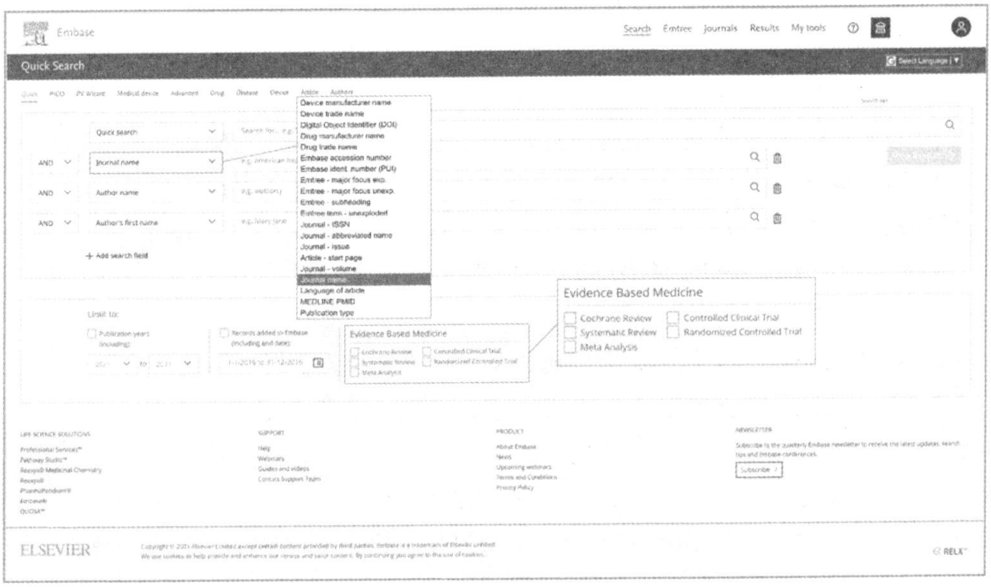

图 8.2-1 EMBASE

EMBASE 检索功能主要包括基本检索、主题词检索、期刊检索和著者检索四种,检索方式有快速检索、高级检索、药物检索、疾病检索及文章检索等。几种检索方式互不独立,同一检索词可以根据语义及性质选择不同检索途径。比如,检索词为某一疾病,可选择疾病检索或高级检索;若同样为某一药物,可选择药物检索或高级检索。也可使用检索符号对检索结果作进一步限定。EMBASE 数据库有其特有的主题词表 EMTREE,是对生物医学文献进行的主题分析、标引以及检索时使用的词表。EMTREE 包括了所有的 MeSH 词、5.6 万个检索术语,以及 23 万个同义词。

除 PubMed 和 EMBASE 外,Medline 网上可检索的站点还包括 Web of Science、OVID、OCLC、CSA、EBSCO、SciFinder 等,以及互联网上的代理检索系统 Medscape、Medical Matrix、BioMedNet 等,读者可自行搜索其详细介绍。

2)《化学文摘》(*Chemical Abstract*,CA)

CA 由美国化学学会(ACS)旗下的化学文摘服务社(Chemical Abstract Service,CAS)自主研发出版。CA 创刊于 1907 年,是目前世界上最大的化学文摘库,其内容不仅包括无机化学、有机化学、分析化学、物理化学、高分子化学外，还包括冶金学、地球化学、药物学、毒物学、环境化学、生物学及物理学等诸多领域，是目前世界上应用最为广泛、最为重要的化学、化工及相关学科的检索工具。

1995年，CAS基于CA推出了SciFinder联机检索数据库，2009年推出SciFinder Web这种基于网页形式的数据库一站式搜索平台。经过多年的发展与整合，SciFinder综合了全球200多个国家和地区的60多种语言的1万多份化学类期刊，内容丰富全面。使用者能通过主题、分子式、结构式和反应式等多种方式进行检索。

SciFinder一直是全世界的科学家进行化学课题研究、成果查阅、学术期刊浏览，以及把握科技发展前沿的最得力工具。SciFinder包含以下七大子数据库。

（1）CAplus，覆盖了化学等相关众多学科领域的多种参考文献。

（2）MedLine，美国国立医学图书馆（简称NLM）出版的生命科学医学信息数据库，也被SciFinder收纳旗下。

（3）Registry，世界上最大的物质数据库，收集了各种有机、无机物质与基因序列。

（4）Chemcats，收集了各种化学品的商业信息的数据库，其中包括价格、质量等级、供应商信息等。

（5）Marpat，用于专利的Markush结构的搜索数据库，收集了各种专利中的Markush结构。

（6）CASReact，一个化学反应信息数据库，收集了各种反应与制备信息。

（7）ChemList，查询备案/管控化学信息的工具，收集全球主要市场的管制化学品信息。

3）《生物学文摘》（*Biological Abstracts*，BA）

BA创刊于1926年，由美国生物科学情报社（BIOSIS）编辑出版，由细菌学会出版的《细菌文摘》和植物学会出版的《植物学文摘》合并而成。BA收录了世界上113个国家和地区的6000种期刊，每年期刊、技术报告、学位论文、会议录、图书等文献报道量30万余篇。1972年起为半月刊，半年一卷，每卷12期，每期分文摘型、题录型两套版本出版，每年最后一期为每年积累索引。BA每期文摘量约6000条，主要内容为：生物学、医学、农学等领域的理论研究、实践研究，临床及现场研究的原始资料；生物学研究的主要成果及评论；生物学研究的新方法与新技术；生物学、医学、农学的情报理论与方法等。

目前，BA已融合在BIOSIS Previews（以下简称BP）中。BP包括《生物学文摘》、《生物学文摘/综述、报告和会议》（*Biological Abstracts/RRM*），以及生物研究索引（*BioResearch Index*）的内容，覆盖了来自90多个国家和地区的5500多种生命科学方面的期刊和1500多个国际会议、综述文章、书籍、专利信息，以及来自《生物学文摘》和《生物文摘评论》的独特的参考文献，其中大约2100种生物学和生命科学的出版物是完全收录的，另外3000种出版物经BIOSIS的专家审阅后只收录其中有关生命科学的内容。BP涵盖了包括传统生物学（植物学、生态学、动物学等）、交叉科学（生物化学、生物医学、生物技术等）和诸如仪器和方法等相关研究的广泛研究领域。可以使用户对生命科学和生物医学文献进行深入的调研。

BP 目前基于 Web of Science 平台，提供简捷、高效、易用的检索途径，能准确、有效地发挥 BP 独特的索引机制，帮助用户迅速找到所需信息。平台特别设计了互动的检索辅助工具，将传统上复杂的主题索引系统以直观的形式提供给读者，读者只需要具备自己专业的知识，就可以在这些工具的帮助下迅速地找到自己所需要的信息。

4）教育资源信息中心（ERIC）

ERIC 是由美国教育资源信息中心（Educational Resource Information Center）整理的已出版的和未出版的教育方面文献的一个指南，涵盖从 1966 年至今有关教育方面的众多资料，涉及数千个教育专题，包括对发表在 *Resources in Education*（RIE）月刊上的非期刊资料与每个月发表在 *Current Index to Journals in Education*（CIJE）上的期刊文章的注释参考。

ERIC 目前收录了 1000 多种教育类期刊（部分期刊可回溯到 1966 年），大部分是专家评审期刊，提供书目信息（包括作者、题名、日期、期刊引用情况和出版商），部分书目信息可链接到全文。除期刊外，ERIC 还收录了研究报告、技术报告、政策文件、评论和教材等文献资料，共有记录 150 多万条，包括一个 ERIC 叙词表，用户可免费阅读约 24 万篇全文文章。ERIC 的主题包括：成人教育、职业教育、教育评估、残疾与天才教育、小学与幼儿教育、高等教育、城市教育、教育管理、信息与技术、语言学与语音学、阅读与交流、教师与教师教育等。该库每月更新。

ERIC 目前提供免费的检索平台（https://eric.ed.gov/），界面如图 8.2-2 所示。ERIC 作为一个基础文摘数据库，在很多平台上也可以集成检索，如 EBSCO 等。读者应该知道这一点。

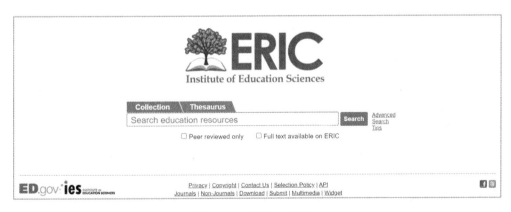

图 8.2-2　ERIC 检索平台

5）AGRICOLA

AGRICOLA 数据库（图 8.2-3）由美国国家农业图书馆（National Agriculture Library）制作，包含 600 多万条记录，涵盖农业和相关学科的各个方面，是检索获取农业领域文献线索不可多得的资源库。该数据库包含两个数据集：一是描述世界各地的专著、连载、视听资料和在线内容的书目记录（NAL 编目数据库）；二是包含摘要的期刊论文引用（NAL 文献引用数据库）。AGRICOLA 数据库目前可免费使用（https://agricola.nal.usda.gov/）。

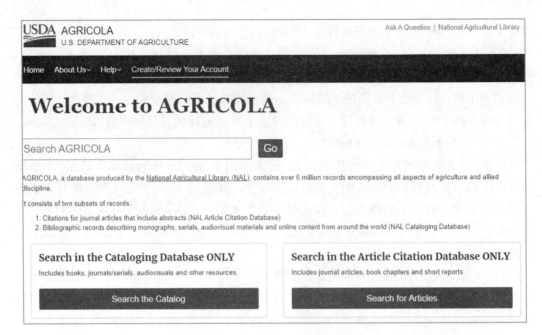

图 8.2-3　AGRICOLA 数据库

此外，与农业领域有关的还有 CAB Abstracts 及 AGRIS 两个比较重要的文摘数据库。CAB Abstracts 是世界较大的农业文摘索引型数据库之一，由国际应用生物科学中心（CABI）出版，涵盖农业、林业、兽医学、环境科学、人体营养等应用生命科学学科领域。收录世界上 150 余个国家、50 多个语种的 7500 种期刊及 3500 种其他类型文献，几乎涵盖了所有世界农业核心连续性出版物。CAB 数据库的文摘、分类和主题标引均由专业人员制作，95%的记录有英文文摘，主题标引使用世界知名的 CAB Thesaurus，具有文摘质量高、更新率快、查全查准率高等优势。CAB Abstracts with Full Text 即 CAB abstract 全文数据库，与 CABI 的专家联合制作的，提供了对全球应用生命科学文献的全文访问。

AGRIS 数据库（http://agris.fao.org/）是联合国粮农组织根据各国农业科研和生产发展的需要，于 1975 年建立的题录型数据库。该数据库收录了 FAO 编辑出版的全部出版物和 180 多个参加国和地区提供的农业文献信息，特别是第三世界国家农业、林业及相关学科的应用研究方面的文献，1979 年以后部分数据提供了文摘。其主题范围包括农业总论、地理和历史、教育推广与情报、行政与方法、农业经济、发展与农村社会学、植物科学与生产植物保护、收获后技术、林业、动物科学、渔业与水产养殖、农业机械与工程、自然科学与环境、农业产品加工、人类营养、污染等。收录文献类型有期刊、图书、科学技术报告、专论、学会论文、政府出版物。每年该库新增约 13 万条新记录，并配有英文、法文和西班牙文的关键词汇。

6）公共事务信息数据库（PAIS）

PAIS 是美国公共事务服务处出版的涉及公共政策、社会政策及社会科学书目检索工具，文献类型有期刊论文、专著、政府档案、统计汇编委员会报告、连续出版物、公众、政府或私人机构的报告，以及世界范围内其他形式的文献，包括 1976 年以来英文文献和 1972 年以来非英文文献的机读资料，还包括 1991 年出版的 PAIS 公报和 PAIS 外文索引印刷本的内容。它包含超过 120 个国家的出版物。除英语文献外，还包括法语、德语、意大利语、葡萄牙语、西班牙语等语种的文献。PAIS 在 Dialog 和 CSA ILLumina 系统中也可以检索到。

7）图书馆、信息科学与技术文摘（Library，Information Science & Technology Abstracts，LISTA）

LISTA（http://www.libraryresearch.com/）为 EBSCO 旗下文摘数据库（图 8.2-4），收录了 600 多种的期刊、图书、研究报告和会议录的索引，最早的记录回溯到 1965 年。主题涉及图书馆分类、目录、书目计量、在线信息检索、信息管理等。此数据库可免费使用。

图 8.2-4　EBSCO 的 LISTA

8）ProQuest 文摘数据库系列

该系列文摘数据库原名为剑桥科学文摘数据库（Cambridge Scientific Abstracts，CSA），原由英国剑桥信息集团（CIG）下属的 CSA 公司出版，至今已有 50 多年历史，覆盖自然科学、技术、社会科学、艺术与人文四大领域，是在全球应用最为广泛的二次文献数据库。

2007 年，CIG 并购了 ProQuest 公司旗下最大的子公司 ProQuest 信息和学习公司 ProQuest Information and learning，在 CSA 的基础上整合了 ProQuest 原有的大量资源(包含全文资源)，并统一使用 ProQuest 品牌，故目前多直接称为 ProQuest 数据库（不过因 CSA 广为人知，因此直到目前在许多图书馆的资源介绍页上仍沿用其旧称 CSA），其网址为：https://search.proquest.com。2021 年 5 月，ProQuest 又被英国科睿唯安（Clarivate）公司收购，成为其旗下平台（图 8.2-5）。

ProQuest 包括众多主题研究的文摘数据库（子库），可为用户提供最充分的信息线索，以及多种挖掘全文的方式。ProQuest 相关的文摘数据库包含社会科学精选集（social science premium collection）和科学技术精选集（sciTech premium collection）。其中社会科学精选集包含了以下文摘数据库。

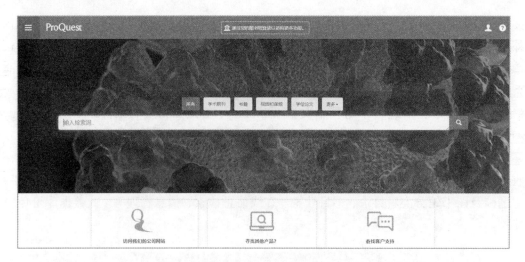

图 8.2-5　ProQuest 平台

（1）Applied Social Sciences Index & Abstracts（ASSIA）。这是一个涵盖应用社会科学的索引数据库，涵盖了健康、社会服务、心理学、社会学、经济学、政治学、种族关系和教育方面的文献。

（2）Sociological Abstracts。该文摘数据库索引了社会学和社会行为科学相关学科的国际文献。它包括配套文件《社会服务摘要》（Social services Abstracts），该摘要提供了当前社会工作、人类服务和相关领域研究的书目报道。

（3）Worldwide Political Science Abstracts。该数据库包含了政治学及其补充领域国际期刊文献的摘要、索引和应用。有关公共事务信息服务方面的内容可参见 PAIS Index，智库和其他研究公共政策问题的组织发布的报告的索引和链接可参见 Policy File Index。

（4）Library & Information Science Abstracts（LISA）。这是图书馆学和信息科学领域的权威文摘数据库。其内容涵盖了来自 50 多个国家 20 多种语言的 400 多种学术期刊及相关的会议文献。

（5）Linguistics & Language Behavior Abstracts（LLBA）。其为第三方数据库，摘要和索引了语言学和语言科学相关的学科的国际文献。

（6）International Bibliography of the Social Sciences（IBSS），这是社会科学和跨学科研究的重要在线资源。它收录 300 多万篇参考文献，包括期刊文章和书籍，以及 1951 年的评论和精选章节。它的独特之处在于其对国际材料的广泛报道，包括 100 多种语言和国家。超过 2800 种期刊定期编入索引，每年收录约 7000 本书。约 50% 的期刊文章都提供了摘要，全文可用性也在不断增加。

科学技术精选集则包含了以下文摘数据库。

（1）THE AGRICULTURAL & ENVIRONMENTAL Science Database。该数据库集成了 AGRICOLA 这一在农业科学领域最顶尖的书目数据库以及部分全文。该数据库聚焦农业研究和相关学科，包括农业经济学、动物和兽医科学、水产养殖和渔业、农业和农业系统、食物和人类营养、林学和植物科学等。

（2）THE EARTH, ATMOSPHERIC & Aquatic Science Database。该数据库集成了

Meteorological & Geoastrophysical Abstracts 和 Aquatic Sciences & Fisheries Abstracts（ASFA）两个文摘工具，是一个综合性交叉领域的文摘数据库，同时又集成了部分全文资源。

（3）THE BIOLOGICAL SCIENCE Database。其涵盖了生物生态学、毒理学、动物生物学、生物化学和毒理学、生物行为学、神经病学、神经病学和毒理学等领域。该数据库融合了众多的文摘和索引数据库，如 Bacteriology Abstracts、MEDLINE、TOXLINE、Virology & AIDS Abstracts、Immunology Abstracts 等，集合了自 1982 年至今的 4000 多万篇与生物学相关的文献摘要和引文。此外，还提供了来自 1200 多份高影响因子学术期刊、贸易和工业出版物及新闻来源中的 290 多万篇全文。

（4）The Advanced Technologies & Aerospace Database。该数据库拥有 2600 多万条 A&I 记录和 2250 多个可追溯到 1962 年的全文标题。该文集对文献进行了广泛的报道，通过使用专家编辑团队管理的受控词汇构建的广泛摘要和索引，提供全文检索和全面发现。

（5）THE MATERIALS SCIENCE & Engineering Database。该数据库包含了材料科学和工程领域的文献信息，集合了包括 Aluminum Industry Abstracts、Civil Engineering Abstracts、Corrosion Abstracts、Earthquake Engineering Abstracts、Engineered Materials Abstracts、Environmental Engineering Abstracts、Industrial and Applied Microbiology Abstracts、Mechanical & Transportation Engineering Abstracts 等众多文摘。

9）EconLit 经济学文摘数据库

EconLit（https://www.aeaweb.org/econlit/）是美国经济学会发布的学术文献摘要数据库服务，该服务侧重于经济学领域的文献。EconLit 涵盖可追溯到 1969 年，来自 70 多个国家的经济学文献，包括同行评审期刊文章、工作稿、博士论文、书籍和书评等。EconLit 使用 JEL 分类代码对论文进行分类。

目前，EconLit 数据库可以通过 4 个平台进行订购检索，分别是 EBSCO、ProQuest、ProQuest Dialog 及 Ovid。

10）FSTA 食品科技文摘数据库

FSTA 数据库是国际公认的与人类营养和健康相关的食品科学和技术文献的首要数据库，它由英国 IFIS（英国食品信息服务中心）出版公司出版。5 多年来，其独有的 FSTA 主题词表（thesaurus）含有 13 300 多条专业术语，其对食品行业、人类营养与健康科学之覆盖，堪称世界之最。它专为满足迅速而有效地访问食品和人类营养健康科学领域内的世界专著的需求而设计，收录内容广泛，涉及食品科学与技术、生物技术、微生物、毒理学、纳米技术、食品安全、转基因技术、公共卫生、食品添加剂、营养学、饮料、食品包装及宠物食品等所有与人类营养、健康相关的各个专题。该数据库现已收录超过 140 万条记录，每周新增约 1600 条记录，覆盖 1969 至今相关文献资料，收录了全世界 63 个国家出版的、以 29 种语言发表的，与食品、饮料及营养科学和技术相关的原始文献的英文文摘索引及 OA 全文。

FSTA 收录的文献类型涵盖学术期刊和专刊发表的文章（含 5475 种期刊，其中 1119

种为现刊）和研究论文、专利信息（含欧洲专利、PCT 国际专利、北美专利及日本专利等）、收录专业综述、行业标准（来自 75 个国家的 39 000 多种食品相关行业标准）、专业图书、专业学术报告、专业会议录、专业硕博士论文等重要信息。

FSTA 被全世界 160 多个国家和地区的大学及科研机构所采用。该数据库近 3 年新增记录达 24 万多条。FSTA 对其所收录的每一条记录都提供 DOI 链接，有权限的用户可直接单击链接访问其对应的全文。FSTA 数据库亦有印刷版可供用户选择。中国可以在 EBSCO、OVID 或 Web Of Science 平台上任选一个作为 FSTA 的检索平台。

11）MathSciNet 数学文献库

MathSciNet 由美国数学学会（American Mathematical Society，AMS）出版，包括印刷版的《数学评论》（*Mathematical Reviews*，MR）及《最新数学出版物》（*Current Mathematical Publications*，CMP）全部内容。MR 是一种在国际数学界享誉很高的评论性和报道性的数学文摘杂志，由 AMS 于 1940 年创办。该杂志评论的文献包括期刊、图书、会议录、文集和预印本，其中对 1800 多种期刊做选评，对 400 余种数学核心期刊做全评。目前，中国有近 150 种期刊被选评。CMP 是一种以报道全球已经出版或即将出版的数学文献为主旨的通告性杂志，每个条目都由美国数学评论编辑选择，并根据 *Mathematics Subject Classification*（MSC）进行分类。MathSciNet 提供从 1940 年至今的全部数据的检索，内容包括数学及数学在统计学、工程学、物理学、经济学、生物学、运筹学、计算机科学中的应用等文献信息。

此外，数字领域的文摘数据库读者还可以利用 zbMATH Open（以前称为 Zentralblatt MATH，德国《数学文摘》网络版）。zbMATH Open(https://zbmath.org/)是世界上全面收录数学和应用数学方面期刊论文、会议论文和图书书目信息，也是运行时间最长文摘索引数据库，由欧洲数学会（European Mathematical Society，EMS）、FIZ 卡尔斯鲁厄（FIZ Karlsruhe）和海德堡科学与人文学院（Heidelberg Academy of Sciences and Humanities）共同编辑。2021 年 1 月起，zbMATH Open 成为开放获取（OA）数据库，读者可以免费使用。目前，zbMATH Open 包含大约 440 万个书目条目，其中包含来自 3000 多种期刊和丛书，以及约 190 000 本书的评论或摘要。该数据库包含与各种平台相关的超过 100 万个已识别作者的个人资料、数学软件 swMATH 的数据库、约 3500 万篇参考文献，以及与各种全文平台或 MathOverflow 等问答论坛的连接。该数据库的记录最早可回溯至 1868 年。

12）PsycINFO（心理学文摘数据库）

PsycINFO 是由美国心理学学会（American Psychological Association，APA）所制作的，收录完整且回溯久远（最早可回溯至 17 世纪）的行为科学及心理健康摘要文献，目前已达 400 万条记录，是心理学学科的权威数据库。PI 收录的期刊、书籍和论文摘要等资源，99%均为同行评审。由心理学专家执笔的精确索引和专业的文摘，每周更新。

该数据库涵盖心理学相关学科文献，如医药、神经病学、教育、法律、犯罪学、社会科学、商业、组织行为、语言学等。PI 包括了来自 50 多个国家的近 2400 种多语种期刊的国际文献。PI 文摘依据 APA's Thesaurus of Psychological Index Terms 的控制性主题词表。目前，PsycINFO 通过 EBSCO 平台提供服务。

2. 综合性的文摘数据库

如果读者所在的学科领域没有专门性的文摘数据库，这时可以使用综合性的文摘数据库。综合性的文摘数据库，顾名思义，提供对多学科和综合性领域的文献题录和摘要的收录和检索。在国际上，较为知名的综合性文摘数据库包括面向工程领域的工程索引（EI），以及面向多学科的科学引文系列数据库、Scopus 等。但读者必须注意的是，这三者对资源收录都有严格的准入机制，因此其收录资源的全面性难以与专门性文摘数据库匹敌。

1）EI 与 EV 平台

EI 的全称为 Engineering Index（《工程索引》），现由经营科技、医学信息产品的世界一流出版集团，总部位于荷兰阿姆斯特丹的爱思唯尔公司科技部编辑出版。EI 在全球的学术界、工程界、信息界中享有盛誉，是科技界共同认可的一部重要的大型综合性检索工具。

作为一部世界著名的工程技术领域的综合性检索工具，EI 名为"索引"，实际上是文摘性检索工具。EI 所收录文献的学科范围十分广泛，涉及工程技术领域的各个方面，主要包括核技术、生物工程、交通运输、化学和工艺工程照明和光学技术农业工程和食品技术、计算机和数据处理、应用物理电子和通信、控制工程、土木工程、机械工程、材料工程、石油、宇航、汽车工程等。其所报道文献的种类也多种多样，有期刊论文、技术图书、技术报告、学位论文、标准、政府出版物等。地理范围覆盖广泛，收录了 50 多个国家的 5000 多种工程类出版物，其中绝大多数为英文文献，1992 年开始收录中国期刊。

EI 以收录工程技术领域的文献全面且水平高为特点，且其所附文摘直接按字顺排列，由专家编写，质量较高，索引简便实用，但是它对纯理论性的文献和专利文献一般不予收录。EI 目前有 6 种出版形式：《工程索引月刊》《工程索引年刊》《工程索引缩微胶卷》、《工程索引》联机数据库、《工程索引》光盘数据库、《工程索引》网络数据库等，其中以网络版数据库（Engineering Village，EV）使用最为普遍。

2）科学引文系列数据库

科学引文系列数据库通常是指科学引文索引（Science Citation Index，SCI）、社会科学引文索引（Social Science Citation Index，SSCI）和人文艺术引文索引（Arts，Humanities Citation Index，A&HCI）。SCI、SSCI 和 A&HCI 由美国的信息科学家加菲尔德博士创立。他于 1957 年创立了科学信息研究所（Institute for Scientific Information，ISI），并于 1964 年创办了 SCI，并先后在 1973 年、1978 年创办了具有强烈科学主义倾向的 SSCI 和 A&HCI，从而使他自己由"一位图书馆管理者"成为"一位盈利数百万的企业家"。

1992 年，ISI 被加拿大媒体巨头汤姆森集团（The Thomson Corporation）收购。1997 年，ISI-Thomson 发布了 Web of Knowledge（现已改名为 Web of Science，WOS）平台，该平台集成了 SCI、SSCI 和 A&HCI 等多个数据库。2008 年，加拿大汤姆森集团与英国路透集团合并，新公司命名为汤森路透（Thomson-Reuters），ISI 成为该公司下设的"知识产权与科技事业部"（Intellectual Property and Science Division）。2016 年 10 月，该部

被奥奈克斯公司（Onex Corporation）与霸菱亚洲投资有限公司（Baring Private Equity Asia）收购后独立，命名为科睿唯安（Clarivate Analytics）。

（1）SCI简介。SCI于1964年创刊，当年为年刊。1966年改为季刊，1979年至今为双月刊，同时出版年度累积索引。1988年，新增光盘版引文索引；1997年，SCI网络版数据库（Science Citation Index Expanded，SCI扩展，简称SCIE）发布。

基于一套严格的选刊程序及客观的计量方法，SCI数据库中只收录各学科领域中最具权威性和影响力的学术期刊。截至2021年12月，SCIE收录期刊为9389种，其内容主要涉及数、理、化、农、林、医、生物等基础科学研究领域，选用刊物来源于40多个国家或地区，涉及50多种文字。目前，SCI（科学引文索引）与EI（工程索引）、ISTP（科技会议录索引）被公认为世界范围最权威的科学技术文献的索引工具，能够提供科学技术领域最重要的研究成果信息，也是进行科学统计与科学评价的主要检索工具。

（2）SSCI简介。ISI于1969年开始收集社会科学出版物，1973年开始编辑出版SSCI。SSCI为SCI的姊妹篇，是世界上可以用来对不同国家和地区的社会科学论文的数量进行统计分析的大型检索工具。SSCI收录内容覆盖包括人类学、法律、经济、历史、地理、心理学等55个领域。截至2021年12月，SSCI收录的期刊为3017种。

SSCI在其收录期刊范围的说明中明确告知该数据库中有一部分内容与SCI重复，这是因为学科之间本身有交叉，是社会科学与自然科学相结合的跨学科的研究在文献中的自然反映。另外，SSCI从3400余种自然科学期刊中，通过计算机检索文章主题和引文，生成一个与社会科学有关的文献目录，此目录再经ISI编委会审核，选择与社会科学密切相关的文献加入SSCI。因此SSCI也收录了相当数量的自然科学文献，二者的交叉关系更为密切。

（3）A&HCI简介。A&HCI创刊于1976年，收录数据从1975年至今，是艺术与人文科学领域重要的期刊文摘索引数据库。截至2021年12月，A&HCI收录期刊1228种，内容覆盖了考古学、建筑学、艺术、文学、哲学、宗教、历史等社会科学领域。

值得注意的是，科学引文系列数据库采用文献之间的引用关系来揭示与评价期刊，收录在其中的期刊均为高质量的期刊，相对特定学科的文摘数据库而言，其对某一特定学科信息的收录范围有所限制。因此读者在使用时，必须时刻谨记这一点，以免发生漏检。由于其所具有的引文追踪机制，科学引文系列数据库又常被单独提及，即引文数据库。有关引文数据库的详细内容可详见本书8.3节。

3）Scopus数据库

Scopus是爱思唯尔公司于2004年推出的全球最大同行评议科研文章摘要和引文数据库，提供多种工具用于追踪、分析学术发展趋势及可视化展示学术研究成果。目前，Scopus收录了来自由5000多家出版商出版发行的科技、医学和社会科学方面的20 000多种期刊，其中同行评审期刊19 000多种，另外还有大约13 650种学术期刊。Scopus收录的文献类型包括期刊论文、会议论文、图书和专利四大类，其中有14亿篇回溯至1970年的参考文献、535种开放期刊、750种会议记录、600种商业出版物、16.6万多种图书、830多万篇会议论文，以及世界知识产权组织（WIPO）、欧洲专利局（EPO）、美国专利商标局（USPTO）、日本专利局（JPO）和英国知识产权局（PO）的3900多万份专利。相比于其他单一的文摘索引数据库，Scopus的内容更加全面，学科更加广泛，特别是在获取欧洲及亚太地区的文献方面，用户可检索出更多的文献数量。

Scopus收录领域包括医学、农业与生物科学、物理、工程学、社会学、经济、商业与管理、生命科学、化学、数学、地球与环境科学、心理学、艺术与人文学。它是一个新的导航工具，涵盖了世界上最广泛的科技和医学文献的文摘、参考文献及索引。Scopus收录了来自于许多著名学术出版商出版的期刊文献，如 Elsevier、Kluwer、Institution of Electrical Engineers、John Wiley、Springer、Nature、American Chemical Society等。尤为重要的是，Scopus还广泛地收录了重要的中文期刊，如《计算机学报》《力学学报》《中国物理快报》《中华医学杂志》《煤炭学报（英文版）》等众多高品质的期刊。正因为拥有60%的内容来自美国以外的国家，读者能够获得最全面的世界范围内的前瞻性科学技术医学文献。

3. CNKI和万方数据库

如前所述，CNKI和万方是全文数据库，存储了相应的全文并允许读者阅读和下载，这一点是毫无疑问的。然而，读者应时刻谨记的是，CNKI和万方都是第三方平台，它们收集了我国大量的学术文献题录信息和摘要，其比例高达95%以上。从这个角度来说，CNKI和万方数据库又可被视为面向中国大陆地区的综合性的文摘数据库。读者如要检索大陆地区的学术文献，如对查全率没有非常严格要求，CNKI和万方任选其一即可。当然，在条件允许的情况下，两者可以综合进行检索。

4. 学术搜索引擎

许多读者习惯使用Google Scholar和百度学术，此类工具被称为学术搜索引擎，是读者非常熟悉的一类文摘型检索工具。学术搜索引擎通过自动的爬虫程序，对互联网上公开的学术信息资源进行广泛爬取，并经过一定的流程，建立相应的数据库，提供给读者检索。由于学术搜索引擎通常不限定语种、学科，所以本质上是综合性的文摘数据库。

学术搜索引擎大多可以免费使用，且在检索界面和功能上与通用型搜索引擎大体一致，上手非常方便快捷。事实上，由于Google Scholar收录资源的全面性及免费使用的优点，在全球范围内已经成为科研人员使用较为频繁的文摘数据库之一。本书也强烈建议，当读者无法确定自己所在的学科有哪些可供使用的文摘数据库或某些收费文摘数据库无权限使用时，可以使用学术搜索引擎。当然，由于学术搜索引擎数据为自动抓取和处理，因此可能存在数据可靠性和检索精度低的一些缺点。有关学术搜索引擎的详细介绍和使用可参见第10章"网络信息源与搜索引擎"。

8.2.2 面向特定文献类型的文摘数据库

1. 面向会议文献的文摘数据库

1）科技会议录索引（ISTP）

《科技会议录索引》(*Index to Scientifie & Technical Proceedings*，ISTP)创刊于1978年，早期由美国科学信息研究所（ISI）编辑出版，现由英国科睿唯安公司出版，主要收集全世界各种重要的会议文献,是国际上最为知名的科技会议文献文摘索引工具。每年全世界召开的各种学术会议大约有1万次,其中约3/4的会议有会议论文集出版。ISTP就是将这些论文集的75%～90%收集起来,建立索引,以供人们查阅。ISTP汇集了每年全世界出版的自然科学、医学、农学科学和工程技术领域90%的会议文献,包括一般性会议、座谈会、研究会、讨论会、发表会等。ISTP数据每周更新。

随着网络技术的不断成熟和检索工具的发展,ISTP网络版也应运而生。目前,ISTP(科学技术会议录索引)和ISSHP(社会科学及人文科学会议录索引)两大会议录索引集成为Web of Science平台的一部分,即现在的CPCI（Conference Proceedings Citation Index）,ISTP规划为其中一个子库(CPCI-S),ISSHP为另一个子库(CPCI-SSH),只是大家还是通俗地称其为ISTP和ISSHP。

使用ISTP,用户可以:

(1)快速有效地查找某个会议的主要议题和内容。

(2)根据ISTP提供的论文作者的详细地址,用户可直接获取与自己相关的文献资料。

(3)ISTP数据库有普通检索和高级检索两种方式,用户可以通过主题、作者、学术机构或组织、会议信息直接查找相关会议文献,也可以通过位置或逻辑等运算符进行组合检索。检索后的结果可按相关度排序,也可以进行相关分析,同时也有作者连接,追踪作者的其他信息。

(4)ISTP的索引有6种(类目索引,会议录目次/正文、作者/编辑者索引,会议主办单位索引,会议地址索引,轮排主题索引,团体机构索引)。使用这些索引,用户可以很快地且较为精准地查找到用户所需的文献。

Web of Science检索平台提供会议文献的引文检索,用户不仅可以通过主题、作者、刊名和著者地址等进行检索,也可以用被引用文献的著者和来源进行检索。检索的界面如图8.2-6所示。

图 8.2-6　ISI Proceedings

2）OCLC First Search 的会议和会议录索引

OCLC First Search 是 OCLC 的一个联机参考服务系统，通过该系统可检索到 70 多个数据库。从 1999 年开始，CALIS 全国工程中心订购了其中的基本组数据库。OCLC First Search 基本组包括 10 多个数据库，其中大多是综合性的库，这些库的内容涉及工程和技术、工商管理、人文和社会科学、医学、教育、大众文化等领域。

在 OCLC First Search 众多的数据库中，Papers First，即国际学术会议论文索引数据库，提供包括在世界各地学术会议上发表的论文，它覆盖了自 1993 年 10 月以来在"大英图书馆资料提供中心"的会议录收集的每一个代表大会、专题讨论会、博览会、座谈会和其他会议上发表的论文，可通过馆际互借获取全文。该库每两周更新一次。Proceedings，即国际学术会议录索引是 Papers First 的相关库，它提供包括在世界各地举行的学术会议上发表的论文的目录表。该库提供了一条检索"大英图书馆资料提供中心"的会议录的途径。

2. 面向学位论文的文摘数据库

学位论文需要通过专门的检索工具和特殊搜集渠道才能获得。为此，许多国家都编辑出版各类报道学位论文的检索工具。其中，有报道世界各国或几个国家的学位论文目录或文摘，也有报道一个国家的学位论文通报，还有仅报道某所大学的学位论文摘要汇编和一些学术期刊所附的学位论文介绍专栏等。

学位论文传统的检索方法是查阅印刷型工具书，一般是由收藏单位编辑出版的文摘或题录型工具书。报道国内学位论文的主要有国家图书馆学位论文收藏中心编辑出版的《中国博士学位论文提要》、中国科学院编辑出版的《中国科学院博士学位论文文摘》、中国科技信息研究所编辑出版的《中国学位论文通报》。报道国外学位论文的主要有美国国际大学缩微复制品公司（UMI）编辑出版的《国际学位论文文摘》（*Dissertation Abstracts Intrnational*，DAI）。

随着网络数据库的发展，印刷版的检索学位论文的工具书陆续停止出版。比如，《中国学位论文通报》1993 年停止出版印刷本，并被"中国学位论文书目数据库"取代。学位论文网络版数据库，成为检索获取该类资源的主要渠道。其中，面向学位论文的主要文摘索引数据库如下。

1）OCLC First Search-WorldCat Dissertations（硕博士论文数据库）

WorldCat 硕博士论文数据库（WorldCat dissertations）收集了 WorldCat 数据库中所有硕博士论文和以 OCLC 成员馆编目的论文为基础的出版物，涉及所有学科，涵盖所有主题。该库最突出的特点是其资源均来自世界一流高校的图书馆，如美国的哈佛大学、耶鲁大学、斯坦福大学、麻省理工学院等，以及欧洲的剑桥大学、牛津大学、巴黎大学、柏林大学等，共收录 1900 多万条记录，其中 100 多万篇有全文链接，可免费下载。该库每天更新。

2）PQDT

PQDT 虽然是全文数据库数据，但也可以作为文摘数据库参考。PQDT 是美国 ProQuest 公司出版的硕博士论文数据库，收录了美国、加拿大等国家自 1981 年以来的

2000多所著名大学的文、理、工、农、医等领域的160多万篇优秀硕博士论文,是目前世界上最大和使用最广泛的学位论文数据库,是学术研究中十分重要的参考信息源,每年约增加6万篇论文。

为了满足我国用户对博士论文全文的广泛需要,CALIS牵头对PQDT进行集团采购,建立了ProQuest学位论文全文检索系统,在北京大学图书馆(CALIS全国文献中心)、上海交通大学图书馆和中国科技信息研究所(中信所)建有3个镜像站。用户通过单位镜像站的链接,或者通过合法身份认证的IP地址,就可进入其主页检索、浏览或下载学位论文全文。ProQuest学位论文全文检索平台提供学科导航、一般检索和高级检索3种查询模式,可以从标题、摘要、全文、作者、学校、导师、来源、ISSN和ISBN等途径查询。

3)NDLTD

NDLTD(http://search.ndltd.org/)是在由美国国家自然科学基金委支持的"电子学位论文"(electronic theess and disertations,ETD)基础上发展起来的一个网上学位论文共建共享的开放联盟,目的是创建一个支持全球范围内电子论文的创作、标引、储存、传播及检索的数字图书馆,任何人都可以通过网络免费检索、浏览NDLTD中收录的学位论文,以此来促进研究生教育的发展。NDLTD主要收录硕博士论文,自1996年起它已经在美国每年收集超过4万篇博士论文和36万篇硕士论文,同时邀请国际上的各种团体加入,以达到共建共享的目的。目前全球有200多家大学图书馆、7个图书馆联盟、29个专业研究所加入该联盟。

根据作者的授权和要求,NDLTD提供对这些成员馆的电子学位论文联合目录的查询,包括浏览检索、关键词检索和专家检索3种检索方式,用户可按题名、作者、文摘、主题、机构、发布年、语种等途径检索,可免费获得论文的题录和详细摘要,而其链接的部分全文分为无限制下载、有限制下载和不能下载几种方式。图8.2-7为该数据库的基本检索界面。

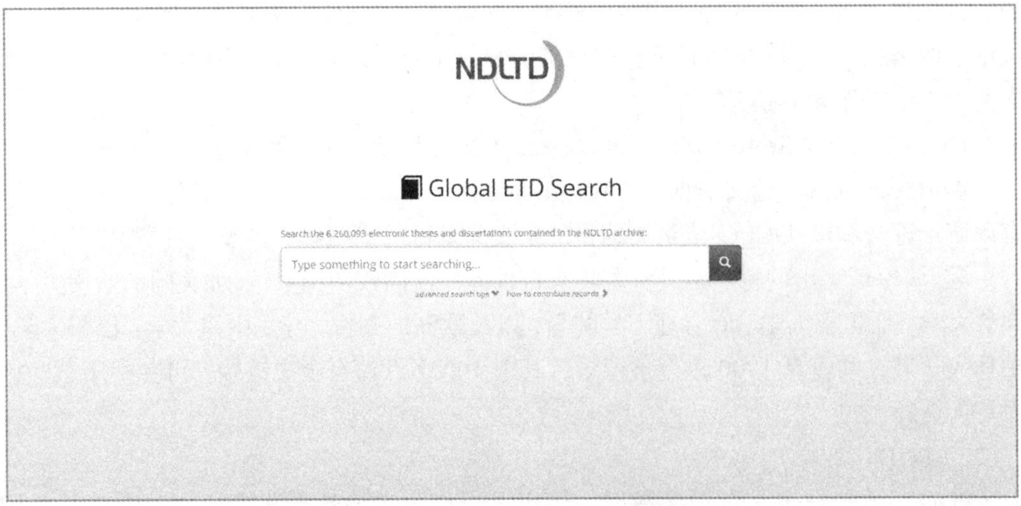

图8.2-7 NDLTD基本检索界面

4) OADT

OADT（图 8.2-8）由天津智新信息科技有限公司研发，是一个国际硕博士学位论文实时发现系统，主要收集、整合了开放存取（OA）的来自欧美国家为首的五大洲的 1000 多所知名大学的 200 多万篇优秀硕博士学位论文，主要名牌大学（如美国的哈佛大学、耶鲁大学、斯坦福大学、普林斯顿大学、芝加哥大学、麻省理工学院、杜克大学、得克萨斯州立大学等；英国的帝国理工学院、剑桥大学、牛津大学、爱丁堡大学、克兰菲尔德大学、伯明翰大学等；加拿大的渥太华大学、麦吉尔大学、不列颠哥伦比亚大学、多伦多大学等；澳大利亚的国立大学、女王大学、悉尼大学、墨尔本大学、堪培拉大学、梅西大学等；中国的香港大学等）的英文 OA 电子版学位论文。涉及理、工、农、医、管、经、法、教、文、史、哲、军、艺等 13 大学科门类，并能智能自动实时更新，从而真正实现 OADT 知识发现，为读者提供学术研究中十分重要的最新信息资源。该数据库目前须付费使用。

图 8.2-8 OADT 界面

5) CNKI 和万方学位论文数据库

CNKI 和万方都提供了学位论文数据库，它们虽然都是全文数据库，但是提供了我国绝大多数学位论文的集中检索，因而也可视为面向中文学位论文的文摘数据库。读者可重点利用。

3. 面向专利的文摘数据库

1）德温特创新索引(Derwent Innovations Index，DII)

（1）DII 概述。科睿唯安公司出版的 Derwent Innovations Index（DII）是基于 Web

的专利信息数据库，如图 8.2-9 所示，由 Derwent World Patents Index（德温特世界专利索引，DWPI）和 Patents Citation Index（专利引文索引，PCI）两部分组成，共收录来自全球 60 个专利机构（涵盖 100 多个国家，包括中国的实用新型专利信息）的超过 1800 万条基本发明专利、3890 多万条专利情报，分为化学（chemical section）、电气与电子（electrical & electronic section）、工程（engineering section）三部分，为研究人员提供世界范围内的化学、电子电气及工程技术领域内综合全面的发明信息。

图 8.2-9　WOS 平台中的 DII

（2）DII 具有非常显著的特点，主要如下。

①Derwent 高附加值的索引系统提供了全面准确反映专利内容的信息，如专利家族、由专家编写的英文专利题目及文摘（详细反映了专利的内容、应用、新颖性等信息）。

②Derwent 强大的检索系统提供了准确迅速的检索途径，如专利权人名称、专利权人代码、德温特手工代码、化合物名称检索、被引专利检索、高级检索等。

③高附加值的索引系统及友好的用户界面使一般不熟悉专利检索系统的研究人员也可以采用自由词检索的方式迅速发现自己所需要的专利信息。

④DII 强大的分析功能允许用户按照多种途径对多达 100 000 条记录进行分析，从不同角度分析技术发展的趋势、专利的分布、专利技术细节的分布等。

⑤与 ISI Web of Science 双向连接，这样就将基础研究或应用基础研究的成果与技术应用的成果有机地联系在一起，从而使用户了解基础研究成果与市场应用前景之间的关系，分析全球知识产权领域的竞争态势，加速知识创新与技术创新的互相推动与转化。

⑥与专利全文电子版连接。直接单击记录中专利号旁的"Original Document"按钮，即可获取专利全文的 PDF 版。Thomson Patents Store 提供了绝大多数的专利全文，辅之以 Derwent Innovations Index 专利家族的标引，基本上解决了专利全文的获取问题。

2）Soopat（http://www.soopat.com/）

市场上也有一些比较好用的数据库，如我国的 Soopat。Soopat 中的 Soo 为"搜索"，Pat 为"patent"，SooPat 即"搜索专利"。正如其网站所宣称的那样，SooPat 致力于做"专利信息获得的便捷化，努力创造最强大、最专业的专利搜索引擎，为用户实现前所未有的专利搜索体验"。SooPat 本身并不提供数据，而是将所有互联网上免费的专利数据库进行链接、整合，并加以人性化的调整，使之更加符合人们的一般检索习惯。它和谷歌进行非常高效的整合，充分利用了人们对于 Google 检索的熟悉程度，从而更加方便使用。

SooPat 中国专利数据的链接来自国家知识产权局互联网检索数据库，国外专利数据来自各个国家的官方网站。SooPat 经过简单注册即可免费检索，并提供全文浏览和下载，尤其对中国专利全文提供了免费打包下载功能，且速度极快，如果用户选择注册成为 SooPat 的会员，还可以选择保存检索历史并进行个性化的设定。

SooPat 还开发了更为强大的专利分析功能，提供各种类型的专利分析，如可以对专利申请人、申请量、专利号分布等进行分析，用专利图表表示，而且速度非常快。

8.2.3 文摘数据库的使用案例与补充性说明

1. 文摘数据库的使用案例

案例 8-1：假如我们要系统查找有关"information behavior"（信息行为）主题的研究文献。这个时候怎么做呢？

分析：可以对此检索任务进行简单分析。首先，研究文献包含期刊、图书、会议文献、学位论文等，同时也应综合考虑国内与国外出版的情况。其次，在任务中已经明确说明要"系统查找"，因此，应重点考虑相关的文摘数据库而非全文数据库。

"信息行为"主题一般属于图书馆与信息科学领域，在国际上，EBSCO 的 LISTA 和 ProQuest 的 LISA 两个数据库都是该领域的文摘数据库，可以使用两者其中之一或综合两者进行检索，可获得相关的研究文献，基本上能够保证对于国外资料的全面检索。查找到文献的线索，可使用其相对应的全文数据库或通过其他途径下载全文。

考虑到 LISTA 和 LISA 对中文研究文献的收录并不一定非常全面，因此还要对我国的资料进行再次检索，以尽可能不遗漏中文资料。如前所述，CNKI、万方既是全文数据库，也可视为我国的综合性学科的文摘数据库，因此可以使用两者其中之一或综合两者进行检索以获取相关的中文研究文献线索并下载全文。

案例 8-2：某管理科学与工程专业研究生想进入导师课题组，要系统查找相关的研究文献，咨询如何操作。

分析：凡是需要系统查找文献，文摘数据库一定是首要考虑的。经分析，目前针对管理科学与工程领域的文摘数据库是市场上较为少见的，可考虑使用综合性学科的文摘数据库。在本例中，外文的文献可考虑使用收费的 Scopus 进行检索；中文的文献仍考虑使用 CNKI、万方来进行检索。

此外，如所在单位没有购买 Scopus，还可以考虑另一种方案，即利用免费的学术搜索引擎。在本例中，可以使用中国读者较为熟悉的百度学术（https://xueshu.baidu.com/）。百度学术不仅抓取了来自 CNKI、万方和维普的资料，同时也对全球的学术信息资源进行全面抓取，并提供给用户一个统一的检索界面。利用百度学术不仅可检索到中文资料，也可检索到外文资料。当然，在检索精度上可能有所欠缺，需要读者仔细筛选检索结果。

2. 文摘数据库使用的补充说明

在实际的检索任务中，读者使用文摘数据库时常常面临以下几个问题，需要特别加以注意。

（1）树立使用文摘数据库的意识。许多读者由于所在单位图书馆的数据库购买情况及数据库培训限制，对全文数据库（这通常是图书馆购买和培训的重点）较为熟悉，相反对文摘数据库了解甚少，因此没有意识到文摘数据库的重要性。但是，正如前述，文摘数据库的很多功能和作用是全文数据库难以取代的，读者应重点掌握和熟悉文摘数据库，并树立第一时间寻求和使用文摘数据库的意识，尤其是在需要全面查找文献线索的时候。

（2）正确辨识出文摘数据库。随着网络技术的发展及数据库商市场战略的调整，越来越多的数据库融合了文摘数据库和全文数据库的功能。比如，Scopus 数据库和全文数据库 ScienceDirect 均为爱思唯尔旗下产品，因此 Scopus 中可以无缝集成 ScienceDirect，读者即使在 Scopus 中发现可以下载部分全文，也应明确 Scopus 为文摘数据库。同样的情况也发生在 ProQuest、CNKI 等数据库中。尤其是 CNKI，许多我国读者在检索中文文献时，第一时间使用 CNKI，其潜意识是将 CNKI 当作文摘数据库使用而不自知。

（3）仔细查看文摘数据库的特点和收录范围。目前，为了适应不同用户的需求，不同的数据库商推出了多种多样的文摘数据库，且其功能也在不断更新。这些文摘数据库五花八门，经验不足的用户往往难以区分其种类和范围，也不熟悉其特点，导致在使用过程中出现错误选择。读者在使用文摘数据库应注意查看其收录范围和使用说明，谨慎选择。

8.3 引文数据库：通过引文高效查找文献

牛顿曾经说过：如果说我看得比别人更远些，那是因为我站在巨人的肩膀上。当进行研究和论文写作时，利用前人的研究成果是非常常见的行为，而在文后以参考文献的形式对所参考的文献进行标注也是必须遵守的学术规范之一。事实上，文献之间的这种引用关系可以用来高效地追踪文献，而引文数据库就是实现这种追踪的必备工具。

8.3.1 引文索引概述

1. 引文的概念与原理

一篇 A 文献，发表在先，在其后发表的 C 文献引用了 A 文献，即 C 文献以 A 文献为"参考文献"，那么，称 A 文献为 C 文献的"参考文献"或"被引文献"，或简称引文（citation）。C 文献则被称为 A 文献的"施引文献""引用文献"或"来源文献"，如图 8.3-1 所示。

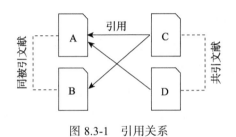

图 8.3-1　引用关系

基于此，A 文献作者被称为"被引作者"（cited author），而 C 文献作者则被称为"施引作者"（citing author）。刊载 A 文献的期刊被称为"被引期刊"，而刊载 C 文献的期刊则被称为"来源刊物"（source publication）。

此外，由引文还衍生出其他一些概念，如共引文献和同被引文献。共引文献是指与本文有相同参考文献的文献，与本文有共同研究内容。如果 A 文献同时被 C、D 文献作为参考文献引用，则文献 C 与文献 D 存在共引关系。共引文献数量越多，文献间的相关性越大。同被引文献是指与本文同时被作为参考文献引用的文献，与本文共同作为进一步研究的基础。如果 A、B 两篇文献均被 C 文献作为参考文献引用，则文献 A 与文献 B 存在同被引关系。

通常，一篇文献可以引用其他文献，也可以被其他文献所引用，这就构成了一个复杂的引文网络。显然，文献之间的引用与被引关系体现了学术上的相关性。利用被引关系可以高效地查找文献。比如，已知 C 文献，可以查看其参考文献，可以查找到 A 文献及其他被引文献；当然，也可以查找 C 文献被哪些文献所引用，不过需要通过相应的引文检索工具。因而，通过引文追踪，可以高效发现文献，特别在读者不熟悉某一领域的时候，只要有少量文献便可以快速查找到相关度非常高的文献，形成文献集合。

2. 引文索引的编制与引文数据库

引文索引是根据文献之间的引证关系按一定的规则组织起来的一种检索系统，是一种以期刊、图书、专利等文献资料所发表的论文后所附的参考文献的作者、题目、出处等项目，按照引证与被引证的关系进行排列而编制的索引，是反映文献之间引用与被引用关系及规律的一种新型的索引工具。引文索引不仅可以展示科技文献内容之间的相互联系，而且可以应用循环法不断扩大检索范围，获得越来越多的相关文献，形成引文网络。

最早的引文索引可追溯到美国律师谢泼德（Shepard）于 1873 年编制出版的供律师和法学家查阅法律判例及其引用情况的检索工具《谢泼德引文》（*Shepard's Citations*）。20 世纪 50 年代，美国情报学专家尤金·加菲尔德（Eugene Garfield，1925—2017）受《谢泼德引文》启发，在其博士论文中首次对通过引文来追踪文献给予了系统研究，并研制出用计算机辅助编制的引文索引，从而使得引文索引成为一种新的文献信息检索、分析和评价工具。

引文索引经历了纸质印刷版、光盘版、联机数据库等形式。随着网络技术的发展，引文索引都是以引文数据库的形式出现。引文数据库就是将各种参考文献的内容按照一定规则记录下来，集成为一个规范的数据集。通过这个数据库，可以建立著者、关键词、机构、文献名称等检索点，满足作者论著被引、专题文献被引、期刊、专著等文献被引、机构论著被引、个人、机构发表论文等情况的检索。

目前，国际上最为知名的引文索引工具有科睿唯安公司出版的三大引文索引，即科学引文索引（Science Citation Index，SCI）、社会科学引文索引（Social Science Citation Index，SSCI）和艺术与人文科学引文索引（Arts&Humanities Citation Index，A&HCI），以及爱思唯尔公司出版的 Scopus 数据库。国内的引文索引工具有中国科学引文数据库（China Science Citation Database，CSCD）、中文社会科学引文索引（Chinese Social Science Citation Index，CSSCI）等。

3. 引文数据库的作用

引文数据库具有如下的功能。

（1）通过引文数据库的来源文献和被引文献的检索功能，获取相关文献信息。

（2）能够获取论文的参考文献信息，扩大检索范围，并了解研究人员对学术资源的利用状况。

（3）可对某一学科领域的论文发表和论著被引用情况进行检索与分析，了解专业人员在该领域的研究工作，了解该学科领域学术研究的历史渊源，追踪学科的发展动态和最新进展。

（4）可获取机构、学科、学者、期刊等多种类型统计数据，为学术研究评价、科研绩效评价、期刊质量评价和科学发展等方面的评价提供定量依据。

8.3.2　常用的引文索引工具

1. Web of Science（SCI、SSCI 和 A&HCI）

Web of Science 因科学引文系列（SCI、SSCI 和 A&HCI）而闻名于世。对科学引文系列而言，其名称中的"引文"二字足以说明引文功能对其重要性。科学引文系列数据库提供文献所引用的所有参考文献信息，以及由此建立的引文索引，揭示了学术文献之间承前启后的内在联系，帮助科研人员发现该文献研究主题的起源、发展及相关研究，从中获取创新性的研究思路，了解本课题在全球的研究现状和发展趋势，帮助自己准确地把握研究方向，找到新的研究思路。引文功能使得其在作为文献检索工具的同时，也成为文献计量学和科学计量学的重要基本评价工具之一。

期刊印证报告（JCR）是科睿唯安提供的基于科学引文系列数据库中的引文数据统计信息的期刊评价资源。通过对参考文献的标引和统计，JCR 可以在期刊层面衡量某项研究的影响力，显示出引用和被引期刊之间的相互关系。JCR 包括自然科学（science edition）和社会科学（social sciences edition）两个版本。其中，JCR-Science 涵盖来自 83 个国家或地区，约 2000 家出版机构的 8500 多种期刊，覆盖 176 个学科领域。JCR-Social Sciences 涵盖来自 52 个国家或地区的 713 家出版机构 3 000 多种期刊，覆盖 56 个学科领域。

读者可以使用 JCR 获取 SCI 和 SSCI 收录的来源期刊列表，并了解期刊的详细信息，如期刊的影响因子等。

2. Scopus

在 Scopus 出现之前，科学引文系列数据库几乎是查询文献引文的唯一方式。如 8.2.1 节所述，Elsevier 旗下的 Scopus 数据库为综合性的文摘数据库，但同时也是一个非常有用的引文数据库。Scopus 的引文追踪功能可以让用户快速查找、追踪文献的引文信息，随时了解文献逐年的被引数据，同时用户也可以任选特定的文章进行评估。作为后起之秀，Scopus 拥有比科学引文系列数据库更为全面的数据收录，已经成为众多科研人员通过引文查询文献的重要选择之一。

3. 中国科学引文数据库（CSCD）

中国科学引文数据库（Chinese Science Citation Database，CSCD）是中国科学院文献情报中心于 1989 年创建的，针对中国大陆地区的自然科学和工程技术领域的期刊引文数据库。CSCD 收录我国数学、物理、化学、天文学、地学、生物学、农林科学、医药卫生、工程技术、环境科学和管理科学等领域出版的中英文科技核心期刊和优秀期刊千余种，目前已积累从 1989 年至今的论文记录 5 554 488 条，引文记录 79 487 807 条。

中国科学引文数据库内容丰富、结构科学、数据准确。系统除具备一般的检索功能外，还提供新型的索引关系——引文索引，使用该功能，用户可迅速从数百万条引文中查询到某篇科技文献被引用的详细情况，还可以从一篇早期的重要文献或著者姓名入手，检索到一批近期发表的相关文献，对交叉学科和新学科的发展研究具有十分重要的参考价值。中国科学引文数据库还提供了数据链接机制，支持用户获取全文。

2003 年，CSCD 开始提供上网服务（http://sciencechina.cn/search_sou.jsp）。读者可以进入该网址进行检索，但该服务为收费服务（国家图书馆注册用户通过其门户网站可免费使用）。2007 年，中国科学院文献情报中心与汤姆森科技信息集团（现为科睿唯安公司）达成了关于 CSCD 基于 Web of Science 平台建设的战略合作协议。2009 年 4 月，CSCD 正式通过 Web of Science 平台为国内外用户提供服务，并实现了与 Web of Science 核心合集的跨库检索。

基于 Web of Science 的 CSCD 检索方法，除可进行中文检索外，其他与 SCI 检索一致。基于中科院"中国科学文献服务系统"的检索，具备该系统所提供的所有检索和其他功能。

4. 中文社会科学引文索引（CSSCI）

中文社会科学引文索引英文全称为"Chinese Social Sciences Citation Index"，缩写为 CSSCI。1997 年，南京大学提出研制开发电子版 CSSCI 的设想。2000 年，CSSCI 光盘版发布。CSSCI 可以用来检索中文社会科学领域的论文收录和文献被引用情况，是我国人文社会科学评价领域的标志性工程。

CSSCI 遵循文献计量学规律，采取定量与定性评价相结合的方法，从全国 2700 余种中文人文社会科学学术性期刊中精选出学术性强、编辑规范的期刊作为来源期刊。来源期刊是根据期刊的影响因子、被引总次数等数量指标与各学科专家意见而确定的。每年根据期刊质量的情况，增删、调整有关期刊。确定来源期刊的原则有：

（1）入选的刊物应能反映当前我国社会科学界各个学科中最新研究成果，且学术水平较高、影响较大、编辑出版较为规范的学术刊物。

（2）入选的刊物必须是正式公开出版发行，且具有 ISSN 或 CN 号。

（3）入选的刊物所刊载的学术文章应多数列有参考文献。

（4）凡属索引、文摘等二次文献类的刊物不予收录。

（5）译丛和以发表译文为主的刊物，暂不收录。

（6）通俗刊物，以发表文艺作品为主的个体文艺刊物，暂不收录。

目前，CSSCI 的来源期刊数量占我国正式刊行的社科期刊总数的 8%~15%，CSSCI 来源期刊&扩展期刊（2021—2022）收录包括法学、管理学、经济学、历史学、政治学等在内的 26 大类的 585 种学术期刊。

5. 其他引文数据库

1）学术搜索引擎

常见的学术搜索引擎，如百度学术、Google Scholar 等都支持对文献引用的追踪和分析，是科研人员追踪文献引文的重要工具。以百度学术为例，在检索结果页面中可以查看原始文献的被引次数（图 8.3-2）。

图 8.3-2　百度学术中查看被引量

此外，也可在文献详情页面，单击"引证文献"按钮，则可以查看该原始文献的施引文献列表。单击"参考文献"按钮，则可以查看原始文献所引用的文献列表（图 8.3-3）。

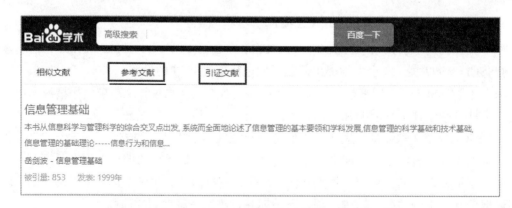

图 8.3-3　百度学术中查看参考文献和引证文献

有关学术搜索引擎的详细介绍可参见第 10 章"网络信息源与搜索引擎"。

2）CNKI 引文数据库（https://ref.cnki.net/ref）

中国引文数据库是依据 CNKI 收录数据库的文后参考文献和文献注释为信息对象建立的、具有特殊检索功能的文献数据库。中国引文数据库通过揭示各种类型文献之间的相互引证关系，不但可以为科学研究提供新的交流模式，而且也可以作为一种有效的科研管理及统计分析工具（图 8.3-4）。

图 8.3-4　CNKI 中国引文数据库

中国引文数据库数据来源于 CNKI 期刊库参考文献、博士论文库参考文献、硕士论文库参考文献、会议论文库参考文献。同时为了保证数据的完整性，也收录了未入编的期刊的参考文献。其收录数据具有如下特点。

- 多语种：中、英文引文数据，近120个国外著名数据库收录的期刊的被引数据近千万次。
- 多文献类型：九种文献类型引文，包括期刊、图书、学位论文、会议论文、专利、标准、报纸、年鉴、外文。
- 数据规模较大：1.5 亿条以上的链接数据，每年新增 2000 万条。
- 数据质量高：已连续五年顺利通过影响因子年报鉴定会，高标准的数据质量获得业内专家认可。
- 更新频率高：日更新。

中国引文数据库具备多种功能，主要包括如下内容。

- 多种检索模式：提供多种检索模式，满足不同用户的不同需求。针对检索结果，用户能够进行引证报告、数据分析器、文献导出、结果分析等操作。
- 引证报告：通过检索条件，为用户提供其想要获取的学者的引证报告，并且在报告中直接呈现相关被引情况的详细数据。
- 数据分析器：包含期刊、出版社、学者、机构、基金、地域等方面的分析器。

- 文献导出:某一检索主题下,支持部分数据的导出,导出格式包括 EndNote、CNKIE-Learning、纯文本自定义格式等。
- 引文分析:针对某一主题的检索结果,可以对作者、科研机构、来源出版物、科研基金、学科、地域、语种、出版年等进行引文分析。分析的结果,可以数据导出,也可进行反复分析。

8.3.3 引文数据库补充说明及使用案例

1. 引文数据库的补充说明

读者在使用引文数据库时,有3点务必要牢牢记住。

第一,必须谨慎区分引文数据库与文摘数据库。正如前述,文摘数据库的一个重要特征是"系统全面"地检索文献,其对文献的收录是非常全面的。而在实践中,引文数据库既可能有较为全面的文献收录而成为事实上的文摘数据库,又可能采用较为严格的标准使其无法承担文摘数据库的作用。这里我们以图书馆和信息科学学科为例,比较 LISA 数据库和 SSCI 数据库的不同。以下是两者的简要情况。

ProQuest 的 LISA 数据库是该领域较为权威的文摘数据库,其内容涵盖来自 50 多个国家、20 多种语言在内的 400 多种学术期刊及相关的会议文献。

SSCI 数据库是科睿唯安公司旗下面向社会科学领域的权威引文数据库。SSCI 数据库包含图书馆和信息科学领域的 80 余种期刊论文。

从简介中可以发现,两者在文献的收录上存在较大区别。SSCI 对来源期刊有着非常严格的遴选,其收录量远远小于 LISA。因此,如要考虑查全率,即全面检索文献,读者应尽可能综合使用特定学科的文摘数据库而非单独使用引文数据库。

第二,深刻理解引文数据库的核心功能。引文数据库的核心功能是通过文献的引用关系来追踪和检索文献,由此可以分析研究的宏观发展脉络和趋势,这是加菲尔德博士发明科学引文系列的初衷,也是读者使用的基础。

第三,识别出引文数据库及其引文数据范围。通常,带有引文追踪功能的数据库都可以被称为引文数据库。但在实践中,读者应仔细查看其引文数据的范畴。比如,某些全文数据库,如 Emerald 数据库也提供对于引文的查看,但仅限于对其自身出版的文献。而 Scopus 数据库则为专业的引文数据库,提供了对爱思唯尔及其他出版机构所出版的文献的全面引用揭示。

2. 引文数据库使用案例

案例 8-3:某博士生刚进入导师课题组,想尽快熟悉导师的研究课题和相关文献,能否使用引文数据库?

分析:可以。熟悉导师的研究课题,最有效率的方式就是看导师及课题组成员发表了哪些文献?以及与这些文献存在引文关系的文献。引文数据库通常可以作为第一选择。比如,通过 Web of Science 数据库、Scopus 数据库或者学术搜索引擎,都可以检索特定作者所发表的文献,也可以追踪这些文献的参考文献和引用文献,从而快速熟悉课题研究内容。

案例 8-4：科研人员想全面检索与某主题有关的资料，能否使用 Web of Science 数据库或 Scopus 数据库？

分析：不推荐。Web of Science 数据库和 Scopus 数据库对数据进行了较为严格的遴选，可能会大面积遗漏文献。要全面检索资料，应首选文摘数据库。比如，生物医学领域的读者，应尽可能使用 Medline 数据库（或包含了 Medline 数据库的其他数据库，如 PubMed）。

同样的，我国学者想全面检索与某主题有关的中文资料，也不推荐检索 CSCD 和 CSSCI 这两个引文数据库，可以检索万方数据库或 CNKI 数据库（已经自带引文功能）。

案例 8-5：某科研人员想快速了解某课题全球研究现状，能否使用引文数据库？

分析：可以。引文数据库可以用来跟踪、定量分析某课题研究发展的总体脉络，有助于读者快速了解课题研究现状。比如，Web of Science 常被用于该目的。尽管 Web of Science 可能会遗漏文献，但是核心的文献通常已经包含在内，且对核心文献的分析通常也能反映出该研究主题发展现状的总体情况，因此该方法是可行的。读者还可以借助 CiteSpace 等分析工具进行可视化的分析和展示。

案例 8-6：如果读者所在单位没有订购 Web of Science 和 Scopus 等收费的引文数据库，如何追踪引文？

分析：可以使用免费的学术搜索引擎，如百度学术、Google Scholar，但引文分析功能可能较弱。

第 9 章

常用的文摘索引数据库介绍

本章重点对国外及国内典型的各种类型的文摘索引数据库及其使用方法进行介绍。

9.1 PubMed

9.1.1 PubMed 简介

PubMed（https://pubmed.ncbi.nlm.nih.gov/）是由美国国家医学图书馆（NLM）下属的国家生物技术信息中心（NCBI）开发和维护的，基于 Web 的生物医学文献数据库。PubMed 面向全世界免费提供最新、最前沿的生物医学信息，是生物医学领域应用最广泛、最重要、最权威的数据库之一。

PubMed 的发展历程最早可以追溯到 1879 年 NLM 出版的手工检索工具 Index Medicus。随着计算机网络的发展，20 世纪 70 年代，NLM 发布了 Medline 联机检索系统。1983 年，NLM 开始发行 Medline 光盘版，并得到了广泛使用。20 世纪 90 年代末，互联网逐渐兴起、发展，1997 年 NLM 推出了以 Medline 数据库为核心的在线检索数据库 PubMed，并免费面向全世界开放访问资源。

PubMed 整合在 NCBI 的统一检索平台 Entrez 上，与该平台其他数据库建立无缝链接，可实现跨库检索。PubMed 数据库文献更新速度快，检索功能强大，收录了全世界 80 多个国家和地区的 11 000 多种期刊的生物医学文献及部分在线图书的信息，截至 2022 年，累计收录文献记录超过 3400 万条。收录文献的内容涉及基础医学、临床医学、护理学、口腔医学、兽医学、营养卫生、药理和药剂学、预防医学、卫生管理和医疗保健等领域。PubMed 文献来源主要有以下四类。

1. MEDLINE

MEDLINE 是 PubMed 平台内容的主要来源，是全世界最权威、最重要的医学文献数据库，其收录了世界范围内的 5600 多种生物医学期刊的文摘及题录数据，其收纳的所有记录均已进行了深加工，并添加了规范性的主题词与副主题词等，这些记录末尾标有"PubMed-indexed for MEDLINE"的标识。

2. In-process citations

对于被 MEDLINE 收录的文献，主题词与副主题词尚未添加完成，数据正在处理，PubMed 将这部分数据添加到临时性数据库，并将其标注为"PubMed-in process"，当数据处理完成后将会转到 MEDIINE 数据库中，其状态标签变为"Indexed for

MEDLINE"。

3. Publisher-supplied citations

Publisher-supplied citations 是直接同步发布出版社提供的文献信息，标注为"PubMed-as supplied by publisher"，出版商提供的文献大部分属于 MEDLINE 收录文献，其后会转为"PubMed-in process"，不属于 MEDLINE 收录的文献，记录状态标签则保持不变或仅标注为"PubMed"。

4. OLDMEDLINE

OLDMEDLINE 收录了 1946—1965 年发表的且未被 MEDLINE 收录的 200 余万篇生物医学文献记录，每条记录只有简单的题录信息，没有 MeSH 字段与摘要信息，在这些记录末尾会标有"PubMed-OLDMEDLINE"的标识。

9.1.2 PubMed 的检索技术与方法

1. 检索技术

PubMed 支持多种检索技术，包括自动词语匹配检索、布尔逻辑检索、截词检索、强制（短语）检索、字段限定检索，如表 9.1-1 所示。PubMed 常用检索字段一览表如表 9.1-2 所示。

表 9.1-1　PubMed 检索技术

检索技术	说明
自动词语匹配检索	PubMed 是基于自动术语映射（automatic term mapping，ATM）系统来进行检索的，自动词语匹配检索是最常用且非常重要的检索技术，当检索词中没有出现双引号（""）、星号（*）、字段限定符等时，系统会根据顺序进行自动匹配检索
布尔逻辑检索	PubMed 支持布尔逻辑检索，逻辑运算符（AND、OR、NOT）必须大写，检索词与逻辑运算符之间需要空一格。布尔逻辑运算顺序为从左至右，使用圆括号"（）"可以改变运算顺序
截词检索	PubMed 仅支持右截词检索，截词符用*表示，如果*加在检索词的后面，则表示检索以该词开头的词。截词功能只对单词有效，对词组无效，当使用截词功能时，系统会自动关闭 ATM 功能
强制检索	PubMed 使用双引号""来强制进行短语检索。在使用该功能时，系统会自动关闭 ATM 功能，将短语看作是一个整体，执行精确检索
字段限定检索	检索词[字段标识]，字段标识使用全称或缩写均可。例如，表达式 Hypertension [TI]，会检索出文章篇名中含有"高血压"的文献。PubMed 支持的字段及其缩写如表 9.1-2 所示

表 9.1-2　PubMed 常用检索字段一览表

Affiliation[AD]	Completion Date[DCOM]	First Author Name[1AU]
All Fields[ALL]	Conflict of Interest Statement[COIS]	Full Author Name[FAU]
Article Identifier[AID]	Corporate Author[CN]	Full Investigator Name[FIR]
Author[AU]	Create Date[CRDT]	Grant Number[GR]
Author Identifier[AUID]	EC/RN Number[RN]	Investigator[IR]
Book[book]	Editor[ED]	ISBN[ISBN]
Comment Correction Type	Filter[FILTER]	Issue[IP]

续表

Journal[TA]	Other Term[OT]	Publisher[PUBN]
Language[LA]	Owner	Secondary Source ID[SI]
Last Author Name[LASTAU]	Pagination[PG]	Subset[SB]
Location ID[LID]	Personal Name as Subject[PS]	Supplementary Concept[NM]
MeSH Date[MHDA]	Pharmacological Action[PA]	Text Word[TW]
MeSH Major Topic[MAJR]	Place of Publication[PL]	Title[TI]
MeSH Subheading[SH]	PMCID and MID	Title/Abstract[TIAB]
MeSH Terms[MH]	PMID[PMID]	Transliterated Title[TT]
Modification Date[LR]	Publication Date[DP]	Volume[VI]
NLM Unique ID[JID]	Publication Type[PT]	

2. 检索方法

PubMed 的检索方法主要包括基本检索、高级检索、主题词检索等。

1）基本检索（search）

基本检索是 PubMed 最常用的检索方式，其能够执行字段限制检索、布尔逻辑运算检索、短语检索、截词检索、期刊检索和著者检索等，在 PubMed 主页界面（图 9.1-1）的基本检索框中输入检索词，单击"Search"或回车键进行检索，系统将通过词汇自动转换功能进行检索，并返回结果。

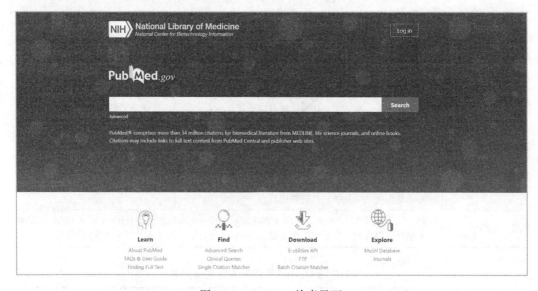

图 9.1-1　PubMed 检索界面

在检索框中，可以输入关键词、著者、刊名、短语或句子等检索词。当以作者姓名作为检索词时，需要遵循"姓在前，名在后"的规则输入。一般来说，姓用全称，名用缩写。比如，M Smith 为 Smith M，但是当输入 Smith M 时，系统自动执行词语匹配，并检索出 Smith M，Smith MR，Smith MA 等所有姓为 Smith，第一个名缩写为 M 作者的文献；为实现精确检索，可以对著者姓名添加双引号并用著者字段限制检索，以此实现精确检索的目的，如"Smith M"[AU]。在2002年之前，PubMed引文中不包含作者全名，因此按作者搜索将检索2002年以后的引文，此时的文章中采用的是作者全名。在使用其他检索词进行检索时，为规避因歧义导致出现不精确的检索结果，可以使用字段限定符。比如，Nature[ta]表示检索期刊"Nature"上面发表的文献。

2）高级检索（advanced search）

高级检索相较于基本检索，一般用于更为详细和更加复杂的检索当中，高级检索界面主要由检索构建器（builder）和检索历史（history）两大部分组成（图9.1-2）。

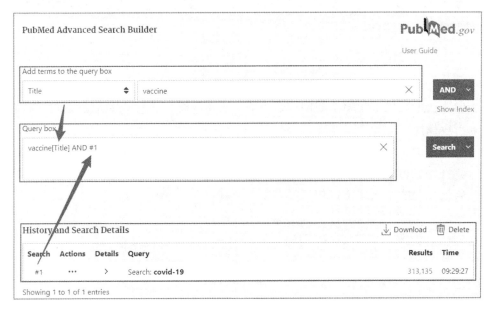

图 9.1-2 PubMed 高级检索

（1）检索构建器。可以实现多字段的组合检索，提高检索精度。在使用高级检索时，首先在"All Fields（全部字段）"下拉列表中选择字符限定词，然后在输入框中输入检索词，并选择右侧的逻辑运算关系，循环数次，检索表达式会自动被添加到"Query box"下方的输入框中，生成复杂的高级检索式；也可直接在"Query box"下方的输入框中输入检索式，最后单击"Search"或者按回车键进行相关文献信息的检索。

（2）检索历史。用来记录用户的检索历史，也可用于查看过去的检索结果，包括检索式序号、actions、Details、Query、检索结果(results)及检索时间(time)。在单击"Actions"下方的"…"（show more actions using this query），可选择对检索式进行add with AND、add with OR、add with NOT、Delete(删除检索式)、Create alert(创建提醒)。单击"Details"下方的">"（show Search Details for this query），会显示过去检索式的相关细节信息。检索历史最多保存100条检索式，超过100条时，系统自动删除最早的检索式，检索历史最多可保留8小时。

3）主题词检索（MeSH database）

主题词检索也是PubMed常用的检索方式，是一种规范化、标准化的检索语言，PubMed数据库中的大部分文献都进行了主题词标引。主题词检索一般包括主题词和副主题词两部分，在选定主题词后，再借助副主题词，以此达到提高查准率和查全率的效果。在 PubMed 主界面"Explore"的下方单击"MeSH Database"按钮即可进入主题词检索（图 9.1-3）。

图 9.1-3　MeSH 主题词

下面用一个实例来介绍主题词检索步骤。比如，查找有关"器质性心脏病"领域的文献，可以按照如下操作。

（1）进入 PubMed 主界面，单击"MeSH Database"按钮进入主题词检索界面。

（2）在检索框中输入主题词 heart disease（心脏病），单击"Search"按钮，系统提供与检索词相关的主题词（按相关度排序）及其含义（图 9.1-4）。

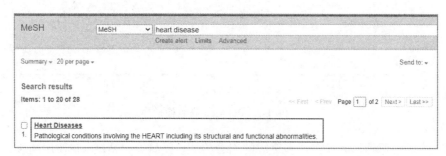

图 9.1-4　MeSH 主题词选择

（3）在确定主题词后，单击主题词进入副主题词选择界面。界面内容包括主题词注释、检索建构器选项（pubMed search builder options）——副主题词（subheadings）、加权检索（restrict to MeSH major topic）、扩展检索（do not include MeSH terms found below this term in the MeSH hierarchy）、树状结构代码（tree number）、MeSH ID 号（MeSH unique ID）、款目词（entry terms）等。

（4）选择合适的副主题词，并在其前面的方框中打"√"，依照实际需要选择是否加权和扩展，如图 9.1-5 所示。

图 9.1-5　构建 PubMed 检索式

（5）单击界面右上方的"Add to search builder"按钮，检索框中自动生成检索式，并选择需要使用的逻辑运算。

（6）单击"Search PubMed"按钮，即可完成主题词和副主题词组合的检索。

对于多个主题词的检索，可以重复步骤（2）到步骤（5），在执行步骤（5）时，需要选择合适的逻辑运算关系，生成多个主题词/副主题词之间的复杂逻辑关系，也可分别检索每个主题词，再进入高级检索的检索历史中进行逻辑组合检索。

9.1.3　PubMed 检索结果管理

PubMed 检索结果界面如图 9.1-6 所示。检索结果界面的左侧为结果筛选区，右侧上方为检索记录区，下方则为检索结果区。

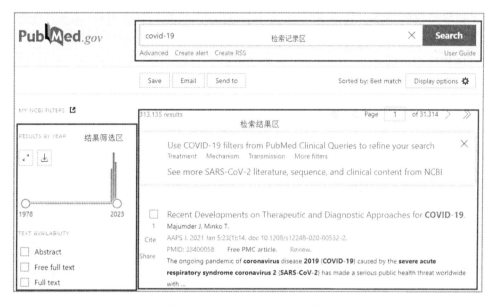

图 9.1-6　PubMed 检索结果界面

1. 检索记录

检索记录区展示了本次检索表达式，并可以通过"Create alert"和"Create RSS"提供文献跟踪服务。

2. 检索结果

1）显示格式

PubMed 的检索结果有多种显示格式可供选择，系统默认显示题录格式，每页默认显示 10 条，每页最多可显示 200 条记录。单击界面右上方的"Display options"按钮后，下拉菜单中可以对显示格式（format）进行更改。主要格式有如下 4 种。

（1）Summary。系统默认的显示格式，显示文献的篇名、作者、缩写刊名、出版年月、卷期和页码、PMID 号、记录状态以及相关引文（similar articles）链接，对于免费文献则有"Free Article"标识。

（2）Abstract。Summary 格式的所有信息，以及作者的单位、摘要、出版类型、MeSH 主题词等信息，选择 Abstract 格式显示可以获得更多文献的全文链接。

（3）PubMed。显示记录中全部字段信息。

（4）PMID。只显示每条记录的 PMID 号。

2）排序方式

单击 PubMed 界面右上方的"Display options"按钮后，在下拉菜单中可以对排序方式（sort by）进行选择。排序方式包括 Best Match（相关度）、Most Recent（按时间由近及远）、Publication Date（出版日期）、First Author（第一作者）、Journal（期刊名），用户可以根据实际的使用情况，选定不同的排序方式。

3）检索结果详情

在检索结果上单击标题，即可进入检索结果详情页，如图 9.1-7 所示。详情页全面展示了检索结果的细节，其中通过 Page Navigation 可以查看该记录的各部分内容，通过 Full Text Links 可以查看其全文链接，通过 Actions 可以进行引用或收藏操作，此外还可以进行社交媒体分享、保存，以及发送到电子邮箱或指定位置。

图 9.1-7　PubMed 检索结果详情

3. 检索结果筛选

在检索结果界面的左侧，提供了多种过滤功能，从不同的维度筛选出合适的文献。其过滤器主要包括 Results by year（开始年份）、Text availability（文本可获取性）、Article attribute（文章属性）、Article type（文献类型）、Publication date（出版日期）、Species（物种）、Languages（语言）、Sex（性别）、Journal（期刊）、Age（年龄）等，单击"Additional filters"按钮则会显示更多选项。限定选项确定之后，会保持激活状态，并在之后的检索中持续发挥作用。

4. 检索结果输出及保存

PubMed 提供多种输出和保存方式，单击 "Save" 按钮保存离线文献，单击 "E-mail" 将文献发送至邮箱，单击 "Send to" 在线保存文献，系统会提供 4 种检索结果输出和保存的方式。

（1）Clipboard（剪贴板）。将已选中的记录临时保存在剪贴板（最多保存 500 条记录，非活动状态下 8 小时过期）中，方便最后集中处理，如果想将记录保存超过 8 小时或在其他设备上查看，可以使用 Send to：Collections。

（2）My Bibliography（"我的参考文献"）。用户需要注册 My NCBI 后才能使用，将选中的记录保存到 My Bibliography，方便用户以后浏览阅读。

（3）Collections（个人文献集）。用户需要注册 My NCBI 后才能使用，将检索结果保存在 "Collections"。

（4）Citation manager（文献管理器）。将检索结果以文献管理器格式导出，方便用户将文献导入文献管理软件中。

9.1.4 个性化功能与服务

PubMed 的个性化服务是依靠注册 My NCBI 来实现的。My NCBI 不但能够保存检索式，而且能对已保存检索式实现自动更新检索，并将检索结果发送至用户邮箱。

9.2 SciFinder

9.2.1 SciFinder 简介

SciFinder（https://scifinder.cas.org/）由美国化学会（American Chemical Society，ACS）旗下的美国化学文摘社（Chemical Abstracts Service，CAS）开发的研发应用平台，提供全球最大、最权威的化学及相关学科文献、物质和反应信息。SciFinder 涵盖了化学及相关科学领域，如生物、医药、工程、农学、物理等多学科、跨学科的科技信息；收录所有已公开披露的高质量且来自可靠信息源的信息，文献类型包括期刊、专利、会议论文、学位论文、图书、技术报告、评论和网络资源等。通过 SciFinder，可以访问由 CAS 全球科学家构建的全球最大并每日更新的化学物质、反应、专利和期刊数据库，无须担心遗漏关键信息。SciFinder 还提供一系列功能强大的工具，便于用户检索、筛选、分析和规划，帮助用户迅速获得研究所需的最佳检索结果，节省宝贵的研究时间，并且帮助研究人员做出明智的决策。

SciFinder 包含以下数据库。

1. CAplus 文献数据库

CAplus 文献数据库收录化学及相关学科的文献记录 4500 多万条，包括 19 世纪早期至今的源自 5 万多种科技期刊（包括目前仍在出版的数千种期刊）文献、63 家专利授权机构的专利文献、会议论文、技术报告、图书、学位论文、评论、会议摘要、e-only 期刊、网络预印本等。

该数据库数据每日更新超 5000 条记录，对于全球 9 个主要专利机构公布的专利，保证其著录和摘要信息在公布两天之内收入数据库。

可用研究主题、作者姓名、机构名称、文献标识号、期刊名、专利信息等进行检索。

2. CAS REGISTRY 物质信息数据库

物质 CAS 登记号的权威数据库，包含超过 1.3 亿个物质，包括独特的有机物质、无机物质（如合金、配合物、矿物质、混合物、聚合物、盐等），以及超过 6700 万条序列。该数据库是全球收录物质最多的数据库。

CAS REGISTRY 是最值得用户信赖的权威资源之一。用户可以通过化学名称、结构和 CAS 登记号（CAS Registry Number）对物质进行识别，CAS 登记号是化学物质唯一的标识。

3. CASREACT 化学品反应数据库

CASREACT 化学品反应数据库包括有机、金属有机、天然产物全合成、生物转化反应，信息精确、可靠、及时。目前，该数据库收录了 1840 年以来的 9850 多万条化学反应，包括单步、多步反应及合成制备。记录内容包括反应条件、产率、催化剂、实验步骤等信息。

4. MARPAT 马库什结构专利信息数据库

MARPAT 记录超过 116 余万个可检索的马库什结构，来自于 1988 年至今 CAS 收录的专利，以及 1987 年至今选择性收录的日本专利。此外，部分收录 1984—1987 年的英语专利和 1986—1987 年的法语、德语专利。其他 1961—1987 年的数据来自 INPI（法国工业产权局）。2000 年 1 月 10 日之后的俄罗斯专利和 2008 年至今的韩国专利也被收录在内。该数据库可显示超过 479 000 篇含有马库什结构的专利信息。

5. CHEMLIST 管控化学品信息数据库

CHEMLIST 管控化学品信息数据库是查询全球重要市场被管控化学品信息的工具。该数据库目前收录超过 34.8 万多种备案/管控物质。覆盖范围包括 1980 年至今的名录及目录。

6. CHEMCATS 化学品商业信息数据库

CHEMCATS 化学品商业信息数据库主要用于查询化学品供应商的联系信息、价格、产品纯度、库存等信息。记录内容还包括目录名称、定购号、物质名称、物质 CAS 登记号、结构式等。

7. MEDLINE 美国国家医学图书馆数据库

MEDLINE 美国国家医学图书馆数据库主要收录生命科学，尤其是生物医学方面的 2300 多万篇期刊文献，包括 1946 年以来的 5600 余种期刊。

9.2.2 SciFinder 的检索模式

用户在注册登录 SciFinder 账号后，可以看到 SciFinder Web 默认界面（图 9.2-1），网页默认的检索状态为 Research Topic 主题检索。界面上方的主工具栏分别是 Explore（检索）、Saved Searches（检索结果保存）和 Sciplanner（反应路线设计）。

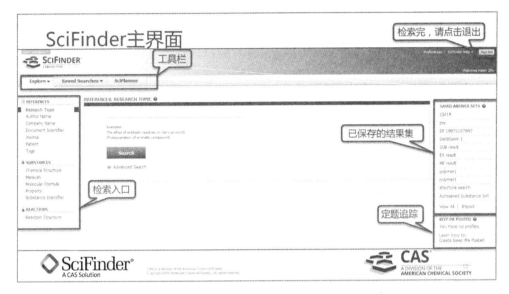

图 9.2-1　SciFinder 主界面

根据不同的检索内容，可以使用不同的文献检索模式。在单击"Explore"后，其下方会出现以下 3 种检索模式：Explore References（查找文献）、Explore Substances（查找化合物）、Explore Reactions（查找化学反应）。Explore References 目录下有以下几种检索途径："Research Topic（研究主题检索）""Author Name（作者名检索）""Company Name（公司名检索）""Document Identifier（文献识别号检索）""Journal（期刊检索）""Patent（专利信息检索）""Tags（标签检索）"。其文献内容来源主要是 CAplus 和 Medline。Explore Substances 下的检索途径主要是"Chemical Structure""Markush""Molecular Formula""Property""Substance Identifier"，涉及的检索数据库是 REGISTRY。Explore Reactions 则只检索 CASREACT 数据库。

1. Explore References

SciFinder 拥有强大的英文文献检索功能，Explore References 下面涵盖了研究主题、作者名、公司名、文献标识号、期刊、专利信息的检索。

当使用"研究主题"检索时，主题概念之间可以使用介词或者其他常用连词进行隔开。与大多数数据库不同的是，SciFinder 不支持逻辑运算符。例如，以"丙酮的合成"为主题搜索文献，英文检索词应为"the synthesis of acetone"而不是"acetone and synthesis"。

当使用"作者名"检索时，必须输入姓氏（lastname），如果不希望获得姓氏的不同拼写，可以不勾选"Look for alternative spellings of the last name"，在对某位作者的检索中，没有出现完全匹配的结果，如果勾选了"Look for alternative spellings of the last name"，则会出现可能的候选项。

文献标识是文献唯一的标识代码，检索框中最多可以输入 25 个文献标识号（每行限定一个），可以任意选择以下识别号进行检索：收录号（accession number）、文献号（document number）、专利号（patent number）、PubMed ID 号和数字对象识别号（PubMed ID number）。

2. Explore Substances

Chemical Structure 包括精确结构检索、亚结构检索和相似结构检索，可获取到与输入结构式匹配的物质。

Markush 是利用 Markush 结构检索专利，获取到含有与输入马库什结构匹配的通式结构的专利文献。

Molecular Formula 是用分子式检索获取与输入分子式中的元素符号和原子数精确匹配的物质。

Property 借助实验或预测的物理性质数据来检索物质，获取与输入的性质数据匹配的物质。

Substance Identifier 通过物质标识符（CAS 登记号或完整的化学品名称）来检索物质，获取与输入的 CAS 登记号或化学品名称匹配的物质。

采用不同的检索模式，将会出现不同的检索字段。例如，选择的检索方式是 Chemical structure，单击编辑器图像启动结构编辑器，并绘制结构式，也可以单击"Import CXF"导入 cxf 文件的结构，并可以从"Advanced Search"中选择检索限制条件，缩小检索范围。

3. Explore Reactions

在进行检索反应（反应结构）时，选择 Reaction Structure，可以将结构指定为反应物、试剂或产物。可以通过更多其他指定的条件（如溶剂或不参与反应的官能团等）来限定检索结果。基于获取到的反应，可以通过 Get Similar Reactions（具有相似反应中心的反应），或 Find Additional Reactions（获取来自文献的反应，这些文献中报道了相同产物制备信息），获得附加反应信息。

在查看、分析和筛选反应结果，聚焦前沿最新成果时，可以通过 MethodsNow 查看反应式、浏览反应步数、反应阶段和实验操作过程，了解反应详情；借助 Transformation（按照转化类型分类反应）或 Document（每篇文献只显示一条代表性反应）对反应进行分类；选择相关标准（如产率等）对反应进行排序。例如，利用催化剂、溶剂或创建筛选展示选项等参数分析反应，可以添加更明确的检索标准（如反应步数等），缩小结果集可以保留或删除选中的反应，以及合并多个结果集。

9.3　Engineering Village（EV）

9.3.1　EV 简介

随着互联网的不断普及，为了及时提供周到的在线服务，使读者通过互联网使用

Engineering Index（工程索引，EI）资源，EI 公司于 1995 年建立了基于互联网的综合性项目——工程信息村（Engineering Information Village，EI Village）。1999 年，EI 被爱思唯尔收购，EI Village 也成为 Elsevier 旗下数据库平台。2007 年，EI Village 更名为 Engineering Village（EV）至今。中国用户可以通过其国际站点（http://www.engineeringvillage.com）访问。

EV 是一个以 Compendex 数据库（即俗称的 EI 数据库）为核心的、集多种数据库检索、多种信息服务为一体的大型信息检索集成系统。EV 目前提供 12 个工程文献和专利数据库的访问权限，覆盖广泛的可靠工程来源。这些数据库均精心挑选，提供兼具广度和深度的内容。主要包括 Compendex、Inspec、GEOBASE、GeoRef、美国专利、欧盟专利、NTIS、EnCompassLIT、EnCompassPAT、PaperChem、CBNB、Chimica 等。

Compendex 收录年代自 1969 年起，涵盖 190 种专业工程学科，目前包含 2200 多万条记录，每年新增的 150 万条文摘索引信息分别来自 4700 多种工程期刊，超过 80 000 种会议文集。Compendex 收录的文献涵盖了所有的工程领域。

目前网络版的 Compendex 是由早期的联机检索版 EI Compendex 和 EI Page One 合并而成。与光盘版相比，增加了 EI Page One 的部分，两个版本的文献来源有较大不同。2009 年前，EI Compendex 对收录文献有所区分，通常把 EI 网络版中的 EI Compendex 称为 EI 网络版的核心收录部分，而把 EI Page One 称为非核心收录部分。两者的区别主要如下。

（1）Compendex 数据库中的核心数据（EI compendex 核心文献）。数据的内容全面，主要包括：论文题名（title）、作者（authors）、第一作者单位（first author affiliation）、英文文摘（abstract）、论文所在期刊名称（serial title）、卷（volume）、期（issue）、论文页码（pages）、分类码（eIclassification codes）、主题词（EI main heading）、受控词（EI controlled terms）、自由词（Uncontrolled terms），等等。其中，分类码、主题词、受控词、自由词需要专业人员单独给出。

（2）Compendex 数据库中的非核心数据（EI Page One 非核心文献）。数据内容主要包括：论文题名、作者、论文所在期刊名称、卷期、论文页码。部分数据带有英文摘要和第一作者单位。不需要任何专业人员再做工作。

Compendex 在 2009 年度对期刊收录进行了调整，从 2009 年 1 月开始，所收录的期刊数据不再区分核心数据和非核心数据。2021 年 Compendex 数据库共收录中国期刊近 300 种。读者要查看 Compendex 收录的期刊名单，可以访问：https://www.elsevier.com/solutions/engineering-village/databases#compendex。

9.3.2 EV 的检索

1. 检索方式

EV 提供快速检索、专家检索、词表检索、作者检索、机构检索等检索方式，本书重点介绍前 3 种检索方式。

1）快速检索（quick search）

EV 提供快速检索功能，其界面如图 9.3-1 所示。

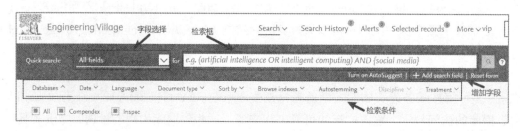

图 9.3-1　EV 快速检索

（1）检索字段选择。默认为所有字段（all fields）。可供选择的字段有 Subject/Title/Abstract、Abstract、Author、First author、Author affiliation、Title、CODEN、Conference information、ISSN、Publisher、Source title、Controlled term、Uncontrolled term、Country of origin。用户也可以单击"Add search field"添加多个字段进行逻辑组配检索。

（2）检索框与检索技术。在检索框中输入检索词后，可执行检索。EV 提供自动控制词汇提示（autosuggest），开启该功能后，在输入 3 个英文字母后，自动提供索引词典内的相关控制词汇供使用者挑选，让使用者能更快速且准确地做检索。EV 支持多种检索技术，包括布尔逻辑运算符、短语检索、截词检索及词根（stemming）检索功能。

①布尔逻辑运算符（AND、OR、NOT）。若要检索两个或两个以上关键词，可以做下列组合（以 solar 和 radiation 这两个关键词为例）。

- AND：输入 solar AND radiation，检索结果会出现同时含有这两个关键词的文献。
- OR：输入 solar OR radiation，检索结果会出现含有 solar 的文献，以及含有 radiation 的文献。
- NOT：输入 solar NOT radiation，检索结果会出现含有 solar 但不含有 radiation 的文献。

②短语检索。若检索词是由两个或两个以上的单词组成（如 solar radiation），须在前后加上双引号（"solar radiation"），即可执行与输入的关键词串完全相同的检索。

③截词检索。EV 支持截词符（*）和通配符（?）。

- 截词符（*）：输入 comput*，可找到 computer、computers、computerize、computerization 等相关数据。
- 通配符（?）：使用问号可以代表一个字母。例如，输入 wom?n，可以找到 woman 或 women 的数据。

④词根检索。EV 支持词根检索，此项功能通过"Autostemming"默认开启。Stemming 能将所有和输入的关键词相关的词汇一起做检索（相关的词汇是指含有与关键词相同的字尾、字根、名词/动词/形容词等形式变化的词）。比如，输入关键词 controllers，将得到包含 controllers、control、controlling、controlled，以及 controls 这些关键词的检索结果。但 stemming 无法分辨是英式还是美式英文的拼法。比如，输入 color（美式拼法）做 stemming 检索，就找不到 colour 或 coloured 的相关检索结果（colour & coloured 为英

式拼法），要输入 colour 才找得到。

（3）检索条件限定。EV 提供多个角度的检索条件限定，如图 9.3-2 所示，其中主要有以下内容。

①选择数据库（databases）。选择要检索 EV 平台下哪些数据库（主要为 Compendex 及 Inspect）。

②浏览索引（browse indexes）。可利用索引功能浏览/查询作者（author）、作者所在机构（author affiliation）、受控词汇（controlled term）、来源刊名（source title）和出版社（publisher）。

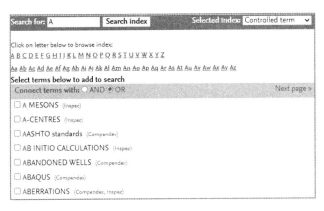

图 9.3-2　EV 受控词汇浏览与查询

③处理类型（treatment Type）。可限定的文献处理类型包括全部（all treatment）、应用（application）、经济（economic）、实验（experimental）、总述（general review）、理论（theoretical）等。

2）专家检索（expert search）

EV 提供专业的专家检索模式，让习惯检索指令的研究人员使用；另外还有词表检索，让用户控制词汇做检索，以避免检索的文献结果内容与用户欲检索之主题无关（图 9.3-3）。

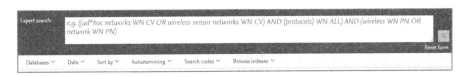

图 9.3-3　专家检索

3）词表检索（thesaurus search）

词表检索可利用主题词表，自动生成工程专用同义词汇，以避免检索到有该词汇但内容无关的文献（图 9.3-4）。

图 9.3-4　词表检索

2. 检索结果的呈现

EV 检索结果如图 9.3-5 所示。

图 9.3-5　EV 检索结果

（1）检索条件。显示检索结果记录总数、数据库、年代、检索关键词及字段。可以储存检索结果（save search）方便日后直接查看；也可设置邮件提醒（create alert）以获取最新研究信息。

（2）精炼检索（refine）。可输入其他关键词后，在结果中再检索。使用"Limit to"限制结果在有勾选的字段，使用"Exclude"排除有勾选的字段。也可以以图表方式显示，输出数据，打开/关闭限制字段详细信息。另外，可用拖曳的方式改变限制字段顺序。

（3）排序（sort by）。可依照相关性（relevance）、日期、作者、文献来源、出版者排序（预设为相关度）；在相同条件之下，再依降序或升序规则排序。

（4）检索结果。以列表形式逐条展示检索结果。结果信息包括标题、作者、机构、文献来源、年份、数据库、文献类型。单击"摘要预览（show preview）"按钮可在同页面预览该篇摘要。全文链接（full text）视订阅状况提供全文。

（5）管理多篇检索结果。可同时勾选多篇文献进行管理，如"E-mail""打印""下载书目信息""存到我的文件夹"，以及"View selection"查看勾选列表。"Selected records"表示查看勾选列表，并可选择查看模式：citation、abstract、detailed record，以及管理检索结果。附加资源提供各类在线协助资源。

3. 检索记录详情

（1）全文链接。视订阅状况提供全文。

（2）管理单篇检索结果。可对此篇文献进行管理，如分享、导出、打印、引用、存到"我的文件夹"等。导出功能提供书目数据、摘要及详细信息的下载，提供多种输出格式，如 EndNote、RefWorks、CSV 等。

（3）查看文摘。显示数据库、文献类型、标题、文献来源、年卷期、页码、作者（通讯作者）、归属机构、EV 收录号（accession number）、出版商、ISSN、DOI、摘要等信息，如图 9.3-6 所示。

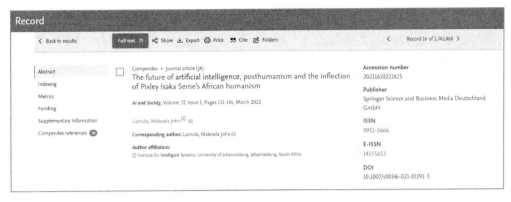

图 9.3-6　EV 文献查看文摘

（4）查看索引。对采用词表进行标引的文献，可以查看主标题词（main heading）、受控词汇（controlled terms）、非受控词汇（uncontrolled terms）、分类代码（classification codes），如图 9.3-7 所示。

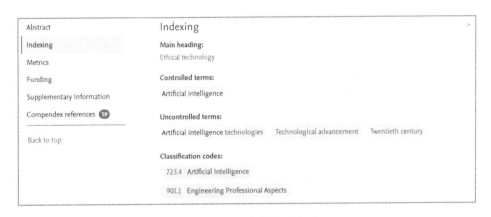

图 9.3-7　EV 文献索引查看

（5）其他信息。可以查看文献计量数据（metrics）、受资助信息（funding）、补充信息、参考文献信息等。

4. 其他个性化功能

EV 提供一系列个性化服务，包含以下内容。
（1）邮件提醒。通过创建提醒服务，就可以通过电子邮件获得最新研究信息。
（2）储存历史检索信息。将检索历史信息进行存储，以方便往后直接点选检索结果。
（3）个人文件夹。将文献存入文献，方便管理文献。

9.4　Web of Science（WOS）

9.4.1　WOS 简介

WOS 是科睿唯安公司旗下一个综合性、多功能的研究平台，涵盖了自然科学、社会科学、艺术和人文等领域的高品质、多样化的学术信息，并配以强大的检索和分析工具。WOS 具有独特的引文检索功能，用户通过被引文献检索，可以用一篇文章、一个专利号、一篇会议文献或者一本书作为检索词，检索这些文献被引用的情况，了解引用这些文献的论文所做的研究工作。可以轻松地回溯某一项研究文献的起源与历史（cited references，参考文献），或者追踪其最新的进展（citing articles，施引文献），既可以越查越深，又可以越查越新。

WOS 合集包含核心合集和非核心合集数据库。

1. WOS 核心合集

核心合集是 WOS 最为重要的数据库产品。核心合集有 10 个索引数据库，内容包含来自数以千计的学术期刊、书籍、丛书、会议论文的信息。利用核心合集，可以检索自然科学、社会科学、艺术和人文领域世界一流的学术期刊、书籍和会议录，并浏览完整的引文网络。其特点主要有以下方面。

- 所有出版物的参考文献均完全标引且可检索。
- 检索所有作者和作者的所有附属机构。
- 使用引文跟踪，对引用活动进行跟踪。
- 借助引文报告，以图形方式了解引用活动和趋势。
- 使用分析检索结果，确定研究趋势和出版物模式。

各个数据库既可独立检索，也可以进行跨库检索。这里对核心合集中的数据库做简单介绍。

1）期刊引文索引（Journal Citation Indexes）

期刊引文索引包括 4 个引文数据库。

- Science Citation Index Expanded（SCIE）：针对科学期刊文献的多学科索引。
- Social Sciences Citation Index（SSCI）：针对社会科学期刊文献的多学科索引。
- Arts & Humanities Citation Index（A&HCI）：针对艺术和人文类期刊文献的多学科索引。
- Emerging Sources Citation Index（ESCI）：自 2015 年推出 Emerging Sources Citation Index 以来，已添加数千个标题，其回溯文档可追溯到 2005 年。Emerging Sources Citation Index 中包括的期刊涵盖所有学科，范围从国际的和广泛的出版物，到提供更深入区域或专业领域报道的出版物。

2）会议录文献

会议录文献包含 2 个会议文献引文数据库。

- Conference Proceedings Citation Index-Science（CPCI-S）：涵盖了所有科技领域的会议录文献。
- Conference Proceedings Citation Index-Social Sciences & Humanities（CPCI-SSH）：涵盖了社会科学、艺术及人文科学的所有领域的会议录文献。

3）图书引文索引（Book Citation Index）

图书引文索引是针对科学、社会科学及人文科学文献的多学科索引。包含：Book

Citation Index-Science（BKCI-S）和 Social Sciences & Humanities（BKCI-SSH）两个引文数据库。

4）化学索引

化学索引包含两个数据库。

- Current Chemical Reactions（CCR Expanded）：包含摘自知名期刊和专利授予机构的单步骤或多步骤新合成方法。所有方法均带有总体反应流程，且每个反应步骤都配有详细和准确的图形表示。
- Index Chemicus（IC）：包含国际知名期刊所报道的新有机化合物的结构和关键数据，其中可以找到很多有关生物活性化合物和天然产物的新信息。

2. WOS 非核心合集

WOS 的非核心合集包含多个数据库。

1）德温特创新索引（Derwent Innovations Index，DII）

DII 将 Derwent World Patent Index（1963 年至今）中超过 50 个专利发布机构索引的高附加值专利信息与 Derwent Patents Citation Index（1973 年至今）中索引的专利引用信息进行整合，是世界上最大的专利文献数据库，提供快速、精准的专利信息和专利引文信息检索。DII 的特点主要有以下 4 个方面。

- DII 人工对专利进行改写。检索改写后的专利标题和摘要更加清晰易懂，并且突出了每项发明的新颖性、用途、优点和权利要求。
- 使用国际专利分类号或唯一的德温特分类代码进行精确检索。
- 将来自多个专利授权机构的专利整合到一个专利家族，以便轻松而全面地揭示每项发明。
- 通过浏览专利引用信息来监控发明的影响力。

2）中国科学引文数据库（Chinese Science Citation Database, CSCD）

CSCD 收录 1989 年至今中国出版的 1200 余种中、英文科技核心期刊和优秀期刊，覆盖数学、物理、化学、天文学、地学、生物学、农林科学、医药卫生、工程技术、环境科学和管理科学等学科领域。数据库支持中、英文检索，既能用被收录文献的题录信息检索，也能用被引用文献的著者和来源检索。数据库内容每周更新。

3）Medline

Medline 是美国国家医学图书馆（NLM）编制题录数据库，内容覆盖生物医学和生命科学。内容来源于期刊、报纸、杂志和时事通讯。数据库每周更新，最早的内容于 1950 年出版。Medline 可以利用 MeSH 主题词和 CAS 登录号进行精确检索，并可链接到 NCBI 数据库和 PubMed 相关文献。

4）SciELO Citation Index

提供拉丁美洲、葡萄牙、西班牙及南非在自然科学、社会科学、艺术和人文领域主要开放获取期刊中发表的学术文献。支持西班牙语、葡萄牙语或英语检索。

5）KCI-Korean Journal Database（KCI）

KCI 收录超过 2000 种韩国学术期刊，内容涉及工程、商业与经济、普通内科医学、艺术与人文、科学技术、运动科学、历史、公共管理等，可用英文或韩文进行检索。数据库每月更新。

6）Arabic Citation Index

Arabic Citation Index（ARCI）由 Egyptian Knowledge Bank 资助，可提供题录信息、来自专业组织阿拉伯期刊的学术论文的引文，以及其他 Web of Science 内容的访问权限。ARCI 将使阿拉伯学术性内容更易于访问，并将其与超过 17 亿篇引用的研究参考文献（可追溯至 1864 年）和全球最高质量的、经过同行评审的学术性内容联系起来。

7）Biological Abstracts/BIOSIS Previews/BIOSIS Citation Index

生物学文摘是涵盖了生命科学期刊文献的综合性参考数据库，是适合于研究人员、图书馆管理员、教员和学员的基本工具。BIOSIS Previews 是世界上最全面的生命科学研究参考文献数据库之一。它涵盖了传统生物学和生物医学领域的原始研究报告和综述，还包含了有关重大的生物学研究、医学研究发现和新生物体发现的主要期刊文献的参考文献。BIOSIS Previews 除含有 Biological Abstracts 的期刊内容外，还包含了补充的非期刊内容。BIOSIS Citation Index 则将引文索引添加到 BIOSIS 内容（覆盖期刊、书籍和专利，以及分类索引）。

8）CABI: CAB Abstracts 和 Global Health

国际应用生物科学中心（CABI）是致力于科学出版、研究与交流的非营利组织。CAB Abstracts 是涵盖国际研发文献的最大的书目数据库之一。CAB Abstracts 涵盖的学科包括农业、环境科学、微生物学、动物、人类健康、食品和营养等。Global Health 数据库则涵盖了国际与社区公共卫生的所有方面。

9）Inspec

Institution of Engineering and Technology 提供的 Inspec 是涵盖物理、电子/电气技术、计算、信息技术、控制、生产与制造工程领域文献的综合索引。Inspec 每周更新，其数据来源包括期刊、书籍、报告、论文和会议录文献。

10）FSTA

IFIS（International Food Information Service）的 FSTA 数据库全面涵盖有关食品科学、食品技术，以及食品相关人类营养学的纯理论研究和应用研究。FSTA 建立索引的文献覆盖从最初的市场调查到最终包装的整个食品制造周期。来源出版物包括期刊、书籍、会议录、报告、论文、专利、标准及法规。FSTA 是供涉足食品制造周期各个阶段的专业人士查找食品科学、食品技术及人类营养等文献信息的重要来源。

9.4.2　WOS 核心合集的检索

1. 登录 WOS 核心合集

读者进入 WOS 平台（https://www.webofscience.com/wos/woscc/basic-search），选择数据库"Web of Science 核心合集"即可进行检索。读者也可以选择"引文索引"中的单个子数据库进行检索（图 9.4-1）。

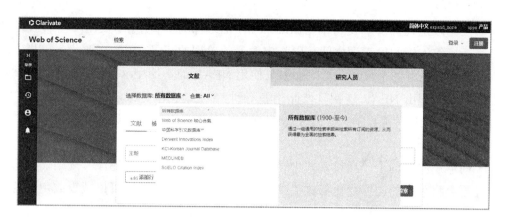

图 9.4-1　WOS 核心合集

2. 文献检索

1）普通检索

普通检索可以检索特定的研究主题，检索某个作者发表的论文，检索某个机构发表的文献，检索特定期刊特定年代发表的文献等（图 9.4-2）。

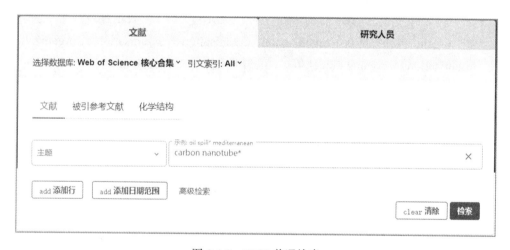

图 9.4-2　WOS 普通检索

（1）检索字段。可供选择的检索字段主要包括：所有、主题（检索标题、摘要、作者关键词和 Keywords Plus）、标题、作者、出版物标题、出版年、所属机构、基金资助机构、出版商、出版日期、摘要、入藏号、地址、作者标识符、作者关键词、DOI、Keywords Plus 等。

（2）检索词与检索技术支持。在检索框中可以输入检索词，不区分大小写。WOS 支持多种检索技术和规则，包括以下内容。

- 布尔逻辑检索。支持 AND、OR 和 NOT 逻辑运算符（不区分大小写），其运算规则与其他检索系统相同。在大多数字段输入两个或两个以上相邻的检索词时，会使用隐含的 AND。例如，输入 rainbow trout fish farm 等同于 rainbow AND trout AND fish AND farm。

- 位置限定运算符。支持 NEAR/x 和 SAME 运算符。使用 NEAR/x 可查找由该运算符连接的检索词之间相隔指定数量的单词的记录。用数字取代 x 可指定将检索词分开的最大单词数。如果只使用 NEAR 而不使用/x，则系统将查找其中的检索词由 NEAR 连接且彼此相隔不到 15 个单词的记录。SAME 运算符一般用在"地址"检索中，使用 SAME 将检索限制为出现在全记录同一地址中的检索词。
- 词形还原和词干。在检索式中，WOS 将自动应用"词形还原"规则。词形还原会将单词的词形变化形式缩减成相应的词根。词形还原可以减少或免于使用通配符来检索单词的单复数和变体形式。例如，Cite 查找单词 cite 的变化形式，如 citing、cites、cited 和 citation；Defense 查找不同拼写形式，如 defense 与 defence。
- 精确检索。使用引号可以查找精确匹配的短语，还可以关闭词形还原和产品的内部同义字查找功能。例如，"soil drainage"查找 soil drainage，但不查找 drainage of soil；"mouse"查找 mouse，但不查找 mice；"color"查找 color，但不查找 colour。
- 通配符。通配符表示未知字符。在 WOS 中，星号（*）表示任何字符组，包括空字符。问号（?）表示任意一个字符。美元符号（$）表示零或一个字符。例如，organi?ation* 匹配：organisation、organisations、organisational、organization、organizations、organizational 等；colo$r 匹配：color、colour。

（3）其他。若要添加多个检索条件，可单击添加行，选择布尔运算符并单击检索。另外，可通过点击"添加时间范围"进行时间范围控制。

2）高级检索

单击文献检索页面中的高级检索，可使用高级检索式生成器返回更多相关的检索结果。高级检索的界面如图 9.4-3 所示。

图 9.4-3　WOS 高级检索

高级检索的执行顺序如下。
- 选择要检索的字段，输入检索词，然后单击添加到检索式。
- 添加第一个检索词之后，可从在下拉菜单中选择布尔运算符，或在检索式预览文本框中输入一个运算符，然后才可添加其他检索词。
- 点击"检索"，即可执行高级检索。

3. 被引参考文献检索

被引参考文献检索用于检索已引用发表著作的记录，了解某个已知理念或创新获得确认、应用、改进、扩展或纠正的过程。当用户手头只有一篇文章、一个专利号、一本书或者一篇会议论文，如何了解该研究领域的最新进展？如何了解某位作者发表文献的被引用情况？

被引参考文献检索的执行顺序如下。

（1）在"被引作者"字段中输入姓名，然后在"被引著作"字段中输入期刊标题或书籍标题。此外，还可以检索"被引年份""被引卷""被引期""被引页码""被引标题"或"被引 DOI"。

（2）单击"检索"按钮，被引参考文献索引中包含所要搜索著作的检索结果会显示在表上。被引参考文献索引中的每条参考文献都曾被至少一篇 Web of Science 中索引的论文引用过。被引著作的第一作者将始终显示于"被引作者"列中。如果在第 1 步中指定的被引作者不是第一作者，则所指定的作者姓名将在第一作者姓名之后显示（单击"显示所有作者"）。如果检索到太多的结果，须返回被引参考文献检索页面，添加被引年份、被引卷、被引期或被引页码。

（3）从索引表中选择参考文献和被引参考文献的不同形式。如果标题字段中的被引著作带有超链接，则可打开该记录。如果没有超链接，则可能存在以下情况。
- 被引参考文献不是 Web of Science 中的来源文献。
- 参考文献可能包含不完整或不正确的信息，并且不能链接到来源论文。
- 参考文献可能指向订阅时间跨度之外的出版文献。例如，如果论文发表于 1992 年，但订阅只可让用户访问 20 年内的数据。
- 被引项目所指向的出版文献可能没有被用户订阅中的数据库收录。

（4）单击检索以查看您的检索结果。

例如，要查找引用 Brown M.E.和 Calvin W.M.在 2000 年发表的 Evidence for crystalline water and ammonia ices on Pluto's satellite Charon.Science.287（5450）:107-109. 的论文。其具体步骤为：

①在"被引参考文献检索"页面的"被引作者"字段中输入 Brown M*。在"被引著作"字段中输入 Science*。在"被引年份"字段中输入 2000（图 9.4-4）。

②单击"检索"按钮，转至"被引参考文献"页面。此页面显示与查询匹配的 Web of Science 被引参考文献索引中的所有结果。浏览结果查找此参考文献。选择参考文献左侧的复选框（图 9.4-5）。

图 9.4-4　WOS 被引参考文献检索

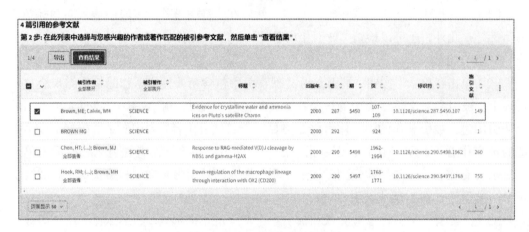

图 9.4-5　WOS 被引参考文献

③单击"查看结果"按钮转至"施引文献"页面，查看引用由 Brown 和 Calvin 撰写的论文的列表（图 9.4-6）。

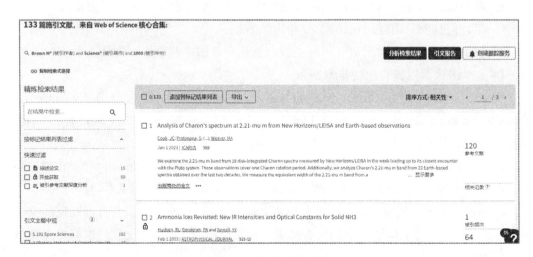

图 9.4-6　施引文献列表

9.4.3 WOS 核心合集检索结果查看与分析

1. 检索结果查看

WOS 检索结果页面如图 9.4-7 所示。检索结果页面上提供了许多选项。

图 9.4-7　WOS 检索结果

1）检索条件

如果要开始新检索或向当前检索添加其他条件，可单击屏幕顶部附近的检索框，其中提供了重置所有检索字段和访问高级检索的选项。也可通过单击复制检索式链接将检索式发送给同事。已登录 WOS 的注册用户可创建跟踪此检索条件，具体方法为单击"创建跟踪服务"按钮，这样就可以通过邮件了解研究的最新进展。

2）检索结果列表

"检索结果"页面上的所有题录记录都是来源文献记录，列表显示了标题、作者、来源出版物、被引、参考文献、相关记录、出版商全文链接等。

（1）标题。单击标题，可访问该来源文献的"全记录"。"全记录"详细展示了该来源文献的有关信息（图 9.4-8）。

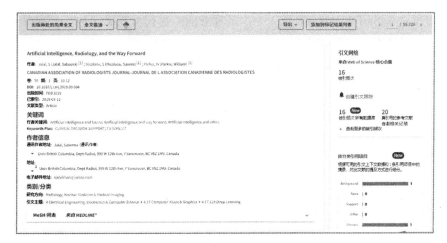

图 9.4-8　来源文献"全记录"

（2）作者。单击作者，可显示通过算法生成的作者记录，包括作者署名变体、组织、指标、文献列表等信息。

（3）来源出版物。单击来源出版物，可显示该出版物期刊 JCR 影响因子、学科类别、排序、分区及 JCI（journal citation indicator）信息。

（4）被引、参考文献和相关记录。点击相应数字可查看 WOS 中该来源文献的被引文献和参考文献列表。文章的被引次数可以展现未来，了解该研究的最新进展，发现该文章对当今研究的影响。通过参考文献追溯过去，了解该论文的研究依据和课题起源。相关记录帮用户扩展视野找到更多相关的文献（如具有共被引参考文献的文章），将结果越查越深。

检索结果可以按照多种方式进行排序，默认为相关性排序。此外，还可以勾选每份来源文献记录，将其添加到标记结果列表以便后续分析或导出。WOS 也提供了导出功能，可以按多种格式导出到参考文献管理软件。

3）检索结果过滤

（1）结果内检索。要过滤或减少检索结果页面上的记录，可以在结果内检索文本框中输入"主题"检索式，然后单击"检索"按钮。此检索只返回原始结果中包含所输入的主题词的记录。此检索词可按任何顺序在检索到的记录中显示。此外，要在检索结果中检索精确短语，必须用引号将短语引起。所有检索均会添加到检索历史中。

（2）精炼或排除结果。WOS 可使用精炼检索结果下的选项添加过滤器以返回更加相关的文献。具体方法为：勾选选项，并单击"排除"或"精炼"按钮。WOS 提供的过滤选项组有：快速过滤（高被引论文、热点论文、综述论文、在线发表、开放获取、被引参考文献深度分析等）、引文主题中观、作者、出版年、文献类型、WOS 类别、所属机构、出版物标题、出版商、基金资助机构、开放获取、社论声明、国别/地区、语种、WOS 索引等。

2. 分析检索结果

使用"分析检索结果"可以通过从各个字段中提取数据值，进而对结果集中的记录进行分组和排序。检索结果分析功能将帮助用户了解这些信息。

- 按照"Web of Science 类别"或"研究方向"进行分析，可以了解某个课题的学科交叉情况或者所涉及的学科范围。
- 按照"来源出版物"进行分析，可以关注该领域的研究论文都发表在哪些期刊上，以便将来找到合适的发表途径。
- 按照"作者"进行分析，可以了解某个研究领域的主要研究人员。
- 按照"机构"进行分析，可以了解从事同一研究的其他机构还有哪些。
- 按照"出版年"进行分析，可以了解某个研究领域的进展情况。

用户可以单击任何检索结果页面上的"分析检索结果"进入分析页面。默认情况下，WOS 按照类别执行分析。用户可以从下拉菜单中选择要分析的字段。最高字段值图显示在页面顶部，而该图像下方给出最高字段值的数据表；所选字段中的最高字段值随对应的记录数一起列出。图和数据表均可以下载保存。

9.4.4　WOS 中 DII 的检索

1. DII 概述

Derwent Innovations Index（DII）是一种面向科研人员的工具，供用户通过 Web 访问 6500 多万份专利文献中的 3000 多万种发明，其中包含指向所引用以及施引的专利、所引用的论文及全文专利数据来源的链接。

在 WOS 主页中选择"Derwent Innovations Index"即可进行检索。DII 检索方式与平时使用的 Web of Science 搜索学术文献基本相同，仅在检索字段上有所不同。

2. DII 中专利全记录

DII 中专利全记录与普通的专利说明书存在较多不同之处，这也是 DII 的特色之处。

1）标题和摘要

与专利说明书中的标题和摘要不同，DII 中的标题和摘要是由 Derwent 摘录人员编写的简要描述性英文标题和摘要，目的在于突出专利说明中所披露发明的内容和新颖性。Derwent 的技术专家在对专利权利要求和公开事项进行审查后，会用通俗的语言，按照技术人员平常用词、行文的习惯重新用英文书写每一篇专利的标题和摘要，内容简洁、准确、相关，涵盖主要权利要求中阐明的最广泛的发明范围。重新书写的标题、摘要即使用习惯的常用词进行检索，也不会有问题。

例如，专利号为 CN114538626-A 的专利，其原始标题为"一种具有液体酶杀菌过滤机构的实验用清洗池"，DII 中其标题被重新编写为英文："Experimental cleaning tank with liquid enzyme sterilization and filtration mechanism used in laboratory, comprises water tank table, supporting leg, water collecting tank connected to bottom plate of table, intercepting plate fixed in inner cavity of table, and control assembly"。

原始摘要为："本发明涉及实验室用工具技术领域，具体为一种具有液体酶杀菌过滤机构的实验用清洗池，包括水池台、支撑腿和集水槽……"

其英文摘要为："NOVELTY - An experimental cleaning tank with liquid enzyme sterilization and filtration mechanism comprises a water tank table, a supporting leg fixed below the table, a water collecting tank connected to the bottom plate of the table, an intercepting plate, which is fixed in the inner cavity of the table, and is provided with evenly distributed transverse cavities, and a control assembly.

……

USE - The experimental cleaning tank with liquid enzyme sterilization and filtration mechanism is useful in laboratory.

ADVANTAGE - The experimental cleaning tank achieves the effect of efficient sterilization and filtration of the wastewater generated in cleaning process through the structural design.

……"

2）专利号

专利号显示在每个专利的标题下方。专利保护具有地域性，为在更多的国家实现专利保护，专利需要在多国申请，这也造成相同的技术文献多次重复出版，这称为同族专利或专利族。Derwent 会将同族专利合并成一条记录，并在同一条记录页里列出同族专利中不同国家授予给同一项技术的不同的专利号,用户可以对某一个具体专利的全球授权情况一目了然。对于专利家族全记录,在标题下方显示"专利家族"按钮,该按钮也用作跳转链接。单击时,用户可以直接导航到"专利家族"表,该表位于全记录页面的主要部分下方。专利家族的每个专利在表中都有其自身对应的行,其中第二列显示专利号。列出的专利号适用于专利家族的所有成员(图 9-4-9)。

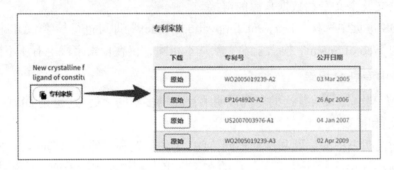

图 9.4-9　DII 专利家族

3)施引专利

显示其成员已经引用当前专利家族成员的专利家族记录数。零表示当前数据库包含的专利未引用此专利家族的成员。

4)被发明人/审查员引用的专利

显示被发明人/审查员引用的专利数量。零表示没有专利参考文献或未将参考文献输入数据库。

5)等同摘要

等同摘要是同一种发明的相关专利,并与不同授予机构授予的专利共有相同的优先权申请日期。Derwent 摘录人员在对专利权利要求和公开事项进行审查后作出摘要。在有些情况下,等同摘要文本可能是与摘要完全相同的副本,但它是由不同专利授予机构发布的。请注意,文本中的不同形式可能是由于英式拼写和美式拼写的差别造成的。

6)技术焦点/扩展摘要

技术焦点:一种可选摘要。它涵盖了除发明核心技术之外的其他相关技术的信息。技术焦点摘要概述了有关如何在技术领域内应用发明的信息。这样,用户可以快速识别其核心技术领域以外的某一文献是否其感兴趣的文献。用户也可以在相应副标题(如"农业""生物学""生物工艺学"等)下对信息进行分组。

扩展摘要:一种可选摘要,仅当原始专利文献中有足够多的详细信息时才显示。它当扩展摘要与技术焦点一起阅读才具有完整的意义。扩展摘要具有独立标题的段落,以一种更易懂的形式表示专利文献的内容。对于想要避免法律术语的干扰而获得专利详细摘要的科学家或工程师而言,这是一种理想的方式。

7)文献摘要

为 Derwent 收录的所有化学专利编写了文献摘要。它们提供完整专利说明的详细英文摘要。每个摘要都会突出专利的重要性。

文献摘要还可对原始摘要（注重权利要求、用途和优点）进行扩展，使其包括示例、化学反应图解、化学结构和其他附图和示意图。

8）德温特分类代码

DII 除记录专利的国际专利分类号，还提供德温特分类代码。该分类代码采用适用于所有技术的简单分类系统对专利文献进行分类。Derwent 的学科领域专家对所有专利统一使用这种独特的分类方法，从而实现在特定的技术领域进行高效精确的检索。在数据库中，专利分为以下三大领域（分类代码）。每个大领域划分为若干由大写字母代表的部分。

- Chemical Sections（A-M）。
- Engineering Sections（P-Q）。
- Electrical and Electronic Sections（S-X）。

这些大领域分为 20 个主要的学科领域或专业，这些专业进一步分为多个类别。每个类别都包含代表对应部分的字母，后面跟随两位数字。例如，X22 是 Automotive Electrics（汽车电工学）的分类符号，C04 是 Chemical Fertilizer（化肥）的分类符号。当与其他检索条件（如主题检索）结合使用时，这些分类允许用户精确有效地将检索范围限制为相关的学科类别。例如，本身含义较为模糊的检索词 WARN 可以与 X22（汽车电工学）组配，以便只检索有关汽车报警设备的参考文献。Derwent 对各个条目进行交叉分类，以确保用户检索时可以检索所有感兴趣的专利。

9）德温特手工代码

德温特手工代码由 Derwent 标引人员根据专利文献的文摘和全文，对发明的应用和发明的重要特点进行标引。手工代码比德温特分类代码更为详细，相当于广义的叙词表。使用手工代码创建详细的检索策略可以显著提高检索的速度和准确性（图 9.4-10）。

> **德温特手工代码**：B04-K01L STEROID RECEPTOR GENERAL; B04-K01L0E STEROID RECEPTOR GENERAL (GENETICALLY ENGINEERED); B06-D05 HETEROCYCLIC FUSED RING WITH 2 RINGS (5+6 MEMBERED) AND TWO N; B11-C08E BIOLOGICAL PROCEDURES FOR TESTING [GENERAL]; B11-C08F4 EXPERIMENTAL PROTEOMICS; B11-C08G1 X-RAY CRYSTALLOGRAPHY; B11-C08H DRUG DESIGN BY COMPUTER MODELLING; B11-C10 SCREENING GENERAL; B11-C11 GENERAL COMPUTING METHODS AND APPARATUS; B12-K04E1 DRUG DISCOVERY PROCESS; B12-M11H POLYMORPHIC FORM

图 9.4-10　德温特手工代码

9.5　Scopus

Scopus 由全球知名的爱思唯尔公司研发，是目前全球规模最大的文摘和引文数据库。Scopus 的学科分类体系涵盖了 27 个学科领域，这 27 个学科领域被归于四大类下：生命科学、社会科学、自然科学和医学。截至 2022 年 5 月，Scopus 已收录由 5000 多家出版商出版发行的科技、医学和社会科学方面的 25 800 多种活跃同行评议期刊，其中包含 5408 种开放获取期刊，近 1900 万篇开放获取文献，以及超过 950 种中国高质量期刊。此外，Scopus 还收录近 24 万条图书记录、1100 多万篇高质量会议论文，特别覆盖工程、计算机等领域。其数据记录总数量超过 8660 万条，最早可回溯到 1788 年，无须单独购买回溯库或者分库，数据每日更新。

相对于其他单一的文摘索引数据库而言，Scopus 的内容更加全面，学科更加广泛，特别是在获取欧洲及亚太地区的文献方面，用户可检索出更多的文献数量。

9.5.1 Scopus 的功能

Scopus 具备丰富的功能，主要包括：
- 强大的科研文献发现和领域追踪功能。
- 支持多字段的文献基本检索、高级检索和精确检索，支持检索结果一键统计分析，生成发文、期刊、国家、机构、作者、学科、作者 7 个维度的分布和趋势。
- 可查看文献所属研究主题（SciVal topic）及研究热度，可通过文献快速发现领域前沿热点。
- 以检索结果为核心的参考文献、施引文献和相关文献，梳理研究脉络和发展走向。
- 免费的 Scopus download manager 和 Mendeley 工具支持多篇原文直接下载（限机构有访问权限或者支持开放获取的原文）。
- 支持灵活的编辑、设置通知和推送等个性化功能。
- Scopus 自动生成全球 1700 万件高质量学者档案和 94 000 件机构档案。

9.5.2 Scopus 的浏览功能

Scopus 主页提供来源出版物浏览功能，可以按照学科类别、标题、出版商、ISSN 进行浏览。学科类别可以勾选至二级细分学科。此外，在主页左侧也根据相应条件进行二次筛选。读者可以根据需要进行筛选、浏览出版物列表。列表中简要显示出版物标题、CiteScore、最高百分位数、引文、文献、被引用比率等信息（图 9.5-1）。

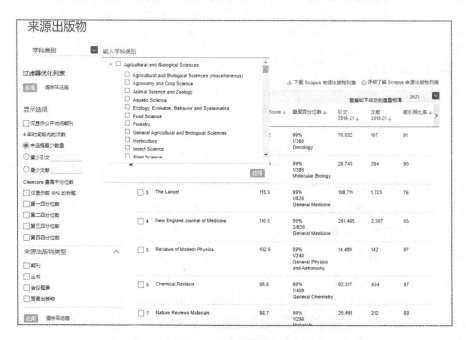

图 9.5-1　来源出版物浏览

单击出版物标题，即可查看该出版物详情（图 9.5-2）。详情信息包括常规信息，如出版物标题、出版商、ISSN、学科类别等，也包括 Scopus 提出的出版物影响力指标 CiteScore。

图 9.5-2　出版物详情

CiteScore 是 Scopus 提出的用于衡量连续出版物的全面、透明、最新且免费的指标。CiteScore 可以简单而稳定地衡量在连续出版物（如期刊）中同行评议研究的引用影响。

CiteScore 计算的是 4 个日历年内期刊上发表的 5 种同行评审文献类型（研究论文、评论论文、会议论文集、数据论文和书籍章节）的平均被引用次数。连续出版物名称的期号所属的日历年份取决于封面日期，而不是连续出版物期号上线的日期。例如，CiteScore 2020 的计算方法是期刊在 2017—2020 年间 5 种同行评议文献类型的引用次数除以在这 4 年中编入 Scopus 索引并发表的同行评议文献数。

在以往，科睿唯安公司的影响因子（impact factor）是衡量出版物影响力的重要指标。因此，许多用户会将 Scopus 的 CiteScore 与之进行比较。两者在计算方式上存在一定的不同，分别涉及分子（A）和分母（B）。

1. 分子（A）的计算

在 CiteScore 的计算中，A 指的是 4 个日历年间期刊上发表的 5 种同行评议文献类型的被引用次数。

在影响因子（Impact Factor）的计算中，A 指的是该出版物在之前 2 年内所发表的任何内容在当年被引用的次数。还有一版影响因子会将过去 5 年的内容考虑在内。

2. 分母（B）的计算

在 CiteScore 的计算中，B 是过去 4 年编入 Scopus 索引的同行评议文献总数，包括原创研究论文、评论论文、会议论文集、数据论文和书籍章节（不包括信件、社论、勘误表等）。摘要未编入 Scopus 索引，不计入分母，同时引用其他索引论文的摘要也不计入 CiteScore 计算的分子。由此保证了在 CiteScore 的计算中，分子和分母中包含的文献类型一定是一致的。

在影响因子的计算当中，B 是指过去 2 或 5 年已编入索引的可引用项。从传统意义上讲，Clarivate Analytics（前身为 Thomson Reuters）将所有研究论文、笔记（包括短篇通讯）、评论（包括迷你评论）和长篇论文集计入来源出版物。其他文献类型在传统意义上认为不可引用，如书籍章节、会议论文、数据论文、短文摘、致信编辑、新闻项目和社论。

9.5.3 Scopus 的检索功能

Scopus 提供文献、作者、归属机构 3 种检索模式。

1. 文献检索

1）快速检索

Scopus 文献快速检索默认检索范围为"论文标题、摘要、关键"，用户可以根据需要在下拉列表中选择相应的检索字段。在检索框中输入检索词，单击"检索"按钮即可进行检索。Scopus 支持截词检索和短语检索，其运算符及涵义如表 9.5-1 所示。

表 9.5-1　Scopus 检索规则

运算符/通配符	作用	检索式	检索结果
*	代表≥0 个字符	gene*	gene, genetics，generation 等
?	代表 1 个字符	wom?n	women，woman 等
" "	粗略/近似短语检索	"large scale"	large scale
{}	精确短语检索	{large scale}	large scale

此外，也可以通过"添加检索字段"，进行多字段的逻辑组配检索，其含义与其他系统相同，无须赘述。图 9.5-3 为在"论文标题、摘要、关键"字段中检索短语"small business"和单词"loan"。检索后，检索历史将出现在下方区域。

图 9.5-3　Scopus 文献快速检索

2）高级检索

Scopus 提供高级文献检索，用户可以输入检索式字符串进行检索（图 9.5-4）。构建检索式所需要的运算符及各个字段代码在检索界面右方显示，用户可以查看并选择。高级文献检索与其他检索系统中的专业检索类似。

图 9.5-4　Scopus 高级文献检索

3）查看检索结果

Scopus 的检索结果界面如图 9.5-5 所示。

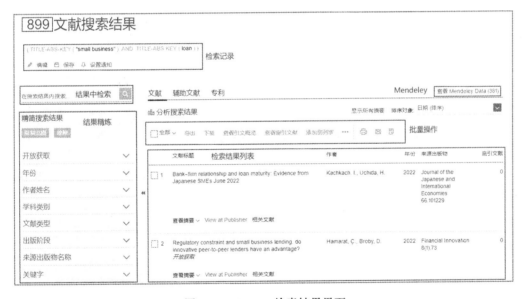

图 9.5-5　Scopus 检索结果界面

在页面左上角，显示检索结果总数及检索记录，并可对检索表达式进行编辑、保存及设置通知。

在页面左方，提供了在结果中搜索功能，用户可以输入检索词进行二次检索。此外，也提供了精简搜索结果，可以从多个角度对检索结果进行精炼，包括开放获取、年份、作者姓名、学科类别、文献类型、出版阶段、来源出版物名称、关键字、归属机构、资金赞助商、来源出版物类型、语言等。展开后勾选其复选框即可进行精简。

在检索结果列表区，检索结果以列表形式显示其文献标题、作者、年份、来源出版物、施引文献等信息。单击各列表字段信息，即可查看 Scopus 中与之相关信息。例如，单击"查看摘要"，在本页面显示该文献摘要信息；单击"View at Publisher"可以直接链接至该文献的出版商页面；单击"施引文献"中的数字可以查看施引原始文献的文献列表；单击作者，可以显示该作者发表的所有文献；单击来源出版物，即可显示该出版物详细信息；单击检索记录的标题，即可进入该文献详情页（图 9.5-6）。

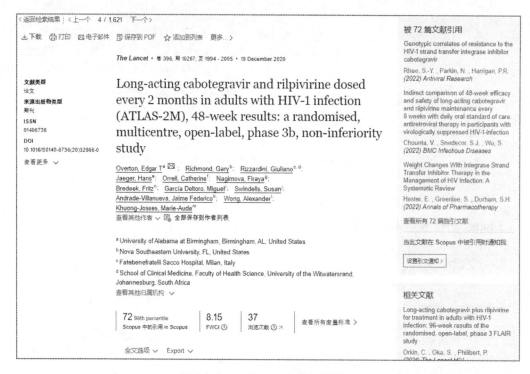

图 9.5-6　Scopus 中查看文献详情

文献详情页还包括摘要、作者关键字、索引关键词、可持续发展目标 2022、SciVal 主题、度量标准等具体信息（图 9.5-7）。

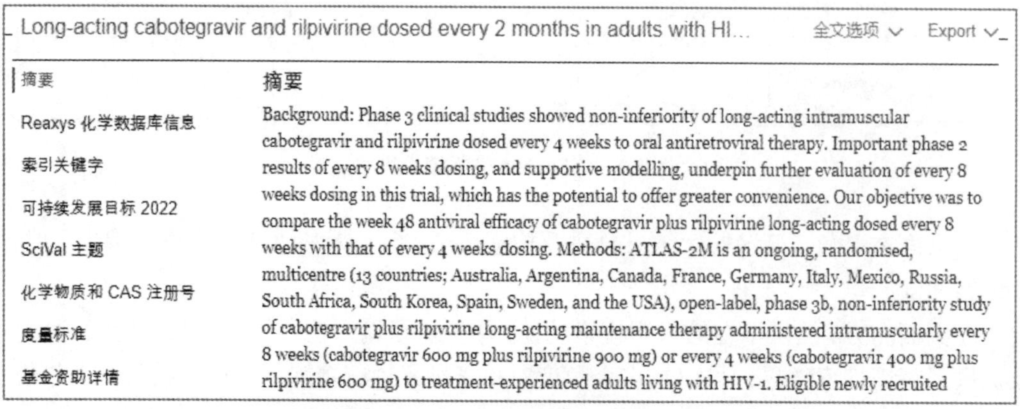

图 9.5-7　文献详情页其他信息

值得注意的是，在度量标准中，Scopus 除了提供文献的传统指标，如引用、浏览次数等外，还提供一种新的 PlumX 度量指标作为补充。当读者与研究成果在线互动时，他们就会留下在线"足迹"。Plum Analytics 收集这些足迹，并创建针对研究成果各个部分的度量指标并予以分类（使用、捕获、提及、社交媒体和应用），这些度量指标统称为 PlumX（图 9.5-8）。PlumX 有助于理解大量的度量指标数据，并通过比较"相似"的度量指标来实现分析。

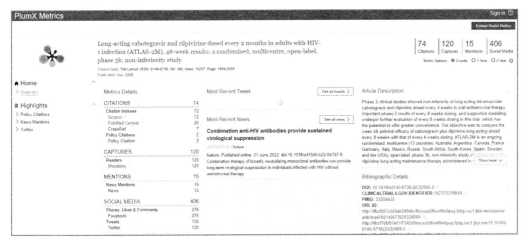

图 9.5-8　PlumX 指标

4）分析搜索结果

单击检索结果列表上方的"分析搜索结果"按钮，可对检索结果进行多角度、多层面的分析。图 9.5-9 展示了按年份进行的文献分析结果。

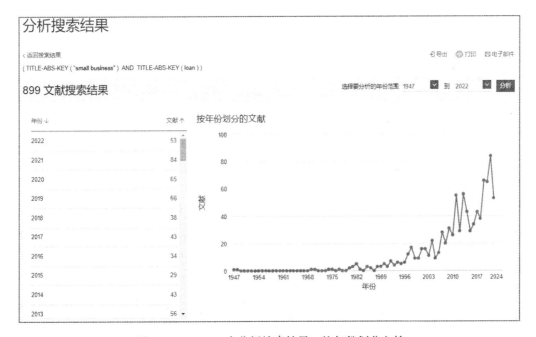

图 9.5-9　Scopus 中分析搜索结果：按年份划分文献

单击"分析搜索结果"页面下方的卡片(图 9.5-10),还可按来源出版物划分的各年度文献、按作者划分的文献、按归属机构划分的文献、按国家/地区划分的文献、按类型划分的文献、按学科类别划分的文献、按资金资助商划分的文献等进行可视化分析。

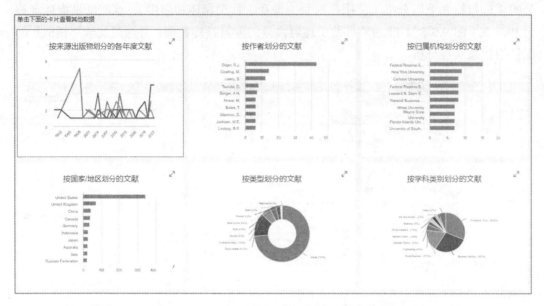

图 9.5-10　Scopus 中分析搜索结果:其他角度

2. 作者检索

作者检索可以使用作者姓名或者 ORCID 进行检索。当使用作者姓名进行检索时,可以增加机构名称作为限制条件。例如,要检索中国人民大学的许年行,可以输入其姓名的拼音,并在机构名称中输入中国人民大学的英文翻译(图 9.5-11)。

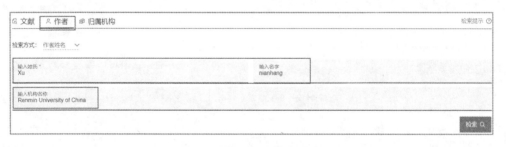

图 9.5-11　Scopus 作者检索

检索出作者后,可单击查看作者详情(图 9.5-12)。作者详情页主要显示以下内容。
(1)基本信息。包括作者姓名、作者归属机构、作者 Scopus 编号及对应的 ORCID。
(2)度量信息。包括作者发表的论文数量、被引次数和 h 指数值。
(3)文献与引文趋势。以可视化方式显示文献和引文的年度趋势。
(4)最高贡献主题。对作者发表的文献进行主题分析,列出其 3 个贡献最大的主题。
(5)其他信息。列表显示作者发表的论文、被引文献、预印本、合著作者、贡献的主题等。

第 9 章 常用的文摘索引数据库介绍

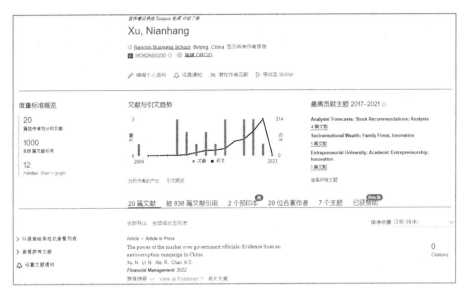

图 9.5-12　Scopus 作者详情

3. 归属机构检索

归属机构检索可以使用机构名称进行检索（图 9.5-13）。

图 9.5-13　Scopus 归属机构检索

检索出机构后，可单击查看归属机构详情（图 9.5-14）。机构详情页主要显示以下内容。

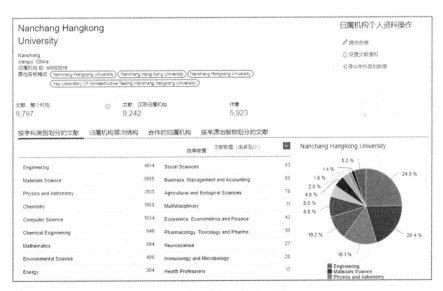

图 9.5-14　归属机构详情

（1）基本信息。包括机构名称、城市、省份、国别、机构 ID、其他名称格式。

（2）文献与作者数量信息。包括作者发表的论文数量、被引次数和 h 指数值。

（3）文献划分。提供按学科类别、按归属机构层次结构、按合作的归属机构、按来源出版物等 4 种方式展示文献数量，并以可视化方式显示。

9.6　中文社会科学引文索引（CSSCI）

9.6.1　CSSCI 简介

中文社会科学引文索引（Chinese Social Sciences Citation Index，CSSCI），是国家、教育部重点课题攻关项目。它是由南京大学中国社会科学研究评价中心开发研制的数据库，用来检索中文社会科学领域的论文收录和文献被引用情况，是我国人文社会科学评价领域的标志性工程。

CSSCI 遵循文献计量学规律，采取定量与定性评价相结合的方法从全国 2700 余种中文人文社会科学学术性期刊中精选出学术性强、编辑规范的期刊作为来源期刊。CSSCI 来源期刊目录是由南京大学中国社会科学研究评价中心组织评定，两年发布一次。最新版（2023—2024）CSSCI 来源期刊为 660 种，CSSCI 扩展版来源期刊 249 种。

作为我国人文社科科学重要文献信息查询和评价的工具之一，CSSCI 提供多种信息检索途径。它不仅能从来源文献和被引文献两个方面面向人文社会科学研究者提供相关研究领域的前沿信息和各学科学术研究发展的脉络，而且对人文社会科学管理者、期刊研究与管理者来说也是不可或缺的。另外，CSSCI 也可为出版社对于各学科著作的学术评价提供定量依据。

9.6.2　CSSCI 检索方法简介

CSSCI 数据库提供了来源期刊导航、简单检索和高级检索 3 种功能。检索功能主要从来源文献和被引文献两个方面面向用户提供信息。

1. 来源期刊导航

CSSCI 支持查看 25 个学科的来源期刊，以及高校学报，并可查看期刊详细信息及来源期刊文献（图 9.6-1）。

2. 来源文献检索

来源文献检索有简单检索和高级检索两种检索途径。简单检索提供按照篇名、作者（第一作者）、关键词、期刊名称、作者机构等字段进行检索。高级检索则可多条件检索。以篇名为宗教，作者为李，年代为 2006—2007 年，文献类型为论文为例，检索结果如图 9.6-2 所示。

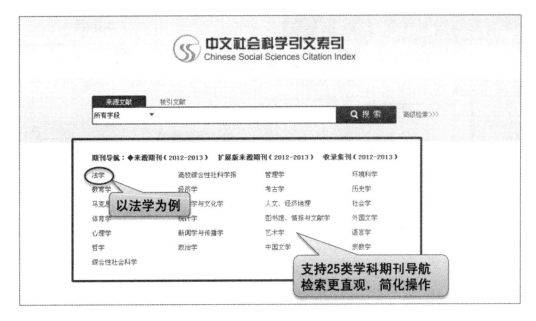

图 9.6-1　期刊来源导航

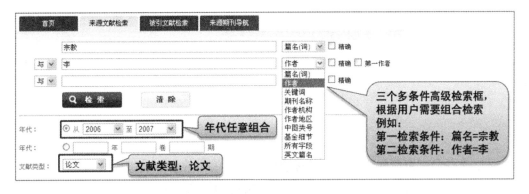

图 9.6-2　来源文献检索高级检索

来源文献检索的结果页面如图 9.6-3 所示。

- 显示方式（A）：可选择列表和视图两种方式。
- 排序（B）：可选择按年代、篇名（词）及作者进行降序或升序排列。
- 二次检索（C）：在二次检索框中输入检索词即可进行二次检索。
- 全文阅读（D）：单击每条记录后全文图标可阅读下载全文。
- 收藏记录（E）：可单击每条记录后收藏图标以收藏该文献。
- 查看详细内容（F）：可单击"显示"按钮以显示被选中文献详细信息。
- 下载（G）：可单击"下载"按钮以输出/下载被选文献，目前支持 txt 和 xls 两种输出格式。
- 收藏（I）：可单击"收藏"按钮以收藏被选中文献。
- 精炼检索（H）：可在左侧精炼检索框中选择以精炼检索结果。

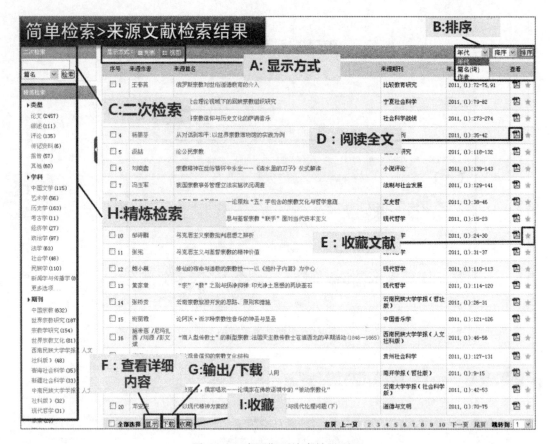

图 9.6-3　来源期刊检索结果页面

3. 被引文献检索

被引文献检索可以检索文献及其被引情况，有简单检索和高级检索两种检索途径。简单检索提供按照篇名、作者（第一作者）、关键词、期刊名称、作者机构等单字段进行检索。高级检索则可多条件检索。例如，要检索作者为张一兵，且篇名中包含哲学一词的论文及其被引情况（图 9.6-4）。

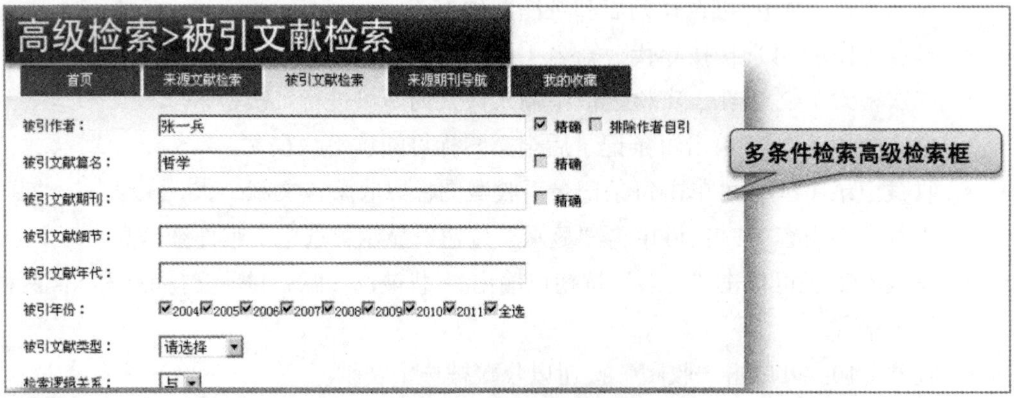

图 9.6-4　被引文献检索

其检索结果如图 9.6-5 所示。

图 9.6-5　被引文献检索结果

第 10 章

网络信息源与搜索引擎

在学术研究过程中,科研人员既要对存在于各种专业数据库中的信息进行检索,也要对分散在互联网上的各种网络信息源进行利用和查询,为此就必须充分了解网络信息源,并掌握搜索引擎这种面向网络信息源的检索工具。

10.1 网络信息源

网络信息源是指以数字化形式记录的,以多媒体形式表达的,存储在网络计算机磁介质、光介质及各类通信介质上的,并通过计算机网络通信方式进行传递的信息内容的集合。网络信息源正以其跨时间、跨地域、跨行业、多语种、动态性等特点,成为无所不在、不可或缺的信息源。

10.1.1 网络信息源的特点

同传统的印刷型信息源相比,网络信息资源有很多新的特点。

(1)存储数字化、传输网络化。传统的信息存储载体主要为纸张、磁带、磁盘,而网络信息资源由纸张上的文字变为磁介质上的电磁信号或者光介质上的光信息,存储的信息密度高、容量大。以数字化形式存在的信息,可以通过信息网络进行远距离传送,增强了网络信息资源的利用与共享。网络信息以电子、光学信号进行传播,传播信息的时间几乎可以忽略不计,信息流通速度大为加快。

(2)形式多样、内容丰富。网络信息兼备了文本、声音、图像、影视、动画等多种媒体的特点,给用户带来了生动、直观的感受,而且它是以超媒体和超文本的形式组织起来的。网络信息涵盖各行各业,包括不同学科、不同领域、不同地区、不同语言的各种信息。对于科研人员来说,网络信息内容广泛性的意义显得格外重要,他们可以通过网络获得相关学科领域的最新科研成果、项目进展报告、产品目录等。此外,在网络上人们可以查看股票行情、阅读新闻、倾听音乐、观看电影,甚至是拨打网络电话或者与朋友聊天。

(3)数量巨大、增长迅速。CNNIC 于 2024 年 3 月发布了第 53 次"中国互联网络发展状况统计报告",全面反映了中国互联网发展状况。截至 2023 年 12 月,我国网站数量为 388 万个,网页数量为 3820 亿个。网络信息量之大、增长速度之快、传播范围之广,是在其他任何环境下的信息资源所无法比拟的。

（4）更新及时、时效性强。网络信息可随时发布，可根据需要不断扩充，因此网络信息大多是动态的、变化的，具有很强的时效性，如股市行情、科研的最新资料和最新动态、网络新闻等。

（5）信息源分布广泛、复杂、稳定性差。互联网是开放性的，通过 TCP/IP 协议将不同的网络链接起来。目前，网络信息资源的组织管理没有统一标准和规范。任何个人或组织都可以在网络上发布信息，从而使网络成为一个信息量巨大，却又分散、无序、不稳定的信息源。

（6）质量良莠不齐。互联网是开放的，任何个人或组织都可以在网络上发布信息，而对于发布的信息则缺少质量控制措施，使得网络信息呈现良莠不齐的现状。

10.1.2 网络信息源的类型

网络信息源由于数量庞大、内容广泛、形式多样，其类型划分一直没有统一的标准。通常，可以将网络信息简单地分为三部分：印刷型出版物的网络版；电子出版物的网络版；依托计算机网络环境，直接在网络环境中自由传递与存取的各种信息。此外，也可以按照网络服务协议的类型，将其划分为 HTTP/HTTPS 信息源、FTP 信息源、TELNET 信息源、Usenet 信息源等。目前，FTP、TELNET 与 Usenet 已使用得较少，本书重点介绍 HTTP/HTTPS 信息源。

HTTP/HTTPS 是用于从万维网（World Wide Web, WWW）服务器传输超文本到本地浏览器的传送协议。因此，HTTP/HTTPS 信息源也等同于万维网信息源或网页信息源。1989 年 3 月，欧洲原子核研究委员会（CERN）最先提出了万维网的设计，其目的是让居住在多个国家的物理学家更好地协同工作。万维网是一个分布式的超媒体系统，它是超文本系统的扩充。一个超文本由多个信息源链接而成，用户可以利用链接，找到另外的信息源，而这又可以依次类推地找到其他的信息源。所谓的超媒体，不仅包含文本信息，还包含有图形、图像、声音、动画、视频等信息。

万维网采用的是一种浏览器/服务器（Browser/Server, B/S）的工作方式，人们通常所浏览的网页都是存放在服务器上的，所谓的服务器是指运行服务器程序的计算机。浏览网页时，人们使用的是浏览器。当我们在浏览器中键入地址或者单击页面上的链接时，浏览器的客户程序就向服务器发出请求，服务器响应了客户请求之后就会向客户发回所需要的 Web 文档（网页）。

到目前为止，万维网发展至今经历了 Web 1.0 和 Web 2.0 两个阶段。Web 1.0 时代始于 20 世纪 90 年代，当时的互联网刚刚开放，先进的网络信息技术驱动了 Web 1.0 时代的网络。由于技术的限制，网络用户扮演单纯的信息接收者的角色，而专业的网络内容提供商，如门户网站等，扮演着信息的组织和发布者的角色。可以说，Web 1.0 时代网络的特征在于信息的聚集、联合和搜索。

Web 2.0 时代出现在 2000 年互联网泡沫破灭之后，Web 2.0 时代是互联网从静态网页集合，转变成为软件服务（尤其是那些支持自助出版、参与和协作的服务）的载体的过程。博客、社区图像共享服务、集体编辑服务和社会性书签服务等以用户为中心的

Web 服务都是 Web 2.0 时代的典型代表。Web 2.0 时代网络的特征表现为去中心化、参与和共享、草根性、真实化等方面。

10.1.3 网络信息源的鉴别

网络信息源内容丰富，极大地满足了普通大众对于信息的渴求。然而，网络信息源也具有稳定性差、可靠性差等缺陷。一些网页和自媒体信息源缺乏控制，存在着虚假甚至是诈骗信息。即使是经验丰富的用户，对网络原生信息也并非总是能够准确地加以判断，因而在使用网络原生信息时要非常慎重。

目前，学者们指定了一些标准，用以指导网络信息的鉴别与使用。比如，设在瑞士日内瓦的 HON（Health on the Net Foundation）是一家非营利性国际公益组织，也是联合国经济和社会理事会的特别顾问。其制定的 HONcode 是有关网上医学健康信息的最值得信赖的准则，用于评估医学和健康网站信息的质量和可信性。但总的看来，对于网站和网络原生信息可靠性的鉴别仍缺乏统一的标准，以下是几个可供参考的标准。

1. 权威性

网站内容是否具有权威性可从以下两个方面判断。

1）从网站域名判断

每个网站都有域名。域名带有后缀，不同的后缀带有不同的含义。常见的域名后缀及其含义如下。

- .com。一般为商业机构。
- .net。一般为从事互联网服务的机构。
- .org。一般为非营利性组织，如世界卫生组织域名为：https://www.who.org/。
- .gov。一般为国家政府机构，如美国能源部域名为：https://www.energy.gov/。
- .edu。一般为教育机构，如哈佛大学域名为：https://www.harvard.edu/。

我国国内的域名后缀一般带有.cn。比如，中华人民共和国中央人民政府域名为 https://www.gov.cn/；清华大学的域名为 https://www.tsinghua.edu.cn/。

利用后缀可以初步判断该网站的信息是否可靠。通常，权威性较高的域名后缀有.gov、.edu、.org。拥有这些后缀的网站其信息的上传一般需要经过多层审核，通常是可靠、权威的。相对而言，带有.com、.net 等后缀的网站则必须谨慎对待。

2）从网站拥有者或网页信息的作者判断

对于网站，可以从网站拥有者进行判断。如果该拥有者是该领域的知名机构或权威专家，则一般是权威可信的。另外，对于某些网页信息，可以从其作者的身份背景、学历资历，以及在此学科方面的权威性等进行判断。

2. 准确性

准确性是指信息是否准确可靠，评价者可以通过与其他相关资源进行比较或以自己的专业知识进行鉴别和评价。一般而言，可以判断：网页的作者所提供的信息是事实，还是个人意见，抑或是揣测之词；提供论点或意见是以中立者的角度来叙述的，还是以主观者的角度在评论的,是否具有相当的客观性;网页内容的观点是否符合常理,抑或是谬论;网页内容是否合理标识了引用来源等。

3. 时效性

时效性主要关注网页内容是否实时更新或定期更新,并且有没有把更新日期标示出来;注意网页信息是不是最新的,或是已经过时的。时效性也是站点的稳定性和连续性的体现,一般说来,大型机构由于有充足的资金和人力支持,一般比较正规、稳定;个人站点的稳定性、连续性较差,生命周期也较短。

10.1.4 常用的学术资源导航网站

在互联网上,有许多可供利用的学术网站资源,对学习与研究有十分高的价值。但限于时间与精力,读者很难一一去了解。目前,已有一些成熟的导航网站,系统整理了网络上质量较高的学术信息网站资源。读者可以通过这些导航网站,了解学术信息网站。以下对国内较为知名的科塔学术导航进行介绍。

科塔学术(https://site.sciping.com/)是目前我国优秀的科研开放获取资源之一,它致力于成为国内领先的科研与学术资源导航平台,为科研人员提供科研网站导航、网址库、学术资讯聚合等服务,让科研工作更简单、更有效率。科塔学术致力于成为专业、独立、有品质的科研信息服务平台,为社会公众提供科研活动中涉及基金项目、创新基地、基础设施、人才荣誉和成果产出等数据统计分析,让社会公众更加便捷、全面地了解科研投入、过程和产出。科塔学术专注于科研网站导航、科研网址库和学术资讯聚合(图10.1-1)。

图 10.1-1 科塔学术导航

与科塔类似的国内导航网站还有许多,如学术导航(http://www.scholars.vip/)、格桑花学术导航(http://www.20009.net/)等,读者也可参考使用。

10.2 搜索引擎

10.2.1 搜索引擎的概念

搜索引擎（search engine）是一种在网络上应用的软件系统，它以一定的策略在网络上对大量信息进行搜索和发现，然后对这些信息进行提取、排序、质量分析，并提供信息的存储、检索等服务。搜索引擎要对用户的搜索请求即时响应，即用户通过填写搜索条件提交搜索请求，然后搜索引擎将返回一个与用户搜索条件相关的信息列表。因此，搜索引擎不是在用户提交搜索请求时采取网络搜索资源，而是预先保存大量网页，以数据库的形式保存在系统中，此时的搜索只是在系统内部进行。由于搜索引擎无法判断用户背景，所以给出的搜索列表不一定满足用户需求，据此，现在大多数搜索引擎都提供了个性化搜索服务，即根据用户历史的搜索行为对结果进行排序，使那些有可能是用户最关心的信息排放在前列。

10.2.2 搜索引擎的发展历程

在互联网发展初期，网站相对较少，信息查找比较容易。那时候，普通网络用户查找信息多是采用浏览的方法，然而伴随互联网的快速发展，用户想找到所需的资料简直如同大海捞针，这时为满足大众信息检索需求的专业搜索网站便应运而生了。

1. 第一代搜索引擎

1994 年之前，互联网上已有的检索工具包括查询 FTP 服务器中特定文件的 Archie 检索服务，基于菜单的 Gopher 检索服务（如 Veronica、Jughead 等）和基于关键词的 WAIS 文档检索服务，其工作原理与现在的搜索引擎已经很接近，它依靠脚本程序自动搜索网上的文件，然后对有关信息进行索引，供使用者以一定的表达式查询。它们是搜索引擎的前身，不过，由于当时技术上的局限性，在搜索和索引的过程中，仍需要大量的人工参与。

最早的真正意义上的搜索引擎是创建于 1994 年的 WebCrawler。与之前的检索工具不同的是，WebCrawler 允许用户搜索任意网页中的任意词语，而这也成为从那时起所有主要搜索引擎的标准。同年，首个商业化的搜索引擎 Lycos 也在卡耐基梅隆大学启动。

同样是在 1994 年，斯坦福大学的博士生 David Filo 和美籍华人杨致远（Gerry Yang）共同创办了超级目录索引 Yahoo!Search，并成功地使搜索引擎的概念深入人心，由此揭开了搜索引擎大发展的序幕。

以 Yahoo、InfoSeek、Alta Vista、Lycos 为代表的一批搜索引擎被称为第一代搜索引擎。这类搜索引擎的索引量都少于 100 万个网页，极少重新搜集网页并去刷新索引，而且检索速度非常慢，一般都要等待 10 秒甚至更长的时间；在实现技术上主要采用经典的信息检索模型（如布尔模型、向量空间模型或概率模型）来计算用户查询关键词和网页文本内容的相关程度，但对网页之间丰富的链接关系则未有使用。

在第一代搜索引擎的发展过程中，由于单个搜索引擎的网页覆盖范围有限，且采用的检索机制、算法等不同，导致同一个检索请求在不同搜索引擎中的查询结果的重复率不足 34%。因此，面对于某些检索请求，尤其是范围比较狭窄、内容比较生僻的检索请求，要想获得一个比较全面、准确的结果，就需要反复使用多个搜索引擎。因此，1995 年，一种新的搜索引擎形式——元搜索引擎（meta search engine）应运而生。使用元搜索引擎检索信息时，用户只需提交一次检索请求，由元搜索引擎将检索请求转换处理后，提交给多个预先选定的独立搜索引擎，并将各独立搜索引擎返回的所有查询结果集中并进行处理后再返回给用户。

第一个元搜索引擎，是华盛顿大学的硕士生 Eric Selberg 和 Oren Etzioni 研制的 Metacrawler。除此之外，还有 Dogpile、InfoSpace 等。但是，元搜索引擎的检索效果始终不理想，在搜索引擎的发展历史中还没有哪个元搜索引擎有过强势地位。随着第二代搜索引擎的出现，元搜索引擎便逐渐趋于消亡了。

2. 第二代搜索引擎

从 1998 年起，出现了一个搜索引擎空前繁荣的时期，一般称这一时期的搜索引擎为第二代搜索引擎，典型的代表是谷歌、百度等。与第一代搜索引擎不同，第二代搜索引擎充分利用了网页之间丰富的超文本链接关系，并深入挖掘和利用了网页链接所代表的含义。通过对网页之间的超文本链接关系进行分析，用户可以在海量内容中找出重要的网页。这种链接分析技术的发明人正是百度创始人李彦宏。

1996 年，李彦宏提出"超链分析"概念并发表了相关文章，这一思想来源于其在北京大学就读期间所接触到的科学引文方法。李彦宏认为，"科学论文通过索引被引用次数的多寡来确定一篇论文的好坏，而超链就是对页面的引用""超链上的文字就是对所链接网页的描述，通过这个描述可以计算出超链和页面之间的相关度"。1997 年 2 月，李彦宏正式申请了名为"Hypertext document retrieval system and method"的专利（专利号：US 5920859）。

1998 年 4 月，李彦宏前往澳大利亚分享搜索前瞻技术，其中谷歌的创始人佩奇（Page）和布林（Brin）也在场。也就在这一年 10 月，谷歌正式上线，并申请 PageRank 专利，但由于 PageRank 与李彦宏申请的超链分析专利具有相似性，美国专利商标局直到 2001 年 9 月才批准 PageRank 的专利申请。因此，坊间均认为，谷歌借鉴了李彦宏的"超链分析技术"。

谷歌一经推出，便大获成功。1999 年，谷歌被《时代》杂志评为年度十大最佳网络技术公司。目前，谷歌被公认为全球最大的搜索引擎公司之一。受到谷歌商业模式成功的启发，1999 年年底，身在美国硅谷的李彦宏意识到中国互联网及中文搜索引擎服务的巨大发展潜力，毅然辞掉硅谷的高薪工作，携搜索引擎专利技术，于 2000 年 1 月 1 日在中关村创建了百度公司，成为中文搜索领域的佼佼者。

目前，除谷歌、百度外，还出现了众多基于超链分析技术的第二代搜索引擎，如搜狗搜索、360 搜索等。第二代搜索引擎网页数据库规模十分庞大，一般都保持在百亿级别，另外检索质量和效率上也非常之高，极大地满足了用户对于网页信息查询的要求。

本书对搜索引擎原理的介绍也是以第二代搜索引擎为主。

3. 第三代搜索引擎

到目前为止，业界对于什么是第三代搜索引擎仍然没有公认的说法，但大体认为，与前两代搜索引擎相比，第三代搜索引擎应具有信息服务的智能化、个性化的总体特征，其特征主要体现在以下 5 点：①能够接受和理解以自然语言提问的检索词；②能够识别与检索词相近或相关的概念，实现语义匹配功能；③具备机器学习和推理能力，根据特定用户的检索习惯对检索结果进行个性化排序；④检索结果能够实现信息自动抽取，返回直观的信息，而不是大量的原始网页；⑤具有社会化计算和相关内容推荐的能力。

第三代搜索引擎技术目前仍处于研究和探索之中，其中致力于提升机器对语言的理解能力和自身推理能力的"智能化"发展趋势，以及基于用户群体特征分析的"社会化"计算趋势，都是未来的发展方向。目前，第三代搜索引擎的典型代表为国外的 Walfram-Alpha 知识搜索引擎（https://www.wolframalpha.com/），其能够分析用户的自然语言提问，并返回知识性的搜索结果，这一技术创新被用到了苹果公司的"Siri 助手"当中，正改变着传统的信息搜索方式与用户的观念（图 10.2-1）。

图 10.2-1　WalframAlpha

10.2.3　搜索引擎的架构与工作原理

搜索引擎由很多技术模块构成，各自负责整体功能的一部分，相互配合形成了完善的整体架构。图 10.2-2 展示了一个通用的搜索引擎架构。

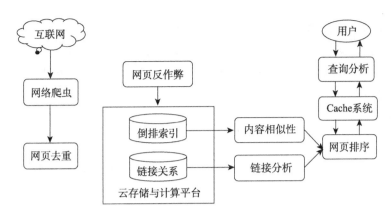

图 10.2-2　搜索引擎架构

搜索引擎基本原理就是通过网络爬虫（spider 或者 robot）定期在互联网上查找，发现新的网页，将它们取回放到本地数据库中，用户的查询请求可以通过查询本地数据库获得。搜索引擎的整个工作过程可以被视为 3 个部分：一是爬虫在互联网上爬行和抓取网页信息，并存入原始网页数据库；二是对原始网页数据库中的信息进行提取和组织，并建立索引库；三是根据用户输入的关键词，快速找到相关文档，并对找到的结果进行排序，再将查询结果返回给用户。以下对其工作原理做进一步分析。

1. 网页抓取

搜索引擎爬虫每遇到一个新文档，都要搜索其页面的链接网页。爬虫访问 Web 页面的过程类似于普通用户使用浏览器访问其页面。爬虫先向页面提出访问请求，服务器接受其访问请求并返回 HTML 代码后，把获取的 HTML 代码存入原始页面数据库。通常，搜索引擎使用多个爬虫分布爬行以提高爬行速度。

那么搜索引擎如何做到一个页面只访问一次，从而提高搜索引擎的工作效率？一般在抓取网页时，搜索引擎会建立两张不同的表，一张表记录已经访问过的网站，一张表记录没有访问过的网站。当爬虫抓取某个外部链接页面 URL 时，须把该网站的 URL 下载回来分析，当爬虫全部分析完这个 URL 后，将这个 URL 存入相应的表中，这时当另外的爬虫从其他的网站或页面又发现了这个 URL 时，它会对比看看已访问列表有没有，如果有，爬虫会自动丢弃该 URL，不再访问。

2. 建立索引

为了便于用户在数万亿级别以上的原始网页数据库中快速便捷地找到搜索结果，搜索引擎必须将爬虫抓取的原始 Web 页面作预处理。网页预处理最主要过程是为网页建立全文索引，之后开始分析网页，最后建立倒排索引。

Web 页面分析有以下步骤：判断网页类型、衡量其重要程度、丰富程度、对超链接进行分析、分词、去除重复网页。经过搜索引擎分析处理后，Web 网页已经不再是原始的网页页面，而是浓缩成能反映页面主题内容的、以词为单位的文档。

数据索引中结构最复杂的是建立索引库，索引又分为文档索引和关键词索引。每个网页唯一的 docID 号是由文档索引分配的，每个 wordID 出现的次数、位置、大小格式都可以根据 docID 号在网页中检索出来，最终形成 wordID 的数据列表。搜索引擎使用分词系统将文档自动切分成单词序列，对每个单词赋予唯一的单词编号，并记录包含这个单词的文档。通常，倒排索引除了记录文档编号之外，还需要记载更多的信息。比如，单词频率信息也被记录进去，便于以后计算查询和文档的相似度。

3. 查询服务

在搜索引擎界面输入关键词，单击"搜索"按钮之后，搜索引擎程序开始对搜索词进行以下处理：分词处理、根据情况对整合搜索是否需要启动进行判断、找出错别字和拼写中出现的错误、把停止词去掉。接着，搜索引擎程序便把包含搜索词的相关网页从索引数据库中找出，而且对网页进行排序。最后，按照一定格式返回到搜索结果页面。

查询服务最核心的部分是搜索结果排序，其决定了搜索引擎的质量好坏及用户满意度。实际搜索结果排序的因素很多，但最主要的因素之一是网页内容的相关度。影响相关性的主要因素包括以下5个方面。

（1）关键词常用程度。经过分词后的多个关键词，对整个搜索字符串的意义贡献并不相同。越常用的词对搜索词的意义贡献越小，越不常用的词对搜索词的意义贡献越大。常用词发展到一定极限就是停止词，对页面不产生任何影响。所以搜索引擎用的词加权系数高，常用词加权系数低，排名算法更多关注的是不常用的词。

（2）词频及密度。在通常情况下，搜索词的密度和其在页面中出现的次数成正相关，次数越多，说明密度越大，页面与搜索词关系越密切。

（3）关键词位置及形式。关键词出现在比较重要的位置，如标题标签、黑体、H1等，说明页面与关键词越相关。在索引库的建立中提到的，页面关键词出现的格式和位置都被记录在索引库中。

（4）关键词距离。关键词被切分之后，如果匹配的出现，说明其与搜索词相关程度越大，当"搜索引擎"在页面上连续完整地出现或者"搜索"和"引擎"出现的时候距离比较近，都被认为其与搜索词相关。

（5）链接分析及页面权重。页面之间的链接和权重关系也影响关键词的相关性，其中最重要的是锚文字。页面有越多以搜索词为锚文字的导入链接，说明页面的相关性越强。链接分析还包括了链接源页面本身的主题、锚文字周围的文字等。

10.2.4　搜索引擎的类型

搜索引擎可以按不同标准划分为不同类型。通常，可以根据其收录起源的主题范围和数据类型将其划分为通用型搜索和垂直型搜索引擎。

通用型搜索引擎在采集信息资源时，不限制资源的主题范围和数据类型，涉及的信息内容包罗万象，因而也称为通用搜索引擎。目前使用较为广泛的通用性搜索引擎包括谷歌、百度、Bing（必应）等。其中具有较大影响力的谷歌能够搜索到的外文网页和文献最多。百度是国内最大的中文搜索平台，无论是其用户还是所开发的产品都位居前列。Bing（必应）是微软公司 2009 年推出的搜索引擎。本节将分别介绍百度、谷歌、Bing（必应）这三大搜索引擎的发展历史、网页搜索功能以及它们各自的特色搜索产品，并简要分析这三者之间的异同。

垂直型搜索引擎专门采集某一行业或专业领域范围内的信息资源，并根据专业信息资源的特性进行信息的深度加工，建立高质量的索引数据库，提供专业化的信息搜索服务。垂直型目前有许多种类，如音乐、图像、视频、学术信息等。本书重点介绍垂直型搜索引擎中的学术搜索引擎（academic search engine）。

学术搜索引擎是专门用于搜寻学术信息的信息检索系统。它能够为用户提供专业性强、信息涵盖广的数字学术信息资源。学术搜索引擎主要是为各类从事学术研究的专业人员开发的搜索引擎，其服务对象比较单一，主要是科学家和专业研究人员，它采集的信息资源多为学术信息。比如，各专业知识领域的高质量学术文献，包括学术论文、科技报告、专业书籍、会议演讲等。学术搜索引擎典型代表有百度学术、Google Scholar等。学术搜索引擎已经成为科学研究的重要支持工具。

10.3 常用的搜索引擎介绍

10.3.1 百度与百度学术

1. 百度

百度是李彦宏博士于 2000 年创建的中文搜索引擎。"百度"一词来源于中国宋朝词人辛弃疾的《青玉案·元夕》中的词句"众里寻他千百度，蓦然回首，那人却在灯火阑珊处"。时至今日，百度已成为世界上规模最大的中文搜索引擎，除网页搜索外，还提供图像、音乐、文档、地图、贴吧、影视等多样化的搜索服务。

1）检索入口

通过百度主页 http://www.baidu.com 即可使用百度检索系统，默认进入网页搜索，如图 10.3-1 所示。

图 10.3-1　百度主页

2）基本检索

在百度主页的搜索框中输入需查询的关键词，单击"搜索"按钮，即可得到检索结果。输入多个词语搜索（用空格隔开），默认为布尔逻辑"AND"检索，可以获得更为精确的检索结果。

单击主页右上角的"设置"按钮会显示"搜索设置"，单击"搜索设置"按钮即可进入配置界面，如图 10.3-2 所示。其中"搜索框提示"用于设置是否在输入时进行搜索框提示，"搜索语言范围"用于可搜索网页的语言，包括简体中文和繁体中文，不包含中文之外的其他语言。"搜索结果显示条数"用于设置其显示多少条搜索结果，实时预测功能、搜索历史记录等都是对应检索者个人需求可以进行调整。

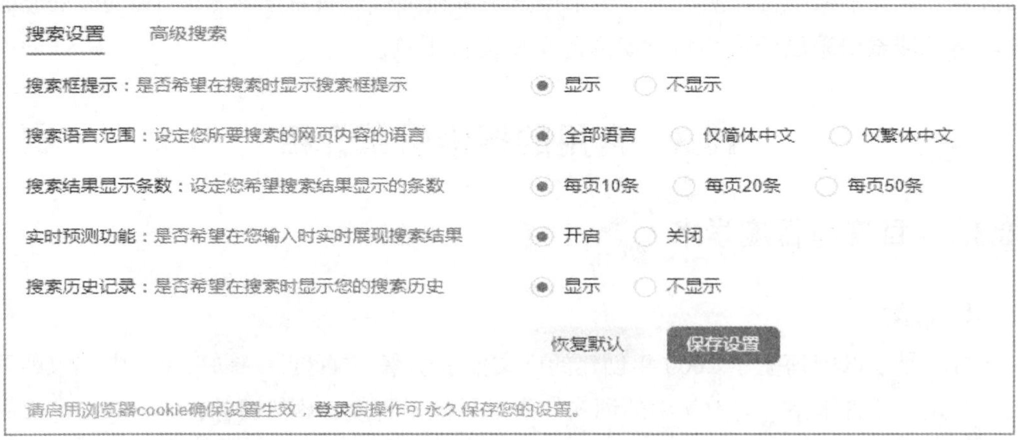

图 10.3-2　百度搜索设置

3）高级搜索

选择主页右上角"设置"中的"高级搜索"选项，可以进入高级检索模式。高级检索模式用于配置高级搜索选项以优化搜索结果或表达复杂的逻辑关系（图 10.3-3）。

图 10.3-3　百度高级搜索

其中可配置的选项包括以下 5 个方面。

（1）搜索结果。用于配置输入关键词之间的逻辑关系，具体选项如下。

- 包含全部关键词：输入的关键词之间是"与"的关系。
- 包含完整关键词：输入的关键词会被作为一个整体搜索。用户也在简单搜索模式下的搜索输入框中用双引号引住此栏输入的所有关键词；也可以使用书名号《》，书名号中内容会被作为一个整体搜索，且《》会出现在搜索结果中。
- 包含任意关键词：输入的关键词之间是"或"的关系，相当于在简单搜索模式下的搜索输入框中用符号 | 连接此栏输入的多个关键词。
- 不包括关键词：输入的关键词之间是"非"的关系，相当于在简单搜索模式下的搜索输入框中在此栏输入的关键词前加上符号–。

（2）时间。用于配置要搜索的网页时间，可选最近一天、最近一周、最近一月、最近一年。

（3）文档格式。百度支持对 Adobe Acrobat PDF（.pdf）、微软 office 文档（.doc、.xls、.ppt）、RTF 文件（.rtf）进行搜索。可以将搜索结果限定于特定的文档格式，可选的有所有网页和文件、PDF 文件、doc 文件、xls 文件、ppt 文件、RTF 文件等，用户也可以在简单搜索模式下的搜索输入框中使用算符"filetype"：作为文档格式的前缀。例如，查找张五常关于交易费用方面的经济学论文，输入"张五常 交易费用 filetype:pdf"，即可检索到相关的 PDF 格式论文。

（4）关键词位置。用于限定查询关键词在搜索结果中的位置，可选的除了有网页任何地方之外，还有以下内容。

- 仅在网页的标题中，即将检索范围限定在网页标题中。用户也可以在简单搜索模式下的搜索输入框中使用算符"intitle"：作为前缀。例如，要查找有关"精准扶贫"的资料，可以在输入框中输入"intitle：精准扶贫"，即可得到标题中含有"精准扶贫"的网页资料。
- 仅在 URL 中，即将检索范围限定在网页 URL（链接）中。用户也可以在简单搜索模式下的搜索输入框中使用算符"inurl："作为前缀。

（5）站内搜索。用于将搜索范围限定于特定的网站中，这在用户明确知道某个站点中有自己需要的信息时候特别有用。比如，当某个学生要查询清华大学的研究生招生简章时，就可以将站点限制在 tsinghua.edu.cn 站点中。用户也可以在简单搜索模式下的搜索输入框中使用算符"site："作为前缀，如"研究生招生简章 site: tsinghua.edu.cn"。

4）结果浏览

在主页的搜索框中输入关键词。例如，计算机，单击"百度一下"按钮即可进入简单搜索模式下的结果页面，如图 10.3-4 所示。在搜索结果中，每条记录都有标题，对应的网址等信息。单击即可访问对应的网页。部分记录的信息区域还提供"百度快照"链接，单击该链接即可访问百度所缓存的页面信息。

在搜索框下有对应搜索结果的类型可供选择，图中显示：网页、资讯、视频、图像、文库、贴吧等。其中网页为默认选项，用户可以根据个人需求调整为视频、图像等类型。

图 10.3-4　百度检索结果

5）更多检索服务

虽然百度只是一个中文网页搜索工具，但是其内嵌了英汉互译词典功能。输入英文单词，则搜索的结果页面第一条就是该单词在百度词典中的中文含义。输入中文单词+"的英文"，则搜索结果页面第一条就是它在百度词典里的英文表达。其搜索结果如图 10.3-5 所示。

图 10.3-5　百度翻译功能

2. 百度学术

百度学术（https://xueshu.baidu.com/）是百度 2014 年 6 月推出的一款学术搜索引擎。它对互联网上以多种形式存在的学术资源进行全面爬行、抓取、建立索引，以统一的接口向用户提供服务，是一个提供海量中英文文献的免费学术资源搜索平台。百度学术收录的学术站点超过 70 万家，包含大量商业学术数据库，如中国知网、万方、维普、

ScienceDirect、Wiley、IEEE、Springer 等，以及百度文库、道客巴巴、爱学术、豆丁网、Open Access（OA）数据库、杂志社和高校机构仓储等大量提供全文链接的网站。

1）简单搜索

输入网址 http://xueshu.baidu.com 即可进入百度学术的主页（图 10.3-6）。在输入框中输入关键词即可进行查询。在百度学术主页明确罗列出站内功能，包含论文查重、学术分析、期刊查询、文献互助等功能。此外，主页中还添加了不同学科专业高被引论文推荐和热门论文。

图 10.3-6　百度学术主页

2）高级搜索

百度学术也提供了高级搜索，以向用户提供更多的检索功能。在输入框左侧有高级搜索按钮，单击即可出现对应选项（图 10.3-7）。

图 10.3-7　百度学术高级搜索

高级检索包含以下 10 个选项。
- 包含全部检索词：检索内容包含输入的全部关键词。
- 包含精确检索词：检索内容包含单个或多个精确的关键词。
- 包含至少一个检索词：检索内容至少包含一个关键词。
- 不包含检索词：检索内容不包含输入的关键词。
- 出现检索词的位置：可选择出现在文章任何位置或者标题中。
- 作者：刊物的作者。
- 机构：机构名称。
- 出版物：期刊或者会议的名称。
- 发表时间：出版物的时间。
- 语言检索范围：中文或者英文。

分别输入设置各个检索关键词和检索条件后，单击"搜索"按钮即可进行高级搜索。

3）搜索结果及结果查看

百度学术的搜索结果页面如图 10.3-8 所示。整个页面划分为搜索区、搜索结果区、精炼区、文献推荐区共 4 个区。上部为搜索区，该区提供搜索框，可以进行重新检索或二次检索；下部为搜索结果区，用户可以按照相关性、被引量、时间降序进行展示，默认为每条记录都包括文献题名、作者、出版物（出处）、出版年份、被引量、摘要简略、来源等基本内容；下部左侧则为精炼区，可以按照时间（发表时间）、领域（所属学科专业）、核心（期刊类型）、获取方式（免费或者付费）、关键词（相关关键词）等方式对搜索结果进行筛选，单击对应的按钮就可以按照相应条件筛选文件；下部右侧为文献推荐区，可以根据用户输入的检索词自动推荐相关文献。

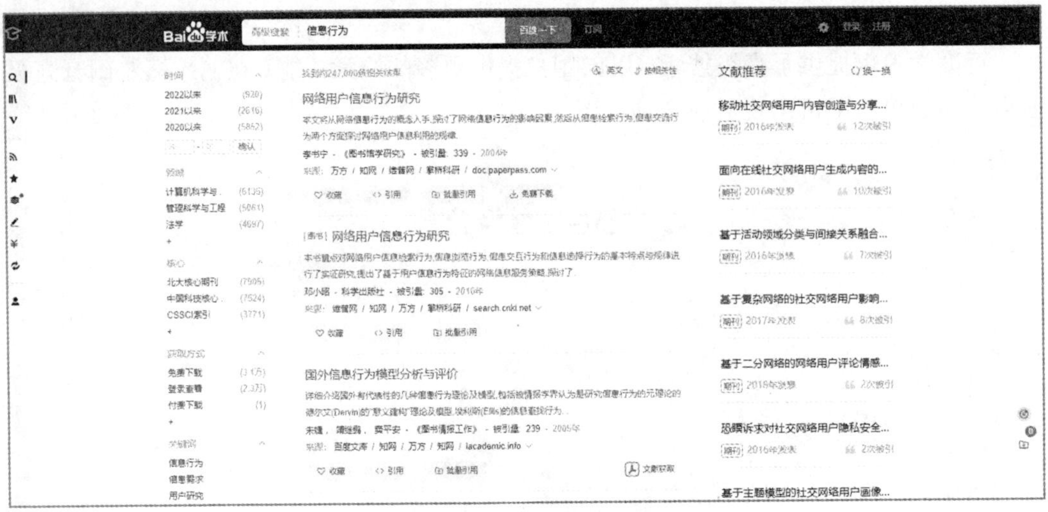

图 10.3-8 百度学术搜索结果页面

用户单击搜索结果列表中的记录标题，即可进入记录详情页（图 10.3-9）。在详情页，详细展示了文献标题、作者、摘要、关键词、被引量、年份、来源、引用走势等信息，点击可用的链接即可进入相应知识节点。比如，单击作者，可查找此姓名作者所著文献。此外，详情页还展示了以下内容。

- 全部来源。用户可以单击下方的链接，进入不同的原始信息源。
- 免费下载。如果出现"免费下载"按钮，表示该文献存在免费下载的通道，用户可以点击进行阅读或下载。
- 求助全文。当无法获取全文时，可以点击求助全文进行网络求助。
- 相似文献。百度学术按照特定规则给用户推荐与该文献相似的文献。
- 参考文献。单击可列出该文献所参考的文献。
- 引证文献。单击可在当前页面查看有哪些文献引用了该文献，单击"被引量"后面的数字，可在新页面显示引用了该文献的其他文献。
- 引用与批量引用。单击"引用"，可显示该文献的不同引用格式，包括 GB/T 7714—2015、MLA、APA 三种格式，也可导出至 BibTeX、EndNote、RefMan、NoteFirst、NoteExpress 等参考文献管理工具。批量引用则将文献添加至文件夹中，并批量导出。

图 10.3-9　百度学术结果详情页

4）其他个性化功能

用户可以注册百度学术账号。登录账户后，可对文献进行收藏、喜欢等操作，还可以订阅关键词，一旦有新的文献，将通过电子邮件方式发送到指定邮箱。

10.3.2　谷歌与 Google Scholar

谷歌于 1998 年 9 月 4 日由拉里·佩奇和谢尔盖·布林共同创建，被公认为目前全球最大的搜索引擎公司之一。谷歌业务包括互联网搜索、云计算、广告技术等，同时开发并提供大量基于互联网的产品与服务。1999年下半年，谷歌网站"Google"正式启用。

1. 谷歌

1）检索入口

通过谷歌主页即可使用谷歌检索系统，主页网址为 http://www.google.com。图 10.3-10 所示为 Google 主页。

图 10.3-10　Google 主页

2）谷歌的检索

谷歌网页搜索提供简单搜索和高级搜索两种检索方式，默认采取简单搜索，即在输入框中输入一个或者多个关键词，按下回车键或者单击"谷歌搜索"便可启动搜索。随后，谷歌就会生成相应关键词的搜索结果页面，其结果各条按照相关程度的高低排列。"手气不错"是谷歌搜索的一个非常有特色的功能。输入关键词后，单击"手气不错"，它可以将用户直接带到谷歌找到的相关性最高的网站，而并不会出现搜索结果界面。"手气不错"更加适合于寻找官方网站。

除简单搜索外，谷歌界面还拥有高级搜索，点击高级搜索会显示搜索结果、每页数量、文件格式、日期、类似网页等选项。检索者通过改变相应的设置会使得搜索引擎的结果更加符合检索者的要求。

2. Google Scholar

Google Scholar（https://scholar.google.com/），即谷歌学术搜索，是由谷歌公司提供的学术搜索引擎。其学术文献来源主要包括专业机构网站、开放获取期刊网站、学术著作出版商，如 ACM、Nature、Wiley、万方、维普等。此外，Google Scholar 还提供对各大图书馆资源的链接和查询。

1）简单搜索

Google Scholar 的主页面即为简单搜索界面（图 10.3-11）。

图 10.3-11　Google Scholar 主页

2）高级搜索服务

Google Scholar 同样提供高级搜索设置，检索者在主界面左上角单击"≡"按钮，选择"高级搜索"选项，可进入高级检索界面（图 10.3-12）。Google Scholar 高级搜索设置与百度学术类似，检索者可以根据自身需求进行设置，以保证搜索结果的精确性。

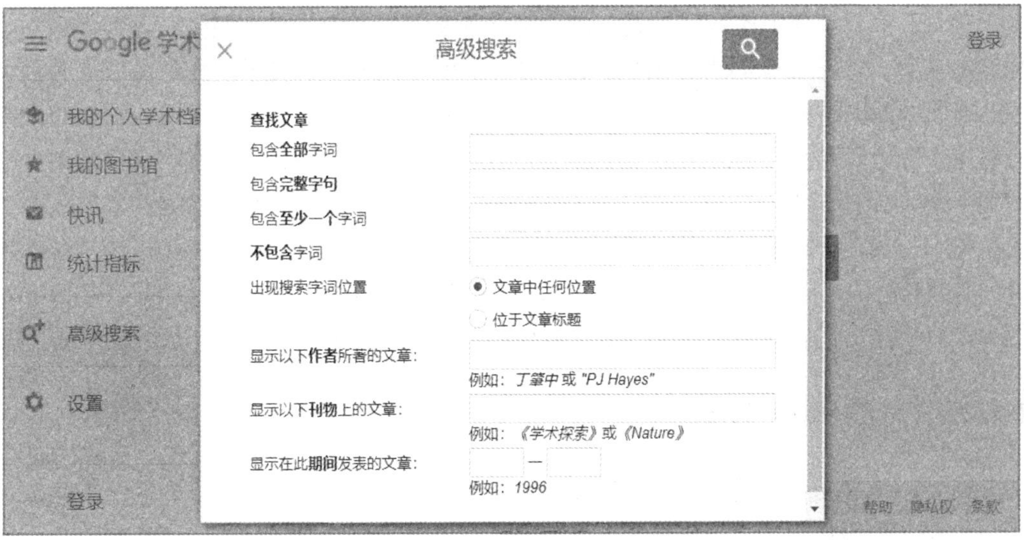

图 10.3-12　Google Scholar 高级检索

3）结果浏览

Google Scholar 的检索结果如图 10.3-13 所示。与 Google 搜索一样，Google Scholar 也利用网页排序 PageRank 技术对搜索结果进行排序，保证搜索结果中最相关的记录总是排在集合的最前面。Google Scholar 主要考虑某项研究成果在其他学术文献中被引用的情况，即被引次数，同时还将文章全文、作者和出版物等纳入算法中，进一步保证搜索结果的相关性，提高准确率。此外，Google Scholar 还自动分析和摘录引文，将它们作为单独的结果加以排列，这样可以使用户了解其他相关文献的存在，帮助用户进一步搜索。

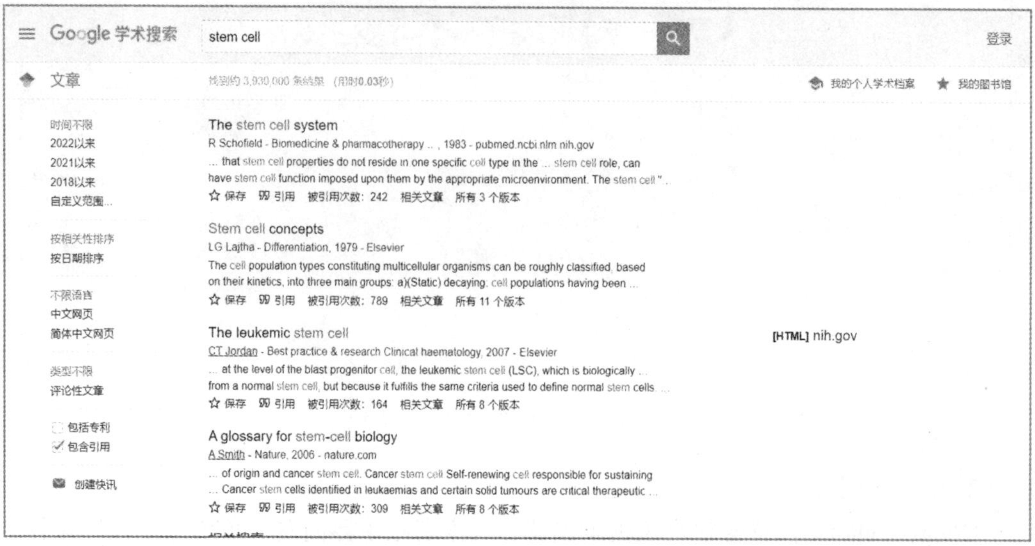

图 10.3-13　Google Scholar 检索结果

在 Google Scholar 的搜索结果中每条信息内容也都包含文献题名、作者、出版物、出版年月、摘要、被引次数、相关文章、所有版本等。其中"文献题名"可链接到文献的摘要或者全文、文献的来源出处等；"被引次数"可链接到引用该文献的所有其他文献；"相关文章"可链接到 Google Scholar 认为与显示的当前文章相关度较高的文献；"所有版本"为用户提供显示的当前文献的所有版本。当文献题名后面跟有相应的免费全文链接标识，如"HTML""PDF"等，则表示有相应的免费全文链接可以进行下载。

用户也可以登录 Google Scholar 以获取个性化服务。在 Google Scholar 中，"学术快讯"是其独有的功能，在文献推送上有较好的优势。其主要功能就是让 Google Scholar 系统自动将用户所需要和关注领域的相关文献及最新发表的文献，直接发送至用户的邮箱。

10.3.3　微软 Bing 搜索

Microsoft Bing（微软必应）是微软公司于 2009 年 5 月 28 日推出的一个搜索服务平台，是北美地区第二大搜索引擎，也是微软品牌第四个重要产品线。2017 年 3 月微软人工智能（小冰）和必应搜索（大冰）整合。2020 年 10 月微软官方宣布 Bing 改名为 Microsoft Bing。必应搜索引擎提供网页、图像、地图、词典等搜索产品，其中网页搜索是最常用的，检索的资源也是最丰富的。

1. 基本检索

用户通过网址 http://www.bing.com 即可访问 Bing（必应）检索系统，默认进入网页搜索，如图 10.3-14 所示。Bing（必应）搜索框选项分为国内版和国际版，分别对应语言为简体中文和英文。

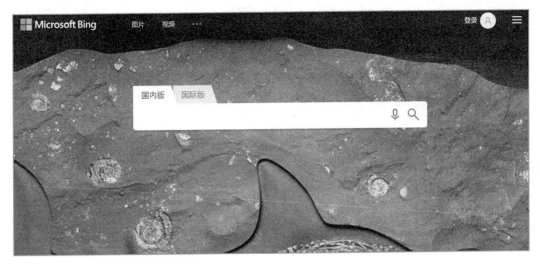

图 10.3-14　Bing 主页

2. 检索结果

用户在搜索框中输入关键词后单击右侧"搜索"按钮即可进入简单搜索模式下的结果页面，如图 10.3-15 所示。搜索框下的选项同样是搜索结果的形式选择，搜索结果界面右半部分的"相关搜索"则是与当前输入关键词最相关的几个热门搜索主题。

图 10.3-15　Bing 检索结果

3. 更多检索功能

Bing 也内嵌了输入提示功能，当用户输入一个关键词时，会出现一个下拉菜单，其中提供与输入关键词高度相关的热门搜索词。输入提示功能也包括在输入拼音时实现自动提示。Bing（必应）也内嵌了拼写检查功能，可以智能提示用户当前输入可能存在错误，并提供最接近的关键词。

此外，Bing 也提供了高级检索功能，其实现方式是在检索框中使用相应的检索算符。Bing 具体提供的检索算符如表 10.3-1 所示。

表 10.3-1　Bing 检索算符

算符	含义	举例
空格/AND/&	所连接关键词之间是"与"的关系	计算机&网络结构
OR/ |	所连接关键词之间是"或"的关系	计算机 OR 网络结构
NOT/-	所连接关键词之间是"非"的关系	计算机 NOT 网络结构
" "	" "中的内容被作为一个整体搜索	"网络结构"
+	强制搜索一般会被自动忽略的搜索关键词	+B
filetype：	在搜索范围内限定特定文件格式	filetype：pdf
site：	在搜索范围内限定特定站点	site：www.csnni.gov.cn
intitle：	在搜索范围内限定特定网页标题	intitle：HIJK
inbody：	在搜索范围内限定特定网页正文	inbody：HIJK
inanchor：	在搜索范围内限定特定定位标记	inanchor：msn
language：	在搜索范围内限定特定语言	language：en
loc：/location：	在搜索范围内限定特定国家或地区的网页	loc：US
prefer：	着重强调某个搜索条件更重要	计算机 prefer：微软
contains：	在搜索范围内限定包含特定文档类型的链接的网站中	contains：doc.

10.3.4　CiteSeerX 学术搜索引擎

1. CiteSeerX 简介

CiteSeer 是第一个通过自主引用索引的数字图书馆和搜索引擎。CiteSeer 于 1997 年在新泽西州普林斯顿的 NEC 研究所由史蒂夫·劳伦斯、李·贾尔斯和库尔特·博拉克开发，后于 2003 年移交给宾夕法尼亚州立大学信息科学与技术学院。此后，该项目由李·贾尔斯教授领导。在作为一个公共搜索引擎服务了近十年后，CiteSeer 开始超越其原始架构的能力。自成立以来，最初的 CiteSeer 已发展到索引超过 750 000 份文档，每天处理超过 150 万个请求，突破了系统能力的极限。基于对原始系统遇到的问题和研究社区的需求的分析，为"下一代 CiteSeer"或"CiteSeerx"开发了新的架构和数据模型，以便在可预见的未来延续 CiteSeer 遗产。

CiteSeerX 是 CiteSeer 的换代产品，是利用自动引文标引系统（ACI）建立的第一个学术论文数字图书馆。CiteSeerX 的检索界面简洁清晰，默认为文献（documents）检索，还支持 Authours、tables 检索。若选择"IncludeCitations"进行搜索，期刊文献等检索范围会扩大，不仅包括学术文献全文的数据库，也会列出数据库中每篇论文的参考文献。单击"AdvancedSearch"按钮，还可以进入高级检索界面。高级检索会增加检索的精确度，除了支持作者、作者单位、篇名等基本检索之外，还支持文本内容以及用户为论文定义的标签等更为详细的检索。

2. CiteSeerX 的主要特色

CiteSeerX 的主要有以下特色。

（1）自主引文索引（ACI）。CiteSeerX 使用 ACI 自动提取引文并创建可用于文献搜索和评估的引文索引。与传统的引文索引相比，ACI 在成本、可用性、全面性、效率和及时性方面都有所改进。

（2）自动元数据提取。CiteSeerX 自动提取作者、标题和其他相关元数据，用于分析和文档搜索。

（3）引文统计。CiteSeerX 计算数据库中引用的所有文章的引用统计和相关文档，而不仅仅是索引文章。

（4）参考链接。CiteSeerX 是第一个允许使用自动生成的引用链接浏览文档的网站。

（5）作者消歧。使用可伸缩方法，作者可以自动从其他作者中消除歧义。

（6）引文语境。CiteSeerX 可以显示给定论文的引用上下文，使研究人员能够快速看到其他研究人员对感兴趣的文章（不再可用）的看法。

（7）认识和跟踪。CiteSeerX 提供对给定论文的新引用，以及与用户配置文件匹配的新论文的自动通知。

（8）相关文档。CiteSeerX 使用引用和基于单词的度量来查找相关文档，并为每个文档显示一个活跃且不断更新的参考书目。

（9）全文索引。CiteSeerX 对全文和引用进行索引，支持完全布尔、短语和邻近搜索。

（10）查询敏感摘要。CiteSeerX 提供了如何在文章中使用查询词的上下文，而不是通用摘要，提高了搜索效率。

（11）及时更新。CiteSeerX 根据用户提交和定期爬网定期更新。

（12）强大的搜索功能。CiteSeerX 对所有复杂的内容查询使用字段搜索，并允许使用作者姓名首字母提供更灵活的名称搜索。

（13）文章的获取。CiteSeerX 自动从公共网站获取研究论文，但也通过提交系统接受提交。

（14）文章元数据。CiteSeerX 自动从所有索引文章中提取并提供元数据。

（15）个人内容门户。CiteSeerX 提供某些功能，如个人收藏、简易信息聚合通知（RSS 通知）、社交书签和社交网络设施。个性化搜索设置和机构数据跟踪是可能的。用户的文档可以通过易于使用的文档提交系统提交。

3. CiteSeerX 的使用方法

1）检索入口

用户通过网址 https://citeseerx.ist.psu.edu/index 即可访问 CiteSeerX 检索系统，默认为文献检索，如图 10.3-16 所示。

图 10.3-16　CiteSeerX 主页

2）基本检索

用户在搜索框中输入关键词后单击右侧"搜索"按钮即可进入简单搜索模式下的结果界面（默认是文档搜索），如图 10.3-17 所示。

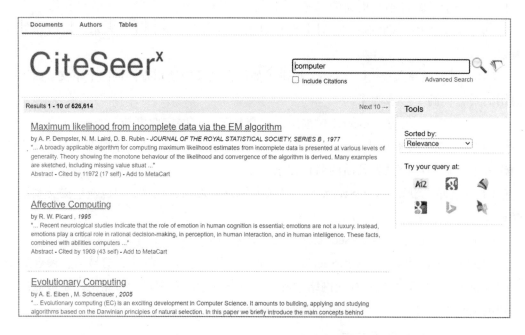

图 10.3-17　CiteSeerX 基本检索界面

3）高级搜索

用户单击搜索框右下角的"Advance Search"按钮，可以进入高级检索模式。高级检索模式用于配置高级搜索选项，以优化搜索结果或表达复杂的逻辑关系（图 10.3-18）。

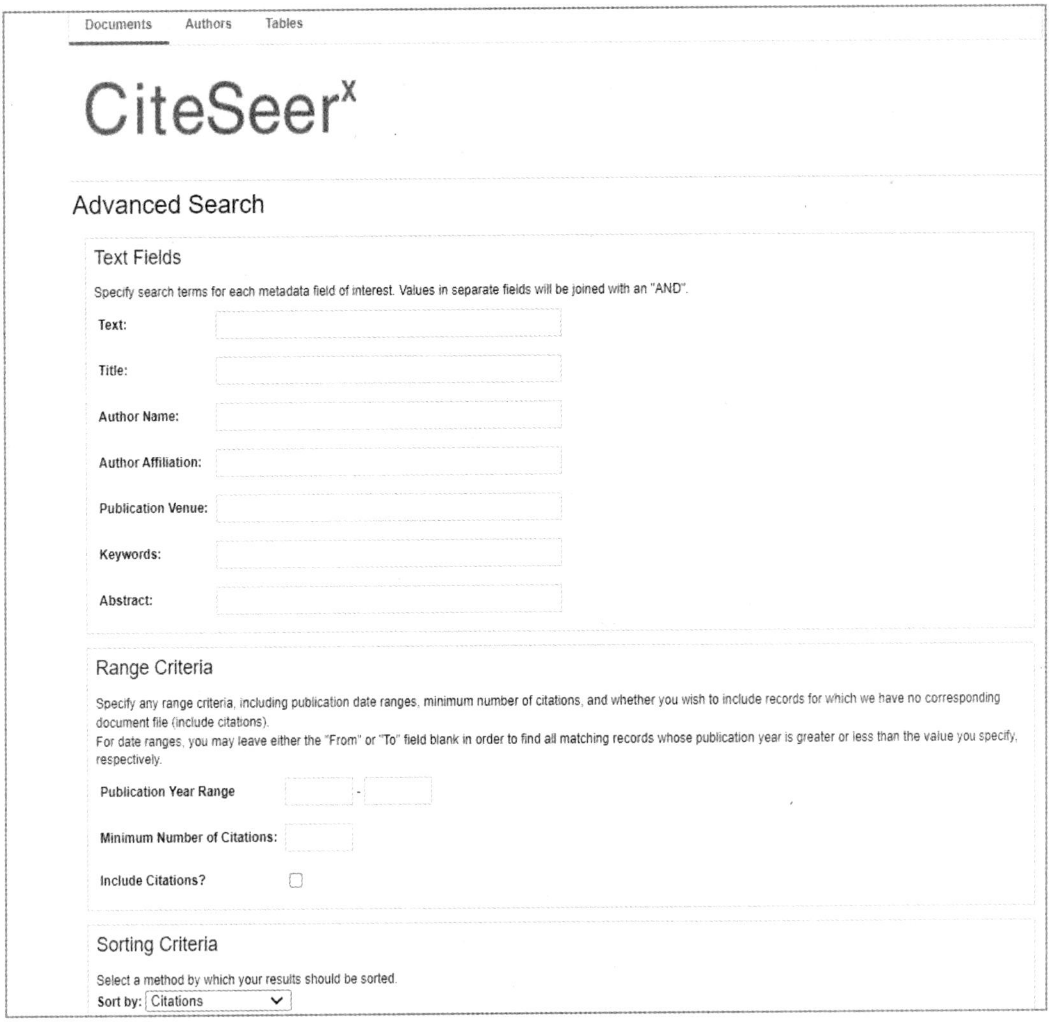

图 10.3-18　CiteSeerX 高级检索页面

其中可配置的选项包括以下 3 个方面。

（1）文本字段。用于配置输入与文本内容有关的关键词之间的逻辑关系，为每个感兴趣的元数据字段指定搜索项。单独字段中的值将与"AND"连接。搜索项包括文本、标题、作者名字、作者单位、出版地点、关键词、摘要等。

（2）范围标准。指定任何范围标准，包括出版日期范围、引用的最小数量，以及用户是否希望包括其没有相应文档文件的记录（包括引用）。对于日期范围，用户可以将"从"或"到"字段留空，以查找其发布年份分别大于或小于指定值的所有匹配记录。

（3）分类标准。通过图 10.3-18 中的下拉框，用户可以选择对结果进行排序的方法。

4）结果浏览

在高级检索页面的搜索框中输入一些关键词和范围标准。例如，在 Keywords 搜索项输入"computer"，在 Minimum Number of Citations（最小被引次数）搜索项填入"11"，单击"Advanced Search"按钮进入高级检索模式下的结果页面，如图 10.3-19 所示。

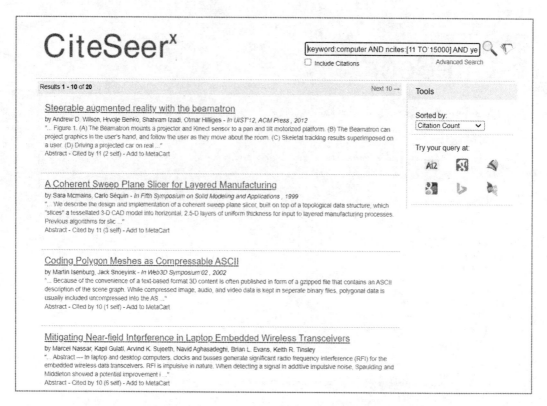

图 10.3-19　CiteSeerX 高级检索结果页面

第 11 章

通过人际关系获取学术信息

在科学研究中，通过同事及拥有第一手经验的专家学者获取信息是较为常见的做法，同时也是非常高效的手段。受限于条件，以往的通过人际关系获取信息的方式虽然受到许多研究人员的重视，但通常该方法只能借由研究人员私下接触交流，难以进行有效的组织。随着信息技术，特别是社交网络的发展，人际关系渠道已经由幕后逐渐走向台前，成为网络时代研究人员获取信息的重要渠道之一。

11.1 人际关系获取信息的优势

信息在学术活动中具有重要的作用，是科研人员进行学术行为活动的依据。作为科研人员，在现实与虚拟世界中和不同的人组成各种各样的人际关系，并在各种关系之间进行人际信息的交换。相对而言，学术信息获取包括非正式行为和正式行为，人际关系作为非正式行为在学术信息获取中起着重要作用，有以下明显的优势。

（1）为读者提供视角，形成问题意识。特定学科里拥有第一手经验的专家不仅可以为读者提供其在印刷文字中或者网络上无法找到的信息，也可以为读者提供一种视角，帮助他们更好地形成问题意识。比如，在很多大学课程中，授课教师通常会提供、推荐与课程有关的文献资源列表。

（2）快速确定某些观点的"奥义"。与人交谈，可以使科研人员获得意想不到的深刻见解，就相关疑问获得反馈，以及了解相关观点的结构或框架，这往往是印刷型文献及网络资料无法提供的。通过交谈，科研人员可以很快了解哪些领域具有研究价值、值得跟踪，哪些领域研究下去可能只是浪费时间。利用人际关系通常可以快速确定某些观点的"奥义"，这些观点往往暗含某些意图与思想意识，如果进入的是一个全新的领域，则很难对此作出辨别。

（3）无须面对面接触。科研人员可以通过互联网上成千上万个电子邮件名单（listserv）及讨论小组（discussion group），与专家、热心人士和知情者联系，且无须与他们当面接触。利用这些服务，科研人员可以把问题抛给一大批有着相同兴趣的人士。如果这种接触方式与其他形式的人际关系结合使用，就有可能直接获得答案，或者得到有用的线索。

需要注意的是，并非每位专家都会出现在网上。从事不同学科研究的数以百万计的专家，他们中的很多人根本就不利用任何电子邮件名单，也不参加任何讨论小组。即便有些专家利用电子邮件名单或参加讨论小组，他们也不会解答所有抛给他们的问题。换句话说，有一批专家，如果我们希望与他们接触，必须采取电话联系、邮寄信件或发送电子邮件等方式。

（4）节约时间。查找图书馆所藏文献和搜索网络资源是一个复杂的过程，需要花费大量的时间，利用人际关系可以节省科研人员大量的时间。

（5）获得额外的信息。与专家交流可以迅速获得对于特定领域的整体认识，也就是说，利用这种方式不仅可以获得相关的答案，也可以获得有关该问题背景情况的更多信息。

目前，已有许多网络平台提供了基于人际关系的交流服务，典型的有邮件列表、学术论坛、学术博客、学术社交网络平台等。

11.2 邮件列表

邮件列表（mailing list）又称邮寄清单、邮递论坛、邮寄列表、通信论坛或邮件论坛等，其起源可以追溯到 1975 年，是互联网上较早的社区形式之一，也是因特网上的一种重要工具，用于各种群体之间的信息交流和信息发布。邮件列表是电子邮件服务的特殊应用，该列表可以由个人或组织运作，表中收集了用户名和电子邮件地址，由此可以将消息同时发给多位收件人。

邮件列表一般分公告型和讨论型（讨论组）。公告型邮件列表被用来单向发送报纸、杂志、广告等，更接近邮件列表的最初含义，以前这些出版物都是通过邮局投递的，但是伴随着电子邮件服务的兴起，公告型邮件列表开始流行起来；讨论组邮件列表允许表中用户自行向列表发送消息，发送的消息会被所有成员看见。目前，讨论组已经成为互联网上的一种重要信息资源，使有共同话题的人们可以相互交流经验，共同讨论问题。

邮件列表的主要优势有以下 5 个方面。

（1）异步沟通可以给大家充裕的时间。邮件列表属于异步交流方式，大多数人会选择在时间充裕的情况下查阅邮件，或者专门留出一部分时间对邮件列表内容进行浏览。此外，相似的内容被归类在同一话题下，有的话题可以讨论几天或者几周，持续保持话题热度。

（2）更优质的内容。邮件列表用户在编辑/回复邮件时会更加注意措辞和用词的严谨性，对内容的质量有潜在的更高要求。此外，邮件可以提供更丰富的内容形式，包括图像、视频、代码、附件等，双方对于问题可以进行更深入的交流。对不同的内容、话题进行管理，可以让界面更加整洁，整个列表内容丰富且不杂乱。

（3）更高效。邮件列表提供的检索功能，用户可以通过关键词快速定位到问题及相关内容，如果问题之前被回答过，则可以快速查看解决方案。同样的问题可以整合后形成链接，直接转发给提问者，缩短解决问题的链路。邮件列表可通过类似广播的形式，将内容发给所有订阅者，关键信息不会被聊天记录掩盖。

（4）适用范围更广。针对国际化的长久考虑，邮件列表的适用范围更广，加入组织讨论的链路更简单。讨论公开且透明，讨论内容可以形成链接在互联网上传播，吸引更多想要了解相关信息的人加入。有一些对社区好奇，又想先观望一下的人，可以通过邮件列表中的多元化内容对社区的有一个初步、快速又不乏立体的了解。

（5）信息的安全性。安全性是指订阅邮件列表的每个人都会有一份信息副本，邮件列表的内容都通过公开的传播流程，形成永不丢失的状态。

参加某一专题讨论组的方法主要是向接受申请加入的地址发一封电子邮件，邮件的主题为空，正文一般是："subscribe 邮件组名姓名"。收到回复后即可以向发表意见的地址投稿，也能收到组员传送的信息，或通过填写表单订阅。

以 ACM 的 SIGIR（Special Interest Group on Information Retrieval）为例，要订阅 SIGIR 邮件列表，可以向 listserv@acm.org 发送正文 "SUBSCRIBE sigir FirstName Lastname"；要取消订阅，则可以发送 "UNSUBSCRIBE sigir email"。读者也可以在线登录网站（https://listserv.acm.org/SCRIPTS/WA-ACMLPX.CGI?A0=SIGIR）订阅或取消。

11.3　网络学术论坛

11.3.1　网络学术论坛概述

网络论坛的前身是电子布告栏系统（bulletin board system，BBS）。BBS 提供布告栏、分类论坛、新闻阅读、软件下载与上传、游戏、与其他用户在线对话等功能。BBS 经历了拨号 BBS、Telnet BBS 及当前的网页论坛 3 个阶段。目前，BBS 从字义上已等同于"网络论坛"。

网络学术论坛是专为专业知识分享与学术交流而成立的网络论坛和虚拟社区。目前，网络学术论坛已成为读者获取学术信息的重要通道之一。网络学术论坛主要有以下 3 个方面的特点。

（1）以特定专业领域的研究为交流内容。科研创新涉及学科研究最新领域，范围小、研究程度深，面向的对象面较窄。因此在学术论坛中某一学科、某一领域、某一方向主题突出，即使是综合性学术社区也会根据学科领域进行划分，形成各种专业版块。在各种专业的学术社区中，参与者讨论的内容主要是围绕学术研究内容，专业性和针对性较强。例如，在小木虫论坛中，参与者的需求类型包括资料、工具、消息等多种形式，这些信息、知识都被分门别类地安排在环境、有机、化工、晶体、高分子、纳米、物理、药学、医学、信息、经济、理财、管理等不同的专业栏目中；丁香园论坛自创办以来，一直致力于为广大医药生命科学专业人士提供专业交流平台，含 100 多个医药生物专业栏目，成为国内规模最大的医药行业学术社区。

（2）以服务学术科研为目的。学术论坛建站的首要目的通常是促进学术交流与知识共享，推动科研创新。作为学术思想汇聚和交流的网络空间，学术信息及时有效地传递，与其他科研、教育人员交流的便利性，对从事科学研究、技术研发，以及涉及科技创新各方面工作的人员具有强大的吸引力。因此，以服务学术科研为目的，是学术论坛的首要特征。比如，小木虫论坛，其论坛标题就是"学术科研第一站，为中国学术科研免费提供动力"，在论坛介绍中标明小木虫"是一个独立、纯学术、非经营性的免费个人论坛，一直致力于打造国内学术前沿站点，为中国学术研究提供免费动力，倡导学术的交流与共享",定位明确,目标鲜明。

(3)有稳定的专业用户群。学术论坛的主要参与者是科研人员,大多来自国内各大院校、科研院所及企业研发部,具有较高学历,具有共同或相近的科研兴趣。互联网的诞生,就是科学家们为了解决与分散各地的同行进行科学交流与信息共享的问题,在网络高度发展的今天,他们更加不会放弃网络带来的便捷,他们对资源共享和便捷交流的需求推动了学术论坛的发展。例如,小木虫的会员主要来自国内各大院校、科研院所的教师、硕博士研究生,以及企业研发人员;丁香园目前汇聚了近万名医学、药学和生命科学的专业工作者,超过70%的会员拥有硕士或博士学位。

11.3.2 常用的学术论坛介绍

目前,国内常用的网络学术论坛主要有综合类的小木虫论坛、面向生物医学领域的丁香园论坛,以及面向经济管理领域的经管之家论坛等。

1. 小木虫论坛

小木虫论坛(http://muchong.com/bbs/)成立于2001年3月1日,是一个独立、纯学术、非经营性的免费个人论坛(图11.3-1),一直致力于打造国内学术前沿站点,为中国学术研究提供免费动力,倡导学术的交流与共享。成立20多年来,小木虫论坛已发展成为拥有会员近30万,日访问量近30万人次,涵盖化学、化工、医药、生物、材料、食品、理工、信息、经管、外语等10个学科门类的专业性学术科研交流论坛。

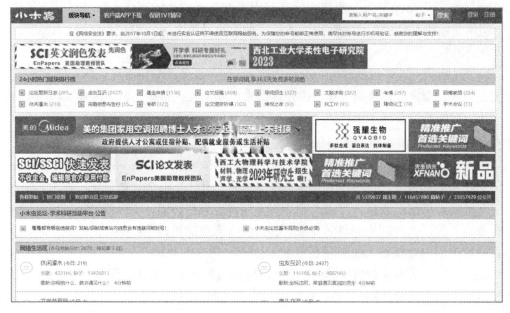

图 11.3-1 小木虫论坛

小木虫论坛在经过20余年的发展过程中,逐渐形成了其特色。

(1)强大的论文投稿交流平台。对于科研人员而言,常常需要在大量期刊中去选择投稿。审稿周期、杂志偏好(包括类型及编辑对格式、篇幅的要求)、审稿流程、期刊分区，这些都是期刊主页难以获取的重要信息。小木虫论坛整合了许多投稿者关注的内容，投稿者可以通过"版块导航"—"学术交流"—"论文投稿"版块找到需要的中英文期刊，如图11.3-2所示。

图 11.3-2　论文投稿交流

（2）丰富的专业学者资源。小木虫论坛里面大量的用户都是硕博在读研究生、年轻的高校教师、部分对新兴事物感兴趣的老教师和企业研发人员。专业人员经常会回答论坛中提出的各种各样的问题。

（3）细分领域丰富。尽管小木虫创办初期是为了给化工化学人提供交流平台，后来随着论坛注册人数的增加，一级学科和二级学科的分类已经不能满足科研人员对各自领域交流的需求，出现了各个学科的专业内容（图11.3-3）。

图 11.3-3　小木虫论坛细分领域

小木虫论坛用户分为注册用户和非注册用户，非注册用户只能浏览部分内容，注册用户可以发表求助、关注虫友等。下面简单介绍小木虫论坛平台的主要功能和使用方法。

（1）用户注册。进入小木虫论坛平台主页后，可以单击右上角的"注册"按钮，然后跳转到注册页面，输入注册的用户名和邮箱等信息就可以完成注册使用。

（2）自定义"我的菜单"。小木虫论坛提供的版块内容非常多，并不是每个版块都会使用。用户可以根据自身信息需求制定适合自己的版块内容。通过"自定义"来选择感兴趣的版块内容。

（3）发帖（发表新话题）。用户想要发表一个新的话题，可以单击网页状态栏"发新话题"，选择合适的版块，然后选择"帖子类型""帖子标题"，输入帖子具体内容等文本信息，最后点击提交。

（4）浏览、跟帖功能。用户可以选择"热帖排行"或者选择对应的版块，查看帖子。用户看到感兴趣或者想交流的帖子可以单击查看详情，并跟帖回答参与讨论。在具体的帖子内容部分，可以单击"回复此楼"按钮来进行探讨。

2. 丁香园论坛

丁香园是一家数字医疗健康科技企业，通过专业权威的内容分享互动、丰富全面的医疗数据积累、高质量的数字医疗服务，连接医生、科研人士、患者、医院、生物医药企业和保险企业。在大众端，丁香园覆盖了优质健康科普、大众知识服务、在线问诊平台、健康产品电商及线下诊疗等多个健康应用场景；在医生专业端，丁香园紧紧围绕医生的职业成长路径展开，满足了学术交流、继续教育、用药指导、职业发展等多个专业需求。

丁香园论坛一共有八大板块，分别是"热门""临床内科""临床外科""临床妇儿""临床其他""考试求职""论文写作""药学"等，八大板块下还细分了多个版块内容。下面简单介绍丁香园论坛的基本功能及其使用。

（1）用户注册。进入丁香园论坛主页后，用户可以单击"注册"按钮，选择"手机号"或"邮箱账号"进行注册，并填写相关的用户注册信息。

（2）内容搜索功能。用户在论坛主页提供的搜索框中输入要检索的内容，单击"检索"按钮，就可以查询论坛中相关的内容。比如，检索"心脏病"，会出现很多与心脏病相关的内容，包括"公开课""药品"等信息，用户可以选择合适的内容进行查看，如图 11.3-4 所示。

（3）浏览、回复帖子。用户可以通过首页推荐的内容或者版块分类进行查找具体的板块内容。遇到感兴趣的帖子，可以单击查看具体的详情，并在帖子下方单击"回复"或"快捷回复"按钮，进行帖子内容的回复，参与帖子的讨论。

（4）社交功能。在浏览帖子的过程中，发现帖主是自己感兴趣的用户，可以点击用户头像，通过"发私信"或"关注"等功能，与用户建立社交关系并进行交流。"发私信"可以与其他用户直接交流，"关注"则是与其他用户建立弱社交关系进行交流。

图 11.3-4　丁香园论坛主页

3. 经管之家论坛

经管之家论坛（原名"人大经济论坛"）（https://bbs.pinggu.org/）依托中国人民大学，于 2003 年成立，目前已经发展成为国内活跃和极具影响力的经济、管理、金融、统计类的在线教育社区，也是国内的数据分析和大数据培训机构，是国家"985"和"211"计划的支持项目和国家"211"工程在经管领域的标志性成果（图 11.3-5）。

图 11.3-5　经管之家论坛

目前，经管之家论坛拥有 12 个大区、近 200 多个专业版块，并建设了案例库、题库、期刊信息系统等经管教学产品，已成为国内知名的经管、数据分析和大数据领域的专业社区。经管之家论坛注册用户高达 1000 多万人，遍布国内高校、行政机关和企事业单位，每日更新文章和资源 3000 篇以上，日均访问量 50 万人次以上。

下面简单介绍经管之家论坛的主要功能及其使用方法。

（1）发帖功能。论坛首页，最新帖子列表上方，单击"快速发帖"按钮，进入导航页面选择相应板块，即可进入功能齐全的发帖界面；选择相应发帖板块后单击"发帖"按钮，进入发帖页面；进入论坛子板块后，帖子列表上方，单击"发帖"按钮，即可在该板块发新帖。

（2）发表回复。有 3 种方法：在帖子最下方单击"发表回复"按钮；在想回复的楼层右下角单击"回复"按钮；完整回复页面，帖子列表上方，单击"回复"按钮。

（3）短消息。"短消息"是论坛注册用户间交流的工具，信息只有发件和收件人可以看到，收到信息后系统会出现铃声和相应提示，用户可以通过短消息功能与同一论坛上的其他用户保持私人联系。

（4）论坛检索。论坛提供两种搜索方式：论坛首页顶部有搜索功能，站内搜索可以直接搜索附件、数据、问答、用户等；论坛的站内"百度"搜索可以提供全文搜索。

11.4 学术博客

11.4.1 学术博客概述

"博客"（blog）一词来源于约恩·巴格尔（Jorn Barger）发明的术语"网络日志"（weblog）。博客是一种在线日记形式的个人网站，博客借由张帖文章、图像或视频来记录生活、抒发情感或分享信息。博客上的文章通常根据张贴时间，以倒序方式由新到旧排列。许多博客作者专注评论特定的课题或新闻，其他则作为个人日记。一个典型的博客结合了文字、图像、其他博客或网站的超链接，以及其他与主题相关的媒体。博客一般可以让读者以互动的方式留下意见，是社交媒体网络的一部分。

学术博客是博客的一种类型，有时也被称为科学博客（science blog）。一般来说，学术博客是以科研人员、期刊或团体组织为博主，及时记录、发布学术资讯、观点或科研成果，同时通过 RSS、回溯、评论和链接来实现自己同相关学术群体的知识交流。在国外知名科学博客上，每天都有学者发布最新研究成果和科学发现。学术博客已成为重要的学术交流与学术信息获取工具之一。

11.4.2 常用的学术博客网站介绍

目前，国内外的学术博客网站类型多样，本书选取其中知名度较高的学术博客网站进行简单介绍。

1. ScienceBlog

ScienceBlog 创办于 2006 年 1 月，是由美国纽约的科学杂志出版商"种子媒体集团"（SeedMedia Group）创办，以擅长在专业领域发表博文的科学家为主的网上社区。

ScienceBlog 学科领域集中在大脑与行为、地球能源和环境、健康、生命科学、物理与数学、社会科学、空间科学和科技等（图 11.4-1）。

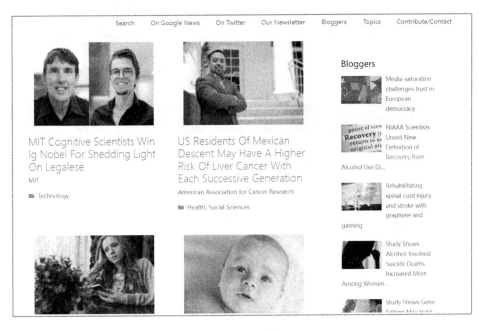

图 11.4-1　ScienceBlog 主页

该博客状态栏由搜索、时事通讯、博主、话题、贡献等版块组成。用户查看博文时，可以在首页，或者单击"博主"浏览查看博文，例如，查看特定的博主 NIAAA 的博文，单击该博主链接即可查看其发布的所有的博文，如图 11.4-2 所示。读者也可以在博文下方留言（leave a comment），或者对其他留言进行回复（leave a reply）。

图 11.4-2　特定博主的博文

2. 科学网博客

科学网由《中国科学报》运营，以"构建全球华人科学社区"为核心使命，于2007年1月正式上线运行（图11.4-3）。《中国科学报》是中国科学院所属唯一经国家新闻出版署批准的新闻媒体单位，拥有两报（《中国科学报》《医学科学报》）、一网（科学网）、两刊（《科学新闻》《科学新生活》）及移动新媒体矩阵等传播平台。

图 11.4-3　科学网博客首页

作为全球最大的中文科学社区，科学网致力于全方位服务华人科学与高等教育界，以网络社区为基础构建起面向全球华人科学家的网络新媒体，促进科技创新和学术交流。经过十余年的迅猛发展，科学网已经成为全球最大的中文科教类新闻资讯集散中心之一，拥有全球最大的中文科教虚拟社区之一，全球 Alexa 网站排名和中文网站排名均在全国科技类网站中遥遥领先。数百万名海内外科技界专家正在使用科学网的各项服务。

科学网用户数量近 100 万人，主要来源于国内各大专院校和研究院所，包括 5 万名在海外有固定职位的华人科学家。根据科学网的用户调查显示，科学网用户受教育程度很高，50.6%用户为研究员/教授职称，30.1%用户为副研究员/副教授职称；多数位居各大院校、科研机构、科技企业、政府科技部门等的学术带头人或管理者；50.4%用户为博士学历，27.33%用户有博士后工作经历；大多数有海外学习或工作经历，平均年龄39 岁。

科学网博客按照学科分类，将内容划分成了生命科学、医学科学、化学科学、工程材料、信息科学、地球科学、数理科学、管理综合等八大块。博客的注册用户分为个人用户和机构用户两类。用户及其用户生产的博文内容是科学网博客的核心,科学网博客首页也提供了大量的版面推广用户及其博文,包括"新博推荐""机构博客""精选博文""热门博文"等内容。

下面简单介绍一下科学网博客的基本功能及其使用。

(1)用户注册。科学网博客无须邀请也能开放注册,但一般要求用户应具有研究生及以上学历。用户在科学网博客首页单击"注册"按钮,输入用户名、密码、确认密码、邮箱、院校、入学年份、学历等信息,后台管理员核实信息后完成注册。

(2)信息搜索功能。博客首页提供了搜索框,用户在搜索框中填入搜索的内容,然后单击"本站搜索"按钮,就可以查看博客里检索到的结果。

(3)浏览、查看和评论博文。博客首页会展示很多"精选博文"和"热门博文",用户可以浏览感兴趣的博文标题,单击"感兴趣的"可以浏览博文全文。读者可以对博文进行评论,也可以对其他用户发表的评论进行回复。

(4)社交功能。科学网博客提供了社交功能,包括"加好友""给我留言""打招呼"等(图 11.4-4),用户可以利用科学网博客提供的社交功能与感兴趣的博主建立社交关系。

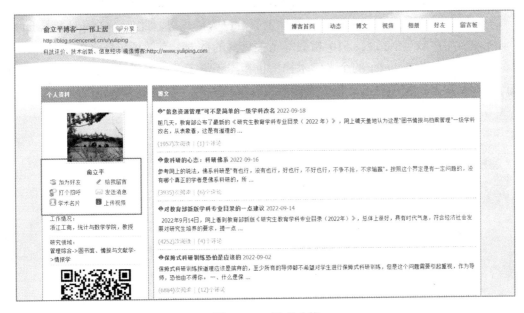

图 11.4-4　社交功能

11.5　学术社交网络平台

11.5.1　学术社交网络平台概述

科学研究是一项合作趋向型活动。随着社交网络服务(SNS)在全球的迅猛发展,一种面向学术群体的社交网络服务——学术社交网络平台(academic social network service,ASNS)也应运而生。学术社交网络的兴起为研究人员开辟了一种新的交流渠道，改变了学术交流的传统范式。学术社交网络平台旨在提供科研用户的个人展示，方便用户联系同行、了解研究动态、分享科研方法及交流想法、推动全球范围内的科学合作。

11.5.2 常用的学术社交网络平台介绍

目前，国内外已出现了多个学术社交网络平台，其中典型的有国外的 Google Scholar、ResearchGate、Academia.edu，以及国内的科研之友等。下面对这些平台进行简要介绍。

1. Google Scholar

Google Scholar 较早提供了学者个人档案的展示与社交服务（图 11.5-1），也是全球学者使用最为频繁的学术社交网络服务。学者可以在 Google Scholar 创建个人学术档案，其具体操作为：在 Google Scholar 页面的左上角单击"我的个人学术档案"，创建一个自己的谷歌账号。创建好后，即可进入个人学术档案，并输入单位、个人主页、感兴趣的领域等基本信息。个人学术档案创建后，Google Scholar 可以自动收录学者发表的文章。与传统的 SCI 检索引擎 Web of Science 相比，Google Scholar 的检索速度更快，能在第一时间收录学者发表的文章，时效性上有着巨大的优势。此外，Google Scholar 会自动统计引用次数、h 指数、i10 指数等至关重要的数据，有效评价学者的贡献和影响力。同时，Google Scholar 的个人学术档案也相当于学者在学术界的个人名片，方便向同行们介绍自己、宣传自己，让大家能够更快速地关注，提供更多合作的机会。

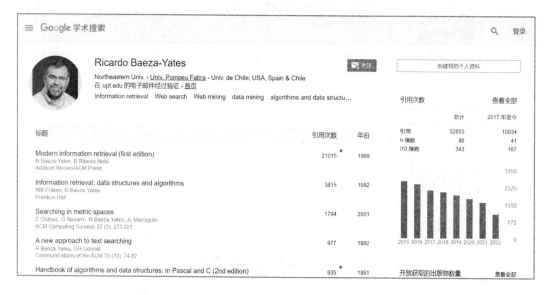

图 11.5-1　Google Scholar 中学者信息展示

读者在 Google Scholar 中单击或搜索相应的领域关键词，系统会显示该领域的学术专家，并显示其总的被引次数。单击学者的姓名，即可进入他们的谷歌个人学术档案，查看其基本信息、发表论文信息、影响力信息及合作者信息等。读者也可以通过单击个人学术档案的"关注"按钮，关注该学者，一旦该学者发表了新文章，或有对此作者文章的新引用，或有与此作者的研究工作相关的新文章，即可通过电子邮件和其他途径第一时间通知。

2. ResearchGate

ResearchGate 是由 Ijad Madisch、Soeren Hofmayer 与 Horst Fickenscher 三位科学家创建的一个面向科学研究的社交网络服务网站，于 2008 年 5 月上线。ResearchGate 旨在推动全球范围内的科学合作，方便用户联系同行、了解研究动态、分享科研方法及交流想法。

ResearchGate 对全球科研者开放使用，但申请注册该网站需要经过严格的审核，用户必须提供有效的机构邮箱。在《自然》杂志 2014 年的一项研究中，88%的科学家和工程师表示他们知道 ResearchGate，有一半的人定期访问 ResearchGate，仅排在 Google Scholar 之后。

ResearchGate 提供的功能主要有以下内容。

（1）创建个人学术档案。学者可以使用机构邮箱申请注册个人账户。注册后，可添加个人介绍、机构、学位、经历、学科、专长等基本信息。ResearchGate 集成了来自 "PubMed""Citeseer""ArXiv""Nasa Library" 等八大 "数据库" 的文献信息，信息覆盖面十分广泛，用户在注册后可以认领并添加研究信息（包括研究项目，期刊、图书、会议论文等研究成果）。尤其重要的是，学者还可以上传文献的全文以供其他用户阅读和下载。

（2）关注与社交功能。学者登录 ResearchGate 后，对于想密切跟踪的学者，可通过学者档案页面中的 "Follow" 功能进行关注，该学者一旦有新的信息出现，用户会第一时间得到通知。学者也可以通过 "Message" 功能给其他学者发送消息（图 11.5-2），也可查看其他学者信息和其发布的学术信息。此外，ResearchGate 中还提供了提问与回答

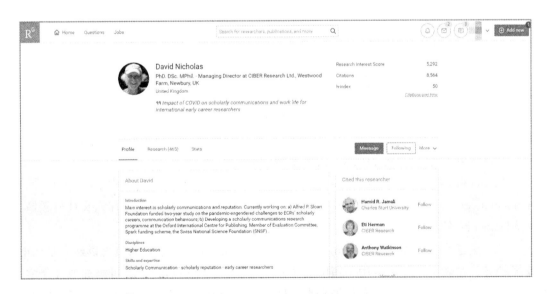

图 11.5-2　ResearchGate 中学者档案

功能，学者可以提出问答，也可以参与到其他问题的回答与交流中。

（3）浏览与检索功能。ResearchGate 平台提供学科范围、主题、问题等的快速浏览功能，同时也提供简单检索和高级检索两种检索方式，可按题名、作者、文摘、主题、机构、发布年份等多种途径检索，学者可免费获得论文的题录和详细摘要。学者可以查看文献的总览、状态、引文及被引等情况，还可以对该文献进行评论、分享等操作。对提供全文的文献，学者可以下载；对无全文的文献，学者可以通过"Request full-text"向作者发送全文请求（图 11.5-3）。

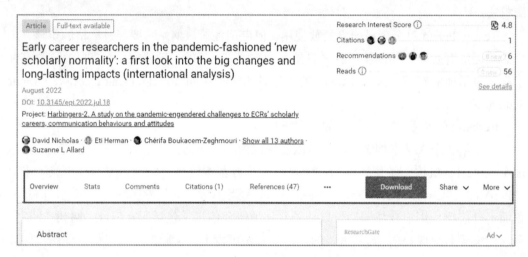

图 11.5-3　ResearchGate 中文献信息浏览

（4）学术影响力计量功能。RG Score（RG 因子）是 ResearchGate 推出的一个评价作者的指标。RG Score 的评分主要基于以下 3 个方面。

- 贡献：此处的贡献并不仅仅包括发表的文章，还包括在 ResearchGate 的提问、回答，甚至作者上传原始数据都会增加 RG Score 分值。
- 交互：包括同行浏览作者上述的所提及的贡献，同行对此进行的评价。如果和自己交互的人更多，作者 RG Score 的分值也会相应增加更多。
- 信誉：基于自我的贡献。

3. Academia.edu

Academia.edu 由牛津大学哲学博士 Richard Price 创立于 2008 年，是一家专门供科研人员使用的学术型社交网站。截至 2022 年 6 月，Academia.edu 官方网站显示其注册用户已达 1.94 亿名，上传的全文数量已达 4000 万篇。

Academia.edu 帮助科研学术人员衡量他们的社交和专业影响力。总体上看，Academia.edu 与 ResearchGate 在功能上非常相似，但其用户更多集中在人文社科领域。Academia.edu 的主要功能如下。

（1）创建个人学术档案（profile）。在 Academia.edu 上，学术人员可以建立自己的学术档案，学者可以使用常用邮箱申请注册个人账户。注册后，学者可添加个人介绍、机构、学位、经历、学科、专长等基本信息。Academia.edu 内置了庞大的文献数据库，用户在注册后可以认领并添加研究信息（包括论文、研讨会、教学文件、海报、会议报告等）（图11.5-4）。学者还可以上传文献的全文以供其他用户阅读和下载。

Academia.edu允许学者查看自己的论文点阅情况，并利用自己特有的分析工具帮助研究人员查看哪些论文或学者提到了自己的研究论文。

（2）社交与交流功能。Academia.edu平台提供关注学者功能，学者单击其他学者档案页面中的"+ FOLLOW"即可关注该学者。此外，也可以通过"MESSAGE"向其他学者发送消息（图11.5-4）。对于某些没有提供全文的文献，学者也可以通过"Request"功能向作者发送全文请求。

图11.5-4　Academia.edu学者档案

（3）检索功能。Academia.edu平台提供简单检索和高级检索两种检索方式，并提供检索论文、人员、研究兴趣、大学、视频和课程功能，学者可免费获得论文的题录和详细摘要。Academia.edu的基本检索界面如图11.5-5所示。

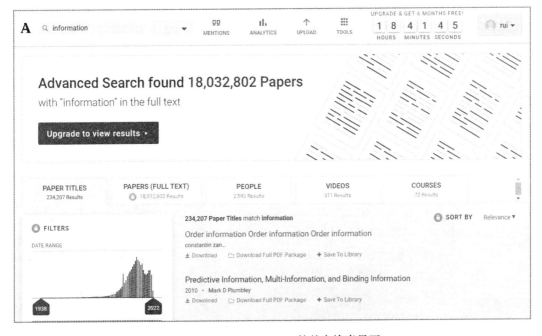

图11.5-5　Academia.edu的基本检索界面

4. 科研之友

科研之友（http://www.scholarmate.com/）是我国本土的专业化学术社交网络平台。该平台于 2006 年上线，目前有 250 万名注册科研人员用户、2.5 万家大学/科研单位/企业/资助机构，以及 2300 万件科研成果（如论文与论文专利等）。

科研之友帮助科研人员分享与发现知识，通过科研社交自媒体推广、提高学术论文引用与学科排名。科研之友还支持大学、科研单位、企业创建自己的机构知识库，方便利用科研大数据进行统计分析、对比分析、合作分析以及趋势分析。通过社交网络平台，连接大学的科研人员与企业的创新与创业人员，帮助科研人员筹钱创造知识，以及帮助企业利用知识创造财富。科研之友界面如图 11.5-6 所示。

图 11.5-6　科研之友界面

科研之友的主要功能包括以下 3 个方面。

（1）创建个人学术档案。学者在科研之友平台注册后，可添加其个人基本信息（个人简介、学科分类、教育与工作经历、代表性成果与项目等）、项目信息、成果信息（期刊、图书、学位论文、会议论文、专利等），从而建立起自己的专业形象。科研之友集成了多个文献，特别是中文数据库信息，一般情况下学者只需认领相关成果。

（2）信息检索与查看功能。学者在科研之友平台中可通过论文、专利、人员、机构等字段进行简单检索，并可查看检索结果及相关信息。在成果信息页面，可以进行点赞、评论、分享、引用、收藏等操作。目前，科研之友已不提供全文的下载，只提供到 CNKI、万方等全文数据库的链接，如图 11.5-7 所示。

图 11.5-7　科研之友信息检索

（3）协作与社交功能。科研之友提供了项目组功能，学者可以创建项目并邀请其他人加入，也可加入其他学者创建的项目组，实现组内协作功能，促进项目组成员的合作与信息共享，提高工作效率。科研之友提供单向和双向社交功能。学者可通过单击其他学者档案页面上的" 关注 "按钮单向关注该学者，也可以通过单击其他学者档案页面上的" 加为联系人 "按钮添加联系人，对方同意后即互为联系人。

第 12 章

信息检索的实施

在信息检索过程中，一个常见的误区是认为信息检索是一个简单的、单向的过程。然而，经验丰富的信息检索人员却不会这样认为。恰恰相反，信息检索是一个复杂的过程，因而常常会使用"策略"与之搭配。信息检索策略是为检索信息所做的系统的安排。这意味着，信息检索的实施需要考虑到很多因素。通常，信息检索策略的制定必须考虑分析用户的信息需求、选择合适的检索方法与检索工具、构建检索表达式，以及根据检索结果反馈调整检索过程。

12.1 分析用户信息需求

用户的信息需求是复杂的。用户的信息需求是用户的一种心理活动或反映，作为表现人的高级需求的一种形式，它是一个取决于各种主、客观因素的动态量值。其中，主观性与用户的个人能力、特性、受教育程度、习惯等有关，客观性则来源于用户的工作领域和他们执行的社会职能。

12.1.1 用户信息需求的层次与类型

1. 用户信息需求的层次

1988 年，意大利学者米扎罗（Mizzaro）认为用户的信息需求可以分成 4 个层次。

（1）用户潜在的真实信息需求（real information need，RIN）。这是用户信息需求的最原始状态或第一层次。在这种状态下，用户往往不能完全确定自己需要何种信息，以及通过何种途径来获得信息。以学术研究为例，科研人员的 RIN 可能包括期刊论文、学位论文、会议文献、研究报告、政策资料等类型的文献，其语种可能包含中外文等多样化的信息资源。

（2）用户意识到或感知到的信息需求（perceived information need，PIN）。当用户调动自己的主观积极性对面临问题的认识有所深化时，用户的信息需求便由潜在状态发展到感知状态。在上例中，用户可能会意识到自己可能需要查阅中文的期刊论文、学位论文和会议文献。然而，此时的最大问题是，用户意识到的信息需求与真实的信息需求是不对等的，可能仅仅是真实信息需求的一小部分。其中的原因是复杂的，比如，用户对研究报告这种类型完全不熟悉，或者仅习惯查看中文而忽视了外文文献，等等。

（3）用户表达出的信息需求（request，或称请求），这种状态实现了需求向行为的转化。当状态用户以口头或书面语言的形式将自己的信息需求明确表达出来时，意味着信息需求即将付诸于某种查询行为。然而，通常用户意识到的需求是较为模糊的，而信息需求的表达则要求较为精确，用户常常无法把前者很明确地表达出来。比如，有关"信息检索行为"这一主题的信息需求，用户可能会无意识地忽略掉"信息查寻行为""信息浏览行为"等与之密切相关的主题，从而导致表达出的信息需求要小于意识到的信息需求。此外，受限于对检索工具（数据库）的了解，用户意识到的信息需求也可能无法很好地表达出来。

（4）提问式。当用户进入某信息检索系统进行具体的查询操作时，把已经用自然语言表达出的信息请求转换成符合检索系统语法要求的提问式（query）。此阶段较为简单，但由于不同的检索工具往往有不同的检索功能，用户必须熟知其功能。

通过对用户信息需求层次的划分，可以清楚地知道，信息检索系统直接处理的主要是用户明确表达出来的并经过形式化的信息提问，而这种提问式与用户的真实需求、感知需求和请求可能存在着一定的差异，也可能仅仅是用户真实需求的一小部分，因而美国情报学家兰卡斯特把它形象地比喻为"冰山之角"。由此我们不难看出，为了更好地满足用户的信息需求，信息检索系统在人机交互过程中面临着巨大的任务空间。现代信息检索系统采用多种方式来引导用户更好地表达出信息需求。比如，许多系统都采用检索词智能推荐、主题词表自动查询匹配、相关检索词推荐等方式引导用户将意识到的信息需求更好地表达出来。又比如，许多信息检索系统构建了更为易用的检索界面与功能，减少用户在构建查询请求时的负担，许多系统更是采用了与通用型搜索引擎相类似的一框式检索界面以方便用户。

12.1.2 用户需求的分析与表达

信息需求的分析与表达是为了全面描述、正确揭示信息需求，以便得到一个便于计算机处理的形式化需求表示，它是信息检索的基础。由于用户信息需求受各种因素的影响，不同的用户哪怕对于同一检索主题往往其信息需求也是不同的，甚至随着检索的进行，用户的需求也会发生变化，因而信息需求实际上并不是一成不变的，而是一个动态的、复杂的概念，对它进行全面的认识和分析有一定的难度，对其进行准确表达，则更非易事。

对从事科学研究的用户而言，信息需求的分析可以从以下4个方面来把握。

（1）了解所需信息的学科范畴。学科范畴大致界定了未来可能会使用到的检索工具和查找方向。一般而言，研究人员是清楚地知道自身所处的学科范畴的，但对于交叉学科领域或许不太了解，应尤其注意。由于检索工具往往带有明显的学科特征，因此了解学科范畴对于后期的检索工具选择非常重要。

（2）认识检索目的。检索目的是指用户因为什么而需要检索，这是用户检索的原发动力，也是最终的目标。不同的用户群体信息检索的目的不大相同。对研究人员而言，信息检索的目的多数情况下是申报课题、进行研究、撰写专著、撰写论文、申请专利等。具体而言，一般包括以下几类目标：①通过检索文献，全面系统了解某一研究主题的发展脉络和研究现状。一般情况下，当研究人员刚接手新的课题时，或者需要撰写综述类论文的时候，这项工作非常有必要。②了解某一研究主题的前沿和最新资料，了解研究热点与发展趋势。在研究的过程中，研究人员常常需要密切关注该领域最新动态。此外，在申报课题、撰写论文等过程中，也需要对最新研究进展进行说明，在许多地方也称之为查新。③根据已知线索，查找特定的文献，作为论据和引证。在研究过程中，研究人员常常会从各种途径（如阅读文献）获得其他文献线索，这时就需要进一步查找这些文献，以确证某些观点，并留待后续引证。

（3）明确所需信息的类型及相关特征。研究人员必须清楚地知道每一种文献类型的特点，并了解所需信息有可能以哪一种类型存在。比如，是否可能在常规的文献，如图书、期刊论文、会议论文、学位论文中存在这些信息？是否需要查找政府所发布的政策信息或报告？是否需要关注一些企业所发布的新闻信息？是否需要其他的事实类信息？等等。此外，也要充分考虑信息的其他特征，主要包括：①信息载体形式，重点考虑纸质和网络两种形式。比如，某些图书（报告）是否只有纸质版？②语种信息。除中文信息外，是否需要考虑其他语种，如英语、日语等。③年代范围。是否需要考虑全时间段？或者出于查找前沿信息需求，只考虑检索最近一年的信息？等等。④全文需求。是否需要下载文献的全文，还是获取线索即可；等等。

（4）检索内容的分析及表达。这包括主要检索内容的罗列和对这些内容的自然语言表达，对需要检索的主要概念及其相互关系进行分析，并选择适当的名词术语来实施后续检索等。这个环节需要花费较多的精力和时间，往往需要运用较多的专业知识。对研究人员而言，需要检索的概念及其术语一般是比较明确的，但也要考虑所使用概念的完整性，通常还应考虑以下方面：①同义词。比如，"开放存取"的同义词表达有"开放获取""免费获取"等。②上下位类词。即与该术语形成上位和下位关系的词。比如，"开放存取"的下位词可能包括"开放存取出版""开放存取期刊""自存档""机构仓储"等。③其他语种的翻译。比如，"开放存取"一词的英文名称为"Open Access"，有时也简写为"OA"。这些在分析检索内容时均应考虑全面。

经过以上分析后，一般来说，就可以比较准确地把握用户的信息需求了。对于用户需求的形式化表达问题，通常与具体的检索环境和检索系统相关。例如，检索系统提供的检索途径和检索方式、数据库的结构、检索界面的设置和安排等。

12.2　选择合适的检索方法与检索工具

12.2.1　选择检索方法

1. 常规法

常规法是指在检索工具中选取检索字段，拟定检索词，进行检索的一种方法。比如，用户要在 CNKI 期刊数据库中检索与"信息行为"主题有关的论文，就可以选择检索字段为"篇名"，检索词为"信息行为"进行检索。

常规法的特点有以下 4 个方面。

（1）应用广泛。所有的检索系统都提供常规法检索。

（2）简单易用。多数检索系统提供的常规法检索界面都非常便利，用户一般无须经过培训即可进行检索。

（3）适合全面检索。常规法较适合全面系统地检索文献，经验丰富的用户通过选择合适的检索字段和检索词，往往可以一次性检索出所需文献。

（4）检索效果因人而异。尽管常规法简单易用，然而其检索效果要视用户对信息需求的明确程度而定。如果用户对某课题不熟悉，那么很难给出合适的检索词，这时检索效果就不会很好。

2. 引文法

引文法是指利用文献之间的引用关系来查找相关文献的方法。引文法的实现分为两种。

一种是由近及远地搜寻，是根据已经发表的文献后所附的参考文献（即引文）为线索，由近及远，进行逐一追溯的查找方法，这样可以获取更多相关文献，所查的信息越查越旧。这种方法适合于历史研究或对背景资料的查寻，其缺点是查到的材料逐渐陈旧，追溯得到的文献与当前的研究专题越来越疏远。

另一种是由远及近地搜寻，即找到一篇有价值的论文后进一步查找该论文被哪些其他文献引用过，由远及近地追寻，这样查找资料越查越新，研究也就越深入。通常，这种查法必须要借助于专门的引文数据库，如科学引文索引（SCI）、中文社会科学引文索引等。

引文法的特点有以下 3 个方面。

（1）应用受限。引文法必须借助于带有引文追踪功能的引文数据库，如果某一数据库不具备引文功能，则无法使用该方法。

（2）简单高效。基于引文数据库的引文追踪十分简单，多数情况下用户不需要具备任何检索技术，只要以某原始文献为起点，点击其"参考文献"及"被引"链接即可轻松追踪到相关文献。用户经过若干次重复过程，即可找到大量密切相关文献，是非常高效的。

（3）适合查新而非查全。引文法特别适合查找前沿文献，只要按照由远及近地查找，便可找到最新文献。当然，也可以通过此方法查找经典文献。但引文法并不适合查全，这是因为引文法具有相当的跳跃性。

3. 综合法

综合法，也称循环法，是指将常规法和引文法结合起来查找文献的方法。循环法的好处是能够综合运用工具法和追溯法的优点。循环法的具体操作可以采用以下两种方式。

（1）先使用检索系统或工具查出一批有用的文献信息，然后利用这些文献信息内附的参考或引用信息进行追溯查找，扩大检索线索，获得更多的有用信息，再利用检索系统或工具进行查询，即先用工具法，再用追溯法，不断交替循环使用。如此反复查找，直到满足检索要求为止。

（2）首先利用已掌握的相关文献信息，以已知文献所附的参考文献进行追溯检索，然后依据检出文献的各种特征，如著作者或机构名称、重要期刊名称等外表特征或主题词、分类号等内容特征，再确定所需要的检索系统或工具，利用检索系统或工具查找相关信息。可反复利用追溯法和工具法进行查询，直到满足检索要求为止。

一般而言，综合法比常规法、引文法的检索效率要高一些，检索效果也比较好，是一种"立体型"的检索方法。不管是信息检索新手，还是经验丰富的老手，均可以使用循环法。

12.2.2 选择合适的检索工具

总的来说，选择检索工具（数据库）并无固定的程序，但一般可以按照以下4条原则进行。

（1）根据检索任务确定所需数据库的类型。若要检索统计数据，应首先选择数值型数据库进行检索；若要检索文献，可选择文摘索引数据库和全文数据库；若要检索网页资源，如政府公开的政策文本，可选择搜索引擎。

（2）根据所采用的检索方法来选择数据库。若要使用引文法来追踪文献，则可选用带有引文追踪功能的数据库来进行查找。常规法则无须刻意选择。

（3）根据信息需求的内容、专业范围来选择数据库。若检索专业性较强的课题，可选择专业数据库或某一数据库中的专业文档；若检索内容分布广泛或属交叉学科的课题，可同时检索多个不同的数据库，或者选择综合性的数据库或学术搜索引擎。但一般情况下，读者应尽可能选择文摘索引数据库而非全文数据库，除非明确知道所要检索的信息包含在某一全文数据库中。

（4）当几个数据库内容交叉、重复率较高时，应首选自己熟悉的数据库，并要充分了解各数据库的检索方式和特点，必要时并行检索，以保证较好的查全率和查准率。

12.3 检索式的构造

常规法要求用户拟定相应的检索表达式。检索表达式，简称检索式，是指计算机信息检索中用来表达用户检索提问的逻辑表达式，它一般由检索词和各种布尔逻辑算符、位置算符、截词算符及系统规定的其他组配连接符号组成。比如，检索式"篇名=信息行为"，表明检索"篇名"中含有"信息行为"这一检索词的文献。通常，直接构造检索式适合于专业检索（图12.3-1），普通用户不太习惯这种表示方式，而更喜欢使用检索工具所提供的可视化表达方式（图12.3-2）。

检索式的质量，取决于对用户信息需求的主题是否有全面、正确的逻辑分析，也取决于是否选全、选准了检索词，以及是否能合理运用各种连接组配符号对检索项进行组配。检索式质量的高低，直接关系到检索过程的成败。一般来说，检索式的构造应达到以下要求：①应完整而准确地反映检索提问的主题内容；②要适应所查数据库的索引体系和检索用词规则；③要符合检索系统的功能及限制条件的规定。

具体来说，检索式的构造须考虑检索字段、检索词的拟定及检索算符的采用。

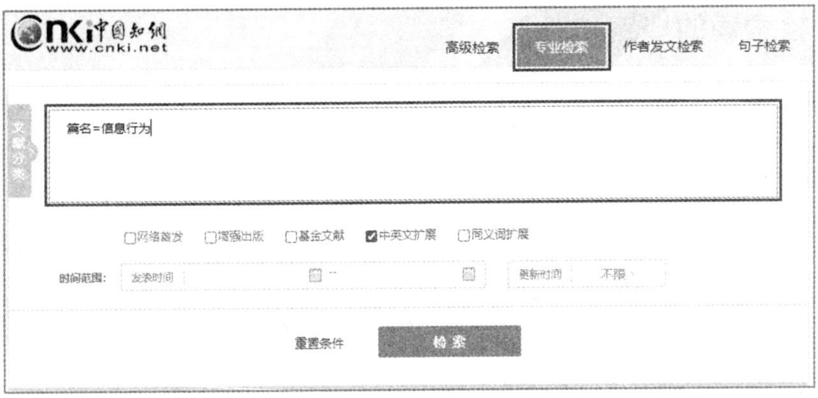

图 12.3-1　检索表达式

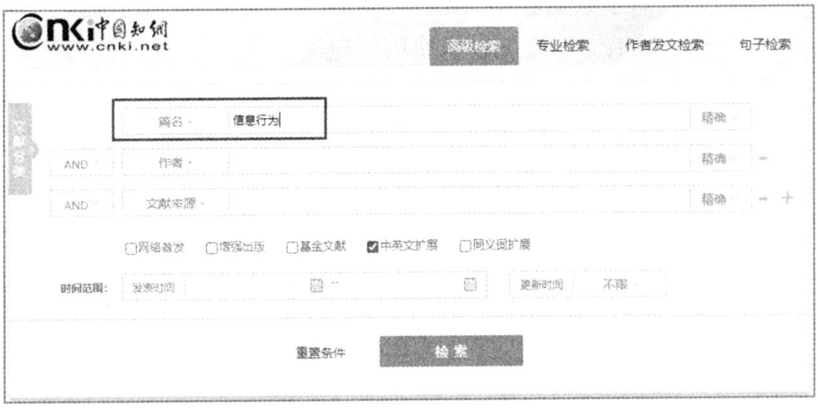

图 12.3-2　检索式的可视化表达

12.3.1　选择检索字段

不同的检索工具虽然在检索字段上虽有区别，但大体上都包含从基本索引字段和辅助索引字段：①基本索引字段主要是可以表达文献内容特征的字段，通常包含题名、摘要和关键词。此外，一些检索工具还提供"篇关摘""主题"等综合性的字段。不同的检索系统对于字段的规定有所不同，如"主题"字段在某些系统中等同于"篇关摘"，有些系统则会自动进行智能扩展。②辅助索引字段主要是表达文献非内容特征的字段，通常包含作者、作者机构等字段，不同类型的文献可能存在一些区别。比如，期刊论文拥有期刊名字段、学位论文拥有专业等字段。检索工具所提供的检索字段说明可从其帮助文档中获得。

在选择检索字段时，一个很常见的问题是，当存在跨库检索时，其可供选择的字段往往是几个单库所共有的。比如，在 CNKI 中，一框式检索时可供用户选择的字段有：主题、篇关摘、篇名、全文、作者、第一作者、通讯作者、作者单位、基金、摘要、小标题、参考文献、分类号、文献来源、DOI。而在学术期刊子库中，可供用户选择的字段除一框式检索中提供的字段外，还额外提供期刊名称、ISSN、CN、栏目信息 4 个字段供选择。

12.3.2 检索词的拟定

检索词是检索表达式构建的主体。检索词是表达信息需求和检索课题内容的基本单元，也是与系统中有关数据库进行匹配运算的基本单元。检索词选择恰当与否，直接影响检索效果。常用的检索词包括：表示内容主题的检索词（主题词或关键词），表示分类的检索词（如图书分类代码、专利分类代码等），表示作者或作者机构的检索词，表示特殊意义的检索词（如 ISBN、ISSN、DOI）等。

当检索字段为表达主题内容的基本索引字段时，检索词就是核心主题概念的表达，此时检索词的拟定具有一定的技巧。以下为拟定检索词的一些基本原则可供参考。

1. 优先选择规范化的主题词

表达主题内容特征的检索词有自然词和主题词两种。自然词和主题词的介绍参见本书第 2 章。在拟定检索词时，可以先查阅使用的检索工具是否支持特定的词表检索，如果支持，一般应优先选择词表中的主题词作为检索词。例如，在 EBSCO 的 LISTA 数据库中，其提供了相应的 "Library, Information Science&Technology Thesaurus" 主题词表。例如，用户要检索与 "Information behavior" 有关的文献，可以先查阅其词表，如图 12.3-3 所示，词表中推荐使用 "INFORMATION-seeking behavior" 这一词用来代替 "Information behavior" 一词进行检索。通常情况下，主题词专指度高，所检索到的文章范围较宽。

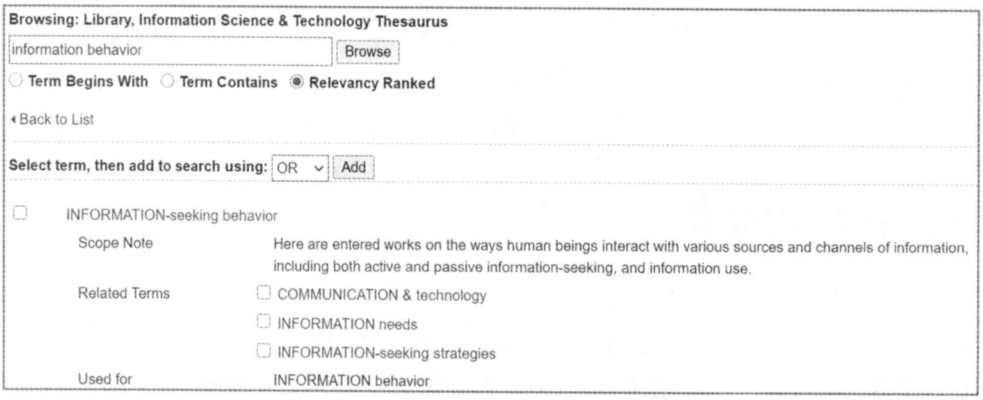

图 12.3-3　LISTA 主题词表的浏览

2. 同义词尽量选全

当使用自然词检索时，为保证查全率，同义词应尽量选全。同义词选择应主要考虑以下内容。

（1）同一概念的不同表述方式。不同的文献中对于同一概念可能存在不同的表述方式。例如，"信息查寻行为" 的其他表述方式有："信息搜索行为""信息查询行为" 等；"开放存取" 的其他表述方式有："开放获取""免费获取" 等。另外，某些概念可能还存在俗称方式。例如，"乙型病毒性肝炎" 的中文俗称可能有 "乙型肝炎""乙肝" 等。

当用户不清楚有哪些同义词时，可以使用 "引文珠形增长" 策略，即从已知的关于检索问题的少数几个专指词开始检索，以便至少检出一篇命中文献或一条相关信息，然后审阅这批文献或信息条目，从中选出一些新的相关检索词，补充到检索中去。

（2）英文对照和简写。查阅文献时，中文概念往往有对应的英文术语，这时应考虑将英文术语也作为检索词。用户如果对英文术语不是十分清楚，有几个途径可以查阅：一是通过权威的中文文献中的英文对照翻译来了解，这些翻译往往较为可靠；二是通过阅读中文文献中的外文参考文献来了解；三是通过某些翻译软件进行翻译或术语库进行查找。此外，一些英文术语也存在缩写。比如，"HB"是"乙型病毒性肝炎"的英文简写。

（3）同一名词的单、复数，动词，动名词，过去分词形式等。这在英文文献检索中尤为常见。

3. 考虑检索词的上下位类扩展

很多时候，为了查全，还必须考虑检索词的上位类概念和下位类概念。

比如，课题"加氢裂化防污垢的开发与应用研究"，将"加氢裂化"与"防污垢"组配，结果不理想。此时，概念向上位"石油加工与石油炼制"的概念扩大，再与"防垢剂"组配，从而完成实现课题的要求。

如要检索"高等教育"相关文献，应该注意到其下位概念词有：本科教育、研究生教育等，可以使用"高等教育 OR 本科教育 OR 研究生教育"进行检索。

通常，涉及上下位类扩展也可以使用逐次分馏（successive fraction）策略，即先确定一个比较大的、范围较广的检索初始对象集合，然后提高检索的专指度，得到一个较小的命中结果集合，重复上述过程以至得到适宜结果。

4. 避免使用低频词或高频词

检索时避免使用频率较低或专指性太高的词，一般不选用动词和形容词；不使用禁用词；尽量少用或不用不能表达课题实质的高频词，如"分析""研究""应用""作用""方法""设计""基于""进展""趋势"等词。

5. 多主题概念的课题应以"简"为主

比如，课题"利用基因工程的手段提高植物中淀粉含量"，可以优先使用"基因 AND 淀粉"进行检索。如果检索结果较多，则可以使用"基因工程 AND 淀粉"进行检索。

这一过程又被称为最专指面优先（most specific face first），或者称为最少记录面优先，是指在检索时，首先选择最专指的概念进行检索，如果检索命中的文献相当少，那么其他概念就不再加到检索式中；如果检索命中的文献较多，那么就把其他概念加到检索提问式中，以提高查准率。

12.3.3 检索算符的采用

目前数据库中最为常用的检索算符有布尔逻辑算符、截词算符等。不同的检索系统所支持的算符各有不同。

在绝大多数检索系统中，使用最普遍的是布尔逻辑算符。根据检索课题的要求及各检索词（或检索项）之间的关系，利用布尔逻辑算符 AND、OR、NOT 等将代表各检索概念的不同检索项连接起来，即构成布尔检索式。比如，检索式"篇名=信息行为 AND 研究生"，表明检索篇名中含有信息行为和研究生这两个检索词的文献（图 12.3-4）。

另外，还可以使用截词符、位置符等对检索式进行必要的限制和优化。

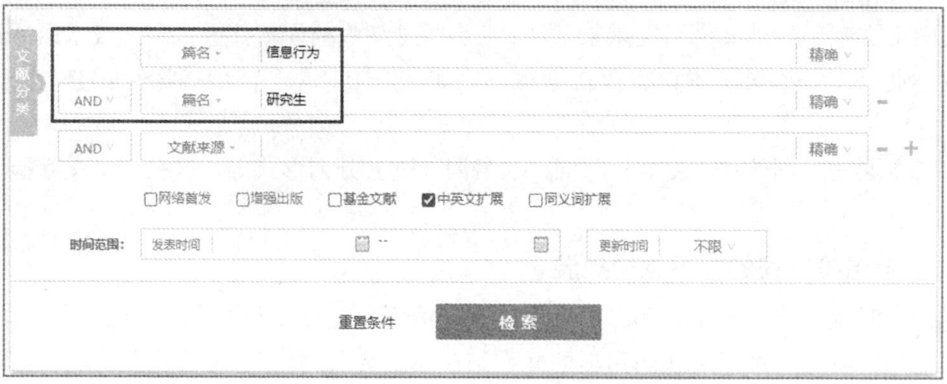

图 12.3-4　使用布尔逻辑算符的检索式

12.4　检索过程的反馈与调整

从本质上讲，信息检索是一个逐步求精的迭代过程。一方面，由于用户的信息需求具有较大的随机性和动态特征，对用户需求的分析和表达也往往会因时、因地、因人而异；另一方面，检索系统本身的功能也不够完善，影响检索系统性能的各种因素的变化也比较复杂，凡此种种，都使得制定检索策略的过程中必然会存在着一些产生检索失误的潜在根源。为了达到既定的检索目标，采用各种调节方法和反馈途径对检索策略进行修改、完善，也是不可避免的。

在这样一个大前提下，作为制定检索策略的关键步骤，检索式的构造也不是一次完成的，而是需要反复地修改，并在一次次的调整中达到或接近理想状态。

关于检索式的调整，对于各种联机检索操作来说，可以从查全率或查准率这两个衡量检索效果的主要指标来进行分析，并提出对策。当用户对检索结果不满意时，可以通过适当调节检索式中的泛指词、专指词、相关词的数量比例及逻辑组配关系来改善检索效果。

12.4.1　扩大检索范围的方法

扩大检索范围，目标在于提高查全率，调整方法主要有以下 7 种。

（1）概念的扩大。一是利用词表选用同义词、相关词、同一词的多种形式（如元素和元素符号、缩写和全称等），并以 OR 方式与原词连接后加入到检索式中；二是降低检索词的专指度，从词表或检出文献中选一些上位词或相关词；三是采用分类号进行检索；四是删除某个不太重要的概念。

（2）运算符的减少。减少 AND 运算，选用 OR 运算，减少过多的运算符、截词算符等。

（3）扩大检索词出现的可检字段范围。比如，由只限定在篇名或关键词字段扩大为在摘要或全文中进行检索。

（4）外表特征限制的减少。通过扩大检索文献出版的时间范围、减少文献类型限定、减少语种限定、减少处理结果限定、减少作者限制等方法来实现。

（5）运用高级检索功能来配合扩大检索范围。

（6）利用二次检索、进阶检索和精确检索、组合检索方式来配合扩大检索范围。

（7）利用跨库检索功能，扩大对数据库利用的数量、类型和范围。

12.4.2 缩小检索范围的方法

缩小检索范围，目标在于提高查准率，调整方法主要有以下 7 种。

（1）概念的缩小。利用词表选择更加专指的检索词；增加或换用下位词；增加新的检索词，用 AND 链接，进一步限定主题概念。

（2）运算符的增加。增加 AND 运算、减少 OR 运算、用逻辑非 NOT 来排除一些无关的检索项、调整为更小范围的字段限制、增加更细的位置算符、截词位置不能太深等。

（3）缩小检索词出现的字段限制范围。比如，由限定在全文或摘要中的字段改为限定在篇名字段、关键词、主题词字段中进行检索。

（4）外表特征限制的增加。通过缩小文献的出版时间范围、增加文献类型限定、增加语种限定、增加处理结果限定、增加作者限制等方法来实现。

（5）运用高级检索功能来配合缩小检索范围。

（6）利用二次检索、进阶检索和精确检索、组合检索方式来配合缩小检索范围。

（7）将利用的跨库检索功能的数据库的数量减少，或者在最优针对性的数据库中检索。

第 13 章

文献信息管理与分析

在日常学习和研究的过程中，我们需要收集大量的文献信息，特别是针对专题性强、数量又非常大的有用信息，将面临去重、分析、在论文中引用等诸多问题。卡片式管理、非专业化工具管理等传统的文献管理模式常常让我们感觉力不从心，特别是在大数据时代的今天，数字信息资源所占的比重越来越大，利用专业的文献管理工具日益凸显出其价值。

13.1 使用文献管理软件高效管理文献

13.1.1 文献管理软件的作用

"工欲善其事，必先利其器。"文献管理软件（reference management software）就是学者管理文献的利器。所谓文献管理软件，是学者用于记录、组织、调阅引用文献的计算机程序，一旦引用文献被记录，就可以重复多次地生成文献引用目录。文献管理软件基本的功能包括文献信息的收集、文献信息的整理和组织、论文中对文献引用的插入和参考书目的生成。

当我们面对大量的文献时，文献管理软件的作用就不言而喻了。利用文献管理软件可以高效地管理文献，其作用主要体现在以下 3 个方面。

（1）管理题录与全文。利用文献管理软件，用户可以高效地录入，并通过主题（标签）、分组等方式管理文献题录信息，同时还可以将全文以附件的形式进行管理。用户可以快速高效地分组浏览，或通过各种字段检索已录入的文献。

（2）笔记。笔记是大多数文献管理软件所具有的一个非常重要的功能。笔记功能允许用户在阅读文献过程中进行要点的记录，同时也允许用户快速对此进行查询。

（3）引文管理。引文管理是所有文献管理软件最核心的功能。当我们在写论文时，可以随时随地插入参考文献并调整顺序或者删除，还可以调整参考文献的样式以适应不同期刊的要求。

13.1.2 参考文献的格式规定

目前，不同的期刊对于参考文献的样式规定各有不同。在国际上，较为通行的有 APA（American psychological association）样式、Chicago 样式、MLA 样式、AMA 样式等，我国则大多依据现行的国家标准《信息与文献 参考文献著录规则》（GB/T 7714—2015）。这里我们对 APA 及我国国家标准进行详细介绍。

1. APA 样式

APA 样式是一个为广泛接受的研究论文撰写格式，特别针对社会科学领域的研究，规范学术文献的引用和参考文献的撰写方法，以及表格、图表、注脚和附录的编排方式。APA 文中引用采用（作者姓氏，发表年份）格式，若作者姓名在文章中已被提及，只需标出年份，但仍需使用括号。多位作者以上同理。APA 格式规定"参考文献"部分的人名必须以姓（Family name）的字母顺序来排列，包括名（First name）的前缀。譬如，James Smith 应被改成"Smith,J.,"；Saif Al Falasi 则改成"Al-Falasi, Saif."（阿拉伯文名字通常在姓氏和前缀之间加上连字号"-"，所以姓氏和前缀自成一体）。其参考文献具体格式如下。

【图书】Smith, J., & Peter, Q. (1992). Hairball: An intensive peek behind the surface of an enigma. Hamilton, ON: McMaster University Press.

【文集中的文章】Mcdonalds, A. (1993). Practical methods for the apprehension and sustained containment of supernatural entities. In G. L. Yeager (Ed.), Paranormal and occult studies: Case studies in application (pp. 42–64). London: OtherWorld Books.

【期刊】Crackton, P. (1987). The Loonie: God's long-awaited gift to colourful pocket change? Canadian Change, 64(7), 34–37.

其他类型文献的参考文献格式请读者参考《美国心理协会刊物准则》。

2.《信息与文献 参考文献著录规则》（GB/T 7714—2015）

GB/T 7714—2015 是 2015 年 12 月 1 日实施的一项中华人民共和国国家标准。它规定了各个学科、各种类型信息资源的参考文献的著录项目、著录顺序、著录用符号、著录用文字、各个著录项目的著录方法，以及参考文献在正文中的标注法。该标准适用于著者和编辑著录参考文献，而不是供图书馆员、文献目录编制者及索引编辑者使用的文献著录规则。

GB/T 7714—2015 规定参考文献既可按顺序编码制，也可按著作–出版年制，目前我国大多学术期刊采用顺序编码制。本书重点介绍"顺序编码制"。

顺序编码制是按正文中引用的文献出现的先后顺序连续编码，将序号置于方括号中，并采用上标形式。如果顺序编码制用脚注方式时，序号可由计算机自动生成圈码。

参考文献表用顺序编码制组织时，各篇文献应按正文部分标注的序号依次列出。参考文献的具体格式如下。

【专著】主要责任者. 题名：其他题名信息[文献类型标识/文献载体标识]. 其他责任者.版本项.出版地：出版者，出版年：引文页码[引用日期]. 获取和访问路径.数字对象唯一标识符. 举例如下。

张伯伟. 全唐五代诗格会考[M]. 南京：江苏古籍出版社，2002: 288.

【连续出版物/期刊】主要责任者. 题名：其他题名信息[文献类型标识/文献载体标

识]. 年，卷（期）–年，卷（期）. 出版地：出版者，出版年[引用日期]. 获取和访问路径. 数字对象唯一标识符. 举例如下。

于潇，刘义，柴跃廷，等. 互联网药品可信交易环境中主体资质审核备案模式[J]. 清华大学学报（自然科学版），2012, 52(11)：1518-1523.

DES MARAIS D J,STRAUSS H,SUMMONS R E,et al. Carbon isotope evidence for thestepwise oxidation of the Proterozoic environment[J]. Nature,1992,359:605-609.

【学位论文】可参照专著，其文献类型标识为[D]。举例如下。

马欢. 人类活动影响下海河流域典型区水循环变化分析[D]. 北京：清华大学，2011：27.

其他类型文献的参考文献格式请读者参考《信息与文献 参考文献著录规则》（GB/T 7714—2015）详细规定。

值得注意的是，不同的期刊或者单位所采用的参考文献样式标准可能是不一样的，读者如果要撰写论文，应该参考该出版单位、会议或学位论文授予单位的规定。比如，在期刊投稿页面上，一般都有详细的参考文献格式说明。许多文献管理软件已经内置了各种参考文献格式，读者如果使用文献管理软件来管理和插入参考文献，可以选择相应的参考文献样式。

13.2 常用文献管理软件的介绍

本节重点介绍国内外几款常用的文献管理软件及其优缺点。目前，比较常见的文献管理软件有 NoteExpress、知网研学、Notefirst、EndNote、Zotero、Mendeley 等。

13.2.1 NoteExpress

NoteExpress 是北京爱琴海软件公司开发的一款专业级别的文献管理软件（图 13.2-1）。NoteExpress 既能实现对英文期刊文献的管理，也能很好的适用国内的中文使用环境。

图 13.2-1　NoteExpress

13.2.2 知网研学

知网研学是一款集文献检索、下载、管理、笔记、写作和投稿于一体的文献管理软件（图 13.2-2）。支持 CNKI、wiley、Springer、ScienceDirect 等 20 多个数据库在线文献检索和保存，比较适合刚入门、中文文献阅读和写作的同学。

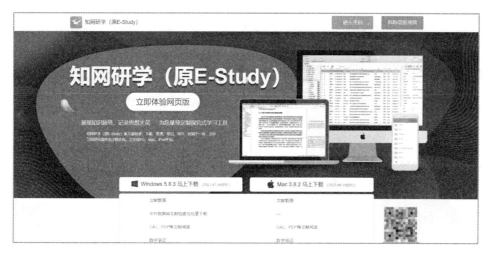

图 13.2-2　知网研学

13.2.3 Notefirst

Notefirst 由西安知先信息技术有限公司开发，是一款面向中国学者的文献管理软件（图 13.2-3）。针对个人用户，它集成了文件管理、文献收集、论文中参考文献的自动形成、参考文献自动校对、免费科技文献等功能。支持多种其他软件的文件格式，并集成了多语言系统。而针对学术型团队用户，NoteFirst 又推出了团队科研协作的功能，帮助科研团队收集和管理知识、传承经验、分享和交流，以及更好地管理团队任务。

图 13.2-3　Notefirst 官网

12.3.4 EndNote

EndNote 是一款收费的全球通用的文献管理软件,由 Thomson Corporation 下属的 Thomson ResearchSoft(目前已被 Clarivate 公司收购)开发,目前已经发布的最新版本是 EndNote 20。它可以实现在线搜索文献、建立文献图和图像库、定制文稿和引文编排等功能。EndNote 官网如图 13.2-4 所示。

图 13.2-4　EndNote 官网

12.3.5 Zotero

Zotero 是一个开放源代码的文献管理软件,可以方便地收集、组织、引用和共享文献的工具(图 13.2-5)。它由安德鲁·W. 梅隆基金会、斯隆基金会及美国博物馆和图书

图 13.2-5　Zotero 界面

馆服务协会资助开发。它可以对在线文献数据库网页中的文献题录直接抓取；申请账户后，支持同步，300MB 免费的云空间，本地库无上限；支持文献笔记功能。

12.2.6　Mendeley

Mendeley 是爱思唯尔公司旗下一款免费的跨平台文献管理软件，同时也是一个在线的学术社交网络平台（图 13.2-6）。Mendeley 可一键抓取网页上的文献信息添加到个人的 library 中。还可安装 MS Word 和 Open Office 插件，方便在文字编辑器中插入和管理参考文献。参考文献格式与 Zotero 一样用各种期刊格式的 CLS 文件。Mendeley 还免费提供 2GB 的文献存储和 100MB 的共享空间。

图 13.2-6　Mendeley 官网

13.3　文献管理软件 Zotero 使用说明

各种文献管理软件虽然在部分功能上有一定的差异性，但总体上是相似性的，本书以 Zotero 为例，为读者讲解文献管理软件的使用。读者也可以到各个软件的官网上查看其使用教程。

13.1.1　下载和安装

Zotero 是一款开源的软件，用户可以免费使用，同时开源的特性也使得广大开发者能够参与到软件功能的更新过程中。读者可在其官网下载页面下载适合自己电脑操作系统的版本（图 13.3-1）。Windows 版本的下载完成之后是一个可执行文件（.exe 后缀），鼠标双击执行默认安装步骤即可，整个过程非常简单。用户也可以下载 Zotero 的浏览器连接器（connector）并进行安装，以方便与浏览器进行交互，如直接获取和保存网页上的文献信息。

安装完成以后，启动 Zotero。如为英文界面，选择"Edit>Preferences>Advanced>Language：简体中文"，即可切换成中文界面。在中文界面下，选择"编辑>首选项"，可以配置相关信息，读者可以自行熟悉。

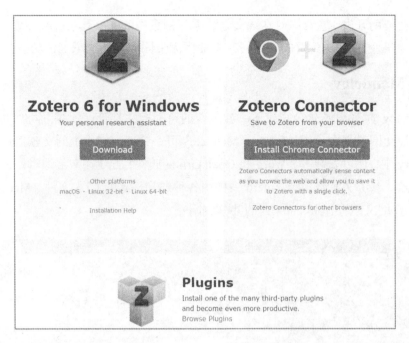

图 13.3-1　Zotero 下载页面

13.3.2　Zotero 文献管理

1. 建立分类

Zotero 允许在"我的文库"中新建分类（类似文件夹），以便分类组织文献。同时，也允许建立多级分类。

2. 添加文献记录与全文

Zotero 允许在某一分类下添加多种类型的文献记录与全文，如图书章节、期刊、学位论文、会议论文等，添加方式有多种。

（1）手工添加记录。读者可以选择"文件>新建条目"（或者单击工具栏中的" "按钮），选择合适的文献类型，即可在录入信息的界面手工录入相关信息。文献记录添加成功后，在该条记录上，右键单击并选择"添加附件"，可将全文文件作为附件添加。

（2）输入文献标识符添加记录。读者可以输入 ISBN、DOI、PMID 等标识符自动导入指定文献记录，具体操作可单击工具栏中的" "按钮。Zotero 还可以自动查找网络上的免费全文版本，作为附件添加。

（3）通过浏览器添加记录。当读者通过浏览器浏览某一文献详情页面，如果已安装浏览器的连接器，则可以在浏览器菜单栏中找到" "（save to zotero）按钮，一键导入添加文献记录。

（4）通过全文方式导入记录。读者也可以直接将文献全文拖曳到 Zotero 文献列表区，Zotero 可以自动尝试解析全文中的元数据信息，并自动添加文献记录信息。

为了方便管理，一条文献记录可以添加到不同的分类中，具体操作为在该条记录上单击右键，选择"添加到分类"即可。

3. 笔记和标签功能

在文献详情页，读者可以为每一条记录添加多条"笔记"（也可以建立单独的笔记）。读者也可以为每条记录添加多个自定义标签，在标签显示区可以右键单击某一标签，为该标签指派颜色，该颜色会以色块形式显示在每条文献记录标题前面。

4. 文献浏览与检索

Zotero 提供了浏览与检索两种方式查看文献信息。

（1）浏览方式。用户可以通过分类浏览或者通过标签进行浏览。分类浏览依据已建立的分类，可以浏览每一个分类下的文献信息，点击每条文献记录，即可查看其详细信息。用户也可以根据标签进行文献的浏览。其具体做法是，在标签展示区点击不同的标签，即可查看具有该标签的文献。如果同时点击多个标签，则会显示同时具有这几个标签的文献。

（2）检索方式。Zotero 提供了简单检索和高级检索两种方式。简单检索具体操作为单击" "输入框，可以在不同字段（包括标签）中检索文献。高级检索提供基于多个字段的逻辑组配检索，具体做法为单击工具栏中的" "按钮，进入"高级搜索"界面，输入条件进行检索。

13.3.3　文献引用与参考文献生成

在论文写作过程中，边写边插入参考文献，以及自动生成正文的参考文献列表是文献管理软件的基本功能。在 Zotero 安装完成后，在 MS Word 中会形成 Zotero 的工具条（图 13.3-2），在插入参考文献时，主要的操作都需要使用该工具条完成。

图 13.3-2　MS Word 中的 Zotero 工具条

正常安装 Zotero 会自动在 Word 中插入该工具条，如果没有出现，可以打开 Zotero，在菜单栏单击"编辑>首选项"打开 Zotero 首选项窗口，选择"引用>文字处理软件"，在 Microsoft Word 选项中单击"重新安装加载项 Microsoft Word"按钮即可。如果使用的是 LibreOffice，则单击"安装加载项 LibreOffice"按钮（图 13.3-3）。

图 13.3-3　加载文字处理软件

使用 Zotero 插入参考文献的方法比较简单,在写作时,单击 Zotero 工具条中的"Add/Edit Citation"按钮,在引文样式中选择参考文献的格式,选择自己的目标期刊的样式即可。如果列表中没有需要的格式,可以单击"管理样式"按钮来自定义参考文献的格式(图 13.3-4)。

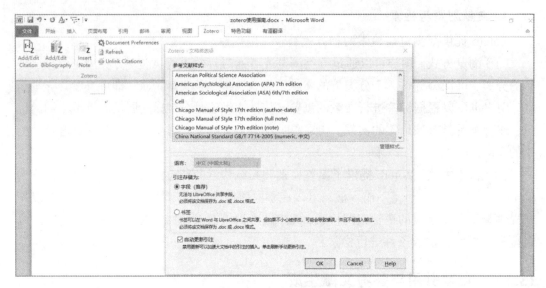

图 13.3-4　选择样式

接着会出现搜索框,可以在搜索框输入关键词来搜索需要插入的文献,如文章的作者、年代、题目等。找到需要的文献后,按下回车键即可插入文献。如果用户不习惯通过搜索框查找文献的方法插入文献,可以单击搜索框最左侧的"Z"字符号,在下拉菜单中选择"经典视图",切换至"在添加/编辑引文对话框中选择插入参考文献"的模式(图 13.3-5)。

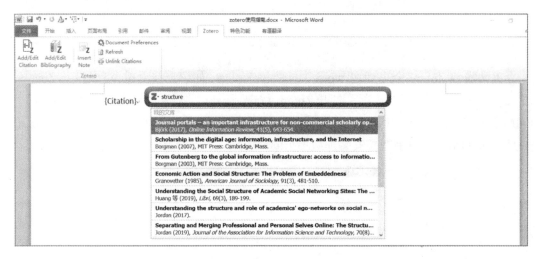

图 13.3-5　插入文献

插入文献后,如果要生成文末参考文献列表,可以将鼠标移至该 Word 文档的末尾,然后单击 Zotero 在 Word 中工具条中的"Add/Edit Bibliography"按钮,插入的文献就会显示在文末,并且不需要每次插入时都单击一次,只要第一次单击后,以后插入的文献就会自动显示在文末。后期如果有删除或调整参考文献顺序,只需单击"Refresh"自动更新。

研究者在撰写论文及投稿过程中,如果要改投期刊,并且后一期刊与前一期刊采用不同的参考文献样式的,可以单击 Zotero 在 Word 中工具条中的"Document Preferences",重新选择引文样式即可,Zotero 会自动转换引文样式,这也免去了手工转换的烦琐。

另外,Zotero 中插入的参考文献都是以域代码的形式存在于 Word 文档中的,在投稿之前,一般需要去除这些域代码,使参考文献以正文的形式存在于文档中。在 Zotero 中去除域代码的方法也十分简单,只需在 Word 中的 Zotero 工具栏中单击"Unlink Citations"按钮。需要注意的是,一旦去除了域代码,再插入或删除参考文献列表就不会再自动更新了。建议大家在去除域代码之前先将文件另存备份,这样在投稿之后再修改时就会比较方便。

13.3.4 群组功能

Zotero 可以支持个人使用和群组使用两种方式,以上所述均为个人使用方式,这里介绍团队群组使用功能。

在 Zotero 中,可通过群组功能来实现文献的共享。我们可以创建群组并邀请其他人加入,同样也可以加入其他人建立的群组,如此就可十分方便地将文献与自己的朋友、课题组成员实现共享。

在创建群组时,首先用户必须到 Zotero 网站上登录自己的账户。登录后,在打开的网页选择"Group>Create a New Group",随后设置群组的名称、类型等(图 13.3-6)。

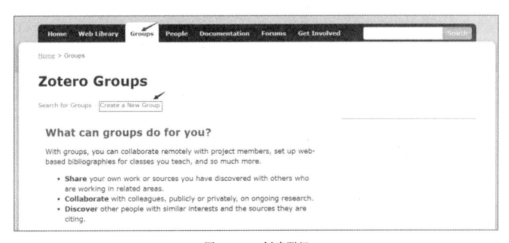

图 13.3-6 创建群组

群组的类型主要有 3 种:Public、Open Membership(公共开放成员型,任何人可以查看和即时加入),Public、Closed Membership(公共关闭会员型,任何人可以查看但用户必须申请或邀请)及 Private Membership(私密成员型,仅成员可以查看群组,成员必须申请或被邀请），读者可以根据需求自行选择。选择类型后单击"Create Group"按钮即可创建群组。完成群组创建后，可以通过单击"Send More Invitations"按钮来邀请好友加入群组，即可与其他人实现文献共享。当然，读者也可以搜索加入其他人创建的群组。群组中文献的添加也与个人使用 Zotero 添加管理文献类似，这里不再赘述。

13.3.5 插件的应用

除此之外，Zotero 最受用户喜爱的原因是其有很多好用的插件，这是由 Zotero 的开源性决定的。读者可以通过 Zotero 菜单栏的"工具"找到"插件"，查看其已安装的插件。Zotero 安装好之后默认会有微软的 office 插件，读者打开 Word 即可看到菜单项中的"Zotero"工具条。此外，读者也可以自行查找其他插件进行安装。这里给大家介绍两个常用的插件。

（1）ZotFile 是 Zotero 的常用文件管理插件，用于管理文献附件。例如，移动、重命名、提取 pdf 文件已有的标注作为笔记等。

（2）Zotero PDF Translate 是一个翻译工具，在 Zotero 中打开 PDF 文件，可以复制相应的文本，该工具能够自行翻译，方便读者阅读外文文献。

13.4 文献信息分析的目的与过程

13.4.1 文献信息分析的目的

文献信息分析是指对文献信息进行收集、组织整理和特征分析的信息深加工活动。文献信息分析的目的是从大量散乱的文献中，通过简单的过程（如整序）或复杂的过程（如引文分析），发现文献信息所隐含的信息与规律。

文献信息分析是研究者特别重视并经常进行的过程，特别对于入门级研究者而言，要格外引起关注。入门级研究者通常要关注所从事的研究主题的科学研究活动的基本情况。比如，这个领域哪些单位和个人是学术权威？有哪些重要的期刊？当前大家普遍关注的热点问题是什么？这些东西仅仅依靠在文献数据库检索相关文献和全文获取是不能完成的。为了解决上述的问题，文献信息分析是必须的，一般可以从以下两个方面进行。

（1）形式上的分类和统计。比如，按照发表数量、发表年代、发表期刊、作者、作者机构等进行统计分析。

（2）内容上的深入分析与挖掘。比如，可以对文献中的关键词进行频次统计、对文献的引用关系进行分析等。

因此，在了解信息和获取信息后，更应该要培养对信息加工、处理和利用的能力。

13.4.2 文献信息分析的过程

目前，文献信息分析采用的主要方法是（文献）计量学中常用的分析方法。文献计量学就是借助各种文献的各种特征的数量，利用数理统计方法来描述、评价和预测科学技术的现状和发展趋势的学科。其分析指标主要包括文献数量、作者数量、关键词等。随着数据挖掘和信息可视化技术的兴起，利用上述指标进行深入挖掘，并利用可视化的技术进行展示，逐渐成了文献信息分析的核心技术。

文献信息分析的基本过程包括：
（1）选择课题。
（2）搜集课题相关的文献信息。
（3）鉴别筛选所得文献信息的可靠性、先进性和适应性，并剔除不可靠或者不需要的资料。
（4）分类整理。对筛选后的资料进行形式和内容上的整理。
（5）利用各种信息分析研究方法进行全面的分析与综合研究。
（6）成果表达。根据课题要求和研究深度，撰写综述、评述报告等。

13.5　常用的文献信息分析工具

本节介绍国内外几款比较常用的个人文献分析软件，主要包括 SATI、BibExcel、Rost CM、HistCite、VOSviewer、CiteSpace。

13.5.1　SATI 简介

SATI 文献题录信息统计分析工具（Statistical Analysis Toolkit for Informetrics, SATI），旨在通过对期刊全文数据库题录信息的处理，利用一般计量分析、共现分析、聚类分析、多维尺度分析、社会网络分析等数据分析方法，挖掘和呈现出可视化数据结果。通过免费、共享软件功能及开源、增进代码实现，旨在为学术研究提供期刊文献数据统计与分析的辅助工具。SATI 软件在线分析界面如图 13.5-1 所示。

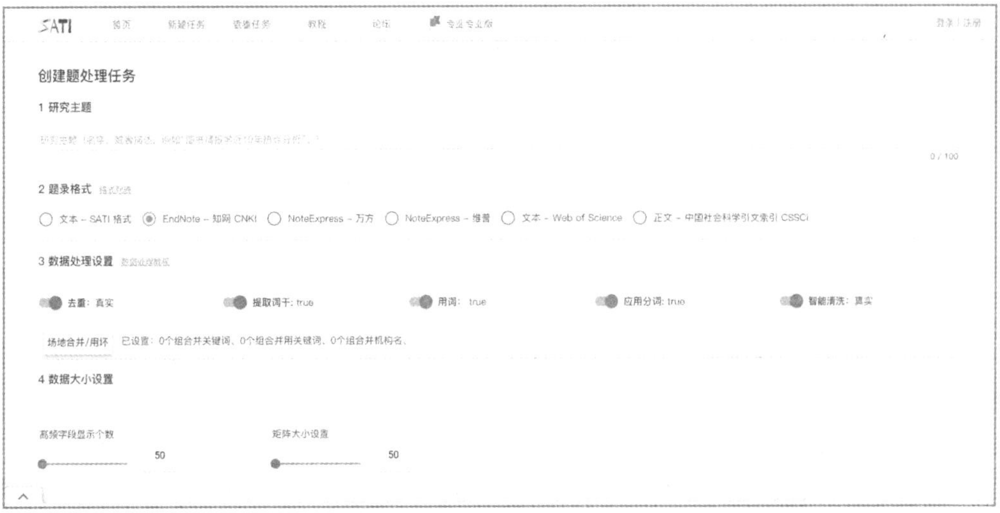

图 13.5-1　SATI 软件在线分析界面

SATI 主要有以下功能。
- 多种数据清洗工具：文献去重、词干提取、应用停用词、智能清洗等。
- 提取高频字段，并输出频次排名列表。
- 基于高频字段生成时间序列图，可输出下载时间序列数据。
- 构建高频字段共现矩阵，并输出 Excel/TSV 格式矩阵。
- 自动基于共现矩阵，生成知识图谱（network/knowledge graph）。
- 自动对高频字段聚类分析，并输出聚类树状图（dendrogram）。
- SATI 自动生成 Ucinet、NetDraw、SPSS、Dephi 等软件使用的源文件。

13.5.2 BibExcel

BibExcel 由 Olle Persson 开发，是一款供学术使用的免费软件，其小巧实用、功能丰富（图 13.5-2）。BibExcel 旨在帮助用户分析书目数据或以类似方式格式化的任何文本性质的数据，其主要功能包括文献计量、引文分析、书目耦合、聚类分析等。BibExcel 可以生成可导入 Excel 的数据文件，或任何采用选项卡式数据记录的程序，以便进一步加工，并可为 Pajek、NetDraw 软件提供书目数据等。

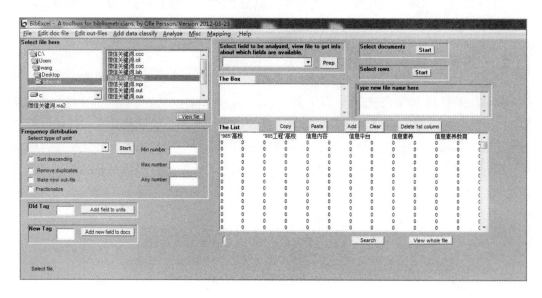

图 13.5-2　BibExcel 软件界面

13.5.3 Rost CM

ROST CM 是我国沈阳教授研发的国内目前唯一的以辅助人文社会科学研究的大型免费社会计算平台（图 13.5-3）。

Rost CM 软件可以实现微博分析、聊天分析、全网分析、网站分析、浏览分析、分词、词频统计、英文词频统计、流量分析、聚类分析等一系列功能。

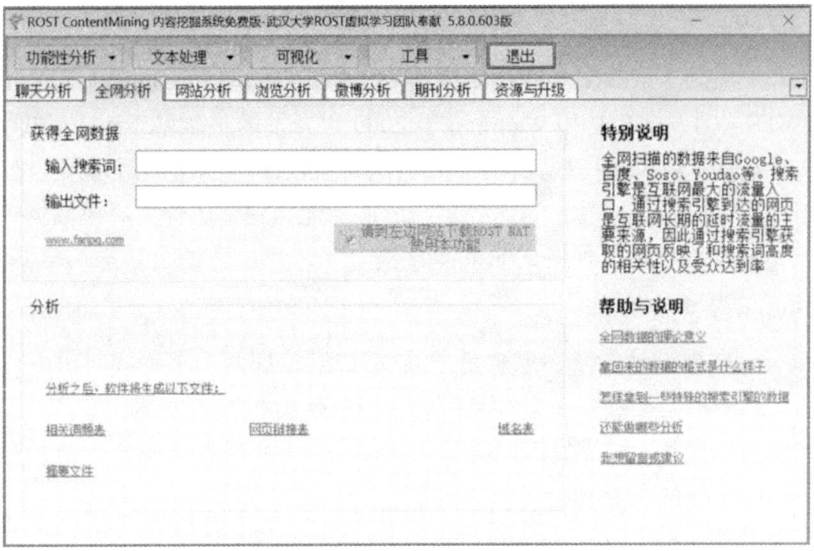

图 13.5-3　Rost CM 软件界面

13.5.4　VOSviewer

VOSviewer 是一个用于构建和可视化文献计量网络的软件工具（图 13.5-4）。例如，这些网络可能包括期刊、研究人员或个人出版物，它们可以基于引用、书目耦合、共同引用或共同作者关系构建。VOSviewer 还提供文本挖掘功能，可用于构建和可视化从大量科学文献中提取的重要术语的共现网络。

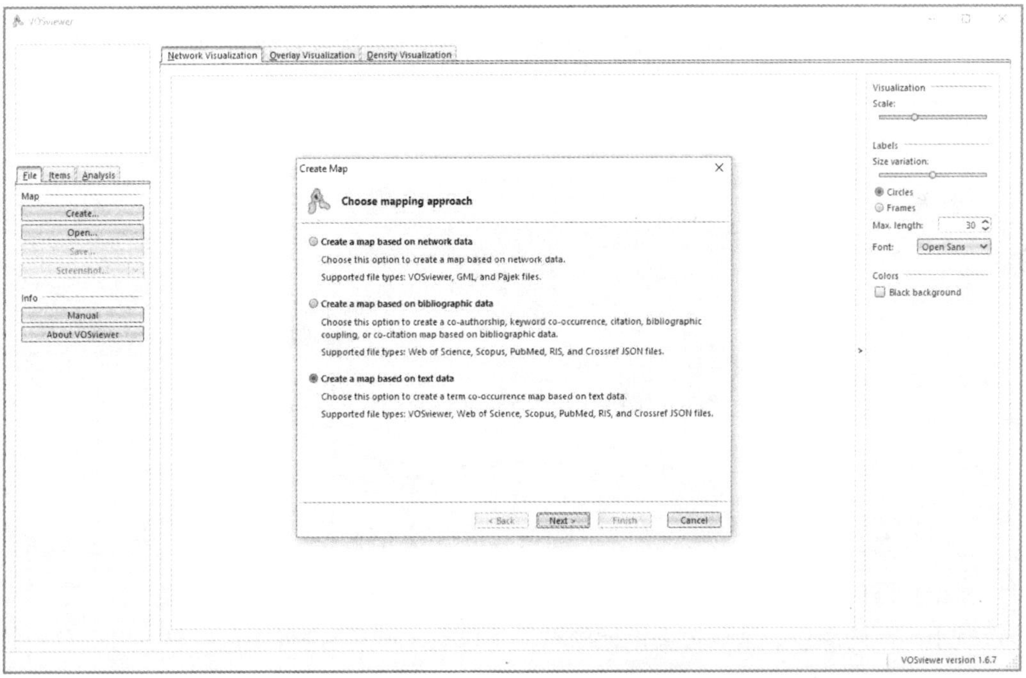

图 13.5-4　VOSviewer 软件界面

1. VOSviewer 工具特色

VOSviewer 是荷兰莱顿大学科技研究中心（The Centre for Science and Technology Studies，CWTS）的 Van Eck 和 Waltman 于 2009 年开发的一款基于 JAVA 的免费软件，主要面向文献数据，适应于一模无向网络的分析，侧重科学知识的可视化。与其他文献计量软件相比，VOSviewer 最大的优势是图形展示能力强，适合大规模数据，且通用性强，适配于各种数据库的各种格式的来源数据。

2. VOSviewer 主要功能

VOSviewer 软件设计的核心思想是"共现聚类"，即两个事物同时出现代表它们之间是相关的。这种相关关系存在多种类型，它们的强度和方向也不一样。基于关系强度与方向的测度指标聚类，可寻找不同类型的团体。基于共现聚类的分析单元和聚类可视化效果，VOSviewer 的主要功能可归结如下。

（1）聚类视图（network visualization）。圆圈和标签组成一个元素，元素的大小取决于节点的度、连线的强度、被引量等，元素的颜色代表其所属的聚类，不同的聚类用不同的颜色表示，通过该视图可以查看每个单独的聚类（图 13.5-5）。例如，通过主题共现发现研究热点的结构分布、通过作者合作发现研究小团体、通过作者耦合网络发现学者对研究主题的异同情况等。

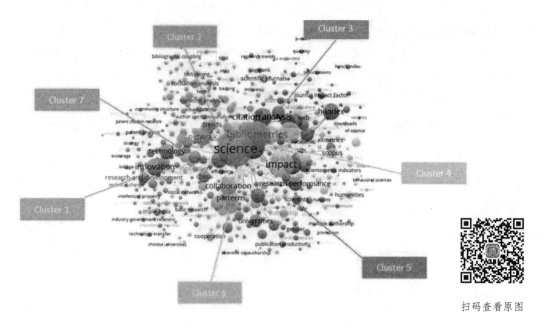

扫码查看原图

图 13.5-5　VOSviewer 聚类视图

（2）标签视图（overlay visualization）。区别于 Network visualization 的特点是用户可以根据自己的研究需要，通过 map file 文件中的 score 或颜色（红、绿、蓝）字段对节点赋予不同的颜色。默认按关键词的平均年份取 score 值进行颜色映射，可以分析领域内研究趋势的演变（图 13.5-6）。

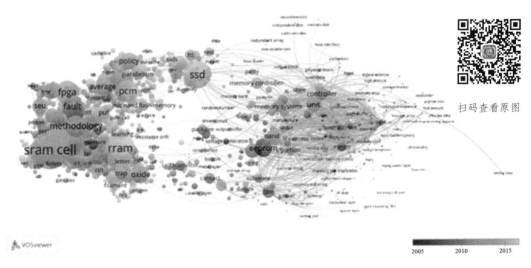

图 13.5-6　VOSviewer 标签视图

（3）密度视图（density visualization）。图谱上每一点都会根据该点周围元素的密度来填充颜色，密度越大，越接近红色；相反，密度越小，越接近蓝色。密度大小依赖于周围区域元素的数量及这些元素的重要性。密度视图可用来快速观察重要领域以及某一领域知识及研究密度情况（图 13.5-7）。

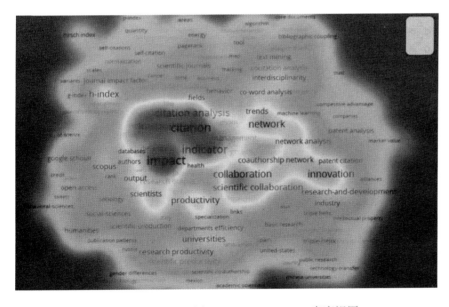

图 13.5-7　VOSviewer 密度视图

13.5.5　CiteSpace

CiteSpace 是一款着眼于分析科学文献中蕴含的潜在知识，在科学计量学、数据可视化背景下逐渐发展起来的一款引文可视化分析软件（图 13.5-8）。通过可视化手段来呈现科学知识的结构、规律和分布情况，因此也将通过此类方法分析得到的可视化图形

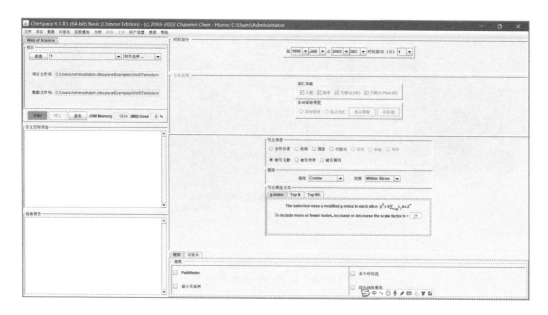

图 13.5-8　CiteSpace 工具界面

成为科学知识图谱。用于探究某一研究领域的研究热点、研究前沿、知识基础（关键文献）、主要作者和机构等，同时帮助预测某一研究领域的未来发展走向。

（1）CiteSpace 工具特点包括：
- 功能更全，上手难度大。
- 可以进行主题共现、合作分析等。
- 能查看节点信息、分析热点变化。
- 能分析中国知网、谷歌学术等数据库。

（2）CiteSpace 主要功能包括：
- 研究热点分析：一般利用关键词/主题词共现。
- 研究前沿探测：共被引、耦合、共词、突现词检测。
- 研究演进路径分析：将时序维度与主题聚类结合。
- 研究群体发现：一般建立作者/机构合作、作者耦合等网络，可以发现研究小团体、核心作者/机构等。
- 学科/领域/知识交叉和流动分析：一般建立期刊/学科等的共现网络，可以研究学科之间的交叉、知识流动和融合等。

13.6　文献信息分析工具的使用

13.6.1　基于 SATI 的文献信息分析实例

打开中国知网，在搜索框中输入"一带一路"，单击"检索"按钮。勾选 200 条数据的复选框，选择导出与分析—导出文献—EndNote（图 13.6-1）。

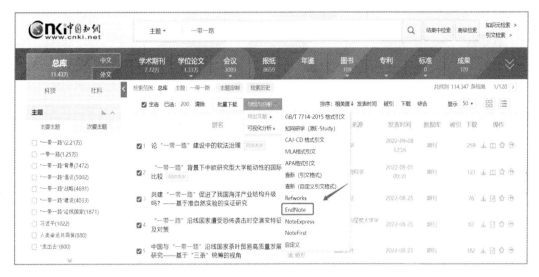

图 13.6-1 知网文献选取页面

页面会转到如图 13.6-2 所示的界面，再单击"导出"按钮，即会自动下载 txt 文件。

图 13.6-2 CNKI 文献导出页面

将生成的文件压缩，如图 13.6-3 所示。

图 13.6-3 zip 压缩文件

进入 SATI 网站，单击"在线分析"按钮，输入研究主题"一带一路"，题录格式选择"EndNode—知网 CNKI"，上传压缩好的 zip 文件后，单击"提交任务"按钮（图 13.6-4）。

图 13.6-4　SATI 参数设置界面

提交后，会进入数据处理页面，完成后单击"任务"按钮即可查看分析结果（图 13.6-5）。

图 13.6-5　SATI 任务处理页面

可根据自己的需要，单击左侧导航栏查看分析结果（图 13.6-6）。

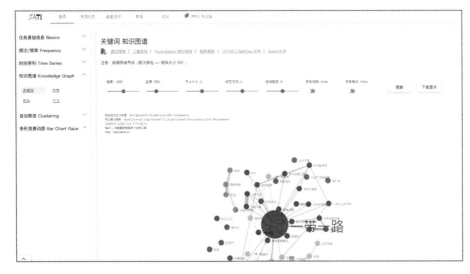

图 13.6-6　SATI 文献分析结果界面

13.6.2 基于 CiteSpace 的文献信息分析实例

在科研工作中，我们常常需要面对海量的文献，如何在这些文献当中找出值得精读、细读的关键文献，挖掘学科前沿，找到研究热点就成为开展研究之前首先需要解决的问题。CiteSpace 作为一款优秀的文献计量学软件，能够将文献之间的关系以科学知识图谱的方式可视化地展现在操作者面前，既能帮助我们梳理过去的研究轨迹，也能使得我们对未来的研究前景有一个大概的认识。下面对 CiteSpace 使用过程来跟大家做一个基础性的介绍。

1. CiteSpace 的下载与界面介绍

访问 CiteSpace 官网下载 CiteSpace 最新版。国内用户可以选择中文界面版，Windows 操作系统用户可以选择 msi 格式下载（图 13.6-7）。

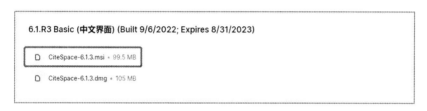

图 13.6-7　CiteSpace 下载版本选择

下载安装包后，双击即可自动安装。安装完成后，打开软件，会弹出一个提醒界面，对该软件的授权和合理使用信息进行说明，单击下方的"Agree"按钮即可使用。CiteSpace 工作区如图 13.6-8 所示。

图 13.6-8　CiteSpace 工作区

CiteSpace 的功能区域分为 8 个部分。

（1）项目（projects）功能和参数区。该区域主要是新项目的建立、编辑和删除区域。

（2）时间划分（time slicing）功能和参数区。该区域的主要功能是对将要分析的数据进行时区分割。

（3）文本处理（text processing）功能和参数区。该区域的主要功能包含"词汇来源"和"名词短语类型"。"词汇来源"用于选择 Term 提取的位置，包含 Title（标题）、Abstract（摘要）、Author Keywords（DE，作者关键词）、Keywords Plus（ID，WoS 增补关键词）。"名词短语类型"是对共词分析（co-words）类型的补充选择，选择该功能就能提取到名词性术语。在此界面也可以对主要的名词术语进行突发性探测，在运行生成共词网络后可以查看熵值。

（4）网络（network configuration）功能和参数区。该区域的功能主要是对网络参数的设置，包含 Node Types（网络的类型）、Links（网络结点的关联强度）及 Selection Criteria（提取节点阈值的选择）。

①CiteSpace 中分析的网络类型。在节点类型中，合作作者、机构及国家是用来进行 Co-authorship 分析的，它们之间的差异仅仅是在分析合作上的主体粒度不同而已（可以分别理解为微观合作、中观合作和宏观合作）。在分析时它们是可以多项选择的。名词分析的功能是对文献中名词性术语的提取，主要从文献的标题、摘要、关键词和索引词位置提取；关键词主要是对作者的原始关键词的提取。名词和关键词常常用来对文本主题进行共词的挖掘分析。学科是对文献中标引的科学领域的共现分析（co-occurrence），这种分析有助于了解对象文本在科学领域的分布情况。被引文献是文献的共被引，被引作者是作者的共被引，被引期刊是期刊的共被引。

在使用 CiteSpace 生成的各种图谱中，作者的合作图谱中的结点大小表示作者、机构或国家/地区发表论文的数量，之间的连线反映合作关系的强度。论文的主题、关键词以及科学类别的网络图谱中，结点的大小代表它们出现的频次，之间的连线表示共线强度。共被引分析图谱中，结点的大小反映了被引用的次数。文献的共被引反映了单个文献的引用次数，作者的共被引网络反映了作者被引用的次数，期刊的共被引网络中结点大小反映期刊被引用的次数，之间的连线反映了共被引的强度。在文献耦合网络中，一个结点代表一篇论文，结点的大小可以按照被引频次显示，结点之间的连线反映了耦合强度。

②CiteSpace 中关系强度的计算。Links 参数主要用于选择网络结点的关联强度的计算方法（在处理过程上往往可以认为是共现矩阵的标准化过程），CiteSpace 提供了 Consine、Jaccard、Dice 三种用于计算网络中连接强度的方法。

③CiteSpace 中所分析数据阈值的设定。节点筛选功能区用来设定在各个时间段内所提取对象的数量。Top N per slice 是指提取每个时间切片内的对象的数量，Top $N\%$ 就是提取每个时间切片中排名前 $N\%$ 的对象。

（5）精简（pruning）功能和参数区。精简区域是网络的裁剪功能区，当网络比较密集时可以通过保留重要的连线来使网络的可读性提高。该模块主要有两种网络裁剪方法，分别为 Minimum Spanning Tree（MST，最小生成树）和 Pathfinder Network（PFNET，寻径网络）。

（6）可视化（visualization）功能和参数区。主要用于对可视化结果进行设置。默认为 Cluster View-Static（聚类视图，静态）与 Show Merged Network（显示分析的整体网络）。此外，也可以选择 Show Networks by Time Slices，即显示各个时间切片的图谱。还可以选择动态的网络可视化 Cluster View-Animated。

（7）引文空间状态区（space status）。该部分显示在相应参数设置下每个时间切片上的网络分布情况，criteria 表示每个时间切片提取的结点数量，space 表示空间中结点的数量总数，nodes 表示实际提取的结点数量，links/all 表示实际的连线数量/连线数量的总数。

（8）处理报告区（process report）。该部分显示在数据处理过程中的动态过程，以及网络处理后的整体参数，如显示了文献空间数据的总数、有效参考文献和无效参考文献的个数及其占比、运行的时间、合并后的网络结点数量和连线数量。在运行时可以动态地看到，CiteSpace 处理数据是分时处理的。

2. 文献导入

我们可以在电脑上建立一个文件夹，随意命名。本例命名为"data_for_CiteSpace"。在新建的文件夹"data_for_CiteSpace"里再建立一个文件夹，命名为"备份"。在新建立的"备份"的文件里再建立 4 个文件夹，分别命名为：data、input、output、product（图 13.6-9）。

图 13.6-9　data_for_CiteSpace 文件夹

打开 CNKI（图 13.6-10），选择高级检索，然后在主题词中输入"备份"，单击"检索"按钮（图 13.6-11），也可以对文献的时间范围进行限定等。

图 13.6-10　CNKI 首页导航栏

图 13.6-11　CNKI 高级搜索页面

首先，如果只看中文文献，就选择中文。其次，选择每页显示 50 条文献。再次，勾选"全选"复选框。最后，选择下一页。选择下一页后勾选"全选"复选框，重复操作，直到选择完或者选择了 500 条文献（最多只能选择 500 条）（图 13.6-12）。

图 13.6-12　CNKI 选取文献页面 1

选择导出与分析—导出文献—Refworks（图 13.6-13）。

图 13.6-13　CNKI 选取文献页面 2

转到如图 13.6-14 所示的界面，再单击"导出"按钮，即自动下载。

图 13.6-14　导出文本文件页面

把下载好的文件复制到之前建立的 input 文件夹内，并重命名为"download_01"（图 13.6-15）。

图 13.6-15　"download_01"文件

可以重复上面操作，把所需要的文献或者所有的文献都导入"input"文件夹中（图 13.6-16）。

图 13.6-16　导完数据后的"input"文件夹

3. 使用 CiteSpace 进行分析

打开 CiteSpace 后，选择菜单栏的"数据"选项，再选择"输入/输出"选项，便会弹出新的对话框（图 13.6-17）。

图 13.6-17　输入/输出下拉菜单

因为是从 CNKI 下载的文献，所以选择 CNKI。在"Input Directory"中，单击后面的"Browse"按钮来选择创建的"input"文件夹。在"Output Directory"中，单击后面的"Browse"来选择创建的"output"文件夹（图 13.6-18）。

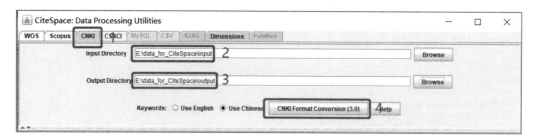

图 13.6-18　Data Processing Utilities 界面

打开"output"文件夹，会发现里面有了文件，然后将文件全部复制到"data"文件夹中（图 13.6-19）。

图 13.6-19　数据复制到"data"文件夹

单击操作区中的"New"，会弹出新的对话框（图 13.6-20）。

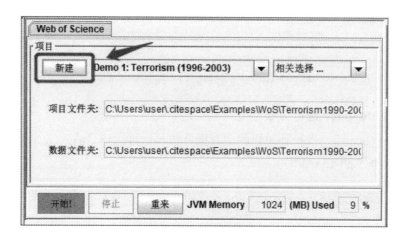

图 13.6-20　新建项目

在新弹出的对话框中，先修改"Title"，修改后的名字必须是英文，这里改为"backups"。修改"Project Home"，单击"Brows"按钮选择创建的"project"文件夹。

修改"Data Directory",单击"Brows"按钮选择创建的"data"文件夹。因为导入的数据来自 CNKI,所以选择 CSSCI。最后单击"Save"按钮(图 13.6-21)。

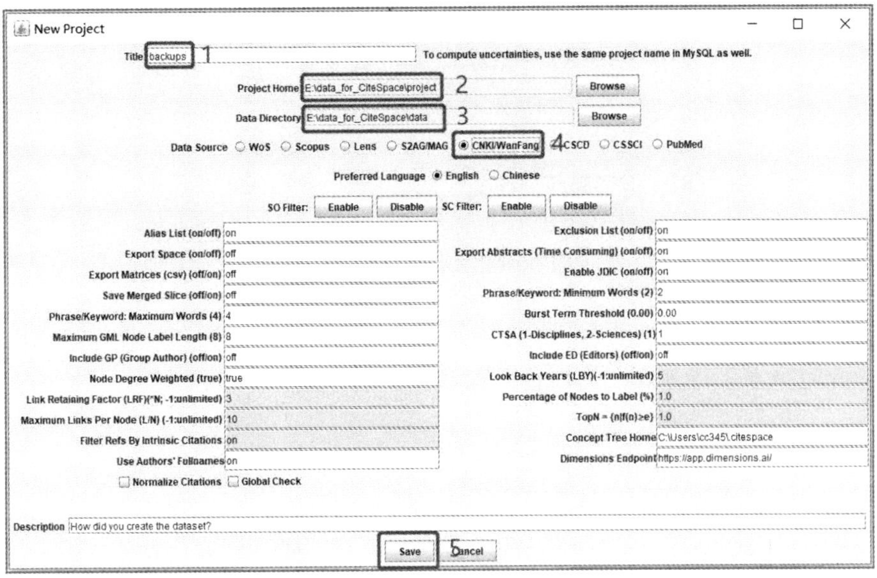

图 13.6-21 项目目录设置

选择要分析的文献的时间,这里选择了对近 20 年的文献进行分析。选择要分析的内容,这里选择了对关键词进行分析,则选择 Keyword 选项。

Pruning 区为网络的裁剪功能区。建议在初步分析阶段,不要对网络进行裁剪,即无须选择。如果初步分析的可视化结果需要剪裁(网络太密,重点不突出),那么再选择不同的剪裁方法进行测试,如图 13.6-22 所示。

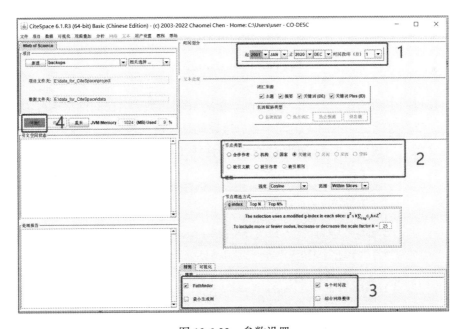

图 13.6-22 参数设置

在弹出的对话框中单击"可视化"按钮（图 13.6-23），则会弹出新的对话框，即为分析的结果。

图 13.6-23　运算结果可视化

刚进入界面时，网络是动态的，背景是黑色的。说明网络还在计算以得到比较优化的布局。此时只需等待界面变为白色，即计算结束（图 13.6-24）。

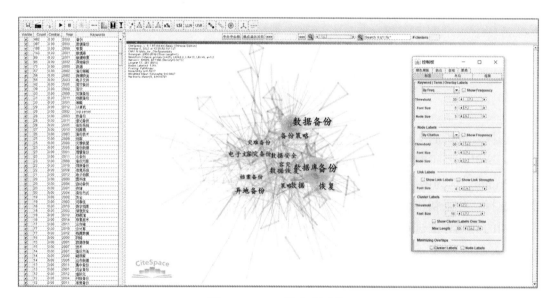

图 13.6-24　运算生成图谱

可以通过左上角的参数看到网络的节点数 N=568、边数 E=1168、网络密度为 0.0073。其中，节点数就是图中的关键词个数，边数就是关键词之间的连线数。只要关键词在同一篇文献中出现过，两者之间就会有一条连线（图 13.6-25）。

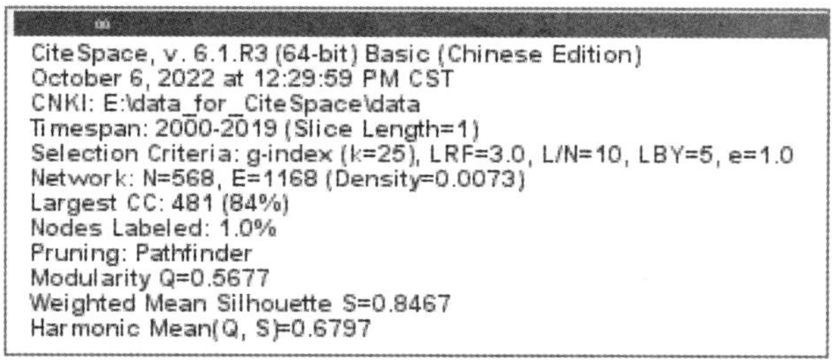

图 13.6-25　运算结果及参数

图中圆圈大小代表的是关键词频次，频次越大，圆圈越大。线条代表关键词之间的联系，线条颜色与图中上方年份相对应，用于标志每一年有哪些主要关键词。

左侧列表包含关键词频次 count 和中心性 Centrality 及关键词初次出现年份 Year（注：当节点数大于 500 时，系统不再计算中心性，默认为 0，如需计算则要单击菜单栏节点—compute node Centrality）。

参 考 文 献

- [1] 陈燕，黄迎燕，方建国. 专利信息采集与分析[M]. 2 版. 北京：清华大学出版社，2014.
- [2] 黄如花. 信息检索[M]. 3 版. 武汉：武汉大学出版社，2019.
- [3] 胡昌平，胡潜，邓胜利. 信息服务与用户[M]. 4 版. 武汉：武汉大学出版社，2015.
- [4] 李杰,陈超美. Citespace:科技文本挖掘及可视化[M]. 3 版. 北京:首都经济贸易大学出版社,2022.
- [5] 曼宁，拉哈万，舒策. 信息检索导论[M]. 王斌，译. 北京：人民邮电出版社，2010.
- [6] 杜拉宾. 芝加哥大学论文写作指南[M]. 8 版. 雷蕾，译. 北京：新华出版社，2015.
- [7] 祁延莉，赵丹群. 信息检索概论[M]. 北京：北京大学出版社，2013.
- [8] 曼. 怎样利用图书馆做研究 [M]. 3 版. 苗华建，译. 上海：上海教育出版社，2014.
- [9] 王细荣，郭培铭，张佳. 文献信息检索与论文写作[M]. 上海：上海交通大学出版社，2020.
- [10] 魏根深. 中国历史研究手册[M]. 侯旭东，孙迪，赵冬梅，等译. 北京：北京大学出版社，2016.
- [11] Case. Looking for information: a survey of research on information seeking, needs, and behavior[M]. Amsterdam: Elsevier/Academic Press, 2007.
- [12] Suber. Open Access[M]. Cambridge: The MIT Press, 2012.
- [13] Marchionini G. Information seeking in electronic environments[M]. Cambridge: Cambridge University Press, 1995.
- [14] Ricardo Barza Yates, Berthier Ribeiro Neto, Mills D, et al. Modern information retrieval[M]. Boston: Addison Wesley Longman Publishing Co. Inc., 1999.
- [15] Anderson. All connected new: life in the first global civilization[M]. Boulder: Westview Press, Boulder, 2001.